Weltwunder

von der Antike bis heute

Christa Pöppelmann
Mark Schubert

Compact Verlag

Chefredaktion: Evelyn Boos
Redaktion: Dr. Matthias Feldbaum
Produktion: Wolfram Friedrich
Abbildungen: Gruppo Editoriale Fabbri, Mailand; Lidman Production, Stockholm; dpa Picture-Alliance, Frankfurt; National Park Service, Mount Rushmore National Memorial
Titelabbildungen: dpa Picture-Alliance, Frankfurt (8); Gruppo Editoriale Fabbri, Mailand (1); Lidman Production, Stockholm (1)
Gestaltung: Inga Koch
Umschlaggestaltung: Daniel Fischer

ISBN 3-8174-5844-4
5458441

Besuchen Sie uns im Internet unter www.compactverlag.de

DIE SIEBEN WELTWUNDER

VORGESCHICHTE (2,5 Mio. Jahre–4000 v. Chr.)

FRÜHE HOCHKULTUREN UND ANTIKE (4000 v. Chr.–500 n. Chr.)

ZWANZIGSTES JAHRHUNDERT BIS HEUTE (1900–2005)

DIE SIEBEN WELTWUNDER

Es ist historisch nicht eindeutig gesichert, warum die Zahl Sieben in der Antike eine solch besondere Bedeutung hatte. Fest steht jedoch, dass die Griechen zu dieser Zeit begannen Gruppen von je sieben herausragenden Persönlichkeiten oder Dingen zusammenzufassen. Bekannt wurden beispielsweise die »Sieben Weisen«, zu denen u. a. der Athener Gesetzgeber Solon (ca. 640–560 v. Chr.) oder der Mathematiker Thales von Milet (ca. 625–547 v. Chr.) zählten.
Außerdem wurden jedes Jahr die sieben besten Tragödien- bzw. Komödienschauspieler gewählt. Die älteste Quelle, die sieben herausragende »Schaustücke« erwähnt, ist ein griechisches Papyrus-Fragment aus dem 2. Jh. v. Chr., das sog. Laterculi Alexandrini. Da das Blatt jedoch zur Auspolsterung eines ägyptischen Mumiensarges verwendet worden war, lassen sich nur noch die Namen des Artemisions in Ephesos, des Mausolos-Grabmals und der Pyramiden entziffern.

Die Hängenden Gärten von Babylon

VOM REISETIPP ZUM WELTWUNDER

Gegen Ende des 2. Jh. v. Chr. widmete der griechisch-phönizische Dichter Antipatros von Sidon den sieben Weltwundern ein Gedicht. Er beschreibt, wie er die Mauern Babylons, die Zeusstatue in Olympia, die Hängenden Gärten, den Koloss von Rhodos, die Pyramiden und das Mausolos-Grabmal anschauen durfte, die jedoch alle verblassen gegenüber dem »Tempel, der sich in Wolken verliert, heilig der Artemis.« Ob Antipatros seine »bedichtete Bildungsreise« jedoch tatsächlich gemacht hat, wird bezweifelt. Immerhin war die Helios-Statue auf Rhodos bereits 224 v. Chr. durch ein Erdbeben zerstört worden. Die Wissenschaftler gehen deshalb davon aus, dass der Kanon der

Die Cheops-Pyramide von Gizeh

sieben »Schaustücke« in der ersten Hälfte des 3. Jh. v. Chr. erstellt worden ist. In den ersten Erwähnungen scheinen die »Schaustücke« vor allem eine Art Besichtigungstipp für Bildungsreisende im hellenisch geprägten Kulturraum gewesen zu sein. Das erklärt auch, warum mit der Zeusstatue nur ein einziges griechisches Baudenkmal vertreten ist. Die Bauten der Akropolis kannte beispielsweise jeder gebildete Mensch.
Im 1. Jh. v. Chr. werden die »sieben berühmtesten Werke« zum geflügelten Begriff bei griechischen und römischen Autoren. Ein Graphiti aus Pompeji beweist, dass die Bezeichnung im 1. Jh. n. Chr. auch im Volksmund gebräuchlich war. »In allen Kämpfen hast du gesiegt; das ist eines der sieben Weltwunder!« steht dort an den Wänden des Amphitheaters.

Das Kultbild des Zeus in Olympia

Der Tempel der Artemis in Ephesos

DER KLASSISCHE KANON

Unter den sieben Weltwundern versteht man heute: die Cheops-Pyramide in Gizeh, die Hängenden Gärten der Semiramis in Babylon, die Zeusstatue in Olympia, den Tempel der Artemis in Ephesos, das Grabmal des Mausolos in Halikarnassos, den Koloss von Rhodos und den Leuchturm von Alexandria.
Letzterer verdrängte schon kurz nach seiner Fertigstellung im Jahr 279 v. Chr. die Mauern von Babylon aus der Liste der Weltwunder. Doch nicht immer sind sich die Autoren einig. Diodoros (um 80–29 v. Chr.) zählt einen Obelisk der Semiramis in Babylon zu den Weltwundern, nicht aber die Hängenden Gärten. Für den italienischen Gelehrten Gaius Plinius Secundus d. Ä. (um 23–79) gehört unter anderem das Labyrinth des ägyptischen Pharao Amenemhet III. aus dem 19. Jh. v. Chr. dazu, das schon der griechische Geschichtsschreiber Herodot (484–425 v. Chr.) für beeindruckender als die Pyramiden hielt. Aber auch die Stadt Rom ist für ihn ein Weltwunder, so wie es für den Dichter Martial (um 40–100) kein größeres gibt, als das neu erbaute Kolosseum in Rom. Weitere in antiken Quellen genannte Wunder: ein Hörneraltar der Artemis auf Delos, der Tempel des Zeus im kleinasiatischen Kyzikos, der Palast des Perserkönigs Kyros in Ekbatana und die siebentorige Stadt Theben.
Neben dem Nationalstolz spielte für die Auswahl der Weltwunder sicher auch eine Rolle, dass einige der imposanten Kulturdenkmäler inzwischen zerstört worden waren. An Ruinen hatte man in der Antike im Allgemeinen noch kein großes Interesse. Was zählte, war die Pracht bestehender Bauwerke. Dadurch lässt sich beispielsweise auch erklären, warum der berühmte Turm von Babel in keiner Liste auftaucht. Er war bereits im 4. Jh. v. Chr. verfallen.

Das Grabmal des Mausolos in Halikarnassos

Der Koloss von Rhodos

Die große Popularität, die die sieben Weltwunder in der Antike hatten, führte dazu, dass die Autoren diese mehr oder minder ausführlich beschrieben. Vieles davon ist offensichtlich falsch oder übertrieben dargestellt, da die Autoren sich oft nur auf Hörensagen verließen und munter voneinander abschrieben. Aber ihre Ausführungen ermöglichten die einzige Vorstellung, die sich die Menschen der Neuzeit von den großen Bauten der Antike machen konnten, abgesehen von den Miniaturdarstellungen auf einigen antiken Münzen. Denn als mit der Renaissance im 16. Jh. erstmals wieder ein Interesse an den alten Bauwerken erwachte, stand bis auf die Pyramiden von Gizeh keines der Wunderwerke mehr. Künstler wie der niederländische Maler Maarten van Heemskerck (1498–1574) oder später der österreichische Barockbaumeister Johann Fischer von Erlach (1656–1723) versuchten sich an Rekonstruktionszeichnungen, die eine wenig realistische, aber recht originelle Mischung zwischen dem damals herrschenden Baustil und den alten Beschreibungen sind. Heute kann man sich aufgrund archäologischer Untersuchungen ein besseres Bild machen, aber wie die Weltwunder der Antike wirklich ausgesehen haben, werden wir vermutlich nie sicher wissen.

Der Leuchtturm von Alexandria

DIE CHEOPS-PYRAMIDE VON GIZEH

DAS WICHTIGSTE IN KÜRZE:
- **Ausmaße: 136 Meter Höhe, 230 x 230 Meter Grundfläche, 6,5 Millionen Tonnen Gewicht**
- **Zweitgrößtes von Menschenhand errichtetes Bauwerk der Welt**

»Die Pyramiden«, meinte der griechische Historiker Diodoros (um 80–27 v. Chr.), »erregen« ein »durch ihre Größe und technische Vollendung erstauntes Erschrecken bei allen, die sie sehen.« Bis heute noch ist nicht wirklich geklärt, wie die Nilbewohner vor rund 4500 Jahren die drei mächtigen Bauwerke bei Gizeh erbaut haben. Die Pyramiden sind das einzige Weltwunder, das noch erhalten ist. Allerdings fehlt ihnen mittlerweile der Überzug aus weißen Steinplatten, der die Bauwerke – laut antiker Autoren – »wie von innen heraus« leuchten ließ. Vermutlich war auch noch die Spitze vergoldet. Erglänzte sie im Sonnenlicht, wurde das als direkte Verbindung zum Sonnengott Re gesehen.

Während man in der Antike alle drei Pyramiden zu den Weltwundern zählte, ist es heute nur noch die größte von ihnen, die Pyramide des Pharao Cheops (reg. um 2554–2531 v. Chr.). Denn die Grabmäler seiner Nachfolger Chephren (reg. um 2522–2489 v. Chr.) und Mykerinos (reg. um 2489–2461 v. Chr.) sind sehr ähnlich, aber im Inneren einfacher gebaut.

DAS BAUWERK

Obwohl der Cheops-Pyramide inzwischen etwa zehn Meter an Höhe fehlen, ist sie so hoch wie die Türme des Wiener Stephansdoms. Auf ihrer Grundfläche hätten über 200 Tennisplätze oder der Petersdom, die St. Paul's Cathedral, Westminster Abbey und die Dome von Mailand und Florenz zusammen Platz. Sie besteht aus 2,5 Millionen Steinen, von denen jeder etwa 2,5 Tonnen schwer ist. Geht man von einer Bauzeit von 20 Jahren aus, dann mussten täglich 300 dieser Steine gebrochen, transportiert und verbaut werden. Mit Ausnahme der Chinesischen Mauer hat die Menschheit nie wieder ein so gewaltiges Bauwerk errichtet.
Neben der Größe erstaunt die technische

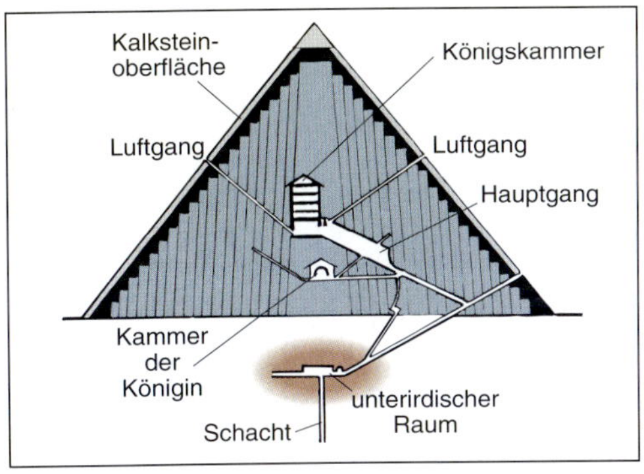

Querschnitt durch die Cheops-Pyramide

Die Pyramiden von Gizeh

Präzision. Um einen vollkommen ebenen Baugrund zu erhalten, wurde der Boden mit einer Vielzahl kleiner Gräben durchzogen, die mit Wasser gefüllt wurden. Man markierte die Wasserlinie an den Rändern, trug daraufhin alles, was darüber lag, ab, und schüttete die Gräben wieder zu. Der Unterschied zwischen der kürzesten und längsten Seite des Bauwerks beträgt ganze 18 Zentimeter. Die Fugen zwischen den Steinen sind nur einen halben Millimeter breit, zwischen die Steine der Verkleidung passte – nach alten Quellen – nicht einmal ein Blatt Papier.

Wie die Pyramide gebaut wurde, darüber streiten die Forscher. In der Regel geht man davon aus, dass eine große Rampe angelegt wurde, auf der die Steine mit Holzschlitten hoch gezogen wurden. Mit jeder Steinschicht wurde auch die Rampe erhöht. Eine geradlinige Rampe müsste dann zuletzt einen Kilometer oder länger gewesen sein, was allerdings kaum vorstellbar ist. Deshalb glauben einige Experten, dass der Weg nach oben spiralförmig um den Bau angelegt wurde. Immerhin ist der Kalkstein, aus dem der größte Teil der Pyramide besteht, auch mit einfachen Kupferwerkzeugen relativ gut zu behauen, überdies stammte er aus der Nähe. Härtere Steine wie Basalt oder der rosa Granit der Grabkammer mussten über Hunderte von Kilometern weit hergeschafft werden und konnten nur mit Werkzeugen aus Dolorit, ein noch massiverer Stein, bearbeitet werden.

Die Cheops-Pyramide enthält zwei Grabkammern. Die eine liegt, wie bei den beiden anderen Pyramiden auch, unter dem Bauwerk, die andere in 42 Metern Höhe. Daneben gibt es mehrere kleine Kammern und Luftschächte, die nicht vollends erforscht worden sind. Manche Forscher erhoffen bis heute sensationelle Entdeckungen, denn die schmucklose Grabkammer mit dem schweren, aber nicht völlig fertig gestellten Sarkophag ist offenbar nie benutzt worden. Wurde Cheops also an einem noch geheimeren Ort bestattet? Kam er vielleicht durch einen Unfall um, sodass sein Leichnam nie in dem speziell für seine Bestattung erschaffenen Mammutwerk beigesetzt werden konnte?

DIE ERBAUER

Die Pyramiden wurden nicht von Sklaven, sondern von der einfachen ägyptischen Bevölkerung gebaut. Während der jährlichen, viermonatigen Überschwemmungszeit des Nils konnten sie nicht auf ihren Feldern arbeiten. Für die Arbeit an den königlichen Grabmälern dagegen gab es freie Unterkunft, Verpflegung und vermutlich auch ein geringes Entgelt. Hinzu kam die Vorstellung, mit dem Bau den Göttern zu dienen, denn der Pharao repräsentierte die göttliche Ordnung (Maat), durch die das ganze Land zusammengehalten wurde. Der griechische Geschichtsschreiber Herodot (484–425 v. Chr.) berichtet, es hätten 100.000 Menschen 20 Jahre lang an einer der Pyramiden gearbeitet. Das wird heute bezweifelt, denn so viele Arbeitskräfte hätte die Baustelle wohl nicht verkraftet. Man geht stattdessen von etwa 4000 Facharbeitern aus, die während der Überschwemmung von Zehntausenden von Hilfskräften unterstützt wurden.

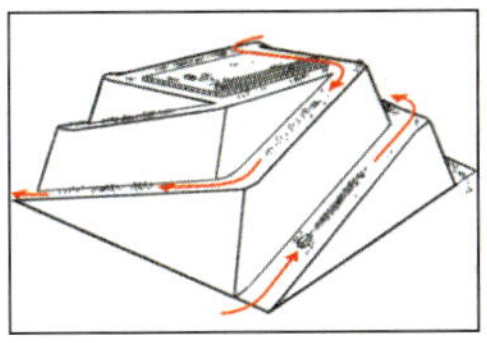
Hilfsrampen beim Bau der Pyramide

Die Cheops-Pyramide

DIE HÄNGENDEN GÄRTEN VON BABYLON

Holzstich nach einer Zeichnung von Ferdinand Knab, 1886

DAS WICHTIGSTE IN KÜRZE:

- **Errichtet von Nebukadnezar II. (reg. 605–562 v. Chr.)**
- **Sagenumwobene Gartenanlage**

»Ein König von Syrien«, schrieb der römische Historiker Quintus Curtius Rufus (1. Jh.) über die Hängenden Gärten von Babylon, »soll diesen Bau geschaffen haben, und zwar aus Liebe zu seiner Gemahlin. Sie hatte aus Sehnsucht nach ihren Hainen und Wäldern den Gatten dazu bewogen, mitten im Flachland mit einem derartigen Bauwerk die anmutige Natur nachzuahmen.«

Der König von Syrien war in Wahrheit Nebukadnezar II., aber er hatte tatsächlich eine medische Prinzessin aus dem Zakros-Gebirge geheiratet, sodass die romantische Geschichte des Curtius Rufus stimmen könnte. Nebukadnezar sagt auf einer Inschrift: »Ich formte gebrannte Ziegel in der Art eines Berges und errichtete einen großen, stufenweise terrassierten kummu als königlichen Aufenthaltsort für mich.«

Was ein »kummu« ist, hat die Wissenschaft bis heute noch nicht klären können, doch man weiß, dass Gärten in den heißen Ländern des Orients schon in der frühen Geschichte als Inbegriff des königlichen Luxus galten.

DIE RELIKTE

Als der deutsche Archäologe Robert Koldewey (1855–1925) im Dienst der Deutschen Orientalischen Gesellschaft in Babylon zu graben begann, hatte er den ausdrücklichen Auftrag, den legendären Turm von Babel, die berühmten Stadtmauern und die Hängenden Gärten zu finden. Die Mauern waren schnell entdeckt, auch der Standort des Turms ließ sich anhand seines

quadratischen Fundaments erkennen, doch nach den Gärten suchte der Berliner Wissenschaftler lange vergeblich. Schließlich entdeckte er nach 18 Jahren in der Nordostecke des Palast-Komplexes nahe dem Ischtar-Tor unter meterhohem Schutt ein Fundament von zwölf gleich großen schmalen Kammern, die zu beiden Seiten eines Mittelgangs angelegt waren. Die Wände waren teilweise aus behauenem Stein gebaut und bis zu sieben Meter dick. Auf zahlreichen Pfeilern trugen sie ein schweres Deckengewölbe aus Brandziegeln, eine für die mesopotamische Frühgeschichte äußerst seltene Konstruktion. Gleich neben dem Gebäude befanden sich drei Brunnenschächte. Koldewey erinnerte sich, dass in alten Schriften über Babylon erwähnt wurde, nur an zwei Stellen sei behauener Stein verwendet worden: nämlich für die Nordmauer des Palastes und die Gärten. Er hatte also die Überreste des verschollenen Weltwunders entdeckt.
Diodoros (um 80–27 v. Chr.) spricht von einem massiven Bau mit abgestuften Terrassen, von denen jede fünf Meter hoch sei. Auf die Steindecken sei zuerst eine Lage aus asphaltiertem Schilf aufgetragen worden. Dann folgte eine doppelte Schicht gebrannter Ziegel, deren Fugen man mit Gips abdichtete, und schließlich sogar Blei, das den Untergrund gegen die Feuchtigkeit isolieren sollte.
Forscher vermuten, dass die darüber liegende Erdschicht bis zu drei Meter dick war, denn die antiken Autoren berichten übereinstimmend, dass in den sagenumwobenen Gärten große Bäume wuchsen sowie alle nur erdenklichen Arten von Sträuchern und Blumen.
Nebukadnezars Soldaten hatten den Befehl auf ihren Feldzügen unbekannte Pflanzen auszugraben und so schnell wie möglich nach Babylon zu schicken. Das Trostgeschenk für die medische Prinzessin war ein botanischer Garten; es war der erste auf der Welt. Die Bezeichnung »Hängende Gärten« kommt vermutlich daher, dass der äußerste Rand jeder Terrasse mit Hängepflanzen bewachsen war, sodass das riesige Gebäude wie ein üppig bewachsener grüner Berg emporragte.
In den von Koldewey gefundenen Fundamenten war ein Pumpensystem untergebracht – wohl eine Art Wasserschnecke – mit dessen Hilfe Sklaven im Sommer unablässig frisches Wasser aus dem Brunnen auf die einzelnen Terrassen zu pumpen hatten, auf denen es in Bassins gespeichert wurde. Gerade in den Sommern, in denen es in der wüstenhaften Ebene Mesopotamiens häufig bis zu 50 Grad Celsius heiß wird, werden die luftigen Gärten, in denen stets verdunstende Feuchtigkeit für Kühle sorgte, ein wahres Paradies gewesen sein.

Kupferstich aus dem 1669 in Amsterdam erschienenen Turris Babel *von Athanasius Kircher*

DIE LEGENDE

Der Legende nach sollen die Hängenden Gärten, die Mauern von Babylon sowie ein großer Obelisk durch die Königin Semiramis erbaut worden sein. Semiramis war eine babylonische Prinzessin, die den assyrischen König Schamasch-Adad V. (reg. 823–810 v. Chr.) heiratete. Nach seinem Tod führte sie fünf Jahre lang die Regentschaft für ihren unmündigen Sohn Adadnerari III. (reg. 805–782 v. Chr.). Als assyrische Königin hatte sie auch auf das politisch abhängige Babylon Einfluss. Es ist allerdings historisch nicht einwandfrei gesichert, ob sie dort tatsächlich als Bauherrin aktiv gewesen ist, denn ihre Werke fielen schon bald assyrischen Königen zum Opfer, die Babylon mehrfach zerstörten. Die Legende um die sagenumwobene Herrscherin trug aber dazu bei, dass die ihr zugeschriebenen Werke in späteren Zeiten ein besonders großes Interesse auf sich zogen.

Kupferstich, um 1700

DAS KULTBILD DES ZEUS IN OLYMPIA

Holzstich nach einer Zeichnung von Heinrich Leutemann, um 1865

DAS WICHTIGSTE IN KÜRZE:
- **Errichtet: um 438 v. Chr.**
- **Größe mit Sockel: 13 Meter**
- **Kolossalstatue aus Gold und Elfenbein**

Etwa um das Jahr 470 v. Chr. ging ein Hilferuf aus dem kleinen Städtchen Olympia an die griechische Welt; die Olympischen Spiele, die hier seit dem 8. Jh. v. Chr. alle vier Jahre zu Ehren des Göttervaters abgehalten wurden, waren inzwischen zur wichtigsten Veranstaltung im griechischen Kulturraum geworden. Es hieß, es gäbe für Zeus noch keine Stätte der Verehrung, die der Bedeutung der Spiele angemessen wäre!

Der Aufruf hatte Erfolg. Aus ganz Griechenland kamen Spenden und Geschenke, um den größten und prächtigsten Tempel zu errichten, den es bis dahin auf dem griechischen Festland gegeben hat. Dieser Tempel, von Libon von Elis gebaut und 457 v. Chr. vollendet, maß 64 x 27 Meter und war von 34 dorischen Säulen aus Muschelkalk umstellt, die über zehn Meter hoch waren. Der Fries am Giebel zeigte Zeus zwischen den beiden mythischen Helden Pelops und Oinomaos, die in der Überlieferung ein dramatisches Wagenrennen bestritten.

DAS MEISTERWERK DES PHIDIAS

Die Altäre für religiöse Riten befanden sich bei griechischen Tempeln im Freien vor dem Bauwerk. Innerhalb des Säulenkranzes befand sich die Cella, die das Kultbild beherbergte.

Für die Zeusstatue, im neuen Tempel von Olympia, beauftragte man damals den berühmtesten Künstler seiner Zeit, den Athener Bildhauer Phidias (gest. um 430 v. Chr.). Zahlreiche antike Münzen geben ein recht gutes Zeugnis von der ungewöhnlichen Darstellung des Göttervaters, die der Künstler für Olympia schuf. Zeus ist hier kein zorniger, Blitze schleudernder Kraftprotz, sondern ein majestätischer, gütiger Greis mit dichtem Bart, der auf einem reich geschmückten Stuhl aus Elfenbein thront. In der linken Hand hält er ein langes Zepter mit einem Adler an der Spitze, auf der ausgestreckten rechten Handfläche steht die zierlich wirkende, goldene Siegesgöttin (Nike), die in Wahrheit übermannshoch ist. Der nackte Oberkörper des obersten Gottes ist muskulös und auf dem Haupt trägt er einen Olivenkranz wie ein Olympiasieger. Vermutlich war es diese neue Darstellung, die dazu führte, dass das Kultbild des Zeus als Weltwunder angesehen wurde und nicht das ähnlich große, ähnlich wertvolle der Athene, das Phidias für den Parthenon in Athen schuf. Der eher nüchterne römische Staatsmann Cicero (106–43 v. Chr.) jedenfalls nannte das Bild »das Vollkommenste seiner Art.«

Umgeben ist die Statue von einer doppelstöckigen Säulenarkade. Die Decke darüber schmückte ein Kassettenmuster. Allerdings muss die Statue sehr mächtig für den Raum gewesen sein. Der sitzende Zeus reichte fast bis an die 14,5 Meter hohe Decke und der

griechische Historiker Strabon (um 63 v. Chr.–28 n. Chr.) meinte, »dass er den Eindruck machte, er werde, wenn er aufstehe, den Tempel abdecken«.
Etwa 80 Meter vom Tempel entfernt, sind die Überreste der Werkstatt des Phidias gefunden worden. Sie hatte die Maße der Cella, damit der Künstler die Größe der Statue genau anpassen konnte. In diesem Atelier fertigte Phidias ein Gerüst aus Eisen, Holz und Gips, das er nach und nach mit modelliertem Elfenbein beschichtete. Haare und Gewand des Gottes sowie sein Zepter wurden aus Gold geformt, ebenso die Nike-Statue. Angeblich wog allein das Gold, das für die riesige Skulptur gebraucht wurde, 200 Kilogramm. Die Augen sollen aus faustgroßen Edelsteinen bestanden haben.
Nach der Fertigstellung zerlegte Phidias die Figur wieder in ihre Einzelteile und baute sie im Tempel neu auf. Am ersten Tag der künftigen Olympiaden boten die Athleten vor dem Altar des Göttervaters Opfer dar, beteten für ihren Sieg und schworen dem Schutzherren und Schiedsrichter ein faires Spiel.

DER KULTBEZIRK

Die Kultstätten in Olympia galten als Heiliger Bezirk (Altis). Der älteste Tempel dort war das Heraion (7. Jh. v. Chr.), das der Gattin des Zeus geweiht war. Es ist das erste bekannte Bauwerk im dorischen Stil. Hier wurden auf einem kostbaren Tisch die Ölbaumkränze ausgestellt, mit denen die Sieger geschmückt wurden. Außerdem müssen zahlreiche Götterstatuen dort gestanden haben. Bei Ausgrabungsarbeiten fand man 1960 eine der berühmtesten griechischen Skultpuren, den Hermes mit Dionysosknaben des Bildhauers Praxiteles (um 340 v. Chr.).
Im Norden standen zwölf Schatzhäuser zur Aufnahme von Weihegeschenken bereit. Östlich des Heiligen Bezirks erstreckte sich das Stadion für die Wettkämpfe, westlich lagen die Ringerhalle, eine Trainingsstätte (Gymnasion), wo sich die Athleten auf die Wettkämpfe vorbereiteten, zahlreiche Gästehäuser und ein Bad.
Die Gebäude und die Statue wurden im 2. Jh. bei einem Erdbeben schwer beschädigt. Die Zeusfigur soll um 350 von Plünderern völlig zerstört worden sein, möglich ist aber auch, dass man sie 475 nach Konstantinopel schaffte, wo sie einem Brand zum Opfer fiel.

Schnitt durch den Zeustempel von Olympia mit dem Kultbild von Phidias

Rekonstruktion des Kultbildes nach der Beschreibung von Pausanias, Kupferstich, um 1800

Kupferstich nach Johann Bernhard Fischer von Erlach, um 1700

DER TEMPEL DER ARTEMIS IN EPHESOS

Holzstich nach einer Zeichnung von Ferdinand Knab, 1886

DAS WICHTIGSTE IN KÜRZE:

- **Erbaut: 560–460 v. Chr., wieder errichtet 356 v. Chr.**
- **Größter Tempel der frühen griechischen Geschichte**

Die berühmteste Geschichte um das Artemision ist die seiner Zerstörung: In einer Sommernacht des Jahres 356 v. Chr. schlich sich ein Mann mit einer Fackel in den prächtigen Tempel der Artemis in Ephesos und setzte die Vorhänge, die hölzernen Kultgegenstände und die Türen aus Zypressenholz in Brand. Das Feuer breitete sich rasch aus und ergriff den hölzernen Dachstuhl. Es loderte so heftig, dass auch ein Teil der Marmorsäulen in der Hitze zerbarst und umstürzte. Am Ende war vom prächtigsten Tempel Kleinasiens nur noch eine rauchende Ruine übrig. Der Täter wurde gefasst und bekannte vor Gericht, dass er das Feuer nur deshalb gelegt habe, damit sein Name in die Geschichtsbücher eingehe. Obwohl sich die Epheser daraufhin geschworen haben sollen, den Namen in Vergessenheit geraten zu lassen, wurde er überliefert. Der Zerstörer des Weltwunders hieß Herostratos.

DER TEMPEL

Das Artemision wurde 560 v. Chr. von dem reichen Lyderkönig Krösus (um 595–547 v. Chr.), der Ephesos erobert hatte, in Auftrag gegeben. Als es um 460 v. Chr. endlich fertig gestellt war, war es mit 105 x 51 Meter Fläche der größte Tempel der damaligen Zeit. Ungewöhnlich war die Anzahl von 127 ionischen Säulen, die den Tempel in mehreren Reihen umgaben. Möglicherweise sollte dieser Wald von Säulen einen Tribut an die Waldgöttin Artemis darstellen. 36 davon waren am Schaft mit übermannshohen Friesen geschmückt.

Der römische Schriftsteller Plinius (um 23–79) berichtet, der Tempel sei bewusst auf sumpfigem Gebiet errichtet worden, um Erdbebenschäden zu vermeiden. Man habe den Boden sehr tief ausgeschachtet und dann die steinernen Fundamente auf fest gestampfte Kohle – wohl angekohlte Eichenstämme – und Wollvliese gestellt. Am meisten jedoch fasziniert ihn die Frage, wie man die Querbalken des umlaufenden Steinkranzes (Architrav) auf die 18 Meter hohen Säulen bekommen habe. Die Schwelle über dem Eingangstor sei nämlich so schwer gewesen, dass Chersiphron, der Architekt des Prestigeprojektes, angeblich schon Selbstmord erwogen habe, erzählt

Plinius. Doch dann soll einer Legende nach Artemis selber in der Nacht den Balken an die rechte Stelle gesetzt haben.
Nach der Brandstiftung des Herostratos wurde das Kultbild der Artemis fast unversehrt unter den Trümmern gefunden. Die Epheser interpretierten das als Auftrag der Göttin, ihren Tempel auf dem planierten Schutthügel der alten Weihestätte noch größer und prächtiger wieder aufzubauen. Das neue Heiligtum maß sogar 125 x 65 Meter und war ungefähr doppelt so groß wie der Zeustempel in Olympia. Die Anzahl von 127 Säulen behielt der Baumeister Cheirokrates bei. Den Dachstuhl jedoch ließ er nicht mehr aus edlem Zedernholz, sondern aus Stein fertigen. Der Bau dauerte mehrere Jahrzehnte und war für die Epheser nationale Sache. Als sich Alexander der Große (356–323 v. Chr.) finanziell beteiligen wollte, wurde er höflich, aber bestimmt abgewimmelt.
133 v. Chr. wurde Ephesos von der Römern erobert und zur Hauptstadt ihrer Provinz Asia gemacht. Aus Artemis wurde Diana, doch ihre Anziehungskraft blieb ungebrochen. Viele Epheser lebten gut vom Souvenirverkauf. Das erfuhr selbst Apostel Paulus (um 5–64), allerdings auf unangenehme Weise, da ihn die Epheser aus ihrer Stadt jagten, weil er das lukrative Geschäft mit der populären Göttin störte. 262 plünderten die Goten den Tempel und zerstörten ihn teilweise. 380 wurde er von Kaiser Theodosius (347–395) offiziell geschlossen. Die Steine wurden woanders als Baumaterial verwendet und das einstmals so reiche Ephesos versank langsam in den Sümpfen des Kaystros.

Kupferstich nach einer Zeichnung von Johann Bernhard Fischer von Erlach, um 1700

Kultbild der Artemis, sog. Schöne Artemis (Ephesos, Archäologisches Museum)

DIE ARTEMIS

Ungewöhnlich ist das Kultbild der Artemis, von dem drei Kopien in einer Werkstatt des Bildhauers Phidias (gest. um 430 v. Chr.) gefunden wurden. Das Gesicht der Göttin, ihre ausgebreiteten Hände sowie die nackten Füße, die unter einem engen Volantrock hervorschauen, waren aus schwarzem Holz. Ihr Oberkörper ist dicht an dicht mit Gebilden behangen, die wie Brüste aussehen, aber auch als Stierhoden gedeutet werden. Auf den segmentierten Feldern ihres hautengen Rocks ragen Reliefs mit jeweils drei Tierköpfen hervor. Ebenso ist eine Art tief sitzender Heiligenschein in ihrem Nacken mit Tierköpfen geschmückt und auf den langen Ärmeln ihres Gewandes hocken Löwen. Dazu trägt sie eine turmartige Krone und einen breiten Halsreif.
Vermutlich handelte es sich ursprünglich um eine asiatische Fruchtbarkeitsgöttin. Angeblich haben ionische Siedler die Originalstatue Ende des 2. Jt. v. Chr. in einer kleinen Einfriedung an der Mündung des Flusses Kaystros gefunden, setzten sie mit ihrer Jagdgöttin und Tierbeschützerin Artemis gleich und machten sie zur Schirmherrin ihrer neu gegründeten Stadt. Diese entwickelte sich schnell zu einem bedeutenden Handelsplatz und die dankbaren Einwohner schrieben das natürlich ihrer vielbrüstigen Göttin zu.

Wieder aufgerichtete Säule des Artemistempels

GRABMAL DES MAUSOLOS IN HALIKARNASSOS

Rekonstruktion von Oskar Mothes, Holzstich, um 1890

DAS WICHTIGSTE IN KÜRZE:
- **Erbaut: um 350 v. Chr.**
- **Höhe: 49 Meter**
- **Namen gebendes Vorbild für alle späteren Mausoleen**

Als der persische König Dareios (reg. 522–486 v. Chr.) sein Reich reformierte, das sich damals über fünf Millionen Quadratkilometer vom Bosporus bis zum Indus erstreckte, teilte er es in einzelne Provinzen (Satrapien), an deren Spitze er jeweils einen Satrapen aus einer mächtigen und loyalen persischen oder medischen Familie stellte. Der König ließ diese Provinzverwalter, die teilweise riesige Gebiete unter sich hatten, streng kontrollieren. Wer jedoch weder gegen seine persönlichen Interessen noch gegen die Gesetze verstieß, genoss viele Freiheiten und konnte sehr reich werden. Unter Dareios' unfähigen Nachfolgern wurde die Macht der Satrapen noch größer. Einer von ihnen hieß Mausolos und beschloss, unsterblich zu werden.

DER BAUHERR

Mausolos' Vater Hekatomnos (gest. 377 v. Chr.) war ein Vasall des persischen Großkönigs Artaxerxes (reg. 404–358 v. Chr.), der ihm die Treue hielt, als dieser den Thron bestieg und die griechischen Städte gegen ihn rebellierten. Zum Dank wurde er zum Satrapen der Provinz Karien gemacht. Als neue Hauptstadt wählte Hekatomnos die verkehrsgünstig gelegene Küstenstadt Halikarnassos – nahe dem heutigen Bodrum – aus. Sein Sohn Mausolos (reg. 377–353 v. Chr.) machte daraus eine prächtige Residenz nach griechischem Vorbild.
Den Bau seines Grabmals wollte er keinem einheimischen Architekten überlassen, sondern er rief einen Wettbewerb aus, mit dem er sich an die berühmtesten griechischen Künstler wandte. Es sollte jeder, der damals

Rang und Namen hatte, teilnehmen, denn die griechischen Städte besaßen nicht mehr die Mittel, große Kunstwerke zu bezahlen. Lukrative Aufträge waren nur noch von den neuen Herren zu erwarten.
Als Mausolos starb, war der Bau seines Grabmales noch in vollem Gange. Seine jüngere Schwester und Witwe Artemisia übernahm die Leitung der Bauarbeiten, überlebte ihren Bruder jedoch nur um zwei Jahre. Das Grabmal war immer noch nicht fertig. Ein solch herausragendes Bauwerk, so die Meinung der griechischen Künstler, könne nicht unvollendet gelassen werden. In Eigenregie stellten sie den Bau fertig. Als Alexander der Große (356–323 v. Chr.) Ephesos 334 v. Chr. einnahm, ließ er das Mausoleum unbeschädigt.

Fragment des berühmten Amazonenfrieses (London, British Museum)

DAS GRABMAL

Obwohl sich Mausolos bewusst an die griechischen Baumeister gewandt hatte, ernannte er die Architekten Satyros und Pytheos zu den Siegern, die völlig ungewöhnliche Entwürfe eingereicht hatten, indem sie griechische mit persischen und ägyptischen Elementen zusammenwürfelten, was sehr eindrucksvoll wirkte. Als Bauplatz wählte Mausolos eine zentrale Lage zwischen dem Marktplatz der Stadt und dem großen Arestempel. Dort wurde zuerst eine Terrasse errichtet, auf der ein fünfstufiger Unterbau von 33 x 39 Metern Grundfläche angelegt wurde. Auf diesem erhob sich ein sehr schlichter, aber umso imposanter wirkender, massiv gemauerter Quader von 27 x 33 Metern Fläche. Beides zusammen hatte eine Höhe von 22 Metern. Auf diesem schroff anmutenden Sockel wurde der eigentliche Grabtempel im griechischen Stil errichtet. Er war von elf Meter hohen Säulen umgeben und in der Cella befand sich anstatt des traditionellen Götterbildes die Grabstätte des Auftraggebers. Der Skulpturenschmuck soll gemeinsam von den berühmtesten Bildhauern der Zeit, darunter Praxiteles, erschaffen worden sein. Auf das Dachgebälk setzten die Architekten noch einmal eine 24-stufige Pyramide, deren oberste Spitze abgeflacht war, damit dort eine marmorne Quadriga aufgestellt werden konnte. Entgegen den ursprünglichen Entwürfen wurde der Wagen nicht von einer, sondern von zwei Personen gelenkt. Artemisia hatte sich dort an der Seite ihres verstorbenen Gatten verewigen lassen. Eine Tatsache, über die sich einige der antiken Schriftsteller die Zunge zerrissen und meinten, Mausolos wäre eine solche Selbsterhebung bestimmt nicht recht gewesen. Andere hingegen rühmten die große Liebe der Artemisia, die sich bei der hingebungsvollen Arbeit am Grabmal ihres Gatten gezeigt habe.
Das Mausoleum ist das Weltwunder, welches am längsten existierte. Es fiel erst im 12 Jh. einem Erdbeben zum Opfer. Später bauten die Kreuzfahrer aus seinen Trümmern eine Befestigung gegen die Türken. Bei Ausgrabungen wurden nur noch einige Relikte eines kunstvollen, 90 Zentimeter hohen Amazonenfrieses, eine beschädigte Statue des Mausolos und einige andere Reste des Skulpturenschmucks gefunden.

Kupferstich nach einer Zeichnung von Johann Bernhard Fischer von Erlach, um 1700

Halikarnassos (Schema)

DER KOLOSS VON RHODOS

Rekonstruktion von Georg Balthasar Probst, Kupferstich, um 1750

DAS WICHTIGSTE IN KÜRZE:
- **Erbaut: 302–290 v. Chr.**
- **Höhe: 30 Meter**
- **Größte Kolossalstatue vor Errichtung der Freiheitsstatue von New York**

Den berühmten Bildhauer Chares von Lindos (3. Jh. v. Chr.) kostete der Koloss von Rhodos angeblich das Leben. Eines Tages klopfte eine Vertretung der Stadt Rhodos bei dem Schüler des legendären Erzgießers Lysippos von Sikyon (4. Jh. v. Chr.) an und erkundigte sich, wie viel eine 15 Meter hohe Bronzestatue kosten würde. Chares berechnete einen Preis. Daraufhin erkundigten sich die Gäste, was er für eine doppelt so große Statue haben wolle. Unbedacht verdoppelte Chares den Preis und mag sich vielleicht noch gewundert haben, wie schnell seine Verhandlungspartner einschlugen. Die vereinbarte Summe jedoch soll schon nach den Anfangsarbeiten aufgebraucht gewesen sein und Chares merkte, dass er mindestens das Achtfache der ursprünglichen Summe hätte verlangen müssen. Nachdem er sich vollständig ruiniert hatte, sah er keinen anderen Ausweg mehr als den Selbstmord.

DIE STADT

Rhodos war 408 v. Chr. gegründet worden und stieg schnell zur reichen Handelsmetropole auf. Den Einwohnern der Insel gelang es, sich in den politischen Wirren des 4. Jh. v. Chr. geschickt zu behaupten. Sie kamen fast unbeschadet davon und wurden treue Vasallen ihres ehemaligen Gegners Alexanders des Großen (356–323 v. Chr.)
Im Jahr 305 v. Chr. schien sich das Glück der Rhodier zu wenden. Alexanders einstiger Hauptmann Antigonos (um 384–301 v. Chr.), nun Herrscher über Westgriechenland, beschloss den Krieg gegen seinen ehemaligen Kollegen Ptolemäus von Ägypten (366–283 v. Chr.). Die Bewohner von Rhodos jedoch, die gute Handelsbeziehungen zu Ptolemäus pflegten, wollten nicht mitziehen. Also schickte Antigonos seinen Sohn Demetrios, der den Beinamen Poliorketes (Städtebelagerer) trug, nach Rhodos. Doch trotz des gewaltigen Einsatzes an Soldaten und Belagerungsmaschinen hielt die Stadt stand. Daraufhin soll Demetrios das größte Kriegsgerät gebaut haben, das es bis dato gegeben hat: einen

fahrbaren, neunstöckigen, 30 Meter hohen Belagerungsturm mit einem gewaltigen Rammbock. Angeblich waren 3400 Menschen nötig, um das Ungetüm zu bewegen. Demetrios konnte damit ein gewaltiges Loch in die Stadtmauer von Rhodos schlagen. Sein Fehler war den großen Angriff auf den nächsten Tag zu verschieben. Die verzweifelten Rhodier beteten zu ihrem Schutzgott Helios und kamen daraufhin auf die Idee, eine Fallgrube für Demetrios' Belagerungsturm zu bauen.
Die List ging auf. Als Demetrios den Turm mit dem Rammbock weiterbewegen ließ, blieb dieser mit den Rädern in der Grube stecken; sein Körper füllte jetzt genau das Loch in der Mauer aus, das er vorher hineingeschlagen hatte. Der Angreifer zog endgültig ab. Die Rhodier aber versprachen dem Sonnengott ein Standbild, das so groß wie der Turm des Demetrios werden sollte.

Kupferstich von Matthäus Merian d. Ä. von 1630

DER KOLOSS

Es gibt wenige gesicherte Hinweise darüber, wie der Koloss von Rhodos ausgesehen hat. Einige alte Münzen zeigen immerhin, dass der Kopf des Sonnengottes von einer siebenstrahligen Krone umgeben war. Vermutlich hielt er die rechte Hand erhoben, möglicherweise mit einer Fackel. Wahrscheinlich war er nackt oder jedenfalls nur spärlich bekleidet und hatte sein Gewand über den linken Unterarm drapiert. In der Linken soll er einen Pfeil, über der Schulter einen Bogen getragen haben. Umso mehr regte die riesige Statue die Fantasie an. Viele Zeichnungen zeigen ihn breitbeinig über der Hafeneinfahrt von Rhodos stehen. Doch die meisten Historiker gehen davon aus, dass die Statue irgendwo in der Stadt aufgestellt gewesen ist. Die breitbeinige Haltung wäre für die damalige Technik nicht machbar gewesen.

Kupferstich, aus: Friedrich Justin Bertfuchs Bilderbuch für Kinder *von 1972*

Manche antike Berichterstatter meinen, das innere Skelett aus gewaltigen Eisenträgern, Stein und Lehm sei noch imponierender gewesen als das Äußere der Figur. Der Koloss soll auf einer Plattform aus weißem Marmor gestanden haben. Darauf errichtete Chares stückweise die Figur, indem er die fertigen Teile mit einem Erdwall umgab und von diesem aus den nächsten Teil fertigte. Da er für die gesamte Figur nur 15 Tonnen Bronze gebraucht haben soll, war die Figur vermutlich nur sehr dünn – vielleicht 1,5 Millimeter dick – und mit gegossener Bronze überzogen. In der Mitte hatte der Gigant einen Schacht, durch den man zwecks Reparaturarbeiten auf einer Holzleiter bis in den Kopf der Statue steigen konnte. Der Koloss gab allen nachfolgenden Riesenstatuen ihren Namen. Denn eigentlich bedeutete das Wort nur »Statue«. Seine Größe wurde lange nicht erreicht. So ist beispielsweise die Bavaria auf der Münchner Theresienhöhe nur 16 Meter groß.
Das Wunder von Rhodos erwies sich jedoch nicht als besonders standfest. Schon 224 v. Chr. brach sich der Sonnengott bei einem Erdbeben ein Bein, stürzte um und begrub einige Häuser unter sich. Ein Orakel hinderte die Rhodier daran, ihn wieder aufzurichten. So blieb der gefällte Riese liegen und konnte auf seinem neuen Platz noch bis 653 bewundert werden. Dann eroberten die Araber Rhodos, entfernten die Bronze und schmolzen sie ein.

DER LEUCHTTURM VON ALEXANDRIA

Holzstich, 19. Jh.

DAS WICHTIGSTE IN KÜRZE:
- **Erbaut: 346–279 v. Chr.**
- **Höhe: 130 Meter**
- **Erster Leuchtturm der Geschichte**

Nachdem Alexander der Große (356–323 v. Chr.) 331 v. Chr. Ägypten erobert hatte, verfügte er den Bau einer Stadt mit dem Namen Alexandria im Nildelta. Am 16. April schritt er in einer feierlichen Prozession persönlich ein Geviert von 5,3 x 1,2 Kilometern ab, den Verlauf der künftigen Stadtmauern. Er legte Plätze für die öffentlichen Gebäude fest und bestimmte, wo welchem Gott ein Tempel gebaut werden sollte. Zu seinen detaillierten Anweisungen gehörte auch der Bau eines gigantischen Turms auf einem Riff nahe der vorgelagerten Insel Pharos. Schließlich sollte jedes Schiff schon von weitem auf die neue Hafenstadt aufmerksam werden. Danach zog der Eroberer weiter und gründete noch 60–80 Städte, die seinen Namen trugen.
Am berühmtesten jedoch wurde das erste Alexandria und noch bekannter sein Signalturm. Aus seinem Standort – Pharos – wurde in allen romanischen Sprachen das Wort für »Leuchtturm«.

DIE BEDEUTUNG

Alexandria stieg binnen kurzer Zeit zur wichtigsten, modernsten und größten Stadt am Mittelmeer auf. Sie war der bedeutendste Handelsplatz, wo außer dem lebenswichtigen Weizen aus der Kornkammer Ägypten Luxuswaren aus Indien und der arabischen Halbinsel umgeschlagen wurden. Die Stadt hatte zu ihrer Blütezeit über eine Million Einwohner und den schlechten Ruf einer Hafenstadt. Die antiken Autoren berichten – teils mit Abscheu – über Lärm, Enge, Chaos, Sittenlosigkeit und dem multikulturellen Völkergemisch.
Daneben war Alexandria aber auch ein Hort der Gelehrsamkeit. Ptolemäus I. (366–283 v. Chr.) hatte hier ein Museenheiligtum und die größte Bibliothek der Welt gegründet, in der alle jemals publizierten Bücher aufgenommen werden sollten. Angeschlossen waren Schulen aller Wissenschaften. In Alexandria studierten die hellsten Köpfe der Zeit. Auch das trug viel zur rasant wachsenden Bedeutung der Stadt bei.
Angesichts dieses Aufstiegs wurde mit dem Bau des Turmes erst 346 v. Chr. begonnen, also zu einer Zeit, als Alexandria schon bekannt war und die meisten Kapitäne den Weg dorthin gekannt haben dürften. Das Prestigeobjekt sollte sich als nützlich erweisen. Denn mit der Zeit wurde der Hafen so stark frequentiert, dass die Schiffe auch nachts landen und auslaufen konnten. Vermutlich rüstete man den Turm erst jetzt mit einer Leuchtanlage aus. Als Brennstoffe dienten wahrscheinlich Baumharz und Öl. Es gab wohl auch einen Hohlspiegel, der das Licht bündelte und reflektierte. Denn die antiken Autoren berichten, das Feuer von Pharos sei nachts kilometerweit zu sehen

gewesen. Die Angaben schwanken zwischen etwa 30 und 60 Kilometern. Vermutlich dienten daneben die Plattformen des Turms diversen Astronomen der berühmten Universität für ihre Sternenbeobachtungen.

Kupferstich nach Johann Bernhard Fischer von Erlach, um 1700

DER TURM

Mit 130 Metern Höhe kam der Leuchtturm von Alexandria fast an die Pyramiden in Gizeh heran. Er war aber wesentlich schmaler. Manche Historiker meinen, er sei das erste Gebäude der Welt, das wirklich die Bezeichnung »Turm« verdiene. Bis heute ist kein höherer Leuchtturm gebaut worden. Allerdings ist dies auch nicht erforderlich, da bereits 40 Meter Höhe genügen würden, um sich auf dem Meer zu orientieren.
Der Pharos stand auf einer großen Plattform, die mit einer Schutzmauer gegen Angriffe umgeben war. Eine Mole von 1,5 Kilometern verband sie mit der Stadt. Deren Fundamente waren so solide, dass sie vom Meer nicht angegriffen wurden. Stattdessen lagerte sich weiteres Material an und machte das künstliche Bauwerk im Laufe der Zeit zu einer Landzunge. Durch die antike und mittelalterliche Literatur jedoch geisterte die Vorstellung, der Turm stehe auf vier großen hölzernen oder gläsernen Krebsen im Meer.

Kupferstich von 1817, aus: Versuch über das Kostüm

Der Turm selber hatte eine Grundfläche von 30 x 30 Metern und bestand aus drei Teilen. Der unterste Bau war wohl ein Rechteck von 71 Metern Höhe, das sich nach oben leicht verjüngte. Auf diesem wurde ein achteckiger Turm von 34 Metern errichtet und darauf schließlich ein kleiner Rundbau, in dem später die Leuchtanlage untergebracht wurde. Das kegelförmige Dach stand auf kleinen Säulen und wurde von einer Statue geschmückt, die vermutlich Zeus oder Poseidon darstellte.
Entlang der Innenwände schraubte sich eine wendelförmige Rampe nach oben, die so flach war, dass Esel oder Maultiere sie begehen und das Brennmaterial für die Leuchtanlage nach oben bringen konnten. In der Mitte führte ein offener Schacht von den Kellern bis in die Spitze. Unterirdische Lagerräume und eine Trinkwasserzisterne sorgten dafür, dass einer feindlichen Belagerung hätte standgehalten werden können.
Die Außenwände waren mit leuchtendem weißem Marmor verkleidet und die Terrassen zwischen den einzelnen Bauteilen vermutlich mit Skulpturen von Meeresungeheuern geschmückt. Die Baukosten betrugen über 20.000 Kilo Silber. Im Mittelalter stürzte der erste Leuchtturm der Geschichte bei einem Erdbeben ein.

DIE HÖHLE VON LASCAUX

Blick in die Höhle von Lascaux

DAS WICHTIGSTE IN KÜRZE:
- **Alter: etwa 17.000 Jahre**
- **Umfang: rund 1500 Gravierungen und 600 Malereien**
- **Berühmteste prähistorische Höhlenmalerei**

Als 1879 ein Amateurarchäologe und seine kleine Tochter die fantastischen Höhlenmalereien von Altamira in Spanien entdeckten, glaubten die Wissenschaftler nicht an den Fund, sie sagten, die farbigen Tierbilder an den Wänden könnten unmöglich prähistorisch sein. Steinzeitmenschen seien zu keiner Kunst fähig gewesen. Vermutlich handele es sich um einen Scherz jüngsten Datums, der leichtgläubige Zeitgenossen hinters Licht führen solle. Erst 1940, als entdeckungslustige Jungen im französischen Departement Dordogne in einer Höhle neue atemberaubende Tierbilder fanden, erkannten die Experten, dass die Höhle von Lascaux einmalige Schätze barg. Aber: Die Malereien von Lascaux waren sogar noch 3000–4000 Jahre älter als die von Altamira.

DIE BILDER

Die Bilder in der etwa 140 Meter tief gelegenen und 100 Meter langen Kalksteinhöhle stammen aus der späten Altsteinzeit, als Europa noch von Jägervölkern besiedelt war. Zu sehen sind in Lascaux etwa 600 farbige Darstellungen von Rindern, Rentieren, Pferden, Wölfen und Wildkatzen. Sie stammen etwa aus der Zeit um 15.000 v. Chr. Hinzu kommen rund 1500 Ritzzeichnungen, von denen viele wahrscheinlich noch älter sind. Insgesamt sind 20 Tierarten zu sehen, darunter auch Fantasietiere wie beispielsweise ein Einhorn. Nur einmal taucht auch ein Mensch

auf. Er scheint gerade von einem Nashorn getötet worden zu sein.
Alle Bilder befinden sich tief im Inneren der Höhle, fast alle in einer großen Halle, dem »Saal der Stiere«. Er ist 28 Meter lang, zehn Meter breit, fünf Meter hoch und mit Rindern und Pferden bemalt. Im Gegensatz zu den meisten anderen Höhlenzeichnungen entsteht hier der Eindruck einer Gesamtkomposition. Man sieht eine bunte Herde von Tieren, die sich auf der Flucht vor ihren Jägern befindet. Die Szenerie dominieren eindeutig die Stiere mit ihrem mächtigen Gehörn. Bei den schönsten Darstellungen sind nur die Umrisslinien schwarz gezeichnet. Die Linienführung hat die dynamische Fluchtbewegung meisterhaft einfangen. Man glaubt förmlich das Donnern der Hufe zu hören. Das größte Tier misst 5,5 Meter. Die rot- oder dunkelbraunen Pferde und Hirsche verblassen dagegen, hinsichtlich ihrer Größe und Lebendigkeit.

Darstellung eines Stiers mit mächtigem Gehörn aus der Höhle von Lascaux

Die Farbpalette reicht von Hellgelb, verschiedensten Rot- und Brauntönen bis hin zu Schwarz. Verwendet wurden Mineraloxide wie gelbes und rotes Eisenoxid oder dunkelbraunes Manganoxid. Die Künstler zerstießen die Farben mit einem Stößel in einer Schale und rührten sie dann mit Wasser oder Fett an. Gemalt wurde mit Pinseln aus Federn oder Tierhaaren, Zweigen, Moos- und Felltupfern und den bloßen Händen.
Die Ablagerungen von Kalksinter in der Höhle ergaben einen glatten, sehr hellen Malgrund, gleichzeitig sorgte die Sinterschicht dafür, dass die Bilder gut erhalten blieben. 1963 jedoch musste die Höhle für die Öffentlichkeit geschlossen werden. Die künstliche Beleuchtung und die erhöhte Feuchtigkeit durch die vielen Besucher, hatten dazu geführt, dass sich auf den Wänden Grünalgen ansiedelten, die die Bilder zu zerstören drohten. Um der Öffentlichkeit die Schätze aus der Vorgeschichte dennoch nicht vorzuenthalten, wurde eine originalgetreue Nachbildung der Höhle mit allen Bildern angelegt.

DIE PRÄHISTORISCHE MALEREI

Die ältesten Felszeichnungen, die bislang gefunden wurden, sind etwa 25.000 Jahre alt. Um 20.000 v. Chr. beginnt sich ein erster Stil der Malerei herauszukristallisieren. Es ist der sog. »Großtierstil«, dem auch die Bilder von Lascaux angehören. Wie der Name schon sagt, werden vor allem große Beutetiere dargestellt, kaum jedoch komplexere Jagdszenerien. Diese charakterisieren den »Levante-Stil«, dem unter anderem die Bilder von Altamira angehören (13.–12. Jh. v. Chr.). Er war vor allem in Ostspanien und einigen Gebieten Afrikas verbreitet. Die Bilder sind kleinteiliger und farbiger als beim Großtierstil, die Tiere wirken jedoch oftmals stilisiert und weniger lebendig. Ab 5000 v. Chr. ermöglicht der Röntgenstil überdies die Darstellung innerer Organe wie Herz, Magen oder Lunge.
Die Forscher gehen davon aus, dass die Malereien kultische Zwecke hatten. Ansonsten wäre es schwer erklärbar, warum die Bilder tief im Inneren der Höhlen gemalt wurden, da sich der Wohnbereich unserer Vorfahren eher an ihren Eingängen befand oder sie unter Felsvorsprüngen an den Südhängen der Berge lebten. Zahlreiche Rußspuren an den Wänden zeugen von den Steinlampen, die den Künstlern bei ihrer mühsamen Arbeit Licht spendeten. Viele Bilder sind an schwer zugänglichen Stellen angebracht. So müssen in Lascaux beispielsweise Gerüste bis zu einer Höhe von fünf Metern verwendet worden sein.

STONEHENGE

DAS WICHTIGSTE IN KÜRZE:
- **Erbaut: ca. 3200–1400 v. Chr.**
- **Legendäre Megalithanlage in England**
- **Errichtet mit Steinen aus Wales**

Der Steinkreis von Stonehenge gibt den Menschen seit Jahrhunderten Rätsel auf. Wie konnte so ein gewaltiges Bauwerk nur errichtet werden? Und warum? Der mittelalterliche Schriftsteller Geoffrey Monmouth (um 1100–54) machte den Zauberer Merlin für die Errichtung verantwortlich. Im 17. Jh. dachte der englische Architekt Inigo Jones (1573–1652), es müsse sich um die Reste eines Tempels handeln, den die technisch begabten Römer bauten. Später glaubte man, eine Kultstätte vor sich zu haben, wo die keltischen Druiden Menschenopfer darbrachten. Doch die Steine auf den Ebenen bei Salisbury sind 1000 Jahre älter als der Druidenglaube. Stonehenge, das seinen Namen von den Sachsen hat (Hängende Steine), ist eines der bedeutendsten Relikte der europäischen Megalithkultur (griech.: megas = groß, lithos = Stein), die zwischen 4500 und 2500 v. Chr. am Übergang von der Jungsteinzeit zur Kupferzeit angesiedelt ist.

DER AUFBAU

Heute stehen nur noch rund die Hälfte der Steine – genug, um das ursprüngliche Aussehen rekonstruieren zu können. Ins Auge fällt vor allem der äußere Steinkreis aus gewaltigen rechteckigen Sandsteinblöcken, den sog. Sarsen. Sie sind durch einen Ring von aufgelegten Querblöcken zu Trilithen verbunden.
Innerhalb dieses Kreises befindet sich ein kleinerer aus Doloriten oder Blausteinen. Sie umschließen eine hufeisenförmige Steinsetzung. Wieder besteht der äußere Ring aus großen Sandsteintrilithen, der innere aus einzelnen Blausteinen. Ein großer Block im Scheitelpunkt des Hufeisens wird als Altar angesehen.

Luftaufnahme von Stonehenge

Die Steinsetzung ist von einem kreisförmigen Graben umgeben, der einen Durchmesser von über 100 Metern hat. An der Innenseite ist ein Erdwall aufgeschüttet, in dem sich 56 Löcher befinden, die für Feuerbestattungen benutzt worden sind. Nach ihrem Entdecker John Aubrey werden sie als Aubrey Holes bezeichnet. Die Anlage ist durch eine breite Prozessionsstraße mit dem knapp drei Kilometer entfernt liegenden Fluss Avon verbunden. Am Eingang der Allee, beziehungsweise gegenüber, stehen zwei einzelne Monolithe, der Slaughter Stone (Schlachterstein) und der Heel Stone (Fersenstein).
Rund um Stonehenge sind circa 400 Hügelgräber aus der ersten Hälfte des 2. Jt. v. Chr. gefunden worden – mehr als an irgendeinem anderen Ort in England.

DIE BAUGESCHICHTE

Den ältesten Teil der Anlage bilden nicht die gewaltigen Steinkreise, sondern der Graben und der Wall mit den Aubrey Holes. Sie stammen wahrscheinlich aus dem 4. Jt. v. Chr. Als erster Stein wurde der unförmige Heel Stone aufgestellt.
In der zweiten Bauphase um 2200 v. Chr. entstand ein Steinkreis aus 32 Blausteinen. Sie sind mit »nur« vier Tonnen Gewicht nicht so eindrucksvoll wie die Sarsen und wurden von weit her importiert. Man ist sich heute sicher, dass sie aus den Prescelly-Bergen in Südwales stammen. Vermutlich hat man sie auf Flößen erst entlang der walisischen Küste und dann von der Mündung des Severn bis Amesbury verschifft. Die restliche Strecke musste man sie zu ihrem Bestimmungsort schleifen.
Um 1800 v. Chr. ersetzte man die Blausteine durch die Sarsen, die fünf, im Hufeisen sogar sechs Meter hoch sind und im Durchschnitt 25 Tonnen wiegen. Sie stammen aus den Marlborough Downs, einem Höhenzug, der immerhin noch 30 Kilometer von Stonehenge entfernt ist. In Versuchen hat man ermittelt, dass 800 Menschen nötig waren, um eines dieser Ungetüme über quer gelegte Eichenstämme zu ziehen.
Um die Steine aufstellen zu können, wurde zuerst ein Fundament gegraben, in das die Riesen dann gekippt wurden. Am schwierigsten war es wohl die immerhin sieben Tonnen schweren Decksteine aufzulegen. Vermutlich hat man in mehreren Lagen Eichenstämme untergeschoben, abwechselnd längs und quer, bis schließlich eine Plattform von der Höhe der Sarsen entstand. Um Stabilität zu erreichen, wurden an der Oberseite der Sarsen Zapfen aus dem Stein gehauen, an der Unterseite der Decksteine passende Zapflöcher. Der Altarstein wurde vermutlich zuletzt in Stonehenge aufgestellt.

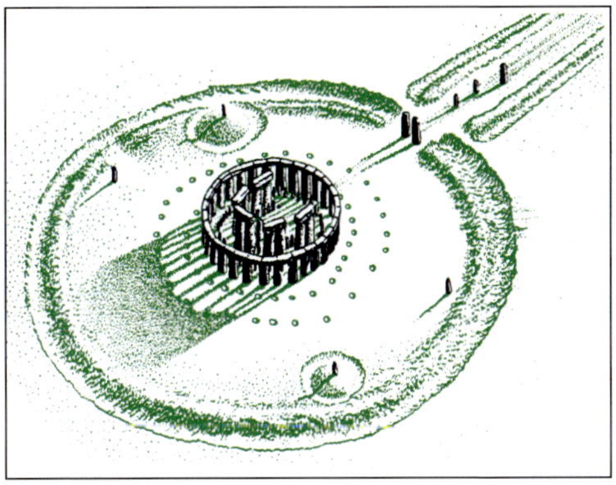

Schematische Darstellung

DIE FUNKTION

Alle Anzeichen sprechen dafür, dass Stonehenge die zentrale Versammlungs-, Kult- und Begräbnisstätte für die halbnomadisch lebenden Bewohner der Gegend war. Man hat sie im Lauf der Zeit immer aufwändiger und eindrucksvoller, weithin sichtbar ausgebaut. Es kann heute als gesichert gelten, dass die genaue Ausrichtung astronomischen Beobachtungen diente. So geht zum Beispiel am Tag der Wintersonnenwende die Sonne genau im Bogen des zentralen Trilithen hinter dem Altarstein auf. Aufgang sowie Untergang von Sonne und Mond lassen sich am Tag der Sonnenwende an bestimmten Steinen ablesen. Möglicherweise gab es auch noch andere Konstellationen, die noch nicht entdeckt worden sind. Für die Erbauer diente Stonehenge als gigantischer Kalender, der ihnen half das Jahr zu gliedern und die richtigen Tage für Aussaat und Ernte zu finden.

Geografische Lage

MOHENJO-DARO

DAS WICHTIGSTE IN KÜRZE:
- **Erbaut: um 2600 v. Chr.**
- **Einwohnerzahl: rund 100.000**
- **Erste Stadt mit Kanalisation**
- **Metropole der Indus-Kultur und vermutlich größte Stadt ihrer Zeit**

Niemand weiß, wie Mohenjo-Daro wirklich hieß. Ihren Namen, der »Hügel der Toten« bedeutet, bekam die Stadt, 320 Kilometer nordöstlich von Karachi liegend, erst, nachdem sie schon lange nur noch eine Ruine war.
Ihre Bewohner konnten schreiben, doch sie benutzten diese Fähigkeit so selten, dass die Forscher bis heute die Bedeutung der Buchstaben und Piktogramme nicht entziffern können. Eine umso verblüffendere Sprache sprechen die Ruinen der Stadt. Mohenjo-Daro erinnert in fast schon beklemmender Weise an unsere modernen Metropolen.

DIE STADT

Zusammen mit dem etwa 650 Kilometer nördlich gelegenen Harappa ist Mohenjo-Daro die größte von etwa 1000 Städten der Indus-Kultur, die bis heute gefunden wurde. Sie war 240 Hektar groß und planmäßig angelegt. Das Straßennetz verlief rechtwinklig. Die Hauptstraßen waren bis zu 14 Meter breit und teilten die Stadt in zwölf gleichmäßige Stadtteile.
Elf davon waren mit Wohnhäusern bebaut, zwischen denen sich kleine Geschäfte und Werkstätten befanden. Die Häuser scheinen im Allgemeinen recht geräumig gewesen zu sein. Trotz verschiedener Größen, die auf soziale Unterschiede hindeuten, ähnelten sie einander im Aufbau so sehr, dass sie wie standardisiert wirken. Sie wurden aus gebrannten Ziegeln gebaut und in mehreren Stockwerken um einen Innenhof gruppiert. Zur Straße hin verliefen ihre Fronten fast geradlinig und waren extrem nüchtern gestaltet. Es gab fast keine Verzierungen oder Reliefs und sogar Fenster fehlten fast völlig. Die Arkaden der Innenhöfe wurden von schmucklosen, eckigen Pfeilern getragen. Die Eingänge lagen fast nie an der Hauptstraße, sondern in engen Seitengässchen.
Die Stadt verfügte wahrscheinlich über das erste Wasser- und Abwassernetz der Welt. Die Häuser verfügten über Bäder, Brunnen, Frischwassertanks und manchmal sogar Toiletten. Alle waren an die öffentliche Kanalisation angeschlossen. Diese bestand aus einem System von Tonröhren, das unter dem Straßenpflaster verlegt war. In bestimmten Abständen gab es Einstiegslöcher für die

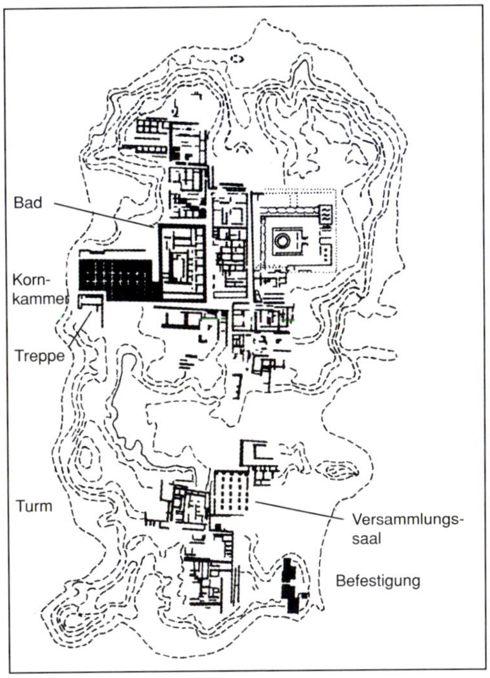

Grundriss des Stadtviertels mit den öffentlichen Gebäuden

Kanalarbeiter. Der Standard überragt manche indische Siedlung der Gegenwart bei weitem. Die öffentlichen Gebäude befanden sich etwas abseits der Stadt auf einem künstlich aufgeschütteten Hügel, der mit Mauern umgeben war und eine Art Zitadelle bildete. Am meisten erstaunte die Archäologen eine öffentliche Badeanstalt mit Warmluftheizung und Dampfbädern. Das zentrale Schwimmbecken war 13 Meter lang, acht Meter breit, 2,5 Meter tief und hatte einen Ziegelboden, der mit Bitumen wasserundurchlässig gemacht worden war. An den Schmalseiten führten Treppen in das Wasser. An drei Seiten war es von Pfeilern umgeben, die kleine Nischen bildeten. Möglicherweise diente es der kultischen Reinigung.
Neben dem Bad gab es große Kornspeicher. Etwas entfernt lag ein Versammlungsraum von 70 x 24 Metern. Tempel und Paläste dagegen scheinen völlig zu fehlen. Jedenfalls sind keine Bauten entdeckt worden, die eine solche Nutzung nahe legen. Die Historiker vermuten, dass auch Mohenjo-Daro wie die sumerischen Stadtstaaten von Priesterkönigen regiert worden ist. Doch Beweise dafür haben sie letztendlich nicht. Herrscher- oder Götterbilder, die man gefunden hat, könnten neun männliche Steinskulpturen darstellen. Alle tragen einen Stirnreifen, sorgfältig zurückgekämmtes Haar, einen gestutzten Bart und Kleider mit kleeblattähnlichen Mustern.

DIE INDUSKULTUR

Mohenjo-Daro und das ähnlich gebaute Harappa gehörten zu einer Hochkultur, die im 4. Jt. v. Chr. am Indus entstand. Ihr Lebensstandard war dem, der zur gleichen Zeit in Mesopotamien herrschte, möglicherweise sogar noch überlegen. Mit 700.000 Quadratkilometern übertraf sie alle anderen Hochkulturen an Ausdehnung. Sie erstreckte sich über weite Teile des heutigen Pakistan und Nordindien.
Ab 2600 v. Chr. gibt es Städte wie Mohenjo-Daro und Harappa. Man vermutet, dass es wie in Mesopotamien einzelne Stadtstaaten mit einer zentral gesteuerten Vorratswirtschaft waren, aber kein zusammenhängendes Reich bestand. Klar ist, dass der Handel eine große Rolle spielte. Die Inder hatten schon im 4. Jt. v. Chr. auf dem Seeweg Kontakte zum Persischen Golf gehabt. Mitte des 3. Jt. v. Chr. gab es einen regen Fernhandel mit Persien und Mesopotamien, wobei feine Baumwollstoffe das wichtigste Exportgut waren. In Lothal am Golf von Cambay fanden sich die ersten künstlichen Hafenanlagen der Welt. Hier konnten bis zu 55 Schiffe gleichzeitig ankern. Maße, Gewichte, Formen und sogar Dekorationen von Gefäßen waren genauso standardisiert wie das Stadtbild.
Um 2000 v. Chr. scheint es zu größeren Angriffen auf die Städte an der Westgrenze gekommen zu sein. Etwa 100 Jahre später setzte eine allgemeine Landflucht ein. Die Wissenschaftler vermuten, dass Klimaveränderungen und Überschwemmungen die Ursache waren. Möglicherweise waren aber auch die natürlichen Ressourcen im Umland ausgebeutet, z. B. Holz, das in den Ziegelbrennereien in gigantischen Mengen gebraucht worden sein muss. Danach verlieren sich die Spuren der Induskultur in kleinen Dörfern.

Bronzeskulptur einer Tänzerin aus Mohenjo-Daro

Rekonstruktion

DIE SPHINX

DAS WICHTIGSTE IN KÜRZE:
- **Erbaut: um 2500 v. Chr.**
- **Ausmaße: Länge 73,5 Meter, Höhe 20 Meter**
- **Kolossalstatue neben der Pyramide des Pharao Chephren in Gizeh**

In der griechischen Mythologie ist die Sphinx ein unheimliches Wesen, halb Frau, halb Raubtier, das auf einem Felsen vor der Stadt Theben sitzt, allen Vorbeikommenden Rätsel aufgibt und diejenigen tötet, die ihr nicht die richtige Antwort geben können. Als König Ödipus ihre Frage jedoch beantworten kann, stürzt sich das Unwesen vom Felsen. Ödipus wird zum Dank König von Theben und – nichts ahnend – Gatte seiner eigenen Mutter. Ob die Griechen durch die seltsamen ägyptischen Statuen mit liegendem Löwenkörper und Menschengesicht zu dieser Geschichte inspiriert wurden oder den bekannten Mythos einfach auf die ägyptischen Fabelwesen übertrugen, wissen wir nicht. Sicher ist, dass die große Sphinx von Gizeh noch immer Rätsel aufgibt.

BESCHREIBUNG

Die Sphinx wurde aus den Wänden eines Steinbruchs geschlagen, aus dem Material für den Bau der Pyramiden gewonnen worden war. Ein Großteil ihres Körpers ist aus massivem Fels, andere Teile wie die Pranken wurden mit Ziegelmauerwerk ergänzt. Nur ihr Kopf ragt über das Bodenniveau heraus, weshalb die Sphinx im Lauf ihrer Geschichte immer wieder von Flugsand begraben wurde. Von der einstigen farbigen Bemalung ist heute nichts mehr zu sehen.

Ihr Körper ist der eines ruhenden Löwen, ihr Kopf der eines ägyptischen Herrschers, u.a. da er mit dem traditionellen blauen Königskopftuch geschmückt ist. Die aufgerichtete Uräus-Schlange auf der Stirn und der künstliche Knebelbart, den wir von vielen Pharaonendarstellungen kennen, sind im Lauf der Zeit abgebrochen wie die Nase.

Zwischen den ausgestreckten Vorderpfoten befindet sich eine Stele, die Pharao Thutmosis IV. (1425–1386 v. Chr.) 1410 v. Chr. errichten ließ, nachdem er die Sphinx vom Flugsand hat befreien lassen. Angeblich, so erzählt die Stele, war Thutmosis nach einem Jagdtag zu Füßen der Sphinx eingeschlafen. Im Traum blickte sie ihn an. Dazu hörte er die Stimme des Sonnengottes, der ihm große Macht versprach, wenn er sein Bild retten werde, das von der Wüste erdrückt werde.

Thutmosis Rettungswerk war jedoch nicht von Dauer. In römischer Zeit wurde eine Schutzmauer gegen den Sand errichtet, vermutlich von Kaiser Septimius Severus (146–211). Trotzdem erblickten Reisende im 16. Jh. nur noch den Kopf des Rätselwesens. Dieser war inzwischen teilweise zerstört, denn die Araber hatten im 15. Jh., wie später die türkischen Mamelucken, die halbherzigen Versuche unternommen, das heidnische Bildnis zu demolieren.

DEUTUNG

Während bei den Griechen die Sphinx ein weibliches Wesen war, hatte sie in Ägypten immer ein männliches Geschlecht. Die Ägyptologen sehen in ihr eine sehr urtümliche Königsdarstellung. Sie sind sich ziemlich sicher, dass die große Sphinx von Gizeh die Züge des Pharao Chephren trägt. Gleichzeitig verkörpert sie – wie die Stele des Thutmosis verrät – den Sonnengott Re, als dessen irdische Erscheinung der Pharao zur Zeit des Chephren noch angesehen wurde. Dazu passt auch, dass ihr Blick nach Osten, der aufgehenden Sonne entgegen, gerichtet ist.

1925 grub man direkt neben dem Taltempel des Chephren, keine zehn Meter vor den Pranken der Sphinx, einen weiteren unvollendeten Tempel aus. Er hat eine Grundfläche von 52,5 x 44,7 Metern und einen großen Innenhof in der Mitte, in dem vermutlich zehn große Statuen des Chephren standen. Der offene Hof und die Ost-West-Ausrichtung lassen die Forscher vermuten, dass er dem Sonnenkult diente und damit in engem Zusammenhang mit der Sphinx stand. Der benachbarte Taltempel besaß wahrscheinlich zwei große Sphingen (oder aber Löwen) als Torwächter.

Aus dem Neuen Reich (um 1540–1069 v. Chr.) sind auch Sphinxdarstellungen mit Tierhäuptern bekannt, wie die widderköpfigen Sphingen, die die Allee zwischen den Tempeln von Luxor und Karnak bilden. Sie stehen in Verbindung mit dem Kult des neuen Reichsgottes Amun, dessen heiliges Tier der Widder war. Eine kleine Königsfigur auf der Brust stellt hier den Bezug zum Pharaonentum her. Sphingen mit Falkenkopf dagegen stehen für den Pharao in seiner Erscheinungsform als »Sonnenfalke« Horus. Ganz selten sind Varianten mit Schlangen-, Schakal- und Krokodilköpfen.

Über die Regierungszeit des Chephren (reg. um 2522–2489 v. Chr.) ist wenig bekannt. Es scheinen aber stabile Verhältnisse geherrscht zu haben, die einen ungehinderten Zugang zu den Steinbrüchen und Goldvorkommen in Unternubien erlaubten. Herodot (484–425 v. Chr.) stellt weder Chephren noch Cheops ein gutes Zeugnis aus, doch die Zuverlässigkeit des berühmten griechischen Geschichtsschreibers wird in diesem Punkt bezweifelt. Der schöne Taltempel des Chephren aus poliertem Rosengranit, in dem einst die überlebensgroßen Statuen des Pharao standen, spricht jedenfalls für ein großes persönliches Repräsentationsbedürfnis, das über den Bau einer gesichtslosen Pyramide hinausging.

Sphinx mit Chephren-Pyramide

Ernst Koerner: Ausgrabung der Sphinx, *1887*

DER PALAST VON KNOSSOS

Säulenvestibül mit Stierreliefs

DAS WICHTIGSTE IN KÜRZE:
- **Erbaut: um 1700 v. Chr.**
- **Fläche: 20.000 Quadratmeter**
- **»Labyrinth« mit 1300 Räumen**

Auf Kreta, so berichtet die griechische Mythologie, habe einst ein König namens Minos gelebt, der in einem Labyrinth ein schreckliches Untier, halb Mensch, halb Stier beherbergte. Jedes Jahr habe Minos von Athen 14 Mädchen und Jungen als Tribut gefordert, die dem Minotaurus als Opfer vorgeworfen wurden.
Als der britische Archäologe Sir Arthur Evans (1851–1941) im Jahr 1900 auf Kreta ein riesiges Gebäude mit unzähligen, verschachtelten Räumen ausgrub, war er überzeugt, das sagenhafte Labyrinth des Minotaurus gefunden zu haben. Als bald danach klar wurde, dass Evans auf Kreta eine bis dahin unbekannte vorgriechische Kultur entdeckt hatte, nannte er sie die »minoische«.

Heute nehmen die meisten Forscher an, dass das Labyrinth das wirtschaftliche, religiöse und politische Zentrum der minoischen Kultur darstellte. Hier residierte der König, der zugleich Oberpriester war und alle Vorräte der Insel zentral verwalten ließ.

DER PALAST

Der Palast umfasste etwa 1300 Räume, in deren Mitte ein großer Innenhof lag. Von hier ausgehend hatte man Zugang zu den Kulträumen im Westen, inklusive des Thronsaals mit einem Thron aus Alabaster und einem rotgoldenen Greifenfries an der Wand. Im Osten lagen besonders reich geschmückte Räumlichkeiten, die vermutlich die königlichen Wohnräume darstellten. Sie scheinen sehr komfortabel und sogar mit Badewanne und Toiletten ausgestattet gewesen zu sein. Große Schächte ließen nicht nur Licht in die tiefer liegenden Räume, sondern sorgten auch dafür, dass die warme Luft nach oben entweichen konnte. Im Winter konnte man mit tragbaren Öfen heizen. Weiter außen

Delfine aus dem sog. Megaron der Königin

lagen wohl die Vorratsräume und die Werkstätten der Handwerker. In den Magazinen hat man bis zu zwei Meter hohe Krüge (Pithoi) gefunden.
Die Anlage wurde offensichtlich in mehreren Perioden erweitert, wobei die neuen Räume ohne erkennbares Ordnungsprinzip angefügt wurden. Allein das mutmaßliche Bad der Königin hatte fünf Zugänge. Das Äußere des Gebäudes war mit Bastionen umgeben, aber nicht wirklich befestigt, wie überhaupt auf Kreta keine militärischen Anlagen aus minoischer Zeit zu finden sind.

DIE FRESKEN

Möglicherweise waren die Entdecker von den heiteren, farbenprächtigen Fresken des Palastes am meisten begeistert. »Das ist ja eine kleine Pariserin!«, soll Evans angesichts einer jungen Frau ausgerufen haben, deren ganze Aufmachung dem damals herrschenden Jugendstil entsprach. Die eleganten Frauen und Männer auf den minoischen Wandmalereien wandeln zwischen Blumen und Vögeln umher oder erfreuen sich an Sport und Spiel. Viele Fresken zeigen auch kultische Szenen und Tänze. Alles ist mit leuchtenden Farben und schwungvollen Linien ausgeführt, die die Bewegungen von Menschen und Tieren gekonnt einfangen. Das sog. Megaron der Königin ist mit tauchenden Delfinen ausgemalt. Andere Bilder belegen, dass es tatsächlich einen Stierkult auf Kreta gab. Gleich am Nordeingang befindet sich ein riesiges Relief, auf dem ein rasender Stier dargestellt ist, der in einem Olivenhain mit seinen Fängern kämpft. Am berühmtesten ist aber das Stierspringerfresko. Es zeigt junge Männer und Mädchen, die versuchen, mit akrobatischen Schwüngen und Überschlägen einem Stier zu entkommen. Eines der Mädchen scheint von den Hörnern aufgespießt worden zu sein. Möglicherweise wird hier der blutige Opferritus dargestellt, auf dem die Sage vom Minotaurus beruht.

DIE BAUGESCHICHTE

Gegen Ende des 3. Jt. v. Chr. wurde in Kreta mit dem Bau großer Paläste begonnen. Neben Knossos fanden sich auch in Phaistos, Hagia, Triada und Mallia die Ruinen prunkvoller Gebäude. Sie wurden häufig durch Erdbeben zerstört, jedoch immer noch größer wieder aufgebaut. Der erste Palast in Knossos wurde vermutlich um 2100 v. Chr. errichtet und 400 Jahre später durch ein Erdbeben, einen Brand oder einen Aufstand vernichtet. Während der sog. Zweiten Palastzeit (um 1700–1425 v. Chr.) waren die Kreter die beherrschende Seemacht im Mittelmeer und wurden durch regen Handel sehr reich. Ab dem 15. Jh. v. Chr. jedoch begannen die Paläste zu verfallen. Manche Archäologen glauben, dass die Gebäude durch den Ausbruch des Vulkanes Santorin zerstört wurden, andere machen dafür die Unterwerfung Kretas durch die Mykener verantwortlich.
Trotzdem bleibt vieles an der kretischen Geschichte, ja sogar an der Architektur des Palastes ungereimt. 1970 wagte deshalb der deutsche Geologieprofessor Hans Georg Wunderlich eine Außenseiterthese: Die »Paläste« seien in Wahrheit große Totenstädte gewesen – so lebensfroh gestaltet wie die Gräber in Ägypten und genauso gründlich geplündert. Dieser Jenseitskult sei Mitte des 2. Jt. v. Chr. langsam aufgegeben worden. Nach Wunderlichs These sei die minoische Kultur nicht untergegangen, sondern habe sich nur gewandelt und floss in die spätere griechische ein.

Sir Arthur Evans

Blick ins Innere

MYKENE

DAS WICHTIGSTE IN KÜRZE:
- **Blütezeit: 17.–12. Jh. v. Chr.**
- **Hauptort der mykenischen Kultur mit Zyklopenmauer und großen Kuppelgräbern**

»Ich habe Agemennons Grab gesehen«, telegrafierte der berühmte Archäologe Heinrich Schliemann (1822–90) am 6. Dezember des Jahres 1876 an den griechischen König, nachdem er mehrere Schachtgräber auf dem Burgberg von Mykene geöffnet hatte und darin 15 Skelette fand, die mit Gold, Schmuck und Waffen nur so überhäuft waren.

Er war überzeugt, nur der berühmte König der Illias könne so prächtig beigesetzt worden sein. Außerdem hatte der griechische Schriftsteller Pausanias (um 110–180) berichtet, Agamemnon wäre innerhalb der Stadt von Mykene in einem Schachtgrab bestattet worden, sein Mörder jedoch vor den Mauern in einem Kuppelgrab.

Doch Schliemann irrte sich. Wie immer der Herrscher hieß, dem unter anderem die berühmte goldene Totenmaske ins Grab mitgegeben worden war: Er hatte etwa um 1600 v. Chr. und damit mehr als 400 Jahre vor der Zerstörung Trojas gelebt, bei der Agamemnon angeblich das Heer der Griechen angeführt haben soll. Stattdessen deutet vieles darauf hin, dass Schliemanns toter König eine Art Raubritter gewesen sein könnte.

DIE STADT

Die Burg von Mykene lag auf dem Peloponnes an der strategisch wichtigen Straße zwischen Athen und dem Golf von Korinth auf einem steil ansteigenden Berg, von dem man einen weiten Blick in die Argolis-Ebene hat.

Der ganze Burgkomplex war auf mehreren Terrassen in die schroffen Felshänge rund um die Bergspitze gebaut: Tempel, öffentliche Gebäude, Adelspaläste, Lagerhäuser, Weinberge, Gärten, Obstplantagen, Handwerkerunterkünfte, eine Zisterne, ein Markt und darunter das Gräberfeld mit den sechs Schachtgräbern, in denen Schliemann seinen Schatz fand. Auf dem höchsten Punkt stand der Palast des Königs, der alle anderen Gebäude überragte. Er bestand aus mehreren Gebäuden, die um einen Innenhof lagen und einmal mit farbenprächtigen Wandfresken ausgemalt gewesen sein müssen.

Um die Ruinen der Stadt windet sich eine gewaltige Mauer (14.–13. Jh. v. Chr.), die mehr als fünf Meter dick und über zehn Meter hoch ist. Sie besteht aus tonnenschweren Kalksteinen, die ohne Mörtel zusammensetzt sind. Die Griechen nannten sie Zyklopenmauerwerk, weil sie überzeugt waren, nur die einäugigen Riesen aus der Odysee hätten dergleichen errichten können – zumal sie nicht auf ebener Erde gebaut werden konnte, sondern den steilen Felshängen angepasst werden musste. Den Eingang bildet das berühmte Löwentor von 1260 v. Chr. Über einem ungewöhnlich gedrungenen, fast quadratischen Tor, ist ein dreieckiger Stein von mehr als drei Meter Höhe eingelassen. Er ist mit dem Relief zweier bedrohlich wirkender Löwinnen verziert.

Mindestens genauso beeindruckend sind die neun Kuppelgräber aus dem 14. bis 13. Jh. v. Chr., die Schliemann vor den Toren der Burg fand. Das größte nannte er nach Agamemnons Vater «Schatzhaus des Atreus«. In einer Zeit, in der Gewölbebauten noch nicht üblich waren, wurde hier aus riesigen Steinquadern ein bienenkorbähnliches Gebäude von 13 Metern Höhe und 14,5 Metern Durchmesser gebaut. Über dem fünf Meter hohen Eingang ist ein Steinquader von mehr als 120 Tonnen gelegt. Diese Bauten wurden nach der Fertigstellung mit Erde bedeckt. Den Zugang bildete ein gemauerter Gang, der beim «Schatzhaus« 35 Meter lang war. Der Fassadenschmuck des Eingangs, wohl ein Dreiecksrelief wie beim Löwentor, sowie Pilaster aus buntem Gestein, ist verloren gegangen.

Peter Connolly: Mykene *(Aquarell)*

DIE MYKENISCHE KULTUR

Auch wenn Heinrich Schliemann in Mykene nicht die Helden Homers gefunden hat, ist ihm Bedeutsames gelungen. Er hat eine Kultur entdeckt, von der man bislang noch keine Ahnung hatte. Denn die Mykener lebten vor der Ankunft der späteren griechischen Stämme auf dem Peloponnes und bildeten zusammen mit der minoischen Kultur auf Kreta und der zykladischen die bronzezeitlichen ägäischen Kulturen.

Vermutlich ist Mykene die älteste Stadt auf dem griechischen Festland. Allerdings reichen die Ansichten der Wissenschaftler über ihre Gründung von 3000–2000 v. Chr. Ihre Blüte erlebte sie jedoch Mitte des 2. Jt. v. Chr.

Im Gegensatz zur minoischen Kultur auf Kreta war die mykenische sehr kriegerisch geprägt. Die Historiker vermuten, dass die Burgherren von Mykene und benachbarter Bergfestungen wie Tiryns oder Pylos durch Raubzüge reich wurden. Streitwägen und die neuen Bronzewaffen sicherten ihnen einen strategischen Vorteil. Außerdem waren ihnen die Bauern und Handwerker rund um ihre Burgen hörig. Nach dem Untergang der minoischen Kultur im 15. Jh. v. Chr. traten sie deren Erbe als beherrschende Seemacht der Ägäis an. Hinzu kommt ein hohes handwerkliches Niveau. Keramik und Bronze aus Mykene waren im ganzen Mittelmeerraum verbreitet und wurden sogar bis in das ferne Germanien exportiert. Tausende von Tontafeln geben Aufschluss über die Warenströme und die feudale Gesellschaftsordnung – allerdings über nichts anderes. Die Mykener scheinen ihre Schrift nur für wirtschaftliche Dinge benutzt zu haben. Im 12. Jh. v. Chr. mussten sie sich den einwandernden Dorern geschlagen geben. Mykene wurde zuerst geräumt und dann zerstört.

Eingang zum Schatzhaus des Atreus

DAS TAL DER KÖNIGE

Tages- und Nachtreise der Sonne, *Wandmalerei an der Decke des Grabmals Ramses' VI. Theben-West, Tal der Könige*

DAS WICHTIGSTE IN KÜRZE:
- **Benutzt: Ende des 16. Jh.–1069 v. Chr.**
- **Begräbnisplatz von 24 ägyptischen Pharaonen, darunter Tutanchamun**

Mit Beginn des Neuen Reichs (1540–1069 v. Chr.) begannen sich die Begräbnissitten der ägyptischen Pharaonen zu ändern. Da selbst die gewaltigsten Pyramiden, Geheimgänge und tonnenschwere Fallsteine den Grabräubern den Weg nicht hatten versperren können, versuchte man es nun mit Geheimhaltung. Man weiß nicht genau, welcher Herrscher als Erster beschlossen hat, sein Grab in einem engen, gewundenen Tal zu verstecken, das am Westufer des Nils gegenüber von Luxor lag. Möglicherweise war es Amenhotep I. (reg. um 1551–1524 v. Chr.), eventuell aber auch erst Thutmosis I. (reg. um 1494–1482 v .Chr.). Das Tal ist von fast senkrechten Klippen umgeben und hat nur einen einzigen Eingang.

Insgesamt ließen sich 24 Herrscher und 40 ihrer Verwandten und Beamten im Tal der Könige begraben. Jeder versuchte, seine vermeintliche letzte Ruhestätte noch tiefer in den Felswänden zu verstecken. Trotzdem kamen ihnen die Grabräuber und später die Forscher auf die Schliche. Alle Gräber wurden entdeckt, zuletzt im Jahr 1822 die Gruft des jungen Tutanchamun (reg. um 1336–1327 v. Chr.).

DIE GRÄBER

Anfangs glaubte man noch an Geheimhaltung. Die Eingänge zu den Gräbern der Pharaonen der XVIII. Dynastie befinden sich hoch oben in der Felswand. Rund 30 Meter sind es beispielsweise bei Thutmosis III. (reg. um 1479–1425 v. Chr.). Spätere Pharaonen ließen die Eingänge ebenerdig anlegen und die Portale reich verzieren. Eine Wache patrouillierte, die die Siegel am Eingang kontrollierte.

Im inneren Aufbau ähneln sich die Gräber. Zunächst führen abschüssige Korridore im Wechsel mit Treppen steil nach unten. Daran schloss sich oft ein sog. Ritualbrunnen an, ein Schacht, der einige Meter senkrecht in die Tiefe führt. Möglicherweise diente er als Falle für Grabräuber, eventuell sollte er auch vor eindringendem Regenwasser schützen. An den »Brunnen« schlossen sich Vorhallen an, bevor es über weitere Treppen und Korridore noch tiefer nach unten zur eigentlichen Grabkammer ging. In der XVIII. Dynastie knickten die Gänge oft nach dem Brunnen um 90 Grad zur Seite. Am tiefsten in den Fels reichte das Grab der Hatschepsut (reg. 1479–1447 v. Chr.) mit 200 Metern. Die aufwändigste Gruft gehörte Sethos I. (reg. 1304–1279 v. Chr.). Nach dem Ritualbrunnen folgten zwei Säle, bevor es über einen weiteren Korridor in einen kleinen Vorraum geht, an den sich die mit sechs Säulen geschmückte Grabkammer und zahlreiche Nebenräume anschließen. Alle Wände – sowohl die der Kammern als auch der Gänge – sind wie in den anderen Gräbern auch farbenprächtig bemalt. Die Bilder zeigen Stationen des gefahrvollen Weges, den der verstorbene König im Jenseits anzutreten hatte.
Gegenüber diesem Sethosgrab ist das des Tutanchamun bescheiden. Es blieb nur deshalb so lange unentdeckt, weil sein Eingang unter dem längst bekannten Grab von Ramses VI. (reg. um 1144–1136 v. Chr.) versteckt war. Es hat eine Länge von nur 40 Metern, einen kurzen ungeschmückten Korridor und keine aufwändigen Vorräume. Doch all das verblasst gegenüber den rund 3500 wertvollen Kunstobjekten und dem unversehrten Goldschrein mit dem Sarkophag des toten Königs, den Howard Carter (1873–1939) dort am 26. November 1922 fand.

GESCHICHTE

Viele Gräber, wie beispielsweise das des Thutmosis IV. (reg. um 1396–1386 v. Chr.), wurden schon wenige Jahre nach der Beisetzung ausgeplündert. Die Grabräuber schmierten sogar obszöne Wörter und Bilder an die Wände. Mit dem Niedergang der pharaonischen Macht während der XX. Dynastie (um 1196–1069 v. Chr.) waren organisierte Banden im großen Stil aktiv, die teilweise mit den Wächtern im Bunde standen. Deshalb versuchten einige fromme Priester wenigstens die Mumien der toten Herrscher in Sicherheit zu bringen und betteten sie bei Nacht und Nebel um. Viele Könige mussten, wie die sorgfältige Dokumentation auf den Mumienbinden verrät, sogar dreimal umziehen. Um 970 v. Chr. brachten die Priester rund 40 Mumien in ein großes Massengrab in der Nähe von Hatschepsuts Totentempel in Deir El-Bahari. Da der Eingang durch einen Sandsturm verschüttet wurde, wurde es erst im 19. Jh. durch einen ägyptischen Grabräuber gefunden, der aufflog, als er dem Archäologen Ramses II. (reg. um 1279–1213) zum Kauf anbot. Einige Jahre später fand Howard Carter in einer Seitenkammer des Grabes von Amenophis II. (reg. um 1427–1396 v. Chr.) neun weitere königliche Mumien.
Zum Tal der Könige gehörte noch das nahe gelegene, aber viel kleinere Tal der Königinnen mit 70 Gräbern, in denen Frauen, Kinder und andere Verwandte der Pharaonen bestattet worden waren. Vor dem Felsmassiv befanden sich die Totentempel, in denen die täglichen Opfer für die verstorbenen Könige dargebracht worden sind. Am prächtigsten und besten erhalten ist der große Terrassentempel der Hatschepsut. Vom Tempel des Amenophis III. (reg. um 1391–1353 v. Chr.) sind nur zwei über 20 Meter große Sitzfiguren des Herrschers, die sog. Memnonskolosse, übrig geblieben.

Wandgemälde im Grab des Pharaos Haremhab im Tal der Könige

Blick auf das Tal der Könige

DAS AMUN-HEILIGTUM VON KARNAK

Großer Amun-Tempel und Widdersphinxallee

DAS WICHTIGSTE IN KÜRZE:
- **Erbaut: um 1500–1000 v. Chr.**
- **Größte Tempelanlage Ägyptens**

Theben wurde im Neuen Reich (um 1540–1069 v. Chr.) das kulturelle Zentrum Ägyptens. Generationen von Pharaonen bauten am Rande der Stadt in El-Karnak an einem riesigen Tempelkomplex, der dem Reichsgott Amun geweiht war. Jeder war bemüht, imposantere Gebäude, Obelisken und Statuen als sein Vorgänger zu errichten.
Der heilige Bezirk war durch hohe Mauern und monumentale Torgebäude von der profanen Welt abgetrennt. Zum Tempel gehörte jedoch noch eine drei Quadratkilometer große Stadt, die von einem Oberpriester geleitet wurde, der in der Spätzeit mächtiger als der König war.

DER AMUN-TEMPEL

Der heilige Bezirk des Amun in El-Karnak hatte eine Größe von 1500 x 800 Meter. Herzstück des Tempels war die dreischiffige Hypostylenhalle, die allein 5400 Quadratmeter groß war und damit fast an die Grundfläche des Kölner Doms herankommt. Ihr Dach wurde von 134 Säulen getragen, die im Mittelschiff bis zu 24 Meter hoch waren und einen Wald von Papyrusbündeln darstellen sollten. Sie wurde von Sethos I. (reg. 1304–1279 v. Chr.) und seinem Sohn Ramses II. (reg. 1279–1213) gebaut. Ihre Taten, darunter die Schlacht des Ramses gegen die Hethiter bei Kadesch 1274 v. Chr., sind in Bildern und Inschriften überall festgehalten: auf den Wänden, dem Dachgebälk und auch den Schäften der Säulen. Beleuchtet wurde die Halle durch Fenstergitter im Obergaden des Mittelschiffs.
Fast genauso imponierend ist der große Festtempel des Thutmosis III. (reg. um 1479–1425 v .Chr.), dessen Architektur eine steinerne Nachbildung der Palastzelte ist, die die Pharaonen auf Feldzügen benutzten. Sie diente wohl vor allem dem Kult des Königs in seiner Erscheinungsform als Amun-Re. Daneben enthielt der Komplex, der sich um zwei Innenhöfe gruppierte, mehrere kleinere, teils ineinander verschachtelte Tempelbauten. Die ältesten davon, wie die kleine Kapelle aus

Statue von Ramses II. im Tempel von Karnak

weißem Kalkstein des Sesostris I. (reg. um 1971–1928 v. Chr.) in einem der Innenhöfe, stammen schon aus dem Mittleren Reich.
Der große Bauboom in Karnak setzte um 1500 v. Chr. ein. In einem der Höfe am Eingang der Hypostylenhalle stand eine imposante Granitstatue von Ramses II. mit einer seiner kleinen Töchter. Außerdem gab es im heiligen Bezirk zehn mächtige Torgebäude (Pylone), die entweder von zwei Obelisken oder von Kolossalstatuen flankiert waren. Der Eingangspylon zum Heiligtum war 43,5 Meter hoch, 113 Meter breit und 15 Meter dick. Vor ihm standen ehemals acht Flaggenmasten aus Zedernholz. Im Inneren der Anlage waren alle Wände von Gebäuden, Pylonen und Mauern bemalt. Die Obelisken hatten goldene Spitzen, Boden und Wände sollen teilweise mit Silber belegt gewesen sein. Ein großer heiliger See diente den rituellen Waschungen der Priester. Neben ihm liegt ein riesiger Stein-Skarabäus, ein Mistkäfer, der als Symbol des ewigen Lebens galt. Bei Festen wurden Statuen der Götter durch die Heiligtümer getragen, wo sie verschiedenen Riten unterzogen wurden oder ihre Verwandten »besuchten«.
Vom Amun-Heiligtum führte ein Allee, die mit widderköpfigen Sphingen gesäumt war, zum Nilufer im Westen; eine andere im Süden zum nahen Heiligtum der Mut, der Gattin des Amun, von dort weiter zum drei Kilometer nilabwärts gelegenen Luxor. Dort hatte Amenophis III. (reg. um 1391–1353 v. Chr.) einen weiteren Tempel (190 x 55 Meter) bauen lassen. Dieser hatte einen Saal mit vielen, eng aneinander stehenden Papyrusbündelsäulen. Es hat den Anschein, als hätte dieser Tempel in der religiösen Vorstellung des Neuen Reiches den Urhügel markiert, auf dem Amun-Re die Welt erschaffen haben soll. Einmal im Jahr wurde deshalb die Statue des Amun in einer Barke von den Priestern in einer feierlichen Prozession von Karnak nach Luxor gebracht, damit er dort, bei geheimen Riten im Inneren des Tempels, sein Schöpfungswerk erneuern konnte.

DIE TEMPELSTADT

Rund um den Tempel erstreckte sich die Tempelstadt. Hier wohnten die Priester, aber auch viele andere Menschen, die indirekt vom Amun-Kult lebten. Denn die Pharaonen fungierten nicht nur als Bauherren, sondern unterstützten die Tempel auch immer wieder durch Schenkungen wie ausgedehnten Ländereien oder ganzen Dörfern. Demzufolge waren die Tempel autark und bildeten ihr eigenes autonomes Wirtschaftssystem.
Während die Bauern, die die Tempelländereien bewirtschafteten, in Dörfern bei ihren Feldern lebten, waren in der Stadt Beamte, Arbeiter, Handwerker und Künstler ansässig, die für den Tempel arbeiteten. Es gab zahlreiche Kornspeicher, Bäckereien und ein Schlachthaus, aber auch Schulen und Bibliotheken. Denn die Tempel waren die intellektuellen Zentren des Landes, wo Schreiber und Verwaltungsbeamte ausgebildet wurden und wissenschaftliche Forschung betrieben.
Geleitet wurde die Tempelstadt von Theben durch einen Oberpriester. Im 11. Jh. v .Chr. war dieser der wahre Machthaber hinter dem schwachen Ramses IX. (reg. um 1099–1070 v. Chr.). Er errichtete eine Militärdiktatur, die rund um Theben noch nach dem Zerfall des Reiches Bestand hatte.

Obelisk Thutmosis' I.

Säulen im Großen Säulensaal der Tempelanlage von Karnak

DIE TEMPEL VON ABU SIMBEL

DAS WICHTIGSTE IN KÜRZE:
- **Erbaut: um 1250 v. Chr.**
- **Verlegt: 1964–68**
- **Zwei Tempel Ramses' II., die 1964 vollständig umgesetzt wurden**

1874 besuchte die englische Journalistin Amelia Blandford Edwards (1831–92) Abu Simbel und geriet ins Schwärmen. Jeden Morgen in der Morgendämmerung, so schrieb sie, würden die vier steinernen Kolosse vor der Fassade des Großen Tempels zum Leben erwachen, um dann bei vollem Licht wieder zu Stein zu erstarren.
1964 rief die UNESCO ein internationales Firmenkonsortium zusammen, um in einer beispielslosen Aktion die beiden Tempel vor den Fluten des Assuan-Stausees zu retten.

DER TEMPEL

Es war Ägyptens letzter großer Pharao, der bauwütige Ramses II. (reg. 1279–1213 v. Chr.), der um 1250 v. Chr. bei Assuan an der damaligen Grenze zu Nubien die beiden Tempel von Abu Simbel am westlichen Nilufer in die Sandsteinfelsen hauen ließ. Bekannt ist vor allem der größere der beiden, vor dessen Fassade die vier steinernen Sitzfiguren, die Amelia Edwards so entzückten, Wache halten. Jeder der Giganten ist 22 Meter groß. Allein für den Bau dieses Tempels mussten etwa 10.000 Kubikmeter Gestein aus dem Felsen geschlagen werden.
Sein Inneres reicht 63 Meter tief in den Berg und besteht aus einem Dutzend Kammern. Zentral liegt eine sieben Meter hohe Halle, die von 16 gewaltigen Osirispfeilern in drei Schiffe geteilt wird. Die Wände sind mit Fresken und Reliefs überzogen, die Ramses' Taten verherrlichen. Lange Zeit haben diese großartigen Darstellungen die Historiker zu der Annahme verleitet, der König habe 1274 v. Chr. bei Kadesch einen glanzvollen Sieg über die Hethiter errungen. Inzwischen haben hethitische Quellen dies als Propaganda entlarvt. Ramses hatte in Wahrheit noch Glück gehabt, dass ihm die Gegner ein ehrenvolles »Unentschieden« anboten.
Von der großen Halle gelangt man über zwei kleinere Räume in das Allerheiligste. An dessen Rückwand sind vier überlebensgroße Statuen der Götter Ptah, Amun, Re und von Ramses selber aufgestellt. Schon Amelia Edwards stellte fest, dass die Sonnenstrahlen an manchen Tagen durch alle Vorräume wie ein Pfeil direkt auf diese Statuen treffen. Die Historiker vermuten, dass Ramses den Tempel so konstruieren ließ, dass dieser Strahl zu dem bedeutenden Sedfest - sein 30-jähriges Thronjubiläum – auf seine Statue traf.
Der kleinere Tempel, knapp 200 Meter entfernt, war der Nefertari, der Gemahlin des Ramses, und der Göttin Hathor gewidmet. Die sechs Halbstatuen an der Fassade stellen den König und die Königin mit den Attributen der Götter Hathor und Osiris dar. Im Inneren zeigen fast alle der bunten Fresken Nefertari bei verschiedenen religiösen Riten.
Beide Fassaden verdanken ihr gutes Aussehen dem Wüstensand. Jahrhundertlang

waren sie davon bedeckt und wurden erst 1813 durch den Schweizer Forscher Johann Ludwig Burckhardt (1784–1817) wieder für die westliche Welt entdeckt.

DIE RETTUNG

Eine vielleicht noch größere technische Leistung als der Bau der Tempel war ihre Verlegung. 1952 beschloss die ägyptische Regierung, einen Stausee bei Assuan anzulegen, um die Energieprobleme des Landes zu lösen. Wenige Jahre später sollte eine Erhöhung des Staudamms den See auf über 500 Kilometer ausdehnen. Für das ehrgeizige Projekt mussten nicht nur 100.000 Menschen umgesiedelt werden, auch Dutzende von Heiligtümern des alten nubischen Reiches, vor allem aber die Tempel von Abu Simbel, drohten überspült zu werden. Die UNESCO trat auf den Plan und initiierte eine bis dato einmalige Rettungsaktion. Ein Zusammenschluss mehrerer internationaler Firmen unter Leitung der Essener »Hochtief« erarbeitete ein Verfahren, durch das sie den Tempel in Stücke zerlegen konnten, um ihn an einem geschützten Standort 65 Meter oberhalb des Hangs wieder aufzubauen.
Zuerst musste der Tempel dafür freigelegt werden. Da Sprengstoff die Substanz hätte gefährden können, musste der Stein sorgfältig abgeschnitten werden. Am Ende waren Wände und Decken nur noch 80 Zentimeter stark. Dann begannen italienische Steinschneidespezialisten, sog. Marmisti, den Tempel und die Figuren mit Handsägen zu zerschneiden. Laut Kontrakt durften die Schnitte höchstens sechs Millimeter dick sein. Da mit der Stauung des Nils schon begonnen worden war, mussten die Arbeiten auch noch unter extremem Zeitdruck durchgeführt werden.
Im Januar 1967 erfolgte die feierliche Grundsteinlegung für den Wiederaufbau. Die Fugen wurden mit einer Paste aus Sand und synthetischen Harzen so gut verkleidet, dass sie kaum zu sehen sind. Nachdem beide Tempel wieder zusammengesetzt waren, baute man aus 320.000 Kubikmeter Steingeröll zwei künstliche Hügel und versuchte die Umgebung so zu gestalten, dass sie der früheren möglichst genau glich. Da aber die dünn gewordenen Decken das Gewicht der Hügel nicht hätten tragen können, mussten die Tempel mit Trägerkuppeln aus Beton überwölbt werden. Die des größeren Tempels war 19 Meter hoch, 59 Meter weit und stellte für die damalige Zeit eine technische Meisterleistung dar.
Außer Abu Simbel wurden auch andere Tempel umgesetzt, wie das malerische Isis-Heiligtum auf der Nilinsel Philae. Einige kleinere Monumente verlegte man in Museen – teilweise als Dankesgeschenke in die Länder, die an der Rettung beteiligt waren.

Der große Tempel von Abu Simbel

Kopffragment während der Verlegung der Tempelanlage

Schnitt durch den großen Tempel

Der kleine Tempel von Abu Simbel

DIE KOLOSSALKÖPFE DER OLMEKEN

DAS WICHTIGSTE IN KÜRZE:
- **Errichtet: 1200–600 v. Chr.**
- **Gewicht: bis zu 50 Tonnen**
- **Die ersten und größten mittelamerikanischen Steinskulpturen**

Sie gehören sicherlich zu den merkwürdigsten Skulpturen der Welt: Riesige, runde Köpfe, die ohne Hals direkt auf der Erde sitzen. Vergleichbar sind eigentlich nur die Statuen der Osterinsel. Diese sind im Schnitt zwar drei- bis viermal so groß, doch dafür sind die Kolossalköpfe der Olmeken rund 2000 Jahre älter und viel kunstvoller gearbeitet. Die Olmeken lebten zwischen 1500 und 400 v. Chr. am Golf von Mexiko. Sie begründeten die erste Hochkultur in Mittelamerika und inspirierten alle nachfolgenden Kulturen von den Maya bis hin zu den Azteken. Sie hatten religiöse Zentren mit Tempelpyramiden, in denen eine Jaguar-Gottheit angebetet wurde, die in allen präkolumbianischen Religionen Mittelamerikas auftaucht. Manche Forscher halten es nicht einmal für ausgeschlossen, dass es Kontakte zu den Hochkulturen Perus gab, wo eine ähnliche Gottheit verehrt wurde. Sicher ist, dass die Handelskontakte der Olmeken über 1500 Kilometer hinaus reichten. Sie hatten eine Bilderschrift und einen Kalender, die beide von den Maya weiterentwickelt wurden.

DIE KÖPFE

Die Köpfe sind 1,5 bis 3,5 Meter hoch. Ihr Gewicht variiert zwischen fünf und 50 Tonnen. Jeder Kopf ist aus einem einzigen Basaltstück gehauen. Man vermutet, dass sie verstorbene Fürsten der Olmeken darstellen. Die runden Gesichter wirken meist etwas verquollen und manchmal fast babyhaft. Sie haben dicke Lippen, oft sogar ausgesprochene Schmollmünder, große, mandelförmige Augen, ein rundes Kinn, dicke Backen und sehr flache, breite Nasen. Die oft recht hohe Stirn ist unter eng anliegenden Helmen verborgen, die fast bis zu den Augen heruntergezogen sind. Die Hinterseiten der Köpfe sind flüchtig oder gar nicht bearbeitet. Auch die Konturen der Helme mit ihren Ohrenklappen sind nur angedeutet, obwohl sich verschiedene Modelle erkennen lassen. Anscheinend kam es den Künstlern in erster Linie auf die Gesichter an, die verblüffend realistisch, lebendig und individuell sind. Man glaubt, verschiedene Charaktere und Stimmungen zu erkennen. Während einige erstaunt, ja sogar fast heiter wirken, blicken andere ausgesprochen zornig oder grimmig und nicht gerade sympathisch drein.
Insgesamt hat man bisher 17 Köpfe gefunden, die alle rund um die großen olmekischen Zentren La Venta, San Lorenzo und Tres Zapotes standen, einige davon bei Tempeln oder in Palästen. Viele scheinen jedoch in späterer Zeit verschoben worden zu sein, sodass man die ursprünglichen Standorte nicht mehr feststellen kann.

DIE KUNST VON LA VENTA

Das politische und religiöse Zentrum der Olmeken war La Venta in der Nähe von Tabasco, weshalb auch von der La-Venta-

Steinerner Altar aus La Venta

Kultur gesprochen wird. La Venta hatte einen Durchmesser von fünf Kilometern. Den Mittelpunkt bildete eine der ältesten Pyramiden Mittelamerikas, ein fast 30 Meter hoher Kegel aus gestampftem Lehm, der einem Vulkan mit Riefen in den Abhängen nachgebildet ist. Auf seiner Plattform stand wohl einmal ein Tempel. Umgeben war die Pyramide von Tempeln, Höfen und einem rituellen Ballspielplatz.

Als erstes Volk Mittelamerikas verwendeten die Olmeken Steine nicht nur für ihre Kunstwerke, sondern auch für ihre Bauten.

Basaltkopf aus La Venta

Dafür mussten sie das Material von weit her beschaffen. Der Basalt für die Köpfe stammte meist von einem vulkanischen Höhenrücken, rund 100 Kilometer von La Venta entfernt. Vermutlich wurden die Steinbrocken mit Flößen und Schlitten transportiert.

Neben den Köpfen hat man fast 300 weitere Monumentalskulpturen gefunden, vor allem Stelen, die überall aufgestellt waren, und riesige Throne. Der größte hatte eine Ausdehnung von fast vier Meter Länge, 1,5 Meter Breite und 1,8 Meter Höhe. Im Aussehen ähnelten sie oft Altären oder Tischen.

Daneben stellten die Olmeken kleine Kunstwerke aus Terrakotta, Obsidian, Amethyst und Bergkristall, vor allem aber aus Jade her. Am markantesten sind die sog. »Babyfaces« oder »Tigerfaces«, kleine, dicke Statuetten mit einem ausgesprochen unsympathischen Gesichtsausdruck. Die Ähnlichkeit mit zornig schmollenden Kleinkindern ist bei ihnen noch ausgeprägter als bei den Kolossalköpfen. Manche haben eine unheimliche, fast raubtierhaft verzogene Fratze. Es könnte also durchaus einen Zusammenhang zwischen den Porträts und der Jaguar-Gottheit geben. Vielleicht sah man die Herrscher als irdische Repräsentanten des »Großen Jaguars«.

In diese Richtung weist auch ein steinerner Altar, der in La Venta gefunden wurde. Unter der Tischplatte kauert in einer halbkreisförmigen Höhlung eine menschliche Figur, vielleicht ein Priester. An der Tischkante direkt darüber ist eine stark stilisierte Jaguarfratze eingraviert.

Olmekisches Kunstwerk aus Jade

DER TEMPELBERG IN JERUSALEM

DAS WICHTIGSTE IN KÜRZE:
- **Bau des ersten jüdischen Tempels: um 950 v. Chr.**
- **Bau des Felsendoms: 687–691**
- **Bedeutendes Heiligtum der Juden, Christen und Moslems**

Der Tempelberg in Jerusalem gilt als jener biblische Berg Moriah, auf dem Abraham seinen Sohn Isaak opfern wollte. König Salomon (um 965–926 v. Chr.) errichtete hier den ersten Tempel. Er wurde 587 v. Chr. durch Nebukadnezar II. (reg. 605–562 v. Chr.) zerstört und ab 521 v. Chr. mit persischer Hilfe durch den zweiten Tempel ersetzt, den die Römer im Jahr 70 zerstörten. Danach standen für kurze Zeit ein Jupiter-Heiligtum und eine christliche Kirche auf dem Tempelberg, die von Justinian (um 482–565) errichtete Marienkirche.
Nach der muslimischen Eroberung Jerusalems im Jahr 638, ließ Kalif Abd Al-Malik (reg. 685–705) den Felsendom bauen, der 714 von seinem Sohn Al-Walid (reg. 705–715) durch die Al-Aqsa-Moschee erweitert wurde.

DIE TEMPEL SALOMONS

Das wichtigste Heiligtum der Juden war die sog. Bundeslade, in der die Tafeln mit den Zehn Geboten lagen. Sie war anfangs in einem Tempelzelt untergebracht, das die Israeliten bei ihrem Exodus aus Ägypten mitführten. König David (11. Jh. v. Chr.) ließ es nach der Eroberung Jerusalems auf dem Berg Moriah aufstellen, bevor sein Sohn Salomon dort den ersten Tempel errichtete.
Die Bibel berichtet detailliert, wie Salomon für den Bau Zehntausende von Fronarbeitern einberief und von Hiram, dem König des reichen phönizischen Stadtstaats Tyros, im Tausch gegen Weizen und Olivenöl Zedernholz, Zimmerleute und Steinmetze zur Verfügung gestellt bekam. Das Erste Buch der Könige in der Bibel beschreibt den Tempel als etwa 30 Meter langes, 20 Meter breites und 15 Meter hohes Gebäude. Es hatte eine Vorhalle und war innen in nur zwei

Räume unterteilt: das Heilige, das nur die Priester betreten durften, und das Allerheiligste, wo flankiert von zwei fünf Meter großen vergoldeten Cherubim-Figuren die Bundeslade stand. Diesen Raum durfte selbst der Hohepriester nur zum Jom Kippur-Fest betreten. Alle Flächen sollen mit Zedernholzschnitzereien verkleidet und vergoldet gewesen sein. Umgeben war der Tempel von zwei Vorhöfen, dem inneren, in dem die Brandopferaltäre standen, und dem äußeren, den auch gewöhnliche Gläubige betreten durften.
Der zweite Tempel wird zunächst weniger prächtig und auch kleiner gewesen sein. Er wurde von Herodes dem Großen (72–4 v. Chr.) im griechisch-hellenistischen Stil umgebaut, auf 100 x 200 Meter vergrößert und befestigt. Von diesem Tempel ist nur die 18 Meter hohe Westmauer geblieben, die heutige »Klagemauer«, die das größte jüdische Heiligtum ist. Der Standort des Tempels wird unter der Al-Aqsa-Moschee vermutet. Besonders fromme Juden würden deshalb – ungeachtet der politischen Situation – niemals einen Fuß auf den Tempelberg setzen, um nicht versehentlich den Boden des Allerheiligsten zu betreten, der ihnen verboten ist.

DER FELSENDOM

Für die Moslems ist Jerusalem – nach Mekka und Medina – das drittgrößte Heiligtum. Die 17. Sure des Korans berichtet von einer Traumreise des Propheten Mohammed (um 570–632), deren entferntester Punkt der Berg Moriah war. Erst später kam die Legende auf, er wäre von dort in den Himmel aufgefahren. Auf dem Stein, der den Felsendom umgibt, wird eine Vertiefung als Hufabdruck seines Pferds Al-Burak gedeutet. Der Dom wird deshalb von den Muslimen Haram Al-Sharif (Das große Heiligtum) oder Qubbat As-Sakkrah (Kuppel über dem Felsen) genannt.
Er ist das älteste erhaltende Werk der islamischen Architektur und wurde von syrischen Baumeistern mithilfe byzantinischer Handwerker errichtet.
Sein achteckiger Grundriss hat einen Durchmesser von 55 Metern. Im Inneren umgeben gleich zwei durch Arkaden abgetrennte Wandelgänge den Zentralraum mit dem Felsen. Über diesem schwebt die 36 Meter hohe Kuppel, die, außen und innen vergoldet, die Silhouette Jerusalems bestimmt. 16 mit goldfarbigen Blumenmustern bemalte Fenster im Tambour lassen Licht ins Innere fallen. Wände und Arkaden sind mit goldgründigen Mosaiken geschmückt. Die beschädigten Mosaiken der Außenwand jedoch ließ Sultan Sulaiman der Prächtige (um 1494–1566) durch 45.000 bemalte persische Kacheln ersetzen. Angeblich blieben beim Bau des Felsendoms 100.000 Golddinare übrig, die die Architekten nicht als Belohung annehmen wollten. Von diesem Geld soll dann die Kuppel vergoldet worden sein.
Da der Felsendom ein Heiligtum, aber keine Moschee ist, baute Abd Al-Maliks Sohn die Reste der christlichen Marienkirche zur Al-Aqsa-Moschee um. Der Name (Die Entfernte) bezieht sich auf die Traumreise des Propheten. Ursprünglich bestand sie aus einem Hauptschiff mit einem Kuppelraum an der Spitze und je sieben Seitenschiffen rechts und links. Sie wurde 1034 vollständig umgebaut. Beide Heiligtümer wurden nach der Eroberung Jerusalems durch die Kreuzfahrer 1099 geplündert, aber nach der Rückeroberung wieder aufgebaut.

Blick ins Innere des Felsendoms

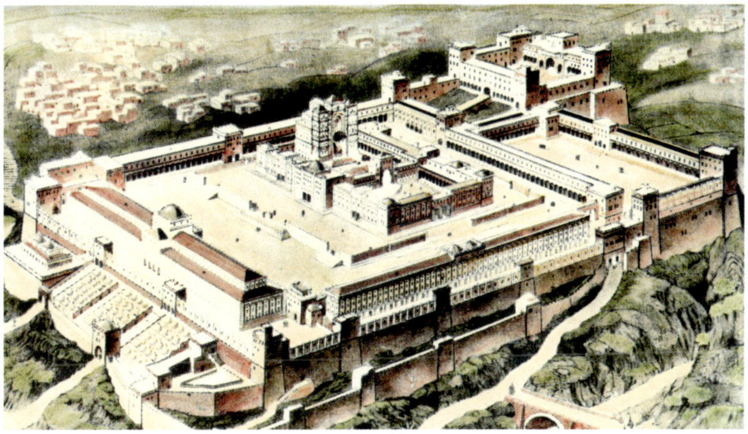

Der Salomonische Tempel zur Zeit Christi, Rekonstruktion von A. Eberhardt nach Konrad Schick

NINIVE

Assyrischer Königspalast zu Ninive, *Aquarell, um 1880, nach der Rekonstruktionszeichnung von A. H. Layard.*

DAS WICHTIGSTE IN KÜRZE:
- **Blütezeit: 7. Jh. v. Chr.**
- **Ausdehnung: über neun Quadratkilometer**
- **Letzte und prächtigste Residenzstadt der Assyrer**

»Ninive, die große Stadt« ist den meisten Menschen durch die Geschichte von Jona und dem Wal aus der Bibel ein Begriff. Ninive war tatsächlich eine große Stadt. Im 7. Jahrhundert v. Chr. kam sie gleich nach Babylon. Die Assyrerkönige hatten sie zur neuen Hauptstadt ihres Reiches gemacht und bauten sie mit entsprechender Pracht aus. Die damalige Einwohnerzahl wird auf fast 175 000 geschätzt. Die Ausdehnung betrug 4,4 x 2,1 Kilometer. Im Gegensatz zu Babylon, das vor allem durch die Heiligtümer des Marduk und der Ischtar geprägt war, war Ninive eine sehr weltliche Stadt, in der die vielen Paläste dominierten, die sich die Mitglieder des Herrscherhauses gebaut hatten.

DIE GESCHICHTE

Ninive lag am Ostufer des Tigris, gegenüber der heutigen Stadt Mossul. Archäologen haben bereits Siedlungsspuren von etwa 5 000 v. Chr. gefunden. Trotzdem blieb Ninive im Babylonischen Reich eine relativ unbedeutende Provinzstadt. Mit der Machtübernahme der Assyrer verlagerte sich das politische und wirtschaftliche Zentrum vom Süden in den Norden Mesopotamiens, was auch Ninive zu Gute kam. Im 9. Jh. v. Chr. begannen die assyrischen Könige dann eine rege Bautätigkeit und wechselten mehrmals ihre Hauptstadt. Salmanassar III. (reg. 858–824 v. Chr.) verlegte seine Residenz von Assur nach Nimrud, Sargon II. (reg. 722–705 v. Chr.) baute Dur-Scharrukin nahe dem heutigen Chorsabad aus und sein Sohn Sanherib (reg. 704–681 v. Chr.) wählte schließlich Ninive. Seine größte Blüte erlebte es unter dem letzten assyrischen König Assurbanipal (669–627 v. Chr.).
Assurbanipal, der als einer der wenigen Könige seiner Zeit lesen und schreiben konnte, ließ in Ninive eine berühmte Bibliothek errichten. Zusammen mit dem Inhalt seines Privatarchivs sind rund 25.000 Keilschrifttexte gefunden worden: vor allem Verträge und Urkunden, aber auch das weltberühmte babylonische Gilgameschepos. Die Texte vermittelten erstmals eine genaue Vorstellung über das Volk der Assyrer.
612 v. Chr. wurde Ninive von den Medern und Babyloniern zerstört, die zugleich das gesamte assyrische Reich vernichteten. Mitte des

19. Jh. entdeckte der britische Diplomat und Archäologe Austen Henry Layard (1817–92) in den Ruinenhügeln Kujundschik und Nebi Jenus prächtige Reliefs und Kolossalstatuen, von denen heute viele im Britischen Museum zu bewundern sind. Von den Palästen, die sie einmal geschmückt haben, ist jedoch nicht mehr viel zu sehen. Die Architektur einer assyrischen Residenzstadt lässt sich am besten in den Ruinen des benachbarten Dur-Scharrukin studieren.

Elamitischer Kriegswagen. Steinrelief vom Palast in Ninive

DIE GEBÄUDE

Bereits Sanherib entfaltete eine rege Bautätigkeit. Kriegsgefangene Zwangsarbeiter, wie sie die Assyrer zu Tausenden verschleppten, mussten eine neue doppelte Mauer mit Türmen und Zinnen um die Stadt anlegen. Um die Stadt mit Wasser zu versorgen, ließ Sanherib einen 80 Kilometer langen Kanal vom Fluss Gomel nach Ninive anlegen und einen Staudamm bauen.

Sanheribs Palast lag inmitten der erhöhten und befestigten Zitadelle der Stadt. Er hatte eine Ausdehnung von 500 x 240 Metern und 27 Portale, die von Sphingen und geflügelten Stieren bewacht wurden. Diese Mischwesen sind typisch für die assyrische Kunst. Neben ihrem massigen Stierkörper haben sie Greifenflügel und ein gekröntes Menschenhaupt mit langem, kunstvoll geflochtenem Bart. Die größten dieser Kolosse sind sechs Meter hoch und 30 Tonnen schwer. Sie standen immer paarweise an den Toren und sollten Unglück und Gefahren abwehren. Allein in Sanheribs Palast wurden 120 dieser steinernen Wächter gefunden.

Dazu kamen rund drei Kilometer an kunstvollen Reliefs. Diese Wandbilder, die teilweise aus feinem Alabaster sowie ursprünglich bemalt waren, zeigten vor allem Kriegs- und Jagdszenen, aber auch das Palastzeremoniell. Religiöse Szenen dagegen sind selten. Für die Historiker stellen sie mit ihren Details ein hervorragendes Anschauungsmaterial zur Geschichte der Assyrer dar. Man sieht beispielsweise wie die gigantischen Türwächter vom Steinbruch in die Stadt transportiert werden, wie das assyrische Heer eine befestigte Stadt belagert oder der König grausam Gericht über seine Feinde hält. Gesäumt waren die Friese mit Schmuckborten, die Muster, aber auch stilisierte Tiere und Pflanzen darstellten.

Noch kunstvoller sind die Reliefs vom Palast des Assurbanipal. Die Künstler waren inzwischen dazu übergegangen, ihre Bilder über mehrere der sorgfältig geglätteten Steinplatten hinwegzuziehen. Das erlaubte ihnen, die Heldentaten des Königs in voller Lebensgröße zu illustrieren. Die Darstellung der Landschaft beschränkte sich nicht mehr auf einzelne stilisierte Pflanzen, sondern bildete einen künstlerisch ausgearbeiteten Hintergrund für die Szenen. Die Reliefs zogen sich über zwei Meter in die Höhe und um alle repräsentativen Außen- und Innenflächen des Palastes.

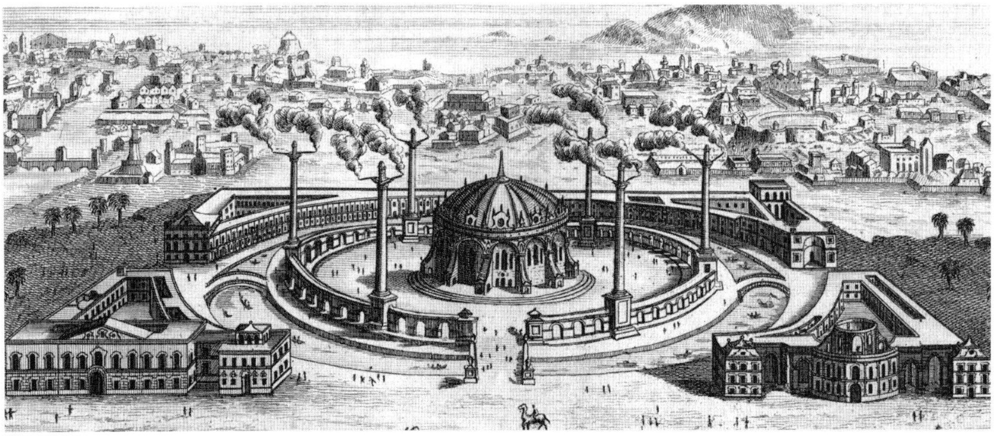

Sonnentempel von Ninive, Kupferstich, um 1700

DER TURM VON BABEL

Pieter Brueghel d. Ä.:
Turmbau zu Babel, *1563*

DAS WICHTIGSTE IN KÜRZE:
- **Erbaut: wohl 7. Jh.–555 v. Chr.**
- **Höhe: rund 95 Meter**
- **Größte Zikkurat in Mesopotamien**

Eines Tages, so berichtet das Buch Genesis in der Bibel, sprachen die Menschen zueinander: »Auf! Lasst uns eine Stadt und einen Turm bauen, dessen Spitze bis in den Himmel reicht! Wir wollen uns einen Namen machen.« Gott erschrak über dieses Ansinnen und befürchtete, das sei erst der Anfang der menschlichen Hybris. Um dieser einen Riegel vorzuschieben, verwirrte er ihre Sprache und zerstreute sie auf der ganzen Erde.
Inzwischen weiß man, dass die Israeliten während ihrer Verschleppung nach Babylon (587–539 v. Chr.) tatsächlich einen Schwindel erregend hohen Turm bauten und überdies das Sprachgemisch einer multikulturellen Handelsmetropole kennen lernten.

DIE ZIKKURAT

Die mesopotamischen Kulturen glaubten, ihre Götter würden auf den Gipfeln der Berge wohnen. Deshalb versuchten sie schon im 4. Jt. v. Chr. im Flachland zwischen Euphrat und Tigris Berge nachzuahmen. Ihre Heiligtümer standen auf mehrfach gestuften Plattformen aus luftgetrokkneten Lehmziegeln. Mit der Zeit wurden die Unterbauten immer höher und steiler, bis sich schließlich die Zikkurat daraus entwickelte, der typisch mesopotamische Stufenturm. Von den 28 Zikkurats, die im Zweistromland gefunden wurden, ist die am besten erhaltene der Turm von Ur, der dem sumerischen Mondgott Nanna geweiht war. Sie wurde von Ur-Nammu (reg. 2113–2095 v. Chr.) über einem älteren Terrassenbau errichtet und von dem babylonischen König Nabonid (reg. 556–539 v. Chr.) umgestaltet. Der Turm des Ur-Nammu war eine dreistöckige Pyramide aus Lehmziegeln, die außen mit gebrannten Ziegeln und einem Bitumengemisch verkleidet war. Die Grundfläche betrug knapp 70 x 50 Meter. Nabonid machte ein sechstufiges Bauwerk daraus, vor das er ein großes Torgebäude setzte, zu dem eine frontale und zwei seitliche Treppen emporstiegen. Der Tempel des Nanna auf der Spitze war wohl mit blauglasierten Kacheln verkleidet und hatte eine goldene Kuppel. Abzugskanäle auf den einzelnen Plattformen lassen den Verdacht aufkommen, dass die Stufen in der Art der Hängenden Gärten bepflanzt waren. Die Tempeltürme waren nicht nur Heiligtümer, sondern auch die kulturellen und wirtschaftlichen Zentren der Städte. Auf zwei Plattformen in Ur befanden sich Kammern, in denen wohl Verwaltungsbeamte arbeiteten. Außerdem war ein Archiv im Turm untergebracht. Die ursprüngliche Höhe der Zikkurat von Ur wird auf 55 Meter geschätzt. Der Turm von Babel soll um die 95 Meter hoch gewesen sein. Er war dem babylonischen Stadtgott Marduk geweiht und trug den Namen Etemenanki (Haus der Gründung des Himmels und der Erde).

Lucas van Valckenborch: Der Turmbau zu Babel, *1590*

ETEMENANKI

Wann die Zikkurat von Babylon erbaut wurde, liegt im Dunkeln. Erwähnt wird der Tempelturm zum ersten Mal im 7. Jh. v. Chr., aber vermutlich wurde er schon im 3. Jt. v. Chr. erbaut. Jedenfalls rühmt sich der babylonische König Nabopolassar (reg. 625–605 v. Chr.) die verfallene Wohnung des Stadtgottes mit außergewöhnlichem Glanz wieder aufgebaut zu haben. Vermutlich hatte der Turm damals drei Stockwerke. Der letzte babylonische König Nabonid baute Etemenanki 555 v. Chr. dann auf sieben oder acht Stockwerke aus, ein Prozess, den die verschleppten Israelis noch miterlebten. Möglicherweise waren sie sogar als Arbeiter beteiligt.

Der Turm stand in einem heiligen Bezirk. Sein Fundament maß 90 x 90 Meter. Wie die Zikkurat in Ur war er aus Lehmziegeln gebaut und mit gebrannten Ziegeln verkleidet. Das erste Stockwerk war wohl 33 Meter hoch, das zweite 18 und alle folgenden sechs. Die siebte Stufe hatte eine Fläche von 24 x 21 Metern und war 15 Meter hoch. Darauf stand das »Haus des Marduk«. Der griechische Geschichtsschreiber Herodot (484–425 v. Chr.) berichtete, in diesem Tempel gäbe es keinerlei Bildnisse, nur einen goldenen Tisch und ein reich verziertes Liegebett. In diesem Bett würde jede Nacht eine andere Frau schlafen. Möglicherweise wurde hier die »Heilige Hochzeit« vollzogen, bei der Priester die Stelle von Gott und Göttin einnahmen.

Außer seinem »Haus« auf der Turmspitze hatte Marduk in Babylon noch einen großen Tempel, der Esangila hieß und direkt neben der Zikkurat stand. Seine Grundfläche war beinahe so groß wie der Turm und Nebukadnezar II. (reg. 605–562 v. Chr.) rühmte sich, die Innenräume, die sich um drei Höfe gruppierten, mit Gold und Silber verkleidet zu haben.

Als der Perserkönig Xerxes (um 519–465 v. Chr.) 478 v. Chr. Babylon zerstören ließ, machte er auch die Zikkurat dem Erdboden gleich. Der Archäologe Robert Koldewey (1855–1925) fand bei seinen Ausgrabungen in Babylon nur noch kaum erkennbare Fundamente in einer Senke, die die Araber es-Sachn (die Pfanne) nannten. Die Pläne Alexanders des Großen (356–323 v. Chr.) Babylon wieder aufzubauen und zur Hauptstadt seines riesigen Reiches zu machen, scheiterten am frühen Tod des Eroberers.

Rekonstruktionsmodell nach Robert Koldewey, 1918

Babylonischer Turm (Miniatur, 13. Jh.)

DELPHI

DAS WICHTIGSTE IN KÜRZE:
- **Blütezeit: im 7. und 6. Jh. v. Chr.**
- **Nationales Heiligtum und wichtigster Orakelort des antiken Griechenlands**

Für die alten Griechen lag die Mitte der Welt in einer idyllischen Senke in den zerklüfteten Felswänden des Parnass: in Delphi. Der Göttervater Zeus, so erzählt eine der griechischen Mythen, habe einst zwei Adler vom östlichsten und westlichsten Punkt der Welt fliegen lassen, um deren Mitte zu finden. Sie hätten sich in Delphi getroffen und seitdem markiere dort ein kunstvoll behauener Stein, Omphalos (Nabel) genannt, den angeblichen Mittelpunkt der Erde.

In Delphi befand sich eine Erdspalte, aus der vulkanische Dämpfe aufstiegen, die den Menschen angeblich die Sinne vernebelten. Bereits in vorgriechischer Zeit verehrten hier die einheimischen Pelasger die Erdgöttin Gaia. Die Griechen widmeten die heilige Stätte ihrem Orakelgott Apollo und rechtfertigten dies mit einem weiteren Mythos. Apollo soll die Riesenschlange Phyton erschlagen haben, ein Untier, das Gaia mit der Bewachung ihres Heiligtums beauftragt habe.

In seiner Blütezeit stellte Delphi den Mittelpunkt der griechischen Welt dar. Die Orakelstätte war nationales Heiligtum der verschiedenen, oft verfeindeten Stämme und Völker. Vom einfachen Privatmann bis zum Herrscher pilgerten alljährlich Tausende nach Delphi, um sich von den Priesterinnen Apollos drängende Fragen beantworten zu lassen.

DAS HEILIGTUM

Um nach Delphi zu kommen, mussten die Pilger einen beschwerlichen Weg auf der Heiligen Straße zurücklegen, die sich von der Küstenebene durch schroffes Gebiet bis zum Heiligtum schlängelte, das 600 Meter über dem Meeresspiegel liegt. Die Straße war von Schatzhäusern und Weihegeschenken gesäumt, die einen beträchtlichen kunstgeschichtlichen Wert besitzen. Jeder Stadtstaat hatte sein eigenes Schatzhaus, in dem die Gaben niedergelegt wurden. Sehr klein, aber reich geschmückt mit kunstvollen Friesen über die Schlachten zwischen Göttern und Giganten, Griechen und Römern, war das Schatzhaus der Bewohner der Insel Siphnos. Die Einwohner von Naxos stifteten eine Säule mit einer geflügelten Sphinx. Berühmt ist auch der Wagenlenker, eine lebensgroße Bronzestatue von 470 v. Chr., die zu einer Quadriga gehörte, die der Tyrann des sizilianischen Gela stiftete.

Zum Heiligen Bezirk, der ca. 150 x 200 Meter groß war, gehörten auch Sportstätten, ein Theater, Bäder und ein Asklepion, ein Tempel, der dem Heilgott Asklepios geweiht war und der medizinischen Versorgung der Pilger diente. Seit dem 6. Jh. v. Chr. fanden alle vier Jahre im September die Phytischen Spiele zu Ehren des Apollon statt, bei denen die Musikwettbewerbe im Mittelpunkt standen, es aber auch Theateraufführungen, Sportveranstaltungen und Wagenrennen gab. Vom zentralen Heiligtum, dem großen, lang gestreckten Apollontempel über der heiligen Erdspalte, sind nur noch die Fundamente erhalten. Aber selbst diese geben keinen Aufschluss über die innere Aufteilung der Räume. Für Fotos von Delphi muss deshalb meist ein Tempelrelikt herhalten, das streng genommen gar nicht zum Heiligen Bezirk gehört. Unterhalb des Apolloheiligtums lag der Tempelbezirk der Athena. Von dessen Gebäuden stehen noch drei Säulen eines eleganten dorischen Rundtempels (Tholos), den Theodoros von Phokis im 5. oder 4. Jh. v. Chr. erbaute.

DAS RITUAL

Wer nach Delphi kam, um Apollo eine Frage zu stellen, musste sich einem genau festgelegten Ritual unterziehen. Zuerst musste er sich mit dem Wasser der Kastalischen Quelle waschen. Dann wurde eine Ziege solange mit kaltem Wasser besprengt, bis sie zitterte und geopfert werden konnte. Nachdem der Pilger auch noch eine Gebühr bezahlt hatte, durfte er seine Frage auf eine Tafel aufschreiben. Diese gab er einem Priester, der sie später der Wahrsagepriesterin, der Phytia, vorlegte. In der Blütezeit des Heiligtums war der Andrang so groß, dass sogar drei Phytien gleichzeitig Dienst tun mussten. Diese saßen auf einem vergoldeten Dreifuß im Allerheiligsten des Apollontempels über der dampfenden Erdspalte. Um ihren Rausch zu steigern, kauten sie Lorbeerblätter. Ihre wirren Antworten wurden von den Priestern gedeutet, in Versform niedergeschrieben und dem Frager überreicht.

Viele Fragen drehten sich um alltägliche Probleme wie Geldsorgen oder Kinderlosigkeit. Aber auch in politischen Dingen, vor allem vor der Gründung einer neuen Kolonie, war es Tradition das Orakel zu befragen. Einige Antworten gingen in die Geschichte ein. So wurde dem Lyderkönig Krösus (um 595–547 v. Chr.) geweissagt, er werde ein großes Reich zerstören, wenn er den Perserkönig Kyros angreifen würde. Krösus tat es – und zerstörte damit sein eigenes Reich.

Um die Mitte des 5. Jh. v. Chr. verlor das Orakel allmählich an Bedeutung und kam weitgehend zum Erliegen, als Delphi im 2. Jh. v. Chr. von den Römern eingenommen wurde. Offiziell geschlossen wurde es jedoch erst von Kaiser Theodosius (347–395).

Apollontempel

Heiligtum der Athena Pronaia in Delphi

NEKROPOLEN VON CERVETERI UND TARQUINIA

Die Nekropole von Cerveteri

DAS WICHTIGSTE IN KÜRZE:
- **Erbaut: 7.–4. Jh. v. Chr.**
- **Etruskische Gräberstädte mit farbenprächtigen Wandmalereien**

Stellten sich die Etrusker so das Jenseits vor? Fröhliche Gastmähler mit reich gedeckten Tafeln, Flötenmusik und Tanz, erotische Spielereien, Fischer mit springenden Delfinen, Vogelzüge und Jagdausflüge?
Nirgendwo sind Gräber so bunt und lebensfroh ausgemalt worden. Die großen Totenstädte wirken wie eine Aneinanderreihung von Festsälen. Die schönsten Fresken finden sich wohl in Tarquinia, während man in der großen Nekropole von Cerveteri deutlich vor Augen bekommt, wie sehr sich die Grab- und die Hausarchitektur der Etrusker ähnelten. Beide liegen im Hügelland an der Küste im Norden von Latium.

DIE ETRUSKER UND DER TOD

Die Etrusker waren überzeugt, dass die Toten an dem Ort weiterleben, an dem sie bestattet werden. Die Gräber stellten also die Häuser der Verstorbenen in der künftigen Welt dar. Logischerweise baute man sie auch wie Wohnhäuser und versuchte sie auf das Angenehmste auszustatten.
Die ältesten unter den über 1000 Gräbern in Cerveteri sind in den Tuffstein gemauert und mit großen Erdhügeln bedeckt (Tumuli). Unter einem Hügel befinden sich manchmal mehrere separate Gräber. Umgeben sind die Tumuli von kleineren Hügelchen, unter denen die Gräber ärmerer Zeitgenossen lagen. Um 500 v. Chr. wurden entlang der Gräberstraßen ordentlich aufgereihte würfelförmige Bauten erstellt – möglicherweise parallel zu einer systematischen Planung der Städte. Als der Platz knapp wurde, grub man die Gräber tief in die Erde – stattete sie innen aber immer aufwändiger aus.
Oft hatten die Grabanlagen mehrere Räume. Sie bestanden aus einem langen Korridor und einer zentralen Kammer, die an den Seiten von mehreren, kleineren Räumen flankiert war. Die wenigen erhaltenen Grundrisse der Wohnhäuser weisen eine ähnliche Anordnung auf. So können die Historiker anhand der etruskischen Gräber den Stilwandel in der Wohnkultur über die Jahrhunderte nachvollziehen. Die Etrusker formten ihre Decken immer mehr zu Gewölben – eine Fertigkeit, die später die Römer von ihnen lernten und zur Perfektion weiter entwickelten.
Neben den Malereien waren die Räume auch mit eingelegten Decken, imitierten Dachbalken, Innensäulen mit kunstvoll verzierten Kapitellen, Gesimsen und steinernen Sesseln ausgestattet.Grabbeigaben reichten vom Tafelgeschirr über das Schminkköfferchen bis hin zur Wegzehrung.
Das wahrscheinlich interessanteste Grab in Cerveteri ist die Tomba dei Rilievi (Grab der Reliefe, 3. Jh. v. Chr.). Wände und Pfeiler sind mit Stuckreliefs überzogen, die allerlei Gegenstände des täglichen Lebens wie Werkzeuge, Wägen, Waffen und Tiere zeigen.

Blick in die Tomba dei Rilievi, Cerveteri

Flötenspieler aus dem Grabmal des Triclinium in Tarquinia

Die Toten wurden in eine Art Schlafalkoven an der Wand gebettet, über denen ihre Namen standen.
In anderen Gräbern standen Sarkophage, die wie Ruhebetten gestaltet waren. Darauf lagen die Skulpturen der Toten »zu Tisch«. Der Sarg eines heiteren Ehepaars aus Cerveteri (um 520 v. Chr.), die sich gerade im lebhaften Gespräch mit dem Betrachter befinden, gehört zu den schönsten Werken etruskischer Kunst überhaupt.

DIE MALEREIEN

Die ersten Grabmalereien tauchen um 700 v. Chr. auf. In den älteren Gräbern von Cerveteri lässt sich erkennen, dass sie von korinthischen Vasenmalereien inspiriert sind. Bis ins 5. Jh. v. Chr. sind sie bewegt, farbenfroh und heiter. Dargestellt werden vor allem Feste wie in der Tomba dei Leopardi (um 475 v. Chr., Tarquinia), bei denen es sich allerdings meist um Totenmäler handelt. Auch Wettkämpfe – ebenfalls im Rahmen der Totenfeiern – sind häufig zu sehen. So finden sich in der Tomba degli Auguri (um 530 v. Chr.) nackte Ringkämpfer. Fresken der Tomba dei Tori (um 525 v. Ch.) zeigen Szenen aus dem Leben des Helden Achilles. Auf dem Fries darüber lassen sich Reste erotischer Szenen erkennen. Die Etrusker glaubten, dass sich die Vitalität der Bilder auf die Toten übertragen würde. Dazu passen auch die leuchtenden Naturfarben in rot, gelb, schwarz, grün und blau.
Ab etwa 400 v. Chr. setzte mit dem Niedergang der etruskischen Kultur ein Stilwandel ein. Die Bilder wurden deutlich düsterer, ernster und freudloser. Mehr und mehr tauchten gewaltsame Todesarten und Unterweltdarstellungen auf. Die Dämonen der Etrusker wie aus der Tomba del'Orco (um 350 v. Chr., alle Gräber in Tarquinia) fanden sich dann später in mittelalterlichen Höllendarstellungen wieder. Ab dem 3. Jh. v. Chr. wurden immer häufiger Totenprozessionen und Abschiedsszenen dargestellt.
Die Farben wurden in Freskotechnik auf den noch feuchten Wandputz aufgetragen. Dank idealer klimatischer Bedingungen in den Grabräumen haben die Gemälde über 2500 Jahre kaum etwas von ihrer Leuchtkraft verloren. Sommers wie winters herrscht eine nahezu konstante Temperatur. Außerdem enthält das Tuffgestein der Wände eine natürliche Feuchtigkeit, die die Farben frisch hält.

Sarkophag aus Cerveteri, um 520 v. Chr.

PERSEPOLIS

Stufenanlage zum Tripylon im Dareiospalast, Teilansicht mit Relief an der Treppenwange: Ein Löwe greift einen Stier an

DAS WICHTIGSTE IN KÜRZE:
- **Erbaut: 515–450 v. Chr.**
- **Größe: 126.000 Quadratmeter**
- **Feststadt der persischen Könige**

Der persische König Dareios der Große (550–486 v. Chr.) war einer der mächtigsten Herrscher der frühen Geschichte. Er regierte ein Reich von fast fünf Millionen Quadratkilometern, das vom Bosporus bis an den Indus reichte. Er gebot über etwa zehn Millionen Untertanen. Und er schaffte so friedliche und geordnete Zustände, dass er immens reich wurde. Deshalb konnte er es sich leisten, eine Stadt zu erbauen, die nur als Kulisse für ein einziges Fest im Jahr diente. Dafür holte er die besten Künstler aus allen Teilen des Reiches nach Persepolis.

DIE STADT

Die Ruinen von Persepolis liegen knapp 50 Kilometer von der Stadt Shiraz entfernt in einer kargen, gebirgigen Landschaft. Das war zu Zeiten des Dareios nicht anders. Persepolis (griech: Stadt der Perser), das eigentlich Parsa hieß, war niemals Regierungssitz und Zentrum politischer Entscheidungen. Doch einmal im Jahr, zum Neujahrsfest im Frühling, hatten sich der gesamte Hof und die Würdenträger aller unterworfenen Völker hier zum großen Empfang des Königs einzufinden. Zahlreiche – ursprünglich bemalte – Reliefs zeigen, wie die Abgesandten von 23 unterworfenen Völkern ihren Tribut an den König abliefern. So bringen beispielsweise die Inder Gold, die Elamiter ein Löwenjunges, die Ionier große Wollknäuel, die Lyder goldene Gefäße, die Baktrier ein Kamel, die Kuschiten Elfenbeinzähne und die Skythen Schmuck und Pferde.

Der ganze Palastkomplex lag auf einer künstlich aufgeschütteten, 14 Meter hohen Terrasse. Den Aufgang bildete eine doppelläufige Freitreppe, wie sie später oft bei barocken Palästen verwendet wurde. Die Stiegen waren so flach, dass sie auch von Pferden bewältigt werden konnten. Beim Aufstieg wurden die Gesandten bildlich begleitet von Dareios Leibwache, den »10.000 Unsterblichen«, die auf den Treppenreliefs dargestellt waren. Alle waren bis zur kleinsten Locke des sorgfältig gekräuselten Bartes perfekt ausgeführt, aber untereinander völlig identisch, was einen Hinweis auf die ungeheuren Menschenressourcen gibt, über die das persische Reich verfügte. Überhaupt war jede freie Fläche in Persepolis mit solchen Reliefs verziert. Die Terrasse von Dareios' Palast beispielsweise zierten Bogenschützen und am Schatzhaus war der Empfang von medischen Gesandten zu sehen.

Von der Treppe zogen die Gäste durch das Tor aller Länder, das von riesigen, geflügelten Stieren mit bärtigen, gekrönten Menschenköpfen bewacht wurde, eine Anleihe an die Kunst der Assyrer. Dann ging es im 90-Grad-Winkel über eine große Freifläche aus grünem Marmor zur Audienzhalle Apadana, die 12.000 Quadratmeter groß war und über 10.000 Besucher fasste. Bis auf unbedeutende Nebenräume bestand sie nur aus einer einzigen Halle mit 20 Meter hohen Säulen. Der Portikus war wohl griechisch inspiriert. Sowohl in der Bautechnik als auch in der Kunst repräsentierte Persepolis das Völkergemisch des persischen Reiches.

Neben der Apadana befand sich die noch größere 100-Säulenhalle, deren Säulen mit riesigen Stierkapitellen gekrönt waren. Dahinter standen die Paläste des Dareios und seiner Nachfolger. Die Historiker sind sich allerdings nicht sicher, welcher Bau welcher Funktion diente. Möglicherweise war die 100-Säulenhalle ein Thronsaal, möglicherweise wurden hier die Tributgaben ausgestellt. Auch die Königspaläste waren vermutlich reine Repräsentations- und keine Wohngebäude. Diese könnten – wie auch die Wohnungen der Beamten und Soldaten, die ständig in Persepolis lebten – außerhalb des Palastkomplexes gelegen haben. Wesentliche Bestandteile der Anlage waren das Schatzhaus und die großen Magazine zwischen Königspalästen und 100-Säulenhalle. Hier wurden die Tributgaben der Völker eingelagert. Möglicherweise hatte Dareios auch deshalb die abgelegene Gegend gewählt, weil er seine Schätze hier sicherer wähnte.

Persepolis: Vorhalle des Xerxes I. (5. Jh. v. Chr.)

Blick über die Ruinen von Persepolis

DIE BAUGESCHICHTE

Xerxes I. (um 519–465 v. Chr.) setzte das Werk seines Vaters fort. Neben dem alten Palast des Dareios ließ er sich einen neuen errichten sowie das Tor aller Länder und die 100-Säulen-Halle. Er soll zeitlebens unter dem mächtigen Schatten seines Vaters gelitten haben. Den dritten Königspalast fügte sein Sohn Artaxerxes I. (484–424 v. Chr.) hinzu.

Neben dem Neujahrsfest wurden die Begräbnisse der persischen Herrscher in Persepolis begangen. Denn ihre großen, in den Fels geschlagenen und mit kunstvollen Fassaden geschmückten Gräber finden sich nur sechs Kilometer entfernt bei Naksch-i-Rustam.

330 v. Chr. wurde Persepolis kampflos an Alexander den Großen (356–323 v. Chr.), übergeben. Er soll 120.000 Talente Gold und Silber vorgefunden haben. Nach der Plünderung ließ er die Stadt niederbrennen. Manche Historiker sagen, es wäre aus Rache für die Zerstörung Athens durch die Perser geschehen. Andere meinen, der Befehl wäre während der Siegesfeier im Vollrausch auf Bitten der Hetäre Thais gegeben worden.

DIE MAUERN VON BABYLON

Georg Balthasar Probst: Die Babylonischen Mauern, *Kupferstich, um 1750*

DAS WICHTIGSTE IN KÜRZE:
- **Erbaut: wohl 6. Jh. v. Chr.**
- **Ausmaße: Länge 18 Kilometer, Breite 25 Meter, Höhe acht Meter**
- **Gewaltigstes Befestigungswerk der Frühgeschichte**

»Anschauen durfte ich mir des ragenden Babylons Mauern, die man mit Wagen befährt«, schwärmt der Dichter Antipatros von Sidon (2. Jh. v. Chr.) in seiner Dichtung über die sieben Weltwunder. Auch in vielen anderen Listen der Antike tauchen die Stadtmauern der mesopotamischen Metropole auf. Wie den Bau der Hängenden Gärten schreibt man auch sie fälschlicherweise der legendären Königin Semiramis zu.

Die wahre Baugeschichte lässt sich nicht mehr ermitteln. Sowohl der Assyrerkönig Assurbanipal (reg. 669–627 v. Chr.) als auch die babylonischen Herrscher Nabopolassar (reg. um 625–605 v. Chr.), Nebukadnezar II. (reg. 605–562 v. Chr.) und Nabonid (reg. 556–539 v. Chr.) rühmten sich, dieses größte, prächtigste und komplizierteste aller Mauerwerke errichtet zu haben, mit dem jede Stadt im Vorderen Orient umgeben worden ist.

DIE MAUERN

Vor allem die gewaltige Breite der babylonischen Mauern beeindruckte die antiken Schriftsteller und Historiker. Ein Vierergespann hätte dort bequem fahren, ja sogar wenden können, heißt es. Im Durchschnitt betrug die Breite rund 25 Meter. Über die Höhe kursierten in den alten Schriften unglaubliche Gerüchte. Rechnet man die alten Maßeinheiten um, dann kommt man wiederholt auf Angaben von etwa 100 Metern. Realistische Schätzungen gehen heute von etwa acht Metern aus.

Zusammengesetzt war das Bauwerk aus zwei verschiedenen Mauern. Die vordere mit einer Mächtigkeit von 6,5 bis 7,8 Meter bestand aus den teuren und harten gebrannten Ziegelsteinen. Die 3,7 bis sieben Meter dicke Innenmauer dagegen war aus ungebrannten Ziegeln errichtet. Als Mörtel diente heißer Asphalt. Der Raum zwischen beiden, der 9,2 bis zwölf Meter betrug, wurde mit Geröll und

Kies aufgeschüttet. Nach einem der wichtigsten mesopotamischen Götter wurde die Innenmauer Imgur-Enlil (Enlil zeigte Wohlwollen), die Außenmauer Nimit-Enlil (Bollwerk des Enlil) genannt. Etwa 20 Meter außerhalb der Mauern verlief ein Wassergraben, der aus dem Euphrat gespeist wurde. Da in Ninive ein solcher Graben bei einer Überschwemmung die Fundamente der Stadtbefestigung weggespült hatte, mauerte man in Babylon auf der Stadtseite noch einmal eine drei Meter hohe und 3,3 Meter dicke Schutzwand aus gebrannten Ziegeln.
Über 300 Türme dienten der Beobachtung und dem Schutz der Verteidiger bei einem Angriff. Den Zugang zur Stadt bildeten acht prächtige Tore, dessen bedeutendstes das über 14 Meter hohe blauglasierte Ischtar-Tor im Norden war. Der vordere Teil ist heute im Pergamonmuseum in Berlin zu bewundern. Seine Reliefs sind mit Stieren, den heiligen Tieren des Stadtgottes Marduk, und seltsam anmutenden, langhalsigen Greifen, Sirrusch genannt, den Symbolfiguren der Stadt, geschmückt. Das Tor hielt als einziger Bestandteil der viel gepriesenen Mauern der Zerstörung durch die Perser und dem anschließenden Verfall im 5. Jh. v. Chr. stand. Als der am besten erhaltene Teil von ganz Babylon wurde es von dem deutschen Archäologen Robert Koldewey (1855–1925) bei seinen Grabungen in Babylon (1899–1917) entdeckt. Die Türflügel, die laut einer antiken Inschrift aus Zedernholz mit Bronze überzogen waren, mögen allerdings eine strategische Schwachstelle in der Befestigung gebildet haben.

Ischtar-Tor

Löwenrelief des Ischtar-Tors

DIE STADT

Vermutlich wurde Babylon schon 4000 Jahre v. Chr. gegründet, doch bis zum Beginn des 2. Jt. v. Chr. war es eine unbedeutende Provinzstadt im Norden Mesopotamiens, die vor allem von einstmals nomadischen Einwanderern, den Amoritern, bewohnt war. Doch nach der Zerstörung von Ur im Süden des Zweistromlandes konnten die babylonischen Stadtfürsten das entstehende Machtvakuum nutzen und einen kleinen Stadtstaat gründen, der sich gegen die benachbarten Kleinstaaten durchsetzte. Eine erste Blütezeit erlebte die Stadt unter König Hammurabi (reg. 1728–1686 v. Chr.), der den Kult des babylonischen Stadtgottes Marduk in seinem ganzen Reich etablierte. Obwohl der politische Einfluss von Babylon danach wieder zurückging und die Stadt mehrmals besetzt und zerstört wurde, blieb sie lange das kulturelle, religiöse und wirtschaftliche Zentrum des Nahen Ostens. Erst unter der assyrischen Herrschaft setzte ein Niedergang ein. Gegen Ende des 7. Jh. v. Chr. jedoch konnte der babylonische Fürst Nabopolassar gemeinsam mit den Medern das assyrische Reich vernichten. Sein Sohn Nebukadnezar II. machte Babylon wieder zur größten, reichsten und prächtigsten Stadt der damaligen Welt.
Die Stadt wurde durch den Euphrat in zwei Hälften geteilt, die über eine der ersten Steinbrücken der Geschichte von 120 Metern Länge verbunden wurden. Im Norden nahe dem Ischtar-Tor befanden sich die Festungen, aber auch der ausgedehnte Palastkomplex des Königs. Von dort führte eine 900 Meter lange Prozessionsstraße, deren Wände von blauglasierten Ziegelmauern mit 120 Löwenreliefs gesäumt wurden, zum Tempel des Marduk und der Zikkurat, den berühmten »Turm von Babel«. Die Einwohnerzahl zur Zeit Nebukadnezars II. soll 250.000 bis 400.000 betragen haben.

RÖMISCHES WASSER- UND ABWASSERSYSTEM

Der Pont du Gard bei Nimes

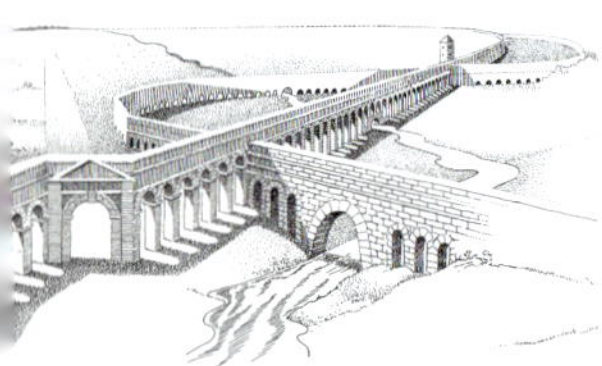

Aquädukt, Rekonstruktion

DAS WICHTIGSTE IN KÜRZE:
- **Ausgebaut: 6. Jh. v. Chr.–3. Jh. n. Chr.**
- **Täglicher Wasserverbrauch in Rom: 150.000 Kubikmeter**
- **Längste Wasserleitung: 132 Kilometer (Karthago)**
- **Höchster Aquädukt: Pont du Gard (Nimes) mit 49 Metern**

Gäbe es nicht die Reste von einigen großartigen Aquädukten wie den Pont du Gard, dann könnte man leicht in Gefahr geraten, eines der großartigsten Werke der römischen Bau- und Ingenieurskunst zu übersehen: die Wasserversorgung. Plinius d. Ä. (um 23–79) dagegen brachten sogar noch die römischen Abwasserkanäle ins Schwärmen. »Ein über alle Beschreibung großartiges Werk«, schreibt er in seinem Buch Naturalis Historia. Schließlich würde das System, das Rom gleichsam untertunnle, größten Wassermassen, Bränden und sogar Erdbeben standhalten und könne zu Reparaturarbeiten mit Booten befahren werden. Und das musste den Römern erst einmal jemand nachmachen.

DAS LEITUNGSSYSTEM

Während der Kaiserzeit hatte Rom etwa eine Million Einwohner. Für sie wurden täglich 150.000 Kubikmeter Frischwasser benötigt. Ein großer Teil davon wurde für die etwa 850 öffentlichen Bäder gebraucht. Dann musste der Unrat aus sämtlichen öffentlichen und privaten Toiletten gespült werden. Auch bestimmte Handwerke wie die Walker und Wäscher hatten einen großen Verbrauch. Am wichtigsten aber waren die über 1000 Brunnen, wo sich die ärmeren Schichten ihr Wasser holten. Wer Geld hatte, konnte sich jedoch gegen stattliche Gebühren einen eigenen Anschluss ins Haus legen lassen. In manchen Villen hatten sogar einzelne Zimmer Wasserhähne. Diese bestanden aus einem Stück durchbohrten Rohres, das quer in der Leitung steckte. Je nachdem wie man es drehte, konnte man den Durchlauf öffnen oder schließen.

Rom bezog sein Wasser aus den Quellen des umliegenden Hügellandes. Zu Beginn des 2. Jh. brachten zehn Leitungen mit über 420 Kilometern Länge das kostbare Nass in die Stadt. Die Kanäle, die ein ständiges leichtes Gefälle hatten, waren aus römischem Zement gemacht. Je nach Gelände wurden sie unterirdisch oder über Aquädukte geführt.

Die erste Leitung, die gebaut wurde, war die Aqua Claudia, die der Censor Appius

Aquädukt bei Tomar

Claudius 312 v. Chr. bauen ließ. Sie war 16,5 Kilometer lang und kam aus den Albaner Bergen. Die längste Leitung, die Aqua Marcia, maß 91 Kilometer und wurde zwischen 144 und 140 v. Chr. gebaut. Den Schlusspunkt setzte 226 die 22 Kilometer lange Aqua Alexandrina.
Nicht alle lieferten jedoch gleiche Qualität. Die Anio Vetus (um 272 v. Chr.) und die Anio Novus (52) waren berüchtigt für ihre trübe Brühe. Die Aqua Alsietina (2. v. Chr.) lieferte sogar nur Brackwasser. Das klarste Wasser, das ausschließlich für die Trinkwasserversorgung reserviert war, stammte aus der Aqua Marcia. Die Wasserleitungen mündeten in Verteilerstationen (Castellum Aquae), an die mehrere Druckleitungen aus Blei angeschlossen waren – die der reichen Privatkunden meist oben im Behälter, während der Bodensatz an die öffentlichen Brunnen ging.
Die Wasserversorgung unterstand einer Behörde (Curia Aquarum) mit rund 700 Mitarbeitern, die die Leitungen ständig zu inspizieren und auszubessern hatten. Noch älter als die römische Wasserversorgung ist das Abwassersystem. Der zentrale Abwasserkanal, die Cloaca Maxima, wurde schon im 6. Jh. v. Chr. angelegt und ist heute noch in Betrieb. Sie beginnt beim Forum und mündet bei der Ponte Rotto in den Tiber. Den Standard der Hauptstadt hatte nicht jeder Winkel im Reich. Doch die Historiker gehen davon aus, dass es noch mindestens 40 Städte im Imperium gab, die ähnlich gut versorgt waren. Köln beispielsweise bezog im 2. Jh. sein Wasser über eine rund 100 Kilometer lange Leitung aus der Westeifel.

DIE AQUÄDUKTE

Die römischen Wasserleitungen wurden teilweise durch schwieriges Gelände geleitet. Die Ingenieure mussten Berge durchstechen oder Täler überbrücken. Die erste Leitung, die auf Aquädukte gebaut wurde, war die Aqua Marcia.
Allein in Europa stehen heute noch die Ruinen von rund 200 Aquädukten. Der höchste und berühmteste ist der Pont du Gard. Er wurde 19 v. Chr. von Kaiser Augustus Schwiegersohn Marcus Vispanius Agrippa (um 64 v. Chr.–12. n. Chr.) errichtet, ist fast 50 Meter hoch und 270 Meter lang. Die drei eleganten Bögen sind mit Eisenklammern aus schweren Keilsteinen zusammengesetzt, von denen die größten etwa sechs Tonnen wiegen.
Auf dem obersten Bogen verlief die insgesamt 50 Kilometer lange Leitung, die täglich 30.000 Kubikmeter Quellwasser aus den Bergen nach Nimes brachte. Da das Gefälle auf dieser Strecke teilweise extrem gering war, musste sie besonders sorgfältig konstruiert werden. In Nimes mündete sie im Castellum Aquae, von wo aus das Wasser über zehn jeweils 40 Zentimeter dicke Rohre weitergeleitet wurde.
Ein weiterer malerischer Aquädukt führt mitten durch die spanische Stadt Segovia. Das zweigeschossige Bauwerk mit den besonders hohen unteren Arkaden war Teil der einst 35 Kilometer langen Leitung nach Tarragona.
Gelegentlich wurden Täler auch mit Druckleitungen aus Blei überwunden. Solche Rohre konnte man in einer Länge von höchstens 100 Metern herstellen.

Aquädukt in Segovia, Spanien

DER PARTHENON

Aquarell von Peter Connolly

Akropolis mit Parthenon

DAS WICHTIGSTE IN KÜRZE:
- **Erbaut: 447–436 v. Chr.**
- **Größe: 31 x 70 Meter**
- **Prototyp des klassischen griechischen Tempels**

Alle griechischen Tempel sind einander sehr ähnlich. Das liegt daran, dass ihre Baumeister gar nicht versuchten, möglichst neu und originell zu bauen. Stattdessen war es ihr Ziel, die bewährte klassische Form noch schöner und vollkommener zu machen. Jeder Bau war ein Streben nach Perfektion. So beruhten alle Längen-, Breiten- und Höhenverhältnisse auf mathematischen Gesetzen, die größtmögliche Harmonie gewährleisten sollten. Doch der Bau sollte nicht nur in sich vollkommen sein, sondern auch in größtmöglichem Einklang mit seinem Zweck und seiner Umgebung stehen. Als Höhepunkt dieses Perfektionsstrebens gilt der Haupttempel der Akropolis: der Parthenon.

DAS PRESTIGEPROJEKT

Im 7. Jh. v. Chr. machte der Tyrann Peisistratos (um 600–527 v. Chr.) den Burgberg von Athen, einen 156 Meter hohen Kalksteinfelsen, zur Kultstätte der Stadtgöttin Athene. 480 v. Chr. jedoch zerstörten die Perser alle Gebäude auf der Akropolis. Der neue Fürst der Stadt Perikles (499–429 v. Chr.) erklärte daraufhin den Wiederaufbau zum nationalen Prestigeobjekt, das den Führungsanspruch Athens über die anderen griechischen Staaten dokumentieren sollte. Unter der Leitung von Phidias (gest. um 430 v. Chr.), dem größten Bildhauer der Epoche, entstanden auf der Akropolis lauter Meisterwerke der griechischen Klassik: die Propyläen, ein gewaltiges Torgebäude, das Erechtheion, in dem mehrere alte Heiligtümer vereint wurden, der kleine Tempel der Athena Nike, der siegreichen Athene, und vor allem der Parthenon, das Jungfrauengemach, benannt nach der Athena Parthenos, der jungfräulichen Stadtgöttin. Verloren gegangen ist ein weiteres Wunderwerk: das zwölf Meter hohe Kultbild der Athene, das Phidias aus Gold und Elfenbein für den Parthenon geschaffen hat. Es soll mehr gekostet haben als der ganze Tempel und muss der berühmten Zeus-Statue in Olympia nahezu ebenbürtig gewesen sein. Das Standbild wurde jedoch im 5. Jh. nach Konstantinopel gebracht und ging dort verloren.

DER TEMPEL

Der Parthenon steht mitten auf der Akropolis und überragt alle anderen Gebäude. Mit dem Bau hatte Perikles Iktinos (5. Jh. v. Chr.) beauftragt, der als Begründer der attischen Klassik gilt, die die strengeren dorischen Elemente, mit den leichteren, verspielteren ionischen verband. Man vermutet, dass der Parthenon der erste griechische Tempel war, der von innen her geplant worden ist. Schließlich sollte die Phidias-Statue entsprechend zur Geltung kommen. Während die Cella im Inneren anderer Tempel meist ein schlichter Raum ist, gestaltete Iktinos sie beim Parthenon zum Tempel im Tempel. Sie bestand aus zwei Räumen mit jeweils einer Vorhalle. Der kleinere im Westen enthielt – eingerahmt von vier ionischen Säulen – den Staatsschatz. Im Ostgemach stand die

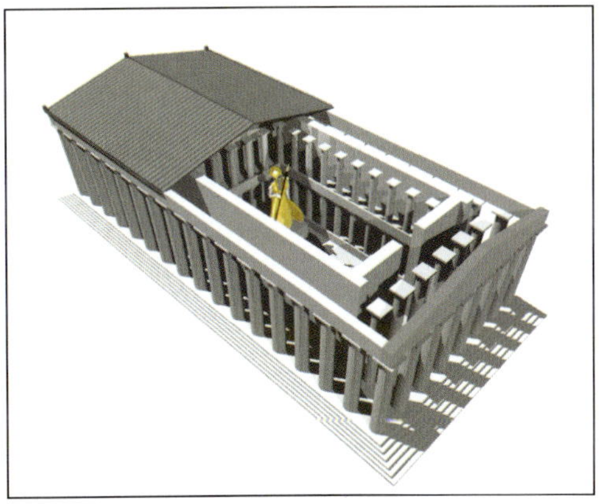

Räumliche Ansicht

Athene. Iktinos umgab sie mit einer doppelstöckigen dorischen Säulenreihe. Um genügend Platz dafür zu haben, verwendete er für den äußeren Umgang des Tempels 17 dorische Säulen an den Längsseiten und acht an den Schmalseiten, anstatt der üblichen 16 und sechs.
Überhaupt beruhen die meisterhaften Proportionen und die geradlinige Optik des Parthenon auf einer Unmenge kleiner Korrekturen. Dies war durchaus üblich. Denn den griechischen Baumeistern war nicht verborgen geblieben, dass aus dem Blickwinkel des Betrachters die Relationen oftmals anders erschienen, als sie tatsächlich waren. Deshalb bauten sie kleine Abweichungen ein. Beim Parthenon beispielsweise neigen sich die Säulen um einige Zentimeter nach innen, die Ecksäulen etwas mehr als die anderen. Ihr Durchmesser nimmt nach oben etwas ab. Gleichzeitig sind die Ecksäulen etwas dicker, weil sie im Licht stehen und damit schmaler erscheinen. Die Säulenabstände jedoch werden nach außen etwas geringer. Tatsächlich gleicht kaum ein Stein dem anderen. Bei keinem anderen Tempel sind die Korrekturen so zahlreich. Die Kunstexperten sind überzeugt, dass die starre Steinarchitektur so Lebendigkeit und Spannung erhält.

DER SCHMUCK

Außer dem Kultbild schuf Phidias für den Parthenon auch noch den Figurenschmuck: 92 Darstellungen (Metopen) mit Schlachtenszenen im Fries zwischen Säulen und Dach des Tempels und zwei dreieckige Tympanonbilder an den Stirnseiten, die die Geburt der Athene und ihren Kampf mit Poseidon um Athen zum Thema hatten. Dazu kam – was außergewöhnlich war – ein 160 Meter langer, durchgehender Fries an den Innenwänden der Cella. Dieser stellte einen Festzug zu Ehren der Athene dar. Damit er von unten besser sichtbar war, wurde er leicht nach außen geneigt. Die Darstellungen, die ursprünglich farbig waren, zählen zu den absoluten Meisterwerken der griechischen Reliefkunst. Bruchstücke davon sind heute als Elgin Marbles im Britischen Museum zu besichtigen.
Der Parthenon wurde im 5. Jh. zur christlichen Kirche und 1456 von den Türken erst zur Moschee gemacht und dann als Pulvermagazin benutzt. Dieses explodierte 1687 und fügte dem Tempel seine schweren Schäden zu.

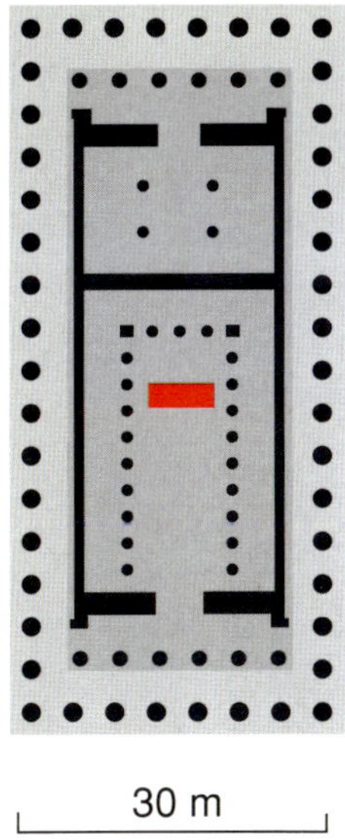

Grundriss

DAS FORUM ROMANUM

Joseph Buehlmann und Friedrich von Thiersch: Römisches Leben auf dem Forum Romanum

DAS WICHTIGSTE IN KÜRZE:
- **Erbaut: 5. Jh. v. Chr.–7. Jh. n. Chr.**
- **Mittelpunkt des römischen Weltreiches und zahlreicher Prestigebauten der Kaiser**

Das Forum Romanum war der Nabel des römischen Weltreiches. Das verdeutlicht der Goldene Meilenstein, den Kaiser Augustus (63 v. Chr.–14 n. Chr.) 20 v. Chr. neben dem Saturntempel hatte aufstellen lassen. Auf ihn bezogen sich alle Entfernungsangaben im Römischen Reich. Mit vollem Namen hieß es Forum Romanum Magnum (Großes Römisches Forum). In der römischen Kaiserzeit muss es die prächtigste Ansammlung von Tempeln, öffentlichen Gebäuden und Denkmälern auf der ganzen Welt gewesen sein.

BAUGESCHICHTE

Das lateinische Wort »Forum« bedeutete Marktplatz. Jede römische Stadt hatte einen solchen Platz. Er war Versammlungs-, Gerichts- und Festplatz. Hier standen die wichtigsten Tempel, die Triumphbögen und Siegessäulen, die Markthallen und die Gebäude der Behörden. Am Forum gab es alles, was für das öffentliche Leben einer Stadt wichtig war, an einem Platz. Auch das Forum Romanum hatte bescheidene Anfänge. Im 6. Jh. v. Chr. entwässerten die Etrusker die sumpfige Talsenke zwischen den Hügeln Palatin, Qurinal und Kapitol, die einst als Friedhof gedient hatten, und legten einen Marktplatz mit Geschäftsstraße an. In der Nordwestecke gab es einen Platz für Versammlungen.
Im Laufe des 5. Jh. v. Chr. wurden an der Ostseite die Tempel des Saturn und der Zwillinge Castor und Pollux erbaut. Saturn war ein altrömischer Vegetationsgott, während die mythischen Helden Castor und Pollux als Beschützer der römischen Republik galten. An der Stirnseite des Platzes entstand der Tempel der Concordia (Eintracht). Aber nicht nur die Auswahl der Tempel verriet politisches Programm. Die Gebäude wurden auch staatsdienlich genutzt. So war der Tempel des Saturn das Finanzministerium der römischen Republik, in dem der Staatsschatz und alle Unterlagen über die Staatsfinanzen aufbewahrt wurden. Im Tempel der Concordia fanden Sitzungen des Senats statt. Die Priesterinnen der Vesta, deren Tempel um 140 v. Chr. neben dem des Castor und des Pollux gebaut wurde, genossen eine besondere Verehrung. Deren Teilnahme war Bestandteil vieler politischer Zeremonien. 184 v. Chr. wurde der erste Gerichtsbau errichtet, eine

lang gestreckte, offene Säulenhalle, die Basilica Porcia. Weitere Basiliken kamen bald dazu und gaben dem Forum ihr charakteristisches Erscheinungsbild.
52 v. Chr. begann Julius Cäsar (100–44 v. Chr.) das weitläufige und bisher eher willkürlich bebaute Forum systematisch zu gestalten. Auf der Ostseite füllte er die Lücke zwischen dem Saturntempel und dem Tempel des Castor und Pollux mit der 100 Meter langen und fast 50 Meter breiten Säulenhalle Basilica Julia, in der Eigentums- und Erbschaftsprozesse verhandelt werden sollten. Auf der Westseite richtete er neben der Basilica Aemilia ein politisches Zentrum ein: die Kurie als Versammlungsort des Senates und davor eine Rednerbühne, die mit Statuen und einer Balustrade umgeben war. Da sie auch mit Schiffsschnäbeln geschmückt war, die 338 v. Chr. in einer Seeschlacht erbeutet worden waren, wurde sie Rostra (Schnabel) genannt. Während der Republik konnte dort jeder eine politische Rede halten. In der Kaiserzeit wurde sie zur Bühne für die Herrscher.

DIE KAISERZEIT

Mit dem Wechsel zur Monarchie wurde das Forum auch ein Ort der Selbstdarstellung für die Cäsaren. So ließ Augustus (63 v. Chr.–14 n. Chr.) seinem Großonkel Cäsar 29 v. Chr. den Tempel des Divus Julius, des göttlichen Julius, errichten. Gleichzeitig aber war der Platz für wirklich große Bauten auf dem alten Forum nicht mehr vorhanden. Deshalb ließ Augustus westlich des Forum Romanum ein neues Forum errichten, ein auf allen Seiten von Säulen umschlossenes Rechteck. Daran anschließend bauten Vespasian (9–79) und Nerva (reg. 96–98) neue Foren. Den glanzvollen Höhepunkt setzte Trajan (53–117). Um genügend Platz für sein ehrgeiziges Projekt zu haben, das einen großen Säulenhof, eine fünfschiffige Versammlungshalle und zwei Bibliotheken umfasste, ließ er den Quirinal teilweise abtragen. Den angeschnittenen Hügel stützte er mit einem sechsstöckigen Gebäude ab, das 150 Läden für die Händler und Handwerker enthielt, die seinem Forum weichen mussten.
Doch keines der neuen Kaiserforen erhielt die politische Bedeutung des alten Forum Romanum. Deshalb wurde auch hier weiter gebaut, vornehmlich Repräsentationsobjekte wie die Triumphbögen des Titus (81) und des Septimius Severus (203). Seinen eigentlichen Zweck als Markt- und Versammlungsplatz hatte das voll gestopfte Forum längst verloren, doch es blieb Mittelpunkt des Reiches.
Als letztes Denkmal wurde im Jahr 608 die Phokassäule errichtet. In der Folgezeit verfiel das Forum und verkam schließlich zum Steinbruch. Was man nicht verwenden konnte, ließ man als Schutt liegen. Teilweise sollen über zehn Meter hoch Gesteinsbrocken aufgetürmt gewesen sein. Als Goethe (1749–1832) Italien besuchte, wurde der Ort als Campo Vaccino, als Kuhweide bezeichnet. Erst 1871 begann man mit der planmäßigen Freilegung.

Blick Richtung Kapitol

Rekonstruktion des antiken Rom mit Forum

DIE VIA APPIA

Die Via Appia mit originaler antiker Pflasterung und der Ruine des Nymphaeums der Villa Quintilier

DAS WICHTIGSTE IN KÜRZE:
- **Erbaut: 312 v. Chr.**
- **Erste gepflasterte Fernstraße der Welt**

Gepflasterte Straßen gab es bereits in vielen Städten der Frühgeschichte. Befestigte Straßen über Land wurden jedoch erst im römischen Reich gebaut. Alle Wege, Straßen und Fernhandelsverbindungen davor wurden nur durch ausgetretene Hohlwege und Spuren der Wagenräder markiert, die sich im Laufe der Zeit tief in die Erde eingruben. Verschiedene Spurbreiten in einzelnen Provinzen waren deshalb ein Problem und einige Herrscher hatten im Rahmen ihrer Verwaltungsreformen die Achsenlängen der Wägen normiert.

DIE ERSTE STRASSE

312 v. Chr. wurde Appius Claudius Caecus (der Blinde) Censor von Rom. Sehbehindert soll er tatsächlich gewesen sein, politisch erwies er sich jedoch als ausgesprochen weitsichtig. Nicht nur, dass er bereits damals für kurze Zeit die Senatorenwürde für Nichtadelige durchsetzte, er ließ auch die erste Wasserleitung und die erste Straße von Rom erbauen. Die Via Appia war 195 Kilometer lang und verband Rom mit Capua, der wohlhabenden Hauptstadt von Kampanien. Später wurde sie auf 450 Kilometer bis in die Hafenstadt Brindisi verlängert. Die heutige Strada Statale Nr. 7 folgt weitgehend der antiken Routenführung.
Erstaunlicherweise bekam schon diese erste Straße ein solides Fundament. Für den Bau wurde der Boden so tief ausgeschachtet, bis man auf tragfähigen Untergrund stieß. Auf diesen wurden mehrere Lagen Kies und Steine geschichtet. Das Pflaster bildete sorgfältig behauener Basalt. Der halb blinde Appius Claudius soll sich mit seinen nackten Füßen von der Qualität der Arbeit überzeugt haben, heißt es.
Später, als man mehr Erfahrung im Straßenbau hatte, wurde der Verlauf mehrfach geändert, weil man auch schwieriges Territorium durchqueren konnte. Domitian (51–96) ließ eine Alternativroute durch sumpfiges Gebiet bauen. Dazu rammte man erst Holzpfähle in den Morast und füllte die Zwischenräume mit großen Steinen auf, bevor man ein Bett aus Gesteinsschutt anlegte, das dann gepflastert werden konnte. Trajan (53–117) befahl einen ganzen Hang abzutragen, um die Via Appia bei Terracina an der Küste entlangführen zu können.
Der Via Appia folgten bald 18 weitere Straßen, die von Rom aus in alle Richtungen führten. Heute ist sie vor allem durch die prächtigen, rechts- und linksseitig stehenden Grabmäler bekannt. Begräbnisstätten mussten in Rom immer außerhalb der Stadt angelegt werden und die wohl repräsentativsten Plätze lagen natürlich entlang der »Königin der Straßen«. Die wohl berühmteste ist das runde Grabmal der Caecilia Metella (30–20 v. Chr.) mit 20 Metern Durchmesser. Der Zinnenkranz, der den Bau säumt, stammt allerdings aus dem Mittelalter.
Der römische Dichter Horaz (65–8 v. Chr.) widmete der Via Appia sogar eines seiner

Werke, die Satire Iter Brundisinum, die sich stellenweise wie eine Art Baedecker für die Reise von Rom nach Brindisi liest.

DAS STRASSENNETZ

Die gut ausgebauten römischen Straßen dienten in erster Linie nicht dem Waren- und Reiseverkehr, sondern militärischen Zwecken. Trotzdem war es ein Novum, dass die römischen Straßen jedermann ohne Wegegeld zahlen zu müssen zur Verfügung standen.
In der Folgezeit wurden alle bedeutenden Städte der neugewonnenen Provinzen an das Straßennetz angeschlossen um Handel und Verwaltung zu erleichtern aber auch um im Bedarfsfall schnell Truppen schicken zu können. Oft waren es die Legionen, die die Straßen anlegten, wobei sie manchmal zwangsweise Bewohner der Provinzen rekrutierten.

Unter Kaiser Diokletian (243–316) umfasste das römische Straßennetz über 370 Straßen mit einer Gesamtlänge von etwa 85.000 Kilometern. Sie reichten von Schottland bis Indien und durchquerten die Sahara sowie Gebirge und Sümpfe. Mit den Straßen begannen die Römer auch in großem Stil Brücken zu bauen. Man weiß von 2000, von denen einige noch immer im Betrieb sind. Über das gesamte Netz gaben Reiseführer wie das Itinerarium Provinciarium Antonini Augusti von 217 Auskunft.
Nicht alle Nebenstraßen waren so solide gepflastert wie die Via Appia, doch die wichtigen Routen hatten einen mehrschichtigen Belag. Das Fundament bildeten oft flache Steine oder Bruchsteine, die in Mörtel eingebettet waren, dann folgte eine Lage Schotter, auf die grobkörniger Sand geschüttet wurde, der teils mit Beton vermischt war. Den Abschluss bildete ein Kopfsteinpflaster, das mit Mörtel verfugt war. Außerdem wurden Straßengräben zur Entwässerung gezogen. Der Aufwand zahlte sich aus: Die römischen Straßen kamen mit einem Minimum an Instandhaltung aus und taten in der Regel mindestens 100 Jahre ihren Dienst, bevor größere Sanierungen nötig waren. Jeweils im Abstand von einer römischen Meile (1480 Meter) gaben hohe zylindrische Granitsteine Entfernungsangaben.
Etwa alle zehn Meilen stießen die Reisenden auf eine Raststation. Julius Cäsar (100–44 v. Chr.) hat es auf diesen gut ausgebauten Wegen im Reisewagen in acht Tagen von Rom bis an die Rhone geschafft.

PETRA

Das Schatzhaus des Pharao in Petra

DAS WICHTIGSTE IN KÜRZE:
- **Erbaut: 4. Jh. v. Chr.–2. Jh. n. Chr.**
- **Hauptstadt der Nabatäer**

Im Sommer 1812 reiste der Schweizer Forscher Johann Ludwig Burckhardt (1784–1817) verkleidet als indisch-moslemischer Kaufmann Ibrahim Ibn Abdullah durch den Nahen Osten. Er sprach fließend arabisch und hatte auch den Koran studiert. Nahe des Toten Meeres stieß er auf Beduinen, die ihm von Monumenten im Wadi Musa, dem Tal des Moses, erzählten. Burckhardt konnte die Nomaden überreden, ihn in das geheime Tal zu bringen. Sie führten ihn durch einen schmalen Spalt in einer Felswand. Der Weg war teilweise nur zwei Meter breit, dafür ragten die Felswände rechts und links rund 70 Meter in die Höhe. Doch nach über einem Kilometer Fußmarsch tat sich mit einem Mal ein Felskessel vor dem Schweizer Abenteurer auf und er stand einer 40 Meter hohen rotleuchtenden Fassade im römisch-hellenistischen Stil gegenüber. Er hatte Petra, die vergessene Hauptstadt der Nabatäer, gefunden.

DIE GEBÄUDE

Nach Burckhardts Entdeckung hielt man Petra zuerst für eine Nekropole. Inzwischen weiß man, dass es eine Stadt war, in der bis zu 20.000 Menschen gelebt haben. Im Siq sind noch die in den Felsen geschnittenen Kanäle zu sehen, die die Stadt mit Wasser versorgten. Es gab öffentliche Brunnen und Thermen nach römischem Vorbild. Sogar Obst- und Gemüsegärten wurden auf Terrassen innerhalb der Stadt angelegt und künstlich bewässert. Die Hauptstraße war gepflastert und mit Säulen gesäumt. An ihr müssen sich viele kleine Läden aneinander gereiht haben.
Noch erhalten sind die Gräber, die Tempel und das Theater. Sie sind in den Sandstein der Felswände geschnitten und leuchten zu jeder Tageszeit in einem anderen Rotton. Die ältesten Gebäude sind Gräber aus dem 3. Jh. v. Chr., die in der sog. Straße der Fassaden vierstöckig übereinander in den Felsen gebaut sind. Die meisten werden von typisch nabatäischen Zinnenfriesen gekrönt. Östlich des Stadtkerns befinden sich die imposanten Königsgräber, deren Fassaden schon mit aufwändigen hellenistischen Elementen geschmückt sind. Die unterschiedlichen Stile machen es jedoch schwer, die Gebäude in Petra zu datieren. Die Nabatäer kombinierten assyrische, arabische, griechische und römische Elemente.
Das Gebäude, dem Burckhardt sich so plötzlich gegenüber sah, wird Phara Chasna Firaun oder Schatzhaus des Pharao genannt. Es muss zwischen 100 v. Chr. und 150 n. Chr. erbaut worden sein. Die zweistöckige Fassade hat ein vorgeblendetes Säulenportal über dem Eingang und eine Säulengalerie mit gesprengtem Giebel darüber. In der Mitte steht auf einem kleinen Rundtempelchen eine große steinerne Urne. Seitlich der Fassade lassen sich noch in den Felsen geschlagene Tritte erkennen, die den Bildhauern als Stütze dienten. Die inneren Räume dagegen sind schlicht aus dem Felsen gehauen. Vermutlich diente das »Schatzhaus« als

Tempel oder als Grab. Seinen Namen hatte es von einer Legende der Beduinen, dass in der Urne ein Schatz von Pharao Ramses III. verborgen sei.
In ähnlichem Stil und genauso imposant ist das »Kloster« Ed-Deir, das vielleicht die Grabstätte von König Rabel II. darstellt. Seinen Namen bekam es von den Einsiedlern, die von der Mitte des 4. bis zur Mitte des 6. Jh. hier lebten. Es hat eine Fassade im römisch-hellenistischen Stil mit Pilastern, einem gesprengten Giebel und Scheinportalen rechts und links neben dem Eingang. Im Mittelpunkt der Stadt steht die Chasa Bint Faraun, das Haus der Tochter des Pharao aus dem 1. Jh. v. Chr., das wohl ein Heiligtum der nabatäischen Hauptgottheit Dushara war.
In eine Ausbuchtung des Kessels wurde in späterer Zeit ein halbrundes Theater im griechischen Stil gehauen, das wohl bis zu 7 000 Plätze hatte. Für den Bau hatte man mehrere ältere Gräber in der Felswand abgetragen und aufgelassen.

Die Königsgräber von Petra

DIE STADT

Die Nabatäer kamen im 4. Jh. v. Chr. von der arabischen Halbinsel nach Südjordanien und siedelten sich um Petra (griech.: Felsen) an. Für ihre Hauptstadt wählten sie eine strategisch äußerst günstige Lage. Die enge Schlucht (Siq) war nicht nur leicht zu verteidigen, sondern lag außerdem an der Kreuzung zweier der wichtigsten Handelsstraßen: der Route, die vom Mittelmeer zum Persischen Golf führte und der Weihrauchstraße von Jemen nach Damaskus. Mitte des 1. Jh. v. Chr. kontrollierten die Nabatäer das heutige Palästina und Jordanien, den Sinai und einen Teil der arabischen Halbinsel. Durch die Eroberung von Damaskus dehnten sie ihre Macht bis Syrien aus. Sie sicherten den Karawanen – natürlich gegen hohen Tribut – sicheres Geleit zu. In der Stadt wurden vor allem Gewürze, Weihrauch und Myrrhe umgeschlagen.
Als der letzte König, Rabel II., im Jahr 106 starb, wurde das Nabatäerreich Teil des römischen Reiches. Der wirtschaftlichen Blüte der Stadt tat dies keinen Abbruch. Erst als im 4. Jh. Palmyra Petra den Rang ablief und zudem immer mehr Händler auf die Seewege auswichen, begann der wirtschaftliche Niedergang. Im 7. Jh. wurde Petra von den Arabern erobert und begann dann zu verfallen.

Die Phara Chasna Firaun

Das Theater in Petra

DIE TERRAKOTTA-ARMEE

Blick auf die tönernen Soldaten aus dem Grabmal des ersten chinesischen Kaisers

DAS WICHTIGSTE IN KÜRZE:

- **Entstanden: 221–211 v. Chr.**
- **Umfang: fast 7000 Soldaten, Wagen und Pferde**
- **Wachmannschaft vor dem Grab des ersten Kaisers von China**

Die chinesischen Herrscher aus dem Geschlecht der Shang (16.–11. Jh. v. Chr.) ließen sich von Menschen in den Tod begleiten. 1000 Jahre später genügten Statuen aus Stein oder Terrakotta, damit sich die Monarchen im Jenseits ausreichend versorgt fühlten. Aber keiner hat den Weg ins Jenseits mit einem so großen Gefolge angetreten, wie Shih Huang-di (259–210 v. Chr.), der erste Kaiser des gesamtchinesischen Reiches. Als im Frühjahr 1974 östlich von Xi'an einige Mitglieder einer Kommune einen Brunnen graben wollten, stießen sie plötzlich auf einen Keramikkopf. Grabungen förderten nach und nach eine gewaltige Armee aus gebranntem Ton zu Tage: über 6000 lebensgroße Soldaten, 600 Pferde und 100 Streitwägen.

DIE FIGUREN

Die Soldaten des ersten Kaisers standen in perfekter Kampfformation in drei Gruben. Die Spitze wurde von den Bogenschützen gebildet, die Nachhut von Pferden und Wagen. Zum Schutz der Armee waren die Böden der Gruben gefliest worden und die Wände mit Balken abgestützt. Dann hatte man die Räume mit Holzbohlen, gewebten Matten und einer dicken Schicht Ton verschlossen.

Die Soldaten sind aus grauem, gebranntem Ton gefertigt, der ursprünglich bemalt war. Die Rümpfe haben massive Beine und hohle Körper. Die vordere und hintere Hälfte wurden je in einer standardisierten Form hergestellt und dann zusammengesetzt. Hände und Köpfe wurden extra gefertigt und dann mit feuchtem Ton angesetzt. Anschließend gestalteten Künstler mit feinerem Ton die Details. Die Gewänder fallen so natürlich, dass man die besondere Qualität des Stoffes erkennen kann. Die Frisuren sind überaus kunstvoll geflochten und repräsentieren vermutlich Haartrachten aus unterschiedlichen Landesteilen. Selbst Nieten am Panzer oder Gürtelschnallen sind sorgfältig modelliert.

Doch am faszinierendsten ist wohl, dass die Gesichter der Soldaten so lebendig und individuell wirken, als hätten tatsächlich über 6000 reale Männer Modell gestanden.
Ihre Pferde erreichen nicht ganz Lebensgröße, versetzen die Kunstexperten aber trotzdem ins Staunen. Denn bislang war man davon ausgegangen, dass es damals technisch unmöglich war, derart große Tonfiguren zu schaffen.
Auch die Bemalung war detailgetreu. Viele Soldaten trugen ursprünglich dunkelblaue Hosen, schwarze Schuhe mit roten Schnürsenkeln und grüne Waffenröcke, die mit goldenen Knöpfen und roten Kordeln geschmückt waren. Einige hatten auch noch ihre Waffen am Körper, die die hohe Qualität der chinesischen Waffenschmiedekunst vor Augen führten. Doch die meisten Schwerter, Speere und Bogen waren gestohlen worden. Mit der Terrakotta-Armee zog erstmals ein realistischer Stil in die chinesische Kunst ein, der später in der Han-Zeit (206 v. Chr.–220 n. Chr.) verfeinert wurde.

DAS GRAB

Bislang erfüllt die Terrakotta-Armee die Aufgabe, um derentwillen sie geschaffen worden ist, ausgezeichnet. Schließlich sollte sie das Grab Shih Huang-dis bewachen. Dieses Grab befindet sich unter einem gewaltigen

Krieger aus der Terrakotta-Armee

Hügel von 50 Metern Höhe nahe dem Fundort der tönernen Wächter. Bis zur Entdeckung der Ton-Armee hielt man es für längst geplündert. Seitdem ist man noch nicht dazu gekommen, den Hügel zu öffnen, da man noch mit den Außenanlagen beschäftigt ist.
Der Grabhügel war wohl einmal über 100 Meter hoch und lag in einem rund 2,1 Quadratkilometer großen Areal, das von zwei befestigten Mauerringen umgeben war. Von der äußeren Mauer sind noch Reste vorhanden. Ursprünglich war sie wohl über zehn Meter hoch. Außer der Terrakotta-Armee soll sie auch eine Totenstadt mit Tempeln, Palastgebäuden und Verwaltungsbauten eingeschlossen haben.
Bisher haben die Archäologen auf dem Gelände Hunderte von Funden gemacht. Reste der oberirdischen Gebäude, Bruchstücke von Entwässerungsrohren, bronzene Gehänge, die wohl einmal die Dächer schmückten und mehrere Gräber mit Tierskeletten und Hunderten kleiner Figuren aus Jade und Knochen. Der wertvollste Fund waren zwei Bronzewägen, die man 1980 an der Basis des Grabhügels in einer Grube fand. Sie hatten etwa halbe Lebensgröße und stellen zwei Reisewägen mit je vier Pferden davor dar.
Über den Inhalt des eigentlichen Grabhügels erzählen die antiken Autoren schier Unglaubliches: Shih Huang-di soll auf einer Fläche von 50.000 Quadratmetern eine originalgetreue Reproduktion seines Königspalastes anlegt haben. Außerdem werden kostbare Schätze verheißen.
Völlig fantastisch klingen die Erzählungen des chinesischen Historikers Sima Qian (145–85 v. Chr.). Er behauptet, Shi Huang-di habe sein ganzes Reich in Kleinformat nachbilden lassen. Die tausend Flüsse des Reiches seien aus flüssigem Quecksilber nachgebildet worden wie das auch Meer. Den Himmel stelle die mit Sternbildern bemalte Decke dar. Doch die ganze Pracht sollte dem toten Kaiser vorbehalten bleiben. Sima Qian jedenfalls spricht von Selbstschussanlagen mit automatischen Armbrüsten, die jeden Eindringling töten.

DIE CHINESISCHE MAUER

Ein Teilstück der Chinesischen Mauer in den Badaling Bergen

DAS WICHTIGSTE IN KÜRZE:
- **Erbaut: 221 v. Chr.–1644 n. Chr.**
- **Länge: über 6000 Kilometer**
- **Größtes Bauwerk der Erde**

Lage der Chinesischen Mauer

Wie eine gigantische Schlange windet sich die Große Chinesische Mauer über Berge und Täler, entlang an Flüssen und Wüsten. Sie führt vom Gelben Meer über das nordchinesische Bergland, entlang der Wüste Gobi bis zum Tschiajukan-Pass. Dass man sie als einziges Bauwerk der Erde von Weltraum aus sehen kann, ist eine Legende, die durch Satellitenfotos widerlegt wurde. Trotzdem bleibt sie das größte Bauwerk, das die Menschen je erschaffen haben.

Dabei weiß niemand, wie lange sie nun wirklich ist. Denn in den über 1400 Jahren ihrer Entstehungsgeschichte wurden zahlreiche Abzweigungen und Varianten gebaut, von denen viele längst verfallen sind. 6250 Kilometer Länge gelten als gesichert. Manche Forscher jedoch meinen, alle Teile zusammengenommen müssten über 10.000 Kilometer lang gewesen sein. Ihr chinesischer Name lautet: Wan Li Tschang Tscheng (Mauer der 10.000 Li), das wären etwa 5000 Kilometer.

DIE BAUGESCHICHTE

Streng genommen begann der Bau der Großen Mauer schon im 5. Jh. v. Chr. Die verfeindeten chinesischen Fürstentümer grenzten sich gegenseitig mit Wällen aus Erde und Steinen ab und bauten im Norden Hindernisse, um sich ihre nomadischen Nachbarn vom Leib zu halten.

Nachdem Shih Huang-di (259–210 v. Chr.) die zerstrittenen Reiche gewaltsam geeint hatte und Chinas erster Kaiser geworden war, begann er im Norden systematisch einen soliden Schutzwall gegen die nomadischen Mongolenstämme anlegen zu lassen. Er reichte vom Golf von Po Hai über 3000 Kilometer bis nach Lantschou. Als Material wurden vor allem Ausstichsoden aus Erde verwendet. In regelmäßigen Abständen gab es Wachttürme aus Holz, Stein und Lehm. Für den Bau wurden Gesetzesbrecher und Kleinbauern, aber auch Soldaten, die nach der Einigung nutzlos geworden waren, zwangsverpflichtet. Ihre Qualen werden noch heute in chinesischen Volksliedern besungen. Zu harter Arbeit bei extremer Hitze und Kälte kamen ungenügende Unterkünfte und gravierende Ernährungsengpässe. Die Essenslieferungen kamen oft nie an der Mauer an, da die Fuhrleute sie unterschlugen. Deshalb wurden Bauern umgesiedelt, um

direkt an Ort und Stelle Feldfrüchte für die Arbeiter anzubauen. Wie viele Menschen für den Bau ihr Leben gelassen haben, ist letztendlich nicht bekannt. Manchmal wird behauptet, ein Mann pro Meter, manchmal sogar ein Toter pro Stein. Andere Autoren sprechen vom längsten Massengrab der Welt, weil die Opfer unter den Fundamenten begraben wurden.
Kaiser Wu-di (140–86 v. Chr.) ließ die Mauer dann im Nordwesten bis Tschiajukan verlängern, um die Seidenstraße, die als Handelsroute immer wichtiger wurde, gegen räuberische Banden aus dem Norden zu schützen. Nach 220 jedoch wurde die Mauer vernachlässigt, begann zu zerfallen und wurde 1004 ganz aufgeben. 1280 übernahmen die Mongolen die Herrschaft in China. Erst nach ihrer Vertreibung durch die Ming-Herrscher 1368 wurde die Mauer wieder auf- und ausgebaut. Bis zum 17. Jh. bekam sie ihr heutiges Aussehen. Dabei sollen zeitweise rund eine Million Arbeiter beschäftigt worden sein. Die Mauer hatte aber nicht nur Verteidigungszwecke. In einem Land, in dem es wenige gute Straßen gab, diente der Weg auf der Mauer auch als wichtige Verbindungsroute, vor allem für militärische Zwecke. Außerdem hatten die an der Mauer stationierten Soldaten die Aufgabe das Land zu erschließen.
1644 eroberte ein Freibeuter namens Li Tschu-tscheng Peking. Nach dem Selbstmord des letzten Ming-Kaisers schloss sein General Wu San-kuei ein Bündnis mit seinen nördlichen Nachbarn, den Mandschus. Damit hatte die Mauer, die die beiden Reiche getrennt hatte, ihre militärische Bedeutung verloren.

DER BAU

Die Große Mauer ist im Schnitt sechs bis acht, teilweise aber bis zu 16 Meter hoch. Die Fundamente reichen etwa 1,5 Meter in den Boden. Der Weg auf der Krone ist fünf bis sechs Meter breit. An der Außenseite hat sie hohe Zinnen, innen nur eine niedrigere Brüstung. Im Schnitt stehen alle 70 Meter hohe Wachtürme, die über Steintreppen zu erreichen sind. Außerdem gibt es etwa 10.000 Leuchttürme, die tagsüber Nachrichten per Rauchsignal, nachts mit Feuerzeichen weitergeben konnten. Da die Mauer auch als Straße verwendet wurde, sind innen Rampen angebracht, über die Pferde leicht nach oben gelangen konnten.
Als Material verwendete man das, was vor Ort am leichtesten zu beschaffen war. Im Süden und Westen benutzte man meist nur

gestampften Lehm, in waldigen Gegenden Eichen- und Kieferstämme und entlang der Wüste Gobi Sand und Kieselsteine, die mit Reisig zusammengehalten wurden. An ihren repräsentativsten Abschnitten jedoch, wie im Norden bei Peking, wurde ein Kern aus gestampfter Erde und Kies sorgfältig mit Steinen und Ziegeln ummantelt und auch die Türme und Treppen aus Stein gebaut.

DER OBERGERMANISCH-RÄTISCHE LIMES

Der Limes bei Höhr-Grenzhausen

DAS WICHTIGSTE IN KÜRZE:
- **Erbaut: um 84–200**
- **Länge: über 550 Kilometer**

Teufelsmauer und Pfahlgraben waren die militärische Außengrenze des römischen Reiches. Noch heute finden sich zwischen Koblenz und Regensburg eine Vielzahl archäologischer Zeugen aus römischer Zeit. Dieses größte archäologische Denkmal Mitteleuropas bestand aus über hundert Kastellen, weiteren hundert Feldwachen und um die neunhundert Wachtürmen. Zwischen den Stützpunkten schützte eine Barriere aus Holz und Stein das Weltreich. Nord- und Südteil der Grenzanlage waren ursprünglich nicht verbunden. Erst um 159 schlossen sich beide Teilstücke bei Lorch a. d. Rems zusammen.

OBERGERMANISCHER LIMES

Die ersten Abschnitte der Grenzanlage stammen aus dem 1. Jh. Kaiser Domitian Germanicus (51–96) war 83 von Mainz aus nach Osten aufgebrochen und hatte einen Feldzug gegen den Germanenstamm der Chatten begonnen. Doch diese stellten sich nicht zum Kampf und wichen in die Wälder aus. Domitian ließ daraufhin breite Schneisen (lat. limites) in den Wald schlagen von denen er mit seinen Truppen gegen die Chatten vorging. Der Erfolg ließ nicht lange auf sich warten und im folgenden Jahr verkündete der römische Kaiser den Sieg über die Germanen. Die neu entstandenen Provinzen Nieder- und Obergermanien wurden durch eine Grenzanlage nordöstlich von Koblenz entlang des Mains geschützt. In den folgenden Jahrzehnten wurde die Grenzanlage nach Süden erweitert, sodass sie um 100 bis zum heutigen Stuttgart reichte.

RAETISCHER LIMES

Kurz nach dem Krieg gegen die Chatten errichteten die römischen Truppen von Regensburg entlang nach Westen eine Reihe von Heereslagern. Diese waren einige Kilometer nördlich der Donau gelegen und erstreckten sich bis an die Neckarquelle. Die Kastelle waren hier vorerst nicht durch andere Schutzbauten verbunden, sondern standen isoliert an wichtigen Straßenkreuzungen und im Zentrum von Siedlungsgebieten. Hier war der Limes in seinem Ursprung also weniger Grenzlinie sondern Schutz der Grenzzone.

AUSBAU

Die Überreste des Limes verraten uns heute, wie die Grenzanlage nach und nach ausgebaut wurde. Der obergermanische Teil bestand in seiner ersten Bauphase neben den Kastellen nur aus hölzernen Wachtürmen, die von einem Postenweg verbunden waren. Um diese Anlage waren Bäume entfernt worden, um Überraschungsangriffe zu verhindern. In der ersten Hälfte des 2. Jh. kam eine Palisade aus Holz hinzu. Wenige Jahre später ersetzten Steintürme die Vorgänger aus Holz. Um 200 wurde zwischen Palisade und Steinturm ein Erdwall mit vorgelagertem Graben errichtet.

Auch der rätische Limes veränderte sich über die Jahre. Die Bauphasen verliefen dabei ähnlich wie an seinem nördlichen Gegenstück, wobei jedoch erst um 150 die Strecken zwischen den Heereslagern verbunden wurden. Im Gegensatz zum obergermanischen Limes wurde hier kein Wall aufgeschüttet, sondern eine Steinmauer errichtet. Die sog. Teufelsmauer war ca. einen Meter dick und reichte jeweils von Wachturm zu Wachturm. Sowohl die Mauer des rätischen als auch der Wall des obergermanischen Limes ist bis noch heute in Überresten erhalten.

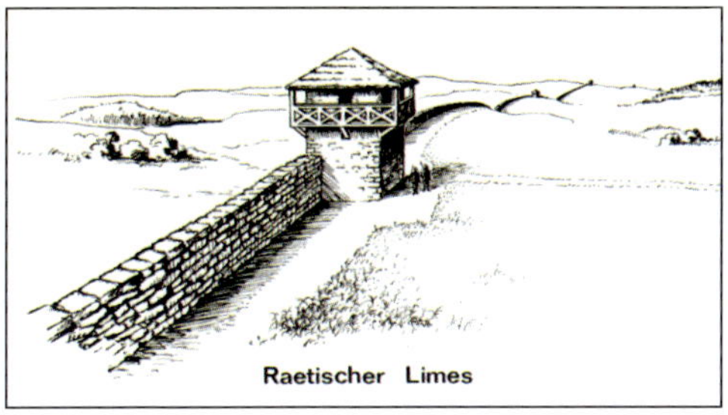

Rekonstruktion des rätischen Limes

KASTELLE UND WACHTÜRME

Entlang der römischen Grenze zum freien Germanien war eine Vielzahl an römischen Truppen stationiert, die entsprechend untergebracht werden mussten. Nach dem Vorbild von Legionslagern entstanden für die Hilfstruppen Kastelle mit viereckigem Grundriss. Hinter einer weiß verputzten Mauer mit Ziegeldach befanden sich Baracken für die Soldaten, Kommandanturgebäude, ja sogar ein Badehaus. Um die Kastelle entstanden oft kleine Siedlungen mit Märkten und Händlern. Je nach Größe der stationierten Truppe umfassten die Kastelle eine Fläche von 0,6–6 Hektar. In den größten waren um die 1000 Legionäre untergebracht. Zwischen den großen Kastellen befanden sich die Kleinstkastelle, die sog. Feldwachen. Diese schützten besonders gefährdete oder wichtige Punkte, beispielsweise die Durchgänge im Limes. Neben den Kastellen waren die Wachtürme markante Bestandteile des Limes. Die erst hölzernen, dann aus Stein gebauten Türme waren zwei Stockwerke hoch. Der Zugang erfolgte direkt in das erste Geschoss, wo sich die Wohnräume der meist vier bis fünf Wachen befanden. Darüber lag die Wachstube von der aus ein hölzerner Aussichtsgang betreten werden konnte.

FUNKTION

Der Limes war kein Verteidigungsbollwerk gegen große Angriffe, dafür war er zu schwach befestigt und zu gering besetzt. Vielmehr war er ein Überwachungsinstrument des Grenzlandes. Die Wachtürme waren alle in Sichtweite des Nachbarturms gebaut. Bei Gefahr konnten so sehr schnell Signale weitergegeben und die Truppen aus den Kastellen geholt werden. Der Limes sollte vor allem die zu Wohlstand gekommenen Provinzbewohner vor kleinen Überfällen schützen und den Warenverkehr kontrollieren.

Verlauf des Limes

Peter Woltze: Pfahlgraben an der Saalburg, *um 1903 (obergermanischer Limes)*

DAS KOLOSSEUM

DAS WICHTIGSTE IN KÜRZE:
- **Erbaut: 70–80**
- **Fassungsvermögen: rund 50.000 Zuschauer**
- **Größtes römisches Amphitheater**

Der römische Kaiser Vespasian (9–79 v. Chr.) ist als kompetent, aber geizig verschrien. Unter der Devise »Pecunia non olet« (Geld stinkt nicht) erhob er sogar eine Steuer auf den Verkauf von Urin. Trotzdem spendierte er seinen Untertanen eine Arena, deren Größe so manchen Fußballbundesligaklub unserer Tage neidisch machen dürfte. Der schlaue Kaiser wusste genau, wie gut das Volk mit »Brot und Spielen« zu ködern war. Die grausamen, aber in Rom so beliebten Gladiatorenkämpfe kamen im 3. Jh. v. Chr. auf. Römische Adelsfamilien übernahmen den etruskischen Brauch, bei den Beerdigungsfeierlichkeiten berühmter Männer tödlich endende Kämpfe abzuhalten. 105 v. Chr. veranstalteten die damaligen Konsuln der römischen Republik die ersten öffentlichen Kämpfe, um das Volk von der Gefahr abzulenken, die von den germanischen Stämmen der Kimbern und Teutonen drohte. Danach waren die »Spiele« aus dem öffentlichen Leben Roms genauso wenig wegzudenken wie heute die Fußballbundesliga.

DIE TECHNIK

So beeindruckend das Kolosseum von außen ist, seine wahren Qualitäten offenbaren sich im Unterbau. Ein Amphitheater ist nämlich, wie der Name schon sagt (amphi: rundherum), ein griechisches Theater, das zu einem Kreis geschlossen worden ist. Dafür brauchte es aber eine besondere Technik. Während die Griechen die ansteigenden Zuschauerränge ihrer Theater immer in einen Hang bauen mussten, waren die Römer in der Lage, einen stabilen Unterbau für eine 50 Meter hohe Arena wie das Kolosseum zu erstellen. Von den Etruskern hatten sie nämlich die Technik des Bogen- und Gewölbebaus übernommen und zur Meisterschaft entwickelt. Das versetzte sie in die Lage nicht nur revolutionäre Aquädukte und Brücken zu bauen, sondern auch ein Theater mitten in die Stadt zu stellen. Die Arkadenbögen wurden zum Markenzeichen römischer Baukunst und gaben ihr eine eigene Ästhetik, die endlich unabhängig von den griechischen Vorbildern war.

Die äußeren Mauern des Kolosseums bestanden aus drei Arkadengeschossen, die unten mit tuscisch-dorischen, dann mit ionischen und oben mit korinthischen Säulen verblendet waren. Das Dekor wurde also nach oben hin immer leichter und verspielter. In diesen äußeren Arkadenring wurden jedoch sechs weitere gesetzt, um das Gewicht der Zuschauerränge zu tragen. Diese Ringe wurden von 80 Mauern geschnitten, die sternförmig von der Mitte nach außen liefen. Die Baumeister verwendeten sowohl Ziegel wie auch Natursteine und Gussmauerwerk, eine weitere revolutionäre römische Erfindung. Indem sie Vulkansand (Puzzolan) in ihren Mörtel mischten, entwickelten sie nämlich im 2. Jh. v. Chr. eine Art Beton, der unglaublich fest wurde und im Gussverfahren verarbeitet werden konnte.

Luftansicht des Kolosseums

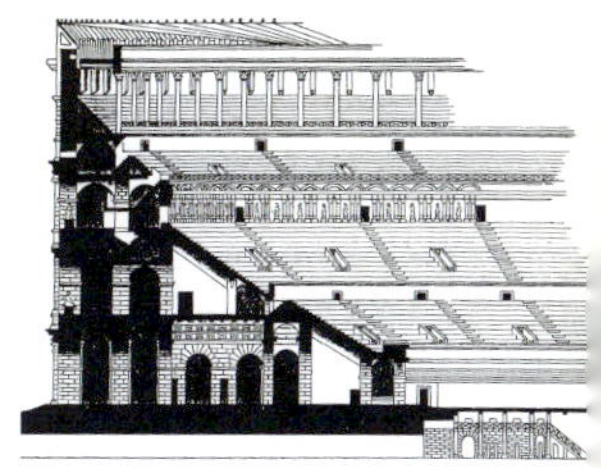

Kolosseum (Schnitt)

DIE ARENA

Das Kolosseum hatte ursprünglich fünf Zuschauerränge. Der oberste war den Frauen vorbehalten, denen man wohl keinen zu genauen Blick auf die halb nackten Kämpfer in der Arena gestatten wollte. Vespasians Sohn Titus (39–81) ließ später noch eine Ringhalle aufsetzen, in der sich die Stehplätze für das einfache Volk befanden. Masten auf dem obersten Mauerring und einem Zwischengesims dienten dazu, Sonnensegel aufzuspannen. Sitze und Treppen waren aus Marmor. In den Arkaden des zweiten und dritten Ranges standen Statuen, die Wände des vierten Ranges waren außen mit bronzenen Schilden geschmückt. Für den Kaiser und leitende Senatoren gab es Logen am Rand der Arena. 76 nummerierte Ausgänge und ein kompliziertes System von Treppen, Korridoren, Aufzügen, Kellern und Käfigen sorgten für den reibungslosen Ablauf der Spiele.
Das große Oval ist 188 Meter lang und 156 Meter breit. Die Arena selber maß 86 x 56 Meter. Unter Vespasian konnte man hier den Boden entfernen, um Seeschlachten nachzustellen, unter seinem zweiten Sohn Domitian (51–96) jedoch wurde die Arena mit Raubtierkäfigen, Aufenthaltsräumen für die Gladiatoren, Abstellkammern für Waffen und anderes Gerät und sanitären Anlagen unterkellert. Außerdem hat es Hebemaschinen für spezielle Effekte gegeben. Ein unterirdischer Gang verband die Kellerräume mit den Gladiatorenunterkünften außerhalb der Arena.
Damit auch jeder Römer das neue Bauwerk bewundern konnte, fanden zur Einweihung hunderttägige Spiele mit Gladiatorenkämpfen und Tierhatzen statt. Der Eintritt war kostenlos. Man musste jedoch eine der nummerierten Eintrittsmarken erlangen, die einen wilden Kampf um die besten Plätze verhindern sollten. Der eigentliche Name des Baus war Amphitheatrum Flavium. Der Name Kolosseum stammt von einer Kolossalstatue des Nero, die im 2. Jh. dort aufgestellt worden war. Im Mittelalter wurde das Stadion durch zwei Erdbeben schwer beschädigt und danach als Steinbruch verwendet, sodass heute nur noch die nackten Mauern zu sehen sind. Seit 1749 steht es als Märtyrerstätte unter Schutz, da man glaubte, hier seien die frühen Christen ermordet worden. Zwar fand die Tötung wahrscheinlich im Circus Maximus statt. Das Kolosseum wurde durch diese Annahme jedoch vor der völligen Zerstörung gerettet.

Wandaufbau des Kolosseums

POMPEJI

Tempel der Fortuna Augusta in Pompeji. Rekonstruktion von Karl Weichardt

DAS WICHTIGSTE IN KÜRZE:

- **Gegründet: um 600 v. Chr.**
- **79 n. Chr. vom Vesuv verschüttet**
- **Dank der dicken Lavaschichten die am besten erhaltene römische Stadt**

Eigentlich war Pompeji nichts Besonderes: eine römische Provinzstadt am Golf von Neapel mit etwa 20.000 Einwohnern. Sie war 80 v. Chr. dem römischen Reich eingegliedert worden. Pompeji war eine bedeutende Handels- und Hafenstadt mit überproportional vielen Schänken, Herbergen und Bordellen. Es gab zwei Foren, drei öffentliche Bäder, viele Tempel, ein Theater und eine Arena für Gladiatorenkämpfe – wie in jeder anderen römischen Stadt auch. Die Häuser waren mit bis zu vier Metern nicht sonderlich hoch. Arm und Reich wohnten bunt gemischt. In der Umgebung jedoch, an den Hängen des Vesuvs, hatten viele wohlhabende Römer der Oberschicht ihre Landsitze.

Doch dann brach am 24. August 79 der nah gelegene Vulkan Vesuv aus und begrub die Stadt unter einer drei bis fünf Meter dicken Lavaschicht. Als sie im 18. Jh. wieder entdeckt wurde, vermittelte sie so ein authentisches Bild von der Antike wie kein anderer Ort.

Wandmalerei aus der Villa der Mysterien

DIE KATASTROPHE

Während alle Ruinenstädte irgendwann verlassen und zerstört worden sind, wurde Pompeji mitten im Alltag von der Katastrophe überrascht und gleichsam konserviert. So fanden sich an vielen Häusern noch die Wahlparolen für die Stadtratswahlen, die im Juli stattgefunden hatten. Auf den Tischen lagen versteinerte Brotfladen und Früchte, die zu Kohle geworden waren. Die Leichen der Toten, darunter einiger Gladiatoren in Ketten, hinterließen eindruksvolle Abdrücke in der Lava.

Als Pompeji begraben wurde, waren viele Teile der Stadt noch durch ein schweres Erdbeben zerstört, das die Region im Jahr 63 erschüttert hatte. Auch dieses war schon durch die Gasmassen hervorgerufen worden, die sich im Inneren des Vesuvs stauten. 79 wurde der Druck so groß, dass sich der Pfropf, der den Krater verschlossen hatte, löste. Der römische Schriftsteller Plinius d. J. (um 61–113) berichtet, die dunkle Wolke hätte sich wie ein Pilz über den Golf von Neapel erhoben. Sein Onkel, Plinius d. Ä. (um 23–79), starb bei dem vergeblichen Versuch, die Einwohner der bedrohten Städte per Schiff zu retten, an den giftigen Dämpfen. Plinius berichtet auch, dass es drei Tage in der ganzen Bucht stockdunkel gewesen sei und unablässig Asche und Bimsstein geregnet habe.

Blick auf das Forum in Pompeji

Der Lavaregen traf vor allem die Städte im Süden des Vulkans. Neben Pompeji waren das die kleineren Orte Stabiae, Oblontis, Leucopaetra, Taurania, Tora, Cossa und Sora. Heraculaneum dagegen, sieben Kilometer östlich des Vesuv gelegen, wurde von einer 13 Meter dicken Schlammschicht begraben. Der kondensierende Dampf hatte zu sintflutartigen Regenfällen geführt. In Pompeji starben wohl etwa 2000 Menschen, dazu Tausende anderer auf dem Land. Von den Geflohenen kehrten einige nach der Katastrophe zurück, gruben Tunnel durch die Lava und bargen ihre Wertsachen. Deshalb wurde in den versunkenen Städten wenig Geld und Schmuck gefunden. Im 18. Jh. setzten wilde Grabungen in Pompeji und Herculaneum ein. Denn bei den reichen Römern waren die Kunstschätze aus den versunkenen Städten als Wohnungsschmuck begehrt. Erst 1860 begann nach der Einigung Italiens Giuseppe Fiorelli, Professor für Archäologie in Neapel, mit einer wissenschaftlich fundierten Freilegung der Funde.

DIE STADT

Die meisten Gebäude in Pompeji stammten etwa aus der Zeit von 80 v. Chr., als die Stadt römische Kolonie geworden war. Die Straßen waren gepflastert und hatten Gehsteige. Es gab öffentliche Brunnen sowie ein Wasser- und Abwassersystem aus Bleirohren.

Der Grundriss war schachbrettartig angelegt. Doch die einzelnen Wohnblocks (Insulae) waren oft sehr verschachtelt gebaut. Immer wieder waren Häuser umgebaut oder zusammengelegt worden. Winzige Schänken befanden sich Tür an Tür mit großen Villen, die im hinteren Bereich mehrere Innenhöfe und Gärten hatten und oft einen halben Block einnahmen. Zu den schönsten gehören das Haus der Vettier, das Haus des Fauns, das Haus mit den Theatermalereien und die Mysterienvilla. Pompeji ist der einzige Ort, an dem die Kunsthistoriker noch die Qualität und den Stilwandel der antiken Malerei studieren können. Die prachtvollen Fresken an den Wänden der Villen lassen sich in vier Epochen einteilen. Während zuerst Fassadenelemente aus buntem Marmor imitiert wurden, kam nach 80 v. Chr. Landschaftsmalerei mit räumlicher Tiefe in Mode, die im 1. Jh. zugunsten kleinteiligerer Dekorationen wie Girlanden und gerahmter Bildchen aufgegeben wurde. Vor allem das Haus der Vettier aus dem 2. Jh. v. Chr. war erst um 50 von seinen Besitzern, den reichen Freigelassenen A. Vettius Restitutus und A. Vettius Conviva, nach der neuesten Mode umgestaltet worden. Außerdem ließ sich in den Villen der Reichen die römische Installationstechnik studieren. Heißwasserbehälter über Feueröfen fungierten als eine Art Durchlauferhitzer für die Privatbäder. Auch Betriebe wie Walkereien und Wäschereien gaben Aufschluss darüber, wie damals gearbeitet wurde.

Casa del Fauno

DAS PANTHEON

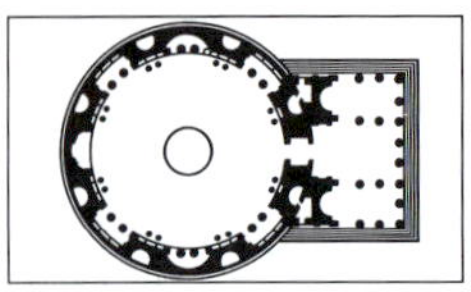

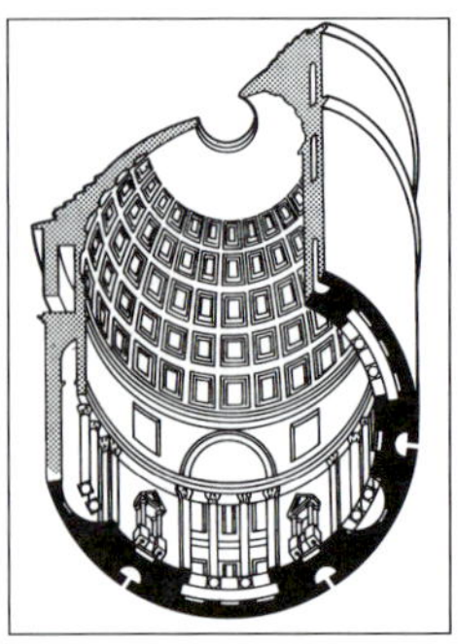

Grundriss und Aufriss

DAS WICHTIGSTE IN KÜRZE:
- **Erbaut 117–128**
- **Größter Kuppelbau des Altertums**

Von außen sieht man dem Pantheon seine großartige Architektur nicht an. Ein breiter, nicht sonderlich einfallsreich gestalteter Portikus mit acht korinthischen Granitsäulen und einem dreieckigen Giebelfeld verbirgt einen zylindrischen Bau mit einer flach wirkenden Kuppel. Im Inneren dagegen ist der Raumeindruck überwältigend. Die Kuppel des Pantheon bildet mit einem Durchmesser von 43,3 Metern und exakt der gleichen Höhe einen vollkommenen Halbkreis. Doch nicht nur diese Harmonie beeindruckt, sondern auch die Größe. Die Pantheon-Kuppel blieb bis zum Ende des Barocks die größte der Welt. Die Kuppel der Hagia Sophia beispielsweise misst nur 33 Meter, die des Doms von Florenz 40 und die des Petersdoms 42. Mit dem Akzent auf den inneren Raumeindruck hat sich der römische Baustil im 1. Jh. aber auch weit vom griechischen abgesetzt, der auf äußere Vollkommenheit abzielte, das Innere der Gebäude jedoch oft vernachlässigte.

DIE KUPPEL

Die scheinbar so vollkommene, leichte Konstruktion, die sich über dem Pantheon wölbt, ruht in Wahrheit auf einem meterdikken und statisch genau ausgetüftelten Untergrund. Allein die Fundamente des Tempels reichen 4,5 Meter in die Erde und bestehen aus über sieben Meter breitem Gussmauerwerk. Darauf ruht ein zweischaliges Mauerwerk von immerhin noch sechs Metern Dicke. Es enthält acht mächtige Stützpfeiler und ein ausgeklügeltes System an Hohlräumen und Entlastungsbögen.
Diese gewaltigen Mauern tragen dann eine relativ flache Kuppelschale, die erst nachträglich von innen zum steilen Halbrund ausgemauert worden ist. Die Schale besteht aus zwei Lagen Gussbeton, der durch die Beimischung von Vulkanasche nach oben immer leichter wird. Beide Lagen wurden über einer Holzverschalung in einem Stück gegossen. Zwischen ihnen sorgen Ziegelrippen für die Ableitung des Drucks.
Optisch wird die Kuppel von einem Kranz aus Säulen und Pilastern getragen. Die Pilaster sind der Wand vorgelagert, die Säulen bilden fast eine Art Gitterstäbe vor sieben großen

Nischen. Diese bleiben damit quasi »ausgesperrt« und ziehen den Kuppelraum nicht optisch in die Breite. Zwei breite Gesimse zwischen Säulen und Kuppel brechen alle vertikalen Linien auf und sorgen dafür, dass sich das Gewölbe dem Betrachter noch mehr entzieht. Geschmückt ist die Kuppel mit fünf Reihen von Kassetten. Da sie nach oben hin immer schmaler und feiner werden, täuschen sie eine noch größere Höhe vor. Früher waren sie mit vergoldeter Bronze verziert, aus der im Barock jedoch der Altarbaldachin des Petersdoms gegossen wurde. Im Zenith der Kuppel stellt ein fast neun Meter großes Loch die einzige Lichtquelle des Raumes dar.

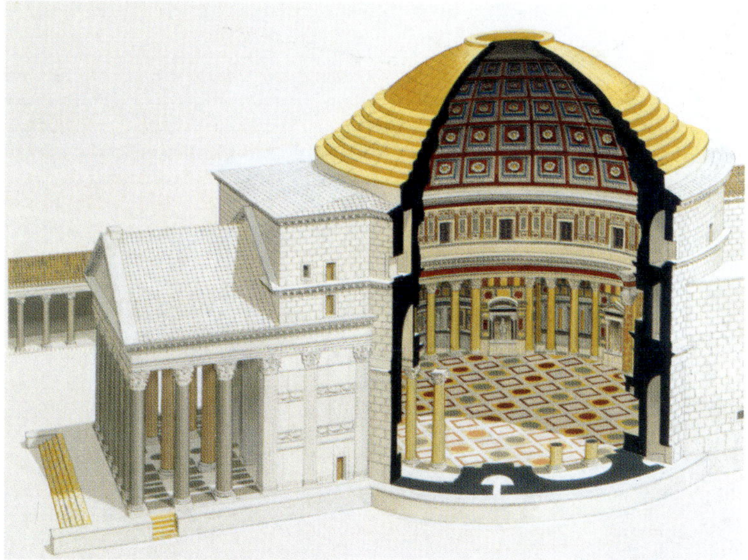

Aquarell von Peter Connolly

DER TEMPEL

Kaiser Augustus (63 v. Chr.–14 n. Chr.) rühmte sich, eine Stadt aus Ziegelsteinen vorgefunden und eine aus Marmor hinterlassen zu haben. Unter anderem nahm er sich die Gestaltung des kaum bebauten Marsfeldes nordwestlich des Kapitols vor. Dort ließ sein Freund und Schwiegersohn Marcus Vispanius Agrippa (64 v. Chr.–12 n. Chr.) 27. v. Chr. auf eigene Kosten einen rechteckigen Tempel von 20 x 44 Meter errichten. Er wollte ihn der Herrscherfamilie weihen. Augustus jedoch lehnte dieses Ansinnen vorsichtshalber ab und verfügte, dass der Tempel den sieben Planetengöttern geweiht wurde: Merkur (Handel), Venus (Liebe), Mars (Krieg), Jupiter (Herrschaft), Saturn (Vegetation), Uranus (Himmel) und Pluto (Tod). Allerdings rechnete seine Familie Venus und Mars unter ihre Vorfahren, sodass der Bau trotz allem eng mit dem Herrscherhaus verbunden war.

Kaiser Hadrian (76–138) ließ diesen Tempel abreißen und weihte seinen Neubau, wie der Name Pantheon aussagt, allen Göttern. Doch die Reminiszenz an die Planetengötter, die ja die wichtigsten Roms waren, dürfte weiterhin bestanden haben. Vermutlich stellte die großartige Kuppel das Himmelsgewölbe dar und in den sieben »vergitterten« Nischen – vier davon rechteckig, drei halbrund – waren Statuen der Planetengötter aufgestellt.

Die Verkleidung der Wände besteht aus buntem Stein, darunter Porphyr, einem purpurfarbenem Vulkangestein, das in der Antike den Kaisern vorbehalten war. Allerdings stammen Teile der Innengestaltung wie der Architrav zwischen Säulen und Kuppelschale aus barocker Zeit.

608 verschenkte der byzantinische Kaiser das Pantheon an den Papst, der daraus die Kirche Santa Maria ad Martyres machte. Dank dieser Umwidmung entging das Pantheon der Zerstörung und ist heute das am besten erhaltene Bauwerk der römischen Antike. In seinem Inneren sind Raffael (1453–1520), König Vittorio Emanuele (1820–78) und weitere bedeutende Italiener bestattet. Nach seinem Vorbild werden auch andere Begräbnisstätten von nationalem Rang, wie die ehemalige Kirche Sainte-Geneviève in Paris (1764), als Pantheon bezeichnet. Architektonisch war es das Vorbild für das Kapitol in Washington D.C.

Außenansicht des Phantheons

DIE CARACALLA-THERMEN

Rekonstruktion nach Viollet le Duc, um 1880

DAS WICHTIGSTE IN KÜRZE:
- **Erbaut: 210–216**
- **Größe: 157.000 Quadratmeter**
- **Fassungsvermögen: 2500 Badegäste**

Wenn ein römischer Kaiser sich bei seinem Volk beliebt machen wollte, dann gab es zwei todsichere Möglichkeiten: Entweder er organisierte Gladiatorenspiele oder er baute öffentliche Bäder. Viele taten beides und so bekam Rom während der ersten beiden nachchristlichen Jahrhunderte gleich eine ganze Reihe luxuriöser Badeanlagen. Jeder Herrscher versuchte seinen Vorgänger noch zu übertreffen.
Die Ruinen der Caracalla-Thermen in Rom lassen noch das ganze Ausmaß dieser Badeparadiese erahnen. Den Komfort und die Pracht, die diese Anlagen zu bieten hatten, können sie allerdings nicht mehr zeigen.

DIE FUNKTION

Die Thermen waren in der römischen Kaiserzeit ein wichtiger Faktor des öffentlichen Lebens. Es gab kaum einen angenehmeren Platz, sich mit Freunden und Bekannten zu treffen, denn Restaurants beispielsweise gab es noch nicht, sondern nur kleine Schnellimbisse und übel beleumdete Schänken. Auch Geschäftsgespräche, die nicht mal eben schnell in den Arkaden des Forums erledigt werden konnten, verlegte man gerne in die Thermen, denn Büros gehörten auch noch nicht zum Standard.
Die Thermen jedoch waren viel mehr als ein Bad. Die eigentlichen Bäder des Caracalla (176–217) standen inmitten eines großen Gartens. Dieser war auf allen vier Seiten von Arkaden umgeben, die allerlei Nebengebäude enthielten: Dazu gehörten vor allem Bibliotheken und Lesehallen, aber auch Versammlungsräume und Kunstgalerien.
Die wichtigsten Baderäume waren das Tepidarium (lauwarmes Bad), Caldarium (Warmbad) und Frigidarium (Kaltbad), die man in dieser Reihenfolge benutzte. Dazu kamen jedoch noch ein Schwimmbecken (Natatio), Schwitzbäder (Laconia), medizinische Bäder, Massage- und Salbräume sowie Sporthallen. Wer über genügend Geld verfügte, konnte sich auch private Räume mieten. Der Eintritt war billig, wenn nicht gar ganz kostenlos. Auch über den medizinischen Wert warmer Bäder wusste man in Rom schon Bescheid. Die größte Statue, die die Caracalla-Thermen schmückte, war ein vier Meter hoher Äskalup, seines Zeichens römischer Gott der Heilkunde.

ARCHITEKTUR UND AUSSTATTUNG

Das »Badehaus« der Caracalla-Thermen war knapp 25.000 Quadratmeter groß. Tepidarium, Caldarium, Frigidarium und das Schwimmbecken lagen hintereinander auf einer zentralen Achse in der Mitte. Das Schwimmbecken hätte mit 54 Metern Länge auch noch heutigen Wettkampfbedingungen genügt. Das Caldarium lag in einem besonders repräsentativen runden Kuppelbau, der halb aus dem rechtekkigen Baukörper herausragte. Er hatte einen Durchmesser von 35 und eine Höhe von 44 Metern. Rechts und links schlossen sich symmetrisch und in der Reihenfolge der Nutzung die Umkleideräume, Reinigungsbecken, Spezialbäder, Massageräume, Sporthallen und je ein Innenhof von 2000 Quadratmetern an.

Um die 41 Meter hohe Raumflucht der Mittelachse überkuppeln zu können, hatten die Römer ein völlig neues Gewölbesystem entwickelt, das Kreuzgewölbe. Dafür werden zwei Tonnengewölbe rechtwinklig verschränkt. Die Schubkräfte wirken dann gleichmäßig in alle vier Richtungen, weil sich die einzelnen Tonnen gegenseitig stützen. Das Gewölbe kann nun auf vier Pfeilern ruhen und die Wände lassen sich durch offene Arkadenbögen hin zu den Nebenräumen ersetzen.

Mindestens genauso eindrucksvoll war das geheime Innenleben der Therme. In einem acht Meter hohen Sockel unter dem eigentlichen Badegebäude war die Versorgungstechnik versteckt. Schließlich mussten alle Räume des Bades ständig richtig temperiert sein und die Becken mit frischem Wasser versorgt werden, das ebenfalls die dem Zweck angemessene Temperatur haben musste. Dazu war ein Gängesystem von rund sechs Kilometern nötig. Die zentralen Achsen konnte man sogar mit Wagen befahren.

Geheizt wurde mit der berühmten römischen Fußbodenheizung, den Hypokausten. Diese bestand aus einem niedrigen, von vielen Pfeilern getragenen Zwischengeschoss unter dem Fußboden, in das permanent heiße Luft eingeblasen wurde. Zusätzliche Hohlziegel sorgten dafür, dass die Luft auch in den Wänden nach oben steigen konnte. So wurde ständig für eine angenehme, zugfreie Strahlungswärme in den Baderäumen gesorgt.

Die Innenräume der Thermen waren luxuriös mit verschiedenfarbigem Marmor und Stuck dekoriert. Vermutlich gab es – passend zum Wasser – auch viele glitzernde Mosaiken. Die Anzahl der Säulen dürfte 250 betragen haben, wie viele Statuen Nischen und Gängen schmückten, ist allerdings nicht mehr nachvollziehbar. Historische Autoren berichteten jedenfalls von verschwenderischer Pracht.

So großartig die Thermen des Caracalla waren: Die des Kaisers Diokletian (243–316) waren noch größer. Doch im Gegensatz zu den Caracalla-Thermen ist davon nicht mehr viel übrig. Das Gewölbe und die Mauern des Frigidariums integrierte Michelangelo (1475–1564) in seine Kirche Santa Maria degli Angeli. Das einstige Tepidarium baute er zu einer runden Vorhalle um. Legt man von dort einige Minuten Fußweg zur Kirche San Bernardo zurück, dann hat man die Außenmauer der Badeanlage erreicht.

Außenansicht der Caracalla-Thermen

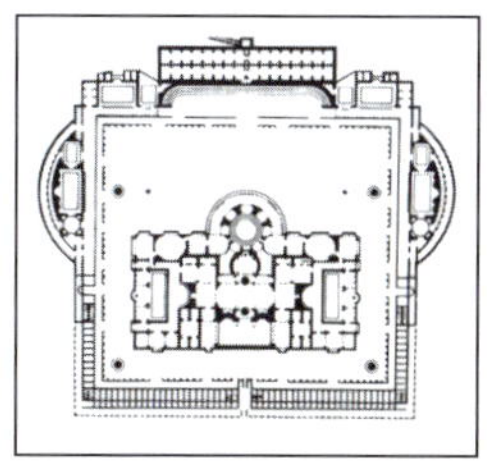

Grundriss

Reste eines Mosaikfußbodens in den Ruinen der Caracalla-Thermen

DIE BUDDHA-STATUEN VON BAMIAN

DAS WICHTIGSTE IN KÜRZE:
- **Zwei stehende, in den Fels geschlagene Buddha-Statuen im Zentrum Afghanistans**
- **38 und 55 Meter hoch**
- **Erbaut: 3. und 5. bzw. 6. Jh. n. Chr.**

Sprengstoff und Granatbeschuss zerstörten im März 2001 die beiden in den Fels gehauenen Buddha-Statuen. Die 38 und 55 Meter hohen Standbilder wurden Opfer der herrschenden Taliban-Milizen. Die kleinere und ältere Statue wurde im 3. Jh. errichtet, die jüngere und größere wohl 200 Jahre später. Nun sind sie zerstört. Beide Statuen sind im Abstand von 400 Metern in eine Felswand aus rotem Sandstein gehauen, sodass sie in den entstandenen Nischen vor Witterung geschützt waren. Beide Buddhas blickten nach Süden. Auf Kopfhöhe der Buddhas befanden sich Galerien, die um die Köpfe der Statuen führten. Die Wände dieser Aussichtsplattformen sind wie die Innenseiten der Nischen mit Wandmalereien verziert. Auch die Statuen selber waren ursprünglich bemalt und vergoldet. Nach ihrer Zerstörung wurden die Buddhas in das Weltkulturerbe der UNESCO aufgenommen.

GESCHICHTE

Im zentralen Hochland Afghanistans, nordwestlich von Kabul, liegt das Bamian-Tal. Seine Lage an alten Handelswegen und Pässen über den Hindukush machten es über Jahrhunderte hinweg zu einem zentralen Rastpunkt für Reisende und Handelskarawanen. Um die Rastpunkte bildete sich schon früh eine gleichnamige Stadt, die Handels- und bald auch religiöses Zentrum wurde. Als sich im 1. Jh. n Chr. Kanishka, der Herrscher über die Region, zum Buddhismus bekannte, entstanden in Bamian Klöster. Die Region wurde zu einer Hochburg der Buddha-Anhänger. Vermutlich wurden schon jetzt erste Nischen und Höhlen in den Felswänden des Tals eingerichtet. Ihre genaue Bestimmung ist jedoch unklar. Vermutlich dienten sie als Unterkünfte für Schüler der Klöster und zu Meditationszwecken. In einigen der Nischen waren vermutlich weitere kleinere Buddha-Statuen untergebracht. Die beiden gigantischen Buddha-Abbilder von Bamian wurden jedoch erst in den folgenden Jahrhunderten aus dem Fels gearbeitet.

KÜNSTLERISCHE EINFLÜSSE

Der kleine, ältere Buddha war in ein Gewand gekleidet, wie es buddhistische Mönche trugen. Sein Haar war in griechischer Tradition gestaltet. Auch der Faltenwurf der Gewänder gilt unter Kunstexperten als Fortführung griechischer Bildhauerkunst. Neben diesen hellenistischen Merkmalen fanden sich auch Merkmale indischer Buddhadarstellungen an den Statuen von Bamian. Gestik und Handhaltung waren klar von indischer Kunsttradition geprägt. Diese Mischung unterschiedlicher Darstellungstraditionen machten die beiden Buddhas zu einem typischen Kunstwerk des Gandhara-Stils. Alexander der Große (356–323 v. Chr.) hatte während seiner Eroberungen hel-

Ansicht des Heiligtums von Bamian

lenistische Einflüsse bis ins heutige Afghanistan gebracht. In der Region um Bamian baute Alexander die meisten Städte und Festungen seines Weltreiches. So ist es nicht verwunderlich, dass sich hier Griechisches mit Indischem verband. Unter der Kushan-Dynastie, die vom 1.–5. Jh. über Bamian herrschte, erlebte dieser Kunststil seine Blüte. Entsprechend gaben die Buddha-Statuen Zeugnis dieser Synthese.

BILDERSTURM

Auch vor ihrer endgültigen Zerstörung durch die Taliban wurden die beiden Kunstwerke schwer beschädigt. Im 17. Jh. ließ der indische Herrscher Aurangzeb (1618–1707) die Gesichter der Statuen entfernen. Er sah in der Abbildung des menschlichen Körpers einen Verstoß gegen islamische Glaubensregeln, hielt die Statuen für Götzenbilder. Der iranische Herrscher Nadir Schah (1688–1747) befahl während seiner Herrschaft dann die Entfernung der Beine. Auch die Arme der Statuen wurden in den laufenden Jahren unter islamischer Herrschaft entfernt. Der genaue Zeitpunkt ist jedoch unklar. Die endgültige Zerstörung durch die Taliban wurde dann 2001 von dem Geistlichen Mullah Muhammed Omar angeordnet. Jetzt sind nur noch die Trümmer, die vor den Felsnischen auf dem Boden liegen, erhalten. Auch die Felsnischen mit ihren Fresken drohen einzustürzen. Das würde das Ende des bedeutendsten Zeugnisses gandharischer Kunst bedeuten.

SCHLAFENDER BUDDHA

Während die Rekonstruktion der Statuen zu kostspielig scheint, haben neue Grabungen bei Bamian Hinweise auf einen weiteren Buddha erbracht. Ein französisches Team aus Archäologen und Historikern hat östlich des Standortes der großen Statuen einen Sockel gefunden, der zu dem in historischen Reiseberichten erwähnten liegenden Buddha gehören könnte. Diese Skulptur soll sich über eine Länge von 300 Meter erstreckt haben und 25 Meter hoch gewesen sein. Ob dieser Buddha gefunden wird, wird sich in den nächsten Jahren zeigen. Dass man ihn in Gänze findet, scheint jedoch unwahrscheinlich. Da eine solch gewaltige Statue vermutlich aus Lehmziegeln erbaut werden musste, besteht die Gefahr, nur noch Fragmente oder den Sockel zu finden. Denn Lehmziegel könnten unter islamischer Herrschaft für den Bau von Häusern abgetragen worden sein.

Blick durch eine zerstörte Mauer auf den ehemaligen Standort einer Buddha-Statue in der Felswand in Bamian im Juni 2002

TEOTIHUACÁN

Die Mondpyramide

DAS WICHTIGSTE IN KÜRZE:
- **Blütezeit: 4.–7. Jh.**
- **Einwohnerzahl: 100.000–200.000**
- **Ausdehnung: 22 Quadratkilometer**
- **Kulturelles Zentrum des präkolumbianischen Mittelamerikas**

Als die Azteken im 12. Jh. in das mexikanische Hochland kamen, war Teotihuacán schon lange von seinen ursprünglichen Bewohnern verlassen worden. Doch die Relikte waren so großartig, dass die Neuankömmlinge die Stadt zu ihrem religiösen Zentrum machten und ihr ihren Namen gaben. »Teotihuacán« bedeutet: Der Ort, wo man zum Gott wird. In den aztekischen Mythen haben die Götter von hier aus fünfmal die Welt erschaffen. Teotihuacán liegt über 2000 Meter über dem Meeresspiegel etwa 40 Kilometer nordöstlich von Mexiko-City. Es ist die größte bisher ausgegrabene Ruinenstadt Mittelamerikas.

PYRAMIDE UND STADT

Das größte und imposanteste Gebäude der Stadt bezeichneten die Azteken als Sonnenpyramide. Sie glaubten, ihre Spitze würde den Nabel der Welt darstellen. Da alle Ecken exakt nach den vier Himmelsrichtungen ausgerichtet sind, dürften die ursprünglichen Erbauer ähnliche Vorstellungen gehabt haben. Die Pyramide erhebt sich in vier Stufen östlich des Hauptboulevards. Mit einer Grundfläche von 220 x 225 Metern ist sie fast so groß wie die Cheops-Pyramide, allerdings mit 65 Metern erheblich niedriger. Im Gegensatz zu den ägyptischen Pyramiden lässt sie sich jedoch besteigen – auf einer steilen Treppe, deren Ende man nicht sieht, wenn man den Aufstieg beginnt. Die Wände waren wohl früher mit buntem Stuck überzogen. Auf der Spitze muss ein Tempel gestanden haben, der wahrscheinlich von einem meterhohen, leuchtend bunt bemalten »Kamm« aus Stuck geschmückt war, wie ihn auch die Tempel der Maya hatten. Die Pyramide wurde wohl im 1. Jh. auf den Ruinen eines älteren Bauwerks errichtet. Man vermutet, dass etwa 3000 Arbeiter 30 Jahre lang daran gebaut haben. Ihr Gewicht wird auf 2,5 Millionen Tonnen geschätzt. Sechs Meter unterhalb der Pyramide befindet sich ein weitläufiges, natürliches Höhlensystem, das als Opferstätte oder Gruft gedient haben muss.

Die Sonnenpyramide liegt an der Ostseite einer vier Kilometer langen und 45 Meter breiten Prachtstraße, die die Stadt durchzieht. Rechts und links wird sie von einer Vielzahl drei- bis vierstufiger Plattformen gesäumt. Auf allen müssen sich einst Tempel befunden haben. Da man sie jedoch ursprünglich für Grabrelikte hielt, wird die Straße noch immer Calle de los

Die Sonnenpyramide

Muertos (Straße der Toten genannt). Der Boulevard mündet an der Mondpyramide aus dem 2. Jh. Diese ist nur etwas über 40 Meter hoch, da sie aber auf einer erhöhten Terrasse erbaut ist, ist ihre Spitze etwa auf der gleichen Höhe wie die der Sonnenpyramide. Neben ihr stand der ausgedehnte Palast des Quetzalpapolotl, des Grünfederschmetterlings, mit prächtigen Wandmalereien. Der schönste Tempel der Stadt dagegen war dem Quetzalcoatl, der Grünfederschlange, geweiht. Er besticht durch seine Ornamentik. Auf der Fassade wechselt sich der Kopf des Quetzalcoatl – eine Art Drachenhaupt mit einer Löwenmähne aus Federn – mit dem des recht glotzäugigen Regengottes Tlaloc ab. Im Inneren finden sich zahlreiche fein gemeißelte Reliefs, die ursprünglich leuchtend bunt bemalt gewesen sein müssen. Eine weitere Hauptstraße kreuzt die Calle de los Muertos rechtwinklig. Hinter ihr erstreckten sich die weltlichen Bezirke der Stadt. Sie waren symmetrisch angelegt. In den geräumigen Häusern gruppieren sich die Räume ähnlich wie im Nahen Osten um offene Innenhöfe.

Teil des Tempels des Quetzalcoatl

DIE BEDEUTUNG DER KULTUR VON TEOTIHUACÁN

Man weiß weder, wer Teotihuacán gründete, noch wann das geschah. Vemutlich entwickelte sich die Stadt zwischen 600 und 200 v. Chr. aus mehreren Indianerdörfern. In ihrer Blütezeit im 4. bis 7. Jh. war sie mit bis zu 200.000 Einwohnern eine der größten Metropolen der Erde. Zahlreiche Funde belegen ein hohes Niveau von Kunst und Handwerk. Man hat allein 500 Werkstätten für feine Keramik und 350 Orte entdeckt, wo Obsidian verarbeitet wurde. Die Einwohner konnten lesen und schreiben. Allerdings kann man die Inschriften noch nicht entziffern.

Zu seiner Blütezeit war Teotihuacán die beherrschende Wirtschaftsmacht in Mittelamerika. Sein Einfluss reichte bis zu den Mayastädten in Guatemala. Der Exportschlager war dabei grauer und grüner Obsidian (Feuerstein) aus den benachbarten Vulkanen, aus dem Schmuckgegenstände, vor allem aber Messerklingen und Pfeilspitzen hergestellt wurden. Vermutlich beschränkte sich der Einfluss der Stadt jedoch auf den Handel. Alle Wandmalereien und auch die offene Architektur ohne Stadtmauern deuten auf eine friedliche, unkriegerische Kultur.

Terrassentempel

Im 7. Jh. wurde die Stadt durch nomadische Stämme zerstört, zu denen auch die kriegerischen Tolteken gehörten. Diese gründeten im Hochland von Mexiko eine neue Hauptstadt namens Tula. Damit ging in ganz Mittelamerika das Zeitalter der Priesterfürsten zu Ende und machte einer aristokratischen Kriegerkultur Platz. Als eine ihrer obersten Gottheiten jedoch übernahmen die Tolteken aus Teotihuacán den Quetzalcoatl – ebenso wie später die Azteken, die nach dem Zusammenbruch der Toltekenherrschaft zur neuen Macht wurden.

DIE HÖHLEN VON GÖREME

Nonnenkloster

DAS WICHTIGSTE IN KÜRZE:
- **Erbaut: 4 Jh.–13. Jh.**
- **Unterirdische Städte für bis zu 15.000 Menschen**
- **Rund 360 Kirchen mit frühchristlichen Fresken**

In der historischen Region Kappadokien im Südosten des anatolischen Hochlands findet sich westlich der Stadt Kayseri, dem antiken Caesarea, rund um Göreme eine einzigartige Landschaft, die man wahrscheinlich eher auf dem Mond vermutet hätte als auf der Erde. Im »Land der 20.000 Pyramiden« erheben sich unzählige bizarre Tuffsteinformationen. Dieses Märchenland aus buntem Stein war seit römischer Zeit die Zuflucht von Verfolgten. Sie haben Wohnungen, Kirchen, Klöster und über 50 Meter tiefe unterirdische Städte in das weiche Gestein gegraben.

DIE LANDSCHAFT

Den ersten Teil des Wunderwerks hat die Natur vollbracht. Im Jungtertiär vor acht bis zehn Millionen Jahren wurde das Land von einer Serie heftiger Vulkanausbrüche heimgesucht, die das ganze Plateau mit zahllosen Schichten von Lava und Asche bedeckten. Vor allem der Erciyas Dagi, 50 Kilometer östlich von Göreme, war sehr aktiv. Aus den vulkanischen Aschen wurde im Lauf der Zeit feinkörniger Tuffstein. Dieses Material ist extrem weich und erosionsanfällig. Ein großer Teil wurde vom Wasser weggeräumt, ein anderer vom Wind abgeschliffen. Da die verschiedenen Schichten des Tuffs jedoch auch unterschiedliche Härtegrade haben, verlief der Prozess nicht gleichmäßig. Zudem verursachten extreme Temperaturschwankungen ein Ausdehnen und anschließendes Zusammenziehen des wenig verfestigten Steins. Dadurch wurde er brüchig. Die prähistorischen Vulkane hatten jedoch auch große Lavabrocken aus ihren Kratern geschleudert, die – eingebettet in die Asche – zu hartem Basaltgestein abkühlten. Sie schützten den darunter liegenden Tuff. Während rundherum alles erodierte, blieben unter den Felsbrocken malerische Gebilde stehen. Sie ähneln Pilzen, Minaretten, Hauben und Kegeln. Größere Formationen erinnern an verwunschene Schlösser mit einer ganzen Reihe von Spitzen und Türmchen. Im Licht leuchtet der Stein in zahlreichen, zarten Pastelltönen von gelb über rot bis hin zu braun.

DIE BEHAUSUNGEN

So unwirtlich, wie sie erscheint, war die Felsenlandschaft für die Bewohner aber nicht. Der vulkanische Boden erwieß sich bei ausreichender Bewässerung als ausgesprochen fruchtbar, sodass Äcker und Gärten angelegt werden konnten. Ihre Unterkünfte gruben sich die Menschen in die größeren Felsformationen. Denn der trockene Tuff war selbst mit einfachen Werkzeugen leicht zu bearbeiten. Die Spannweite der Bauten reicht vom Ziegenstall bis zur mehrstöckigen unterirdischen Fluchtburg.
Bereits im frühen byzantinischen Reich war Kappadokien ein Zentrum des Christentums und eine Zuflucht für Verfolgte aus anderen Teilen des Landes. Die ersten größeren unterirdischen Wohnungen und Kirchen entstan-

Die Tufflandschaft von Göreme

den wohl im 4. Jh. Später wurde Kappadokien zur Grenzregion des christlich-orthodoxen Byzanz gegen die Araber. 1071 geriet die Provinz unter die Herrschaft der türkischen Seldschuken.

Die unterirdischen Städte von Göreme konnten Tausende von Menschen aufnehmen. Die größte ist Derinkuyu, das wohl im 9. oder 10. Jh. entstand. Die Anlage ist 55 Meter tief und besitzt 18 Stockwerke. Ein ausgeklügeltes Stollensystem sorgte für Frischluft und fließendes Wasser. Auch manches Mobiliar wie Bänke und Schlafstätten wurde in den Felsen gemeißelt. Die Eingänge und mehrere strategisch wichtige Stollen wurden mit Rädertüren verschlossen. Diese bestanden aus einer großen Steinscheibe, die in einer in den Felsen gemeißelten Schiene hin und hergerollt werden konnte. Von innen ließ sich der Stein relativ leicht zur Seite bewegen, um den Eingang freizugeben. Wurde er jedoch vor die Türe gerollt, dann war er auf beiden Seiten von massivem Fels fixiert und konnte von außen nicht bewegt werden. Insgesamt gab es etwa 200 unterirdische Städte. Sie wurden jedoch nicht nur in Zeiten der Verfolgung genutzt. Auch sonst boten die Höhlen einen guten Schutz gegen die heißen Sommer und die kalten Winde im anatolischen Hochland. Bequeme ebenerdige Eingänge, geschmückte Fassaden und kleine Fenster im Felsen zeugen von diesen friedlichen Zeiten.

Den imposanten Städten stehen die vielen Kirchen gegenüber. Bereits im 10. Jh. soll es 360 Höhlenkirchen gegeben haben. Viele sind mit fein gemeißelten Säulen und Fassaden geschmückt und mit bunten Fresken ausgemalt, die sich bemerkenswert gut erhalten haben. Die schönsten sind in der Tokali-Kirche und der St. Georgskapelle zu finden. In der Tokali-Kirche wird auf dunkelblauem Hintergrund das Leben des Erzbischofs Basilius von Caesarea erzählt. Die Georgsfresken sind dem Drachenkampf des Heiligen gewidmet. Georg soll im 3. Jh. in Kappadokien gelebt haben und war einer der wichtigsten Heiligen der byzantinischen Kirche. Das bedeutendste Felsenkloster war das Kizlar-Kloster, ein fünfstöckiger Bau, der neben den Zellen der Mönche und Nonnen auch eine Kappelle, eine Küche, einen Speisesaal und mehrere Lagerräume enthielt.

Mit der allmählichen Eingliederung Kappadokiens in das Osmanische Reich verlor die Region ihren Charakter als Fluchtburg. Die letzten Höhlenwohnungen wurden jedoch erst zu Beginn des 20. Jh. bei der Vertreibung der griechischen Minderheit aus der Türkei aufgegeben.

Blick auf Göreme

DIE MOSAIKEN VON RAVENNA

Der Gute Hirte, *Mausoleum der Galla Placida*

DAS WICHTIGSTE IN KÜRZE:
- **Entstehungszeit: um 425–547**
- **Sieben Kirchen und Kapellen mit frühchristlichen Gold- und Glasmosaiken**

402 floh der weströmische Kaiser Honorius (384–423) aus Furcht vor den Germanen in das als uneinnehmbar geltende Ravenna und machte es zur Hauptstadt seines Reiches. 476 aber wurde es von den Goten erobert, die hier regierten, bis der oströmische Kaiser Justinian (482–565) die Stadt 540 gewaltsam wieder seinem Reich einverleibte. Er baute mit San Vitale eine wunderschöne Kirche, doch im Grunde war die kurze Zeit, die Ravenna im Rampenlicht der Geschichte gestanden hatte, schon vorbei. Was von diesen knapp 150 Jahren blieb, sind mehrere Kirchen mit prächtigen byzantinischen Goldmosaiken. Da Ravenna in der Folgezeit keine Herrscher mit genügend Geld für Neu- und Umbauten hatte, blieben sie original erhalten.

DIE KIRCHEN

Unter der prächtigen goldenen Oberfläche der Mosaiken mischen sich in der Architektur lateinischer und byzantinischer Stil. Typisch lateinisch sind die lang gestreckten Hallenbasiliken San Apollinare Nuovo (um 520) und San Apollinore in Classe (um 535–549). Sie sind ganz auf den Altarraum in der Apsis zentriert. Der Gläubige sollte den Weg vom Eingang hin zum Altar als Weg zu Gott verstehen. Die frühen Christen legten keinen Wert auf architektonische Finessen. Wichtig waren große Wandflächen, auf denen Glaubensinhalte bildhaft vermittelt werden konnten, und genügend Helligkeit, um die Bilder ins rechte Licht zu rücken. In San Appollinare in Classe ist diese helle, weite Architektur noch unverfälscht zu bewundern. Leider wurden alle Mosaiken bis auf die der Apsis im 15. Jh. geraubt. In San Appollinare Nuovo dagegen wurde die Architektur später in den Proportionen vefälscht, dafür sind die Wände noch vollständig mit Mosaiken überzogen. Auf den Seitenwänden der Kirche ziehen auf goldfunkelndem Grund christliche Märtyrer und Jungfrauen in einer langen Prozession zum Altar. Über den Fenstern führen ebenso lebendige wie originelle Darstellungen die Wunder Jesu vor Augen.
San Apollinare Nuovo wurde von dem Ostgotenkönig Theoderich (um 454–526) als arianische Basilika San Salvatore gebaut. Ihren heutigen Namen bekam sie 856, als die Gebeine des heiligen Apollinaris im Vorort

Classe nicht mehr sicher schienen und hierher überführt wurden. Da die Goten arianische, die Bevölkerungsmehrheit aber orthodoxe Christen waren, hatte Ravenna zur Gotenzeit nicht nur zwei Domkirchen (von denen die orthodoxe nicht erhalten ist), sondern auch zwei Baptisterien. Diesem friedlichen Miteinander bereitet Justinian 540 ein Ende. Unter anderem ließ er die Figur des Theoderich auf dem Märtyrermosaik in San Apollinare Nuovo tilgen. Bei genauem Hinsehen erkennt man aber noch die Umrisse des thronenden Königs in seinem Palast und Hände an einigen Säulen.
Außer in den Apollinaris-Kirchen und den beiden Baptisterien, finden sich Mosaiken im sog. Mausoleum der Galla Placida (425–30), San Andrea, der Privatkapelle des orthodoxen Bischofs (Wechsel 5./6.Jh.), und in San Vitale (526–47), das mit seinem achteckigen Grundriss ein typisch byzantinischer Zentralbau ist.

Mosaik in San Apollinare Nuovo

DIE MOSAIKEN

Aus fast 200 Steinen in sieben Farben sind die kleinen Tauben im Mausoleum der Galla Placida zusammengesetzt. Wie viele Millionen Steine in ganz Ravenna Decken und Wände zieren, hat wohl nie jemand gezählt. Aber nicht nur das Setzen war mühsam, sondern schon die Herstellung der kleinen Glaswürfel. Vor allem die goldenen Steine mussten einzeln mit Blattgold und einem schützendem Glasfilm überzogen werden. Um das Funkeln so richtig zur Geltung zu bringen, setzte man die Steinchen auch nicht ganz eben, sondern in der Höhe leicht versetzt. Dieses Spiel mit dem reflektierenden Licht entwickelten die anonymen Meister von Ravenna zur Perfektion.

Hl. Apollinaris, *Apsismosaik von San Appollinare in Classe*

Die ältesten Mosaiken finden sich im Mausoleum der Galla Placida. Diese war die Schwester von Honorius und regierte Ravenna von 425 bis 450. Ihr sog. Mausoleum stellte wohl einen Gebetsraum zu Ehren des heiligen Laurentius dar. Alle Kuppeln und Gewölbe sind nahtlos mit Mosaiken überzogen. Ihre Grundfarbe ist nicht Gold, sondern ein tiefes Dunkelblau, das an einen Abendhimmel erinnert. Darauf leuchten goldene Sterne und in der Mitte ein Kreuz als Zeichen der Erlösung. Es verdeutlicht gut, wie sehr Kunst und Architektur in der frühen christlichen Kirche im Dienst der Glaubensaussage standen.
Die achteckigen Baptisterien stammen vom Ende des 5. oder Anfang des 6. Jh. Beide haben ein großes Kuppelmosaik, das in der Mitte die Taufe Christi zeigt und rund herum die Apostel. Das Mosaik der Orthodoxen ist blaugründig, farbiger, kleinteiliger und bewegter. Das der Arianer besticht durch seine klare Komposition auf goldenem Grund.
Besonders reich und bunt geschmückt ist San Vitale. Allerdings sind nur noch die Mosaiken in der Apsis Orginale. Inzwischen jedoch trat die Glaubensaussage hinter Effekt und Politik zurück: An den Seitenwänden sind Justinian und seine Gattin Theodora mit großem Gefolge abgebildet.

DIE HAGIA SOPHIA

Innenansicht der Hagia Sophia mit Blick nach Osten

DAS WICHTIGSTE IN KÜRZE:
- **Erbaut: 532–537**
- **Größe: 77 x 71 x 56 Meter**
- **Haupt- und Krönungskirche Konstantinopels**

Die Schriften des Mittelalters zählten die Kirche Hagia Sophia (griech.: Heilige Weisheit) oft zu den sieben Weltwundern oder bezeichneten sie als »das achte Schaustück, berichtenswerter als alle anderen.«
Ihrem Bauherrn, dem oströmischen Kaiser Justinian der Große (um 482–565), schwebte die Vision eines riesigen, einheitlichen Reiches vor Augen, das an den Glanz der römischen Cäsaren anknüpfte. Er eroberte Italien von den Goten zurück – der berühmte »Kampf um Rom« – ebenso Nordafrika und Spanien und führte Abwehrschlachten gegen Perser und Slawen. Innenpolitisch erließ er Gesetze und drückte einen orthodoxen christlichen Glauben durch. Übrig gebliebene, heidnische Einrichtungen wie die platonische Akademie in Athen wurden geschlossen. Die Hagia Sophia mit ihrem Glanz, ihrer enormen Größe und ihren gewagten architektonischen Neuerungen sollte zum Sinnbild dieses Reiches werden.

DER BAUKÖRPER

Die Hagia Sophia gehört mit ihrem fast quadratischen Grundriss zum Typ des östlichen Zentralbaus, der in der frühchristlichen Zeit im Gegensatz zu den Basiliken des Westens stand. Der Hauptraum jedoch bildet ein lang gestrecktes Oval. In der Mitte erhebt sich in einer Höhe von 56 Metern die zentrale Kuppel, an die rechts und links zwei große Halbkuppeln (Konchen) angefügt sind. Die Mittelkuppel, die 33 Meter Durchmesser hat, ruht auf einem Ring aus 40 Fenstern. Bei Sonnenschein scheint sie förmlich auf Licht zu schweben.
Diese riesige und unglaublich hohe, in der Mitte zentrierte Halle ließ ein völlig neues Raumgefühl aufkommen, in dem sich jeder Mensch winzig vorkommen musste. Der Eindruck wurde noch durch die Gestaltung des Raumes verstärkt. Die Wände waren vollständig mit Goldmosaiken bedeckt. Zahlreiche Fenster auf verschiedenen Ebenen ließen Licht darauf fallen. Zusammen sorgte das für ein ständiges, verwirrendes Funkeln und Glitzern und eine überwältigende, mystische Atmosphäre, die zu Anbetung und Meditation anregen sollte. Aber natürlich kam sie auch dem Prunkbedürfnis des Kaisers, der sich als Oberhaupt der orthodoxen Kirche betrachtete, entgegen.
Die zentrale Apsis gegenüber dem Eingang, in der früher der Altar gestanden hatte, verkommt dagegen fast zur Bedeutungslosigkeit. Sie ist nicht einmal größer als die Seitennischen. Während die westlichen Basiliken vor allem als Versammlungsraum für die Gemeinde gedacht und architektonisch auf den Altar ausgerichtet waren, ließ Justinian mit der Hagia Sophia eine Art Ersatzhimmel schaffen, in der der Mensch vor allem seine Kleinheit im Gegensatz zur Größe Gottes erkennen sollte.
Die unendlich scheinende Prachtentfaltung wurde noch dadurch gesteigert, dass den Hauptraum keine massiven Mauern begrenz-

ten. Selbsttragende Elemente wurden so weit wie möglich versteckt. Stattdessen schließen sich an ihn mit kleineren Kuppeln und Gewölben eine große Zahl Nischen und Nebenräume an, die durch Bögen und Arkaden voneinander getrennt sind. Der Zentralraum wurde so fantasievoll nach außen erweitert.

Lithografie von Gaspare Fossati, 1852

DIE BAUGESCHICHTE

Der Vorgängerbau der Hagia Sophia war eine fünfschiffige Basilika gleichen Namens gewesen. Sie fiel 532 einem Aufstand gegen den Kaiser zum Opfer. Sofort nach der Niederschlagung der Revolte, begann Justinian mit der Errichtung seines Prestigeprojektes. Dafür ließ er den berühmten Mathematiker Isidor von Milet und den Physiker Anthemios von Tralleis nach Konstantinopel kommen. Denn die Statik der gewagten Kuppelkonstruktion, die ihm vorschwebte, war kaum kalkulierbar. Die Schubkraft der Kuppel drückte die tragenden Pfeiler zur Seite und ließ sie bei einem Erdbeben 558 einstürzen. Die Kuppel wurde danach etwas dicker neu errichtet. Seitdem ist sie noch zweimal eingebrochen und musste von außen mit stützenden Zusatzmauern versehen werden.

Das Baumaterial ließ Justinian aus allen Winkeln des Reiches zusammentragen, um nur das Beste zu bekommen. Allein die Farbtöne der Steinsäulen sind so mannigfaltig, dass Justianians Biograf Prokop (um 500–565) sie mit einer blühenden Blumenwiese verglich. 7000 Steinmetze, Zimmerleute, Maurer und Maler sollen fünf Jahre lang beschäftigt gewesen sein. Als die Kirche fertig war, rief der Kaiser beim ersten Besuch voller Begeisterung aus: »Oh Salomo, ich habe dich übertroffen!«

1206 wurde die Hagia Sophia von den Kreuzfahrern geplündert und musste danach gründlich restauriert werden. Nach der Eroberung Konstantinopels im Jahr 1453 machten die Türken aus ihr eine Moschee. Sie übertünchten Malereien und Mosaiken und schmückten die Wände mit Koranversen. Außerdem bauten sie Mausoleen und Koranschulen an. Im 16. Jh. umgab der berühmte osmanische Baumeister Sinan (um 1491–1578) das Ensemble an den Kanten mit vier hohen, extrem schlanken Minaretten. Die Goldmosaiken und Malereien wurden im 19. Jh. wieder freigelegt. 1934 erklärte der türkische Staatsgründer Kemal Atatürk (1881–1938) die »Ayasofya« zum Museum.

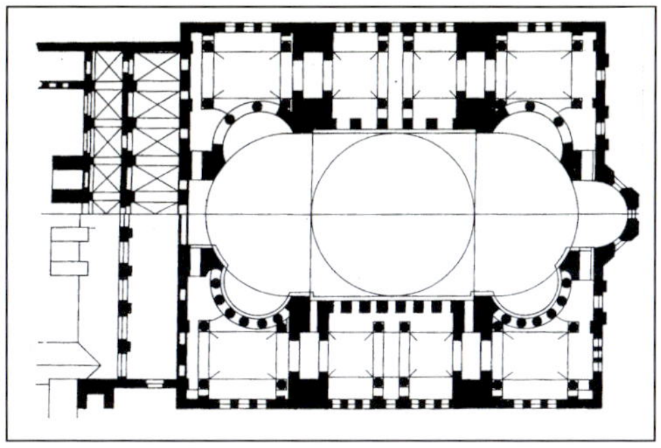

Grundriss

Blick auf die Hagia Sophia

CHICHEN-ITZA

Stufenpyramide »El Castillo«

DAS WICHTIGSTE IN KÜRZE:
- **Erbaut: um 600–1250**
- **Heiliger Ort der Maya und Tolteken**

Chichen-Itza war in vorkolumbianischer Zeit die bedeutenste Stadt auf der mexikanischen Halbinsel Yucatan. Sie wurde zuerst von den Maya besiedelt, dann für kurze Zeit von den Itza, die außer dem Namen (»Brunnen der Itza«) nicht viel Prägendes hinterlassen haben und schließlich von den kriegerischen Tolteken. Über 600 Jahre lang wurden dort imposante Gebäude erbaut, von denen viele blutigen Menschenopfer-Ritualen dienten. Die Funktion der meisten Bauten ist jedoch noch immer rätselhaft. Sie stehen heute verstreut auf einem weitläufigen Gelände. Von den Wohnhäusern der Stadt ist nichts mehr zu sehen.

DIE GESCHICHTE

Chichen-Itza wurde etwa um 450 von den Maya gegründet. Um 600 begann die erste intensive Bauphase mit Gebäuden, die der Architektur der klassischen Maya-Städte im Tiefland von Mexiko, Guatemala und Honduras entsprachen. Zu Beginn des 10. Jh. tauchten die Itza in Yucatan auf und rissen die Macht an sich. Laut den Maya-Chroniken waren die Neuankömmlinge Barbaren, die plünderten, Frauen raubten und Priester von der Macht verdrängten. Die Itza wurden jedoch schon 987 von den einfallenden Tolteken entmachtet. Angeblich soll ihr Anführer Kukulkan aus der Toltkekenhauptstadt Tula vertrieben worden sein, weil er Menschenopfer ablehnte.
Nun machten die Tolteken sich daran, in Chichen-Itza ein zweites Tula aufzubauen, noch großzügiger und kunstvoller als das Vorbild. Sie brachten aber auch ihre kriegerische Tradition mit. Unter ihrer Herrschaft gab es mehr Menschenopfer als bei den Maya. Außerdem wurden Kriegerorden gegründet, die allmählich die Macht an sich rissen. Hauptgott war die Grünfederschlange Kukulkan, der alte Quetzalcoatl aus Teotihuacan.
Die neuen Herrscher eroberten das umliegende Land und trieben Tribute ein. Chichen-Itza wurde eines von drei rivalisierenden Fürstentümern. 1185 vernichtete der benachbarte Fürst von Mayapan die Stadt. Er hatte für seinen Kriegszug Söldner aus Zentralmexiko angeworben. Um 1250 wird Chichen-Itza verlassen.

DIE GEBÄUDE

Für die Kultur der Maya spielten Zahlen, Mathematik, Sterndeutung und Horoskope eine extrem wichtige Rolle. Die Archäologen halten deshalb einen Rundbau mit Wendeltreppe, der in Chichen-Itza auf einer auffallend unregelmäßig angelegten, mehrstufigen Terrasse gefunden wurde, für ein Observatorium. Die asymmetrische Ausrichtung der ganzen Anlage korrespondiert mit Himmelsereignissen wie dem Untergang der Plejaden. Auch die Öffnungen im Inneren des Gebäudes erlauben astronomische Beobachtungen. So dringt beispielsweise durch einen extrem schmalen Fensterschlitz nur zweimal im Jahr für wenige Sekunden ein Sonnenstrahl ein. Das Observatorium ist einer der ganz wenigen präkolumbianischen Rundbauten Mittelamerikas.

Wesentlich mehr haben die Tolteken die Stadt geprägt. Überall findet man die typischen Dekors, die es auch schon in Tula gab: Raubtiere, Krieger und Darstellungen von Menschenopfern. In der Mitte von Chichen-Itza haben sie zwischen 1000 und 1200 eine 30 Meter hohe Stufenpyramide gebaut, die von einem Tempel des Kukulkan gekrönt und »El Castillo« genannt wird. Auch hier spielte die Ausrichtung des Baus eine große Rolle. Die vier Treppen entsprechen den Himmelsrichtungen und ihre Stufenzahl den Tagen des Jahres. Während der Tagundnachtgleiche werfen die Stufen einen zickzackförmigen Schatten auf eine steinerne Schlange an der Balustrade der Treppe. Bei Sonnenuntergang entsteht der Eindruck, als krieche Kukulkan zur Erde hinunter.

Neben dem Castillo befand sich der Tempel der Krieger, eine größere Kopie des Morgensterngotttempels von Tula. In einem der zwei Innenräume des Tempels befindet sich ein Steinaltar, der von Menschensäulen getragen ist. Vor dem Eingang liegt ein Chacmool, eine Steinfigur mit einer Schale auf der Brust, in die die noch schlagenden Herzen der Geopferten gelegt wurden. Rund um den Tempel sind gewaltige, lang gestreckte Plattformen mit Hunderten von Säulenstümpfen bestückt. Hier standen wohl Kolonnaden, unter denen die Kriegerorden ihre Versammlungen abhielten. Außerdem gibt es ein Schädelgerüst, das mit unzähligen Totenköpfen verziert ist. Hier wurden die abgeschnittenen Köpfe der Opfer ausgestellt.

Auf der anderen Seite des Castillo lag der Ballspielplatz. Er war 186 x 70 Meter groß und an den Längsseiten von acht Meter hohen Mauern gesäumt. Auf jeder Seite befindet sich in etwa sechs Metern Höhe ein senkrechter Steinring von über einem Meter Durchmesser. Er musste beim rituellen Ballspiel mit einem Kautschukball durchworfen werden. Vermutlich wurden auch hier wieder die Verlierer ein Opfer der Götter. Den Brunnen, nach dem Chichen-Itza benannt ist, erreicht man über eine 300 Meter lange Prozessionsstraße. Es ist ein sog. Cenote, eine natürliche, trichterförmige Einsenkung im Kalk, in der in 20 Meter Tiefe das Grundwasser steht. Der amerikanische Archäologe Edward H. Thompson (1860–1935) fand dort bei Tauchgängen viele kleine Kunstgegenstände aus ganz Mittelamerika und 42 Skelette, davon die Hälfte von Kindern zwischen zwei und elf Jahren.

Das Observatorium

»El Castillo«: Schnitt und Draufsicht

Der Tempel der Krieger

TEMPEL DES GROSSEN JAGUARS IN TIKAL

DAS WICHTIGSTE IN KÜRZE:
- **Erbaut: um 700**
- **Haupttempel der größten und wahrscheinlich ältesten Maya-Stadt**

Tikal heißt in der Sprache der Maya: »Wo die Geisterstimmen hörbar sind.« Jahrhundertlang lagen seine Ruinen im Dschungel von Guatemala verborgen und wurden von den einheimischen Indianern furchtsam gemieden. Erst 1881 kam ein britischer Forscher in die wahrhaft geisterhaft verlassene und völlig überwucherte Stadt. Doch ein Teil von Tikal konnte selbst der Regenwald nicht verbergen. Aus dem grünen Dach ragten die verwitterten, steinernen Kämme der großen Tempel heraus. Priester zu sein, muss hier ein wahrhaft beschwerliches Amt gewesen sein. Denn die Tempel standen auf den steilsten Pyramiden, die man je gebaut hat.

DER TEMPEL

Der Tempel des Großen Jaguars ist nur eine von fünf großen Tempelpyramiden in Tikal, die wohl alle im Laufe des 7. und 8. Jh. entstanden. Historiker bezeichnen ihn als »Tempel I«. Doch die Jaguardarstellung auf dem hölzernen Türbalken legt nahe, dass hier tatsächlich eine Raubtiergottheit verehrt wurde. Der Tempelbau besteht aus einem schlichten schmucklosen Rechteck. Aber er steht auf einer extrem steilen, neunstufigen Pyramide, zu der fast 100 Stufen hinaufführen. Auf seinem Dach sind die Reste eines verwitterten Kamms zu sehen. Diese Gebilde, die einst mit buntem Stuck überzogen waren und leicht drei- oder viermal so hoch wie die Tempel selber waren, sollten die Bauten noch imposanter machen. Der Kamm des Jaguartempels scheint in cremeweiß, rot, grün und blau bemalt gewesen zu sein und die Sitzstatue eines Herrschers getragen zu haben.

Vermutlich handelt es sich um Ha Sawa Chaan K'awils (auch Ah Cacaw genannt, reg. 682–734), den Erbauer des Tempels. Er brachte Tikal nach rund 150 Jahren der Brache, in der es weder Neubauten noch Inschriften gab, zu neuer Blüte. Als einziger Herrscher wurde er nicht auf der Nord-Akropolis von Tikal begraben, sondern mit reichem Jade- und Muschelschmuck in der Pyramide des Jaguartempels.

Obwohl der Kamm inzwischen abgebröckelt ist, ist Tempel I immer noch 45 Meter hoch und beherrscht die Ostseite von Tikals Hauptplatz. Ihm gegenüber steht Tempel II mit 38 Metern, während sich auf den Stirnseiten der Palast der fünf Stockwerke und der rituelle Ballspielplatz mit Zuschauerrängen für bis zu 1000 Schaulustigen anschließen. Der einen Hektar große Platz wird als Große Plaza von Tikal bezeichnet. Vermutlich fanden hier sowohl Märkte als auch zeremonielle Veranstaltungen statt.

Tempel des Großen Jaguars in Tikal

Der Tempel des Großen Jaguars ist die schönste Pyramide von Tikal und die, die am besten erhalten ist. Noch steiler und mit 65 Metern noch höher als dieser, ist nur der stark erodierte Tempel IV.
Die Architektur in Tikal ist wuchtiger und strenger als in anderen Mayastädten. Alles ist auf die Demonstration von Größe und Macht angelegt. Die Bauten sind ohne jedes Metallwerkzeug hergestellt worden. Außerdem mussten die Steine teilweise von weit her geschafft werden. Das Mauerwerk der Pyramiden wurde innen mit Bruchsteinen aufgefüllt und außen mit geglätteten Kalksteinplatten verkleidet. Dann verputzte man es noch mit gebranntem Kalk und malte es an.

DIE STADT

Die Ruinen von Tikal liegen in den Regenwäldern Guatemalas in einem 575 Quadratkilometer großen Nationalpark gleichen Namens. Die völlig vom Dschungel überwucherten Tempel und Pyramiden wurden seit den 50er-Jahren des 20. Jh. systematisch freigelegt. Inzwischen hat man mehr als 5000 Bauwerke gefunden, aber auch Kunstgegenstände wie beispielsweise bedeutende Jademosaiken. Auf einer Unzahl von Stelen sind Könige und Priester im Ornat abgebildet und dazu Ereignisse mit dem genauen Daten notiert. In seiner Glanzeit muss Tikal mit den Außenbezirken mehr als 65 Quadratkilometer groß gewesen sein und etwa 50.000 Einwohner gehabt haben. Bisher freigelegt wurden jedoch nur 15 Quadratkilometer im Zentrum.
Tikal war wohl schon einige hundert Jahre vor der Zeitenwende besiedelt. Ab etwa 200 muss es eine königliche Dynastie gegeben haben. Hier fand sich auch die Stele mit dem ältesten Mayadatum. Sie weist Balam Agaw (Verzierter Jaguar) für das Jahr 292 als Regenten aus. Diese Priesterkönige trieben einen aufwändigen Kult, in dem Luxusprodukte wie Jadeperlen, Vogelfedern und Feuerstein ein große Rolle spielten. Als die Lieferungen aus Teotihuacan im 6. Jh. abbrachen, führte das offenbar zu einer größeren Krise, die in Tikal mit Amtsantritt von Ha Sawa Chaan K'awils endet.
879 brechen die Inschriften wieder ab. Ähnliches passierte in den weiter östlich gelegenen Mayastädten schon einige Jahre früher. Was danach geschah, ist unklar. Die Historiker spekulieren über eine Vernichtung durch vagabundierende Stämme aus Zentralmexiko, aber auch einen ökologischen Kollaps. Möglicherweise wurden die Städte weiter bewohnt und nur die herrschende Schicht, die für Inschriften, Kalenderwesen und Großbauprojekte zuständig gewesen war, ist gestürzt worden.

Blick auf die Ruinen von Tikal

DIE STATUEN DER OSTERINSEL

DAS WICHTIGSTE IN KÜRZE:
- Steinfiguren aus Vulkangestein mit übergroßen Köpfen
- Meist 5–7 Meter hoch
- Fundort: chilenische Osterinsel im Südpazifik
- Entstehung: 700–1680

Die Steinköpfe der Osterinsel sind weltbekannt. Auf der nur 180 Quadratkilometer großen Insel finden sich fast 1000 der einzigartigen monumentalen Figuren. Weniger bekannt ist hingegen, dass es sich nicht alleine um Abbildungen von Köpfen handelt. Zwar machen die Köpfe der Moai meist ein Drittel der Statue aus, aber auch Arme, Hände und Genitalien wurden von den Steinmetzen ausgearbeitet. Während es einige kleine Statuen gibt, die nur zwei Meter groß sind, sind die meisten der Statuen zwischen fünf und sieben Meter groß. Die größte Figur misst sogar 21 Meter, ist aber nie aufgestellt worden. Sie liegt immer noch in dem Steinbruch, wo sie gefertigt wurde. Das durchschnittliche Gewicht liegt bei 55 Tonnen, hinzu kommt bei einigen Figuren eine Kopfbedeckung, die auch mehrere Tonnen wiegt. Die Osterinsel ist seit 1995 Weltkulturerbe der UNESCO.

ENTSTEHUNG

Die ältesten der Figuren wurden zwischen 700 und 850 von den vermutlich polynesischstämmigen Einwohnern gefertigt. Die überwiegende Mehrzahl der Moai wurde jedoch in der Zeit von 1050–1680 hergestellt. Die Vorgehensweise bei der Produktion der Kolosse war dabei immer gleich. Zuerst wurde auf einen Felshang der Umriss einer Statue gezeichnet und dann der Moai grob aus dem Fels herausgehauen. Nur der Rücken blieb über einen schmalen Grad mit dem Fels verbunden. Dann wurde die Vorderseite von Steinmetzen gestaltet. Als Werkzeug dienten Steinbeile aus härterem Basalt. Das Aufstellen der Statue wurde dann vergleichsweise einfach gelöst. Die Steinverbindungen mit dem Felsen wurden weggeschlagen, sodass die Figur den Hang hinab in eine Grube glitt und sich selber aufrichtete. Im Anschluss wurde der Rücken modelliert.

TRANSPORT

Der Steinbruch an den Hängen des Vulkans Rano Kao lag im Südwesten der Osterinsel. Doch die Steinfiguren standen in der Regel in ummittelbarer Nähe von Siedlungen der Ureinwohner. Daher mussten die tonnenschweren Kolosse über zum Teil weite Strecken bewegt werden. Es gibt zwei Theorien über die Vorgehensweise beim Transport der Felsfiguren: So könnten den Figuren Holzkufen an die Vorderseite gebunden und die Statuen dann gekippt worden sein. Der Ethnologe Thor Heyerdahl (geb. 1914) ließ auf einem solchen »Schlitten« eine Statue mehrere hundert Meter schleppen und dann mit Hebeln und Seilen aufrichten. Eine andere Theorie geht davon aus, dass die Statuen auf Baumstämmen stehend gerollt wurden. Auch dies ist denkbar. Einfacher ist sicherlich der Transport der runden »Steinhüte« gewesen. Die aus roter Schlacke gehauenen Pukao stellen vermutlich die Haartracht der Inselbewohner dar. Einige wenige Statuen tragen einen solchen Aufsatz. Um die schweren Steine auf den Moai zu platzieren, wurden Erdrampen errichtet. Über diese ließen sich die Kopfbedeckungen auf die Spitzen der Statuen rollen.

BEDEUTUNG

Um die Bedeutung der Statuen zu ergründen, müssen ihre Gestaltung und die Standorte näher betrachtet werden. Besonders plastisch gestaltet ist der Kopf der Moai. Eine lange Nase mit betonten Nasenlöchern und lange Ohren, die zum Teil geschmückt sind, stechen sofort ins Auge. Auch das markante Kinn, die

tief liegenden Augen und der strichartige Mund fallen auf. Und grade der Mund gibt einen Hinweis auf die mögliche Bedeutung der Köpfe. Um die Entstehungszeit der Statuen war es in Polynesien ein weit verbreiteter Brauch einem verstorbenen Stammeshäuptling die Zunge herauszutrennen. Der Sohn verzehrte diese, damit die Weisheit des Vaters auf ihn überging. Dem Verstorbenen wurde der Mund vernäht. Die Statuen könnten also bedeutenden Persönlichkeiten der Inselbewohner gewidmet sein. Dafür spricht auch der Standort vieler der Statuen. Die meisten standen in der Nähe von Siedlungen oder gar auf den zentralen Tempelanlagen, den Ahu. Bei den Ahu handelte es sich um Steinrampen, die zum

Meer hin senkrecht abfielen. Auf einigen dieser Plattformen standen Steinfiguren. Um diese Tempelanlagen standen wiederum die Häuser der Priester und Häuptlinge, also die der bedeutendsten Personen der Inselbewohner. In und um diese Steinrampen sind darüber hinaus Gräber gefunden worden. Es spricht also einiges dafür, dass die Statuen der Osterinseln mit einer Form des Ahnenkults in Verbindung standen.

ENDE DER STEINBAUER

Nach 1680 wurden nur noch wenige Steinfiguren gebaut. Auf der Insel kam es zu Stammesfehden. Viele der Figuren auf den Ahu-Rampen wurden in den folgenden Jahren umgestürzt. Vermutlich hatte der Konflikt ökologische Gründe. Die einst waldreiche Insel scheint völlig gerodet geworden zu sein. Im 18. Jh. brach daher die Nahrungsversorgung zusammen. Es gab kein Holz für Fischerboote mehr, Erosion ließ die Insel veröden. Für die Produktion von weiteren Figuren war keine Zeit mehr.

DER KAILASHA-TEMPEL

Löwenskulpturen auf dem Dach des Kailasha-Tempels in Ellora im indischen Bundesstaat Maharashtra

DAS WICHTIGSTE IN KÜRZE:
- **Erbaut: 757–968**
- **Höhepunkt der indischen Steinschnitzerei**

Der Kailasha-Tempel ist das eindrucksvollste von 34 Felsheiligtümern im indischen Ellora. Seinen Namen hat er von dem mythologischen Himalaya-Gipfel Kailasha, der in der hinduistischen Tradition der Wohnsitz des mächtigen Gottes Shiva ist. Eines der schönsten Friese im Tempel zeigt wie der Dämonenfürst Ravana den Berg Kailasha schüttelt, um Shiva und seine Gemahlin Parvati in ihrer himmlischen Ruhe zu stören. Mit dem Kailasha-Tempel ist zum ersten Mal in Indien ein kompletter Tempel mit allen seinen inneren und äußeren Formen in den Fels gebaut worden.

DER TEMPEL

Der Legende nach soll ein kranker König nach Ellora gekommen und dort durch heiliges Wasser gesund geworden sein. Er schwor, Shiva einen Tempel zu bauen, schob das Unternehmen aber solange auf, bis seine Frau erklärte, sie würde von nun an fasten, bis der Tempel fertig ist. Tatsächlich wurde der Bau unter König Krishna I. (reg. 757–773) aus der Rashtrakuta-Dynastie begonnen, aber über zwei Jahrhunderte immer weiter perfektioniert. Im Gegensatz zu einigen der anderen Heiligtümer in Ellora ist der Kailasha kein richtiger Höhlentempel, da er nicht überdacht ist. Er wurde von oben knapp 40 Meter tief in den Boden gegraben. Alle Gebäude und Dekors sind so aus dem gewachsenen Gestein herausgehauen. Die eigentlichen Tempelräume erheben sich auf einem mächtigen einstöckigen Sockel, der die Mittelachse eines knapp 100 Meter langen und etwa 60 Meter breiten Platzes einnimmt. Möglicherweise durften die einfachen Gläubigen nur den ebenerdigen Umgang um den Sockel benutzen, während die darauf liegenden Tempelräume den Priestern und dem König vorbehalten waren.

An den senkrechten Felswänden zu beiden Seiten des ausgeschachteten Platzes waren in zwei, beziehungsweise drei Stockwerken einfache Klosterräume untergebracht. Den Eingang zu der Tempelfläche bildet ein Torgebäude. Die Felswände an seinen Seiten sind mit Darstellungen der Manifestationen Shivas und Vishnus geschmückt. Den Auftakt des Tempels stellt der Nandi-Pavillon dar, der Shivas vogelähnlichem Reittier gewidmet ist. Der quadratische kleine Bau enthält eine Treppe, die zu den Tempelräumen auf dem Sockel führt. Gesäumt wird er von zwei 17 Meter hohen Obelisken mit Girlanden- und Lotosdekor.

Vom oberen Stockwerk des Nandi-Pavillons gelangt man über eine kleine Steinbrücke in die Tempelhalle Mandapa und von dort in das eigentliche Heiligtum, in dem ein Linga, eine Darstellung von Shivas Phallus, aufbewahrt war. Während die Mandapa ein flaches Dach mit einem Lotosrelief und einigen flachen Türmchen an den Seiten hat, türmt sich über dem Heiligtum ein geschnitzter Tempelturm von insgesamt 32 Metern Höhe auf. Er war früher mit weißem Gips bedeckt und sollte die verschneite Spitze des Kailasha verkörpern. Von der Mandapa gelangt man auf einen Umgang, der das Heiligtum umschließt. Das ganze zweistöckige Bauwerk ist außen reich mit steinernen Türmchen, Säulen und Balkons verziert. Um den Sockel ziehen sich Reliefs, die einen Höhepunkt der alten indischen Steinschnitzkunst darstellen. Sie zeigen Szenen aus den beiden großen indischen Heldenepen Ramayana und Mahabharata sowie aus dem Leben Krishnas. Im hinteren Teil wird der erste Stock des Tempels von Dutzenden aus Stein gehauenen Elefanten getragen.

Lebensgroße Skulptur der hinduistischen Gottheit Shiva in einem der Höhlentempel in Ellora

DIE ANLAGE

Der Kailasha-Tempel ist nur eines von 34 Höhlenheiligtümern, die etwa 30 Kilometer von Aurangabad in eine fast zwei Kilometer lange, senkrechte Felsabbruchkante gehauen sind. Die Tempel wurden im Laufe von gut 500 Jahren angelegt und stammen von drei Religionen. Die ältesten sind die buddhistischen Tempel, dann folgen die hinduistischen und die jainistischen. Die buddhistischen Tempel entstanden etwa vom 6. bis ins 10. Jh. Die ältesten der insgesamt zwölf Anlagen stellen Höhlenklöster dar, deren größtes drei Stockwerke hat. Die Höhlen enthalten Statuen des Buddha und verschiedener Bodhisattvas. Der schönste ist der Visvakarma-Tempel mit einer reich dekorierten Fassade und einer Kulthalle mit mächtigen Säulen.

Kailasha-Tempel

Der Buddhismus entstand in Indien eigentlich als Reaktion auf die erstarrten Formen des Hinduismus mit seinem Kastenwesen und der Konzentration der Macht in den Händen der Brahmanen. Seine Ausbreitung führte in Indien jedoch auch zu einer Renaissance des Hinduismus, der durch den neuen Glauben inspiriert und belebt wurde. Sie fand im 7. bis 9. Jh. unter den Herrscherdynastien Chalukya und Rashtrakuta statt. Aus dieser Zeit stammen die 17 Hindu-Tempel, die die schönsten und eindrucksvollsten von Ellora sind. Die jüngsten Höhlen sind die fünf jainistischen aus dem 9. und 10. Jahrhundert. Der Jainismus ist beinahe zeitgleich mit dem Buddhismus im 5. Jh. v. Chr. entstanden. Auch die Jainisten lehnten die Macht der Brahmanen ab, behielten aber wesentliche Züge der hinduistischen Mythologie bei und legten noch mehr Wert auf Askese. Ihre Tempel sind dann auch die einfachsten in Ellora.

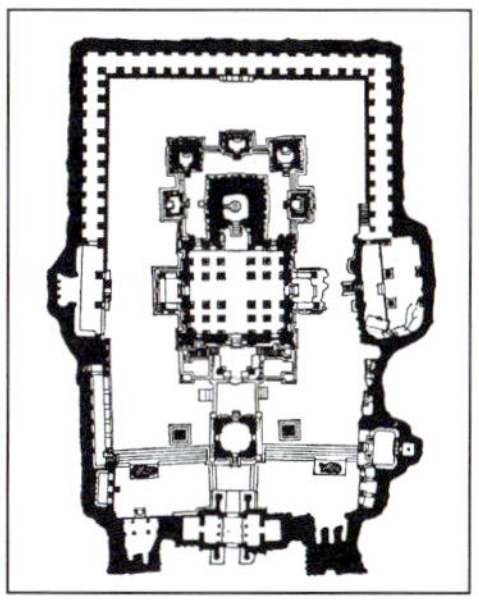

Grundriss

DAS HEILIGTUM VON BOROBUDUR

DAS WICHTIGSTE IN KÜRZE:
- **Buddhistisches Heiligtum auf Java**
- **Pyramidenartiger Hügel, 123 x 110 Meter Grundfläche, über 31 Meter hoch**
- **Erbaut: zwischen 778 und 850**

Kompliziert wie ein Mandala wirkt der Aufbau des Borobudur. Das quadratische Heiligtum erhebt sich zur Mitte hin über neun Terrassen, die alle mit sog. Stupas bestückt sind. Dabei handelt es sich um eine steinerne Halbkugel oder Glockenform auf der eine Spitze thront. Die Menge an Stupas und die verschiedenen Ebenen machen auf den Betrachter einen verwirrenden Eindruck. Durch dieses Meer aus durchbrochenen Linien führt auf jeder der vier Seiten eine Treppe auf das Monument. Auf der Spitze des Borobudur wurde eine sog. Hauptstupa errichtet. Auf dem Weg zur Spitze finden sich über 500 Buddhastatuen, 2500 Wandreliefs und 1473 Stupas. Insgesamt wurden hier 55.000 Kubikmeter Vulkangestein verarbeitet. Seit 1991 ist Borobudur Weltkulturerbe.

GESCHICHTE

Im 8. Jh. begannen die Bauarbeiten am Fundament und den ersten zwei Etagen des Heiligtums. Zu der Zeit herrschte auf Java die Sailendra-Dynastie, über deren Herrscherhaus nur sehr wenig bekannt ist. Sein Name bedeutet übersetzt »Herrscher der Berge«. Sowohl Herkunft als auch Wirken sind jedoch unklar. Vermutlich erstreckte sich ihr Einfluss von Zentral-Java nach Nordwesten. Schriftliche Aufzeichnungen gibt es so gut wie keine. Lediglich in einige Inschriften ist der Namen überliefert. Gesichert ist hingegen, dass die Sailendra Anhänger eines mahayanischen Buddhismus waren. Ihre Bauten geben noch heute eindrucksvolles Zeugnis davon. Während der Sailendra-Dynastie wurde Borobudur immer weiter ausgebaut bis das Monument ca. 850 seine Vollendung erreichte.

UNTERGANG IN ASCHE

Um das Jahr 1000 kam es auf Java zu einem starken Vulkanausbruch. Borobudur versank unter der Asche und dem heißen Vulkangestein. In den folgenden Jahren überwucherten Pflanzen die heilige Stätte. Vieles was danach noch über der Erdoberfläche lag, wurde in den folgenden Jahrhunderten von Plünderern und Bilderstürmern beschädigt. So mancher Kopf eines Buddhas findet sich mittlerweile in westlichen Museen. Ein holländischer Bauingenieur war es dann, der 1814 von der Kolonialregierung beauftragt wurde, die Ruine zu untersuchen. Während der Ausgrabungen wurde das unglaubliche Ausmaß Borobudurs deutlich.

REKONSTRUKTION

Während im 19. Jh. weitere Teile des buddhistischen Monumentes freigelegt wurden, bringt das 20. Jh. eine regelrechte Wiedergeburt des Heiligtums. Nach mehrjähriger Planung unter Aufsicht der UNESCO begannen internationale Experten 1973 mit der Rekonstruktion des Bauwerkes. Sie trugen Borobudur Stein für Stein ab und bauten ein stützendes und entwässerndes Gerüst ein. Auf dieses wurde das Bauwerk wieder aufgebaut. Jeder der zuvor nummerierten Steine sitzt jetzt wieder an seiner ursprünglichen Stelle. So konnte die indonesische Regierung 1983 das Heiligtum von Borobudur feierlich wieder eröffnen.

SYMBOLIK

Der Borobudur wirkt nicht nur vom Grundriss her wie ein Mandala, also ein indisches Zirkelbild, sondern ist auch von den Erbauern als ein solches konzipiert worden. So war die gesamte Anlage ein ansteigender Pilgerweg, der um den Tempelberg auf die Spitze führte. Geht der Besucher diesen Weg und folgt nicht der direkt zur Spitze führenden Treppe, muss er einen fünf Kilometer langen Weg zurücklegen. Dabei durchschreitet er symbolisch verschiedene Sphären, die hier von den Terrassen dargestellt werden. Zuunterst liegt die »Sphäre der Begierde«, es folgt die »Sphäre der Form« und zuletzt die »Sphäre der Nicht-Form«. Die Sphären setzen sich aus verschiedenen Ebenen und Unterebenen zusammen. Der Pilger durchschreitet diese Sphären symbolisch und erlangt die Erleuchtung. Der Borobudur ist also auch von der Intention der Erbauer wie ein Mandala angelegt. Doch die Symbolhaftigkeit der Tempelanlage geht noch weiter. Die gesamte gestufte Pyramide soll den Weltenberg Meru oder Sumeru darstellen. Dieser ist in der hinduistischen Mythologie Mittelpunkt des Kosmos von dem die Welt ausgeht. Entsprechend finden sich unter den Buddha-Figuren des Borobudur Beschützer für die vier Weltgegenden.

Blick auf einige der 72 Stupas

Steinrelief in Borobudur

RELIEFS

Der Symbolgehalt des Borobudur spiegelt sich auch in den zahlreichen Reliefs wieder. Mehr als 1300 der Wandverzierungen sind szenischer Art und stellen je nach Sphäre andere Gegebenheiten ab. So finden sich auf den untersten Terrassenwänden Vertreter aus allen Schichten der mittelalterlichen Gesellschaft Indonesiens, die ausgesprochen fleischlichen Genüssen frönen. Auf den Ebenen, welche die Sphäre der Formen ausmachen, finden sich ganz andere Reliefs. Hier sind Abbildungen aus dem Wege Buddhas zur Erleuchtung zu finden. Andere Darstellungen zeigen einen Rat suchenden, wohlhabenden Kaufmannssohn, der den Erleuchteten Bodhisattvas um Rat fragt. Die Sphäre der Nicht-Form ist dann ganz ohne Reliefs, eben frei von Form.

DER KAISERLICHE PALAST IN KYOTO

DAS WICHTIGSTE IN KÜRZE:
- **Palastanlage mit Landschaftsgarten, in der Mitte der japanischen Hauptinsel Honshu**
- **Erbaut: um 794**
- **Mehrmals abgebrannt**
- **Letzter Wiederaufbau: 1855**

Zerstörung und Wiederaufbau ist untrennbar mit der Geschichte des alten Kaiserpalastes in Kyoto verbunden. Die alten Palastanlagen (Kyoto-Gosho) sind während ihres Bestehens mehrere Male abgebrannt und wieder aufgebaut worden. Der Palast, wie er sich heute präsentiert, besteht überwiegend aus Gebäuden aus der Mitte des 19. Jahrhunderts. Dennoch vermittelt er ein einen nahezu originalgetreuen Eindruck des Baues von 794. Der alte Kaiserpalast von Kyoto liegt in der Mitte des 84 Hektar großen Palastbezirkes. Neben dem Residenzkomplex des japanischen Kaisers finden sich hier diverse Gebäude der ehemaligen Ministerialbürokratie. Die eigentliche Palastanlage ist von einem Erdwall eingeschlossen. Das rechteckige Areal lässt sich nur über das Westtor, Seishomon, betreten. Zwar gibt es noch weitere Tore im Wall, eines im Südwesten, eines im Süden sowie eins im Osten, aber diese sind dem Kaiser und seiner Familie vorbehalten. Im Inneren des Walls finden sich 18 Gebäude, die durch Galerien verbunden sind. Der ganze Palast ist von japanischen Landschaftsgärten durchzogen.

GESCHICHTE

Die Geschichte des alten Kaiserpalastes begann mit der Verlegung der Hauptstadt des japanischen Reiches von Nara nach Nagaoka. Von dort wollte Kaiser Kammu (737–806) seit 794 seine Herrschaft ausüben. Mit dem Umzug sollte der Einfluss der zuvor im Umland liegenden buddhistischen Klöster auf den kaiserlichen Hof verringert werden. Der neue Palast wurde auf Befehl Kammus nordöstlich von Nagaoka erbaut. Aus dem dort gelegenen Dorf wurde schnell eine Stadt. Die Architekten legten Straßen und Gebäude nach einem Schachbrettmuster an. Auch im heutigen Grundriss des Bezirks um den Palast wird dieses Schema sichtbar. Der Daidairi-Palast wurde in den folgenden Jahrhunderten mehrmals Opfer von Großbränden. Sowohl 960, 1177 als auch 1227 brannte er nieder und wurde wieder aufgebaut. Während der Kriege zwischen den Shogunen und dem Kaiser im 15. Jh. wurde der Palast ebenfalls zerstört. Sein neuerlicher Wiederaufbau ließ bis 1568 auf sich warten. Das Jahr 1867 war dann das Schicksalsjahr des Palastes. Diesmal waren es nicht Feuer oder Kämpfe, die das Schicksal der Anlage beeinflussten, sondern eine Entscheidung des Kaisers. Der amtierende Monarch Meiji (1852–1912) beschloss die Verlegung seines Regierungssitzes nach

Tokyo. Seitdem waren die Anlagen in Kyoto nur noch Ort der Krönungszeremonie.

HAUPTGEBÄUDE

Besucher des Palastes betreten seit jeher die Anlage durch das obere Westtor. Zu ihrer rechten befindet sich dann der Hauptkomplex des Palastes. Für Adlige befand sich hier die nächste Station auf ihrem Weg in den kaiserlichen Palast. In dem Gebäude Shoidaibu-noma liegen drei Warteräume, von denen ausgehend Gäste die östlich gelegene große Zeremonienhalle betraten. Die sog. Shishinden ist 22 x 33 Meter groß und beherbergte den Thron des Kaisers und der Kaiserin. Die Decke über dem Platz des Regenten ziert ein achteckiger Baldachin, auf dem ein Phönix abgebildet ist. Hier wurden Krönungs- und Neujahrsfeierlichkeiten abgehalten. Die Shishinden sieht von außen überraschend schlicht aus. Weiße Wände tragen ein geschwungenes Spitzdach aus Zypressenbalken. Im Nordosten schlossen sich die Gemächer und Studierzimmer des Kaisers an.

LANDSCHAFTSGARTEN

Im 17. Jh. wurde der Palast nach Osten erweitert und auf der neu gewonnen Fläche ein Teich mit verzweigtem Flusslauf angelegt. Der sog. Oikeniwa ist ein typischer japanischer Landschaftsgarten. Seine Gestalter vereinten in ihm Elemente japanischer und chinesischer Gartenbaukunst. Wie in japanischen Gärten üblich kommt dem Wasser und den meist in der Nähe aufgestellten Felsen eine zentrale Rolle zu. Sie symbolisieren den Anfang allen

Blick in den sog. Oikeniwa

Seins, Beständigkeit und Ewigkeit. Um den Teich und die kleinen Bäche wachsen eine Vielzahl an Pinien, deren Duft im Sommer die Besucher noch genauso bezaubert, wie vor Jahrhunderten den Kaiser und seinen Hof.

HEUTIGE BEDEUTUNG

Kyoto gilt als eine der Städte Japans mit der höchsten Lebensqualität. Das liegt vor allem an der nach wie vor erhalten gebliebenen Atmosphäre des alten Japans. Obwohl Kyoto pro Jahr von über zehn Millionen Touristen besucht wird, findet man in den alten Tempelanlagen und Parks Orte der Ruhe. Diesen Umstand verdankte Kyoto vor allem der Einsicht des amerikanischen Militärs, die Stadt wegen seines kulturgeschichtlichen Wertes nicht zu bombardieren. Dem Kaiserpalast kommt in Kyoto ein besonderer symbolischer Wert zu. Er steht für das alte imperiale Japan, dass weite Teile Asiens und des Pazifiks beherrschte. Daher ist der Tempel nach wie vor an wichtigen Nationalfeiertagen erstes Anlaufziel für Versammlungen nationalistischer und konservativer Japaner.

Ansicht des Chinesischen Tores

DIE MEZQUITA IN CORDOBA

Innenansicht des Betsaales (Harem) der Moschee

DAS WICHTIGSTE IN KÜRZE:
- **Moschee in Südspanien**
- **Fertig gestellt: um 786; erweitert im 9. und 10. Jh**
- **Größe: 180 x 130 Meter**
- **Seit 1236 christliche Kathedrale**

Auf den Grundmauern eines westgotischen Klosters errichtete Abd ar-Rahman I. (gest. 788) im von Mauren beherrschten Cordoba eine Moschee. Der aus Syrien stammende Kalifensohn erklärte 756 das Emirat Andalusien im Süden Spaniens für unabhängig und sagte sich damit endgültig von dem Kalifat in Syrien los. Mit dem Bau der neuen Moschee in Cordoba sollte auch architektonisch ein Zeichen gesetzt werden. Der Anspruch der Stadt als Zentrum Andalusiens sollte bekräftigt und die Eigenständigkeit betont werden. Und die Mezquita wurde tatsächlich ein Meisterwerk. Auf einer Fläche, vergleichbar mit der Größe der St. Peters Basilika in Rom, wurde 784–786 ein Gebäudekomplex errichtet, der einen großen Orangenhof für rituelle Waschungen, Klosteranlagen und das Gotteshaus beherbergt. Der Innenraum der Mezquita wird von Säulen mit Doppelbögen dominiert. Diese hufeisenförmigen »Bögen über Bögen« sind in weiß-rotem Wechsel gemauert und lassen den Bau weit und luftig erscheinen. Es sind insgesamt 860 parallel aufgestellte Säulen, die einen regelrechten »Wald« aus Marmor, Granit, blauem Jaspis und Porphyr entstehen lassen. Die Moschee war die größte ihrer Zeit und bot Platz für ca. 30.000 betende Gläubige.

DIE MOSCHEE

Der Grundbau von Abd ar-Rahman I. wurde im 9. und 10. Jh. weiter ausgebaut. Die Moschee verdoppelte ihre Größe auf das jetzige Maß. Den ursprünglichen Baustil setzten die neuen Bauherren über die Jahrhunderte fort. Säule um Säule wuchs die Mezquita. Bei Fertigstellung der Erweiterungen waren es 19 Säulenreihen von Nord nach Süd und weitere 29 von Ost nach West verlaufende Achsen. Doch nicht nur die Säulen fesseln das Auge des Betrachters. Auch die Deckengewölbe und Gebetsnischen (Mihrab) sind eindrucksvolles Zeugnis arabischer Baukunst. Besonders die dritte Nische der Moschee ist reich dekoriert. Das Dach der achteckigen Gebetsnische besteht aus einem einzigen weißen Marmorblock, in den eine muschelartige Kuppel eingearbeitet ist. Die Wände sind mit Mosaik und Gold verziert. Die Decken der Moschee sind wie das ganze Gebäude im maurischen Stil gehalten und wirken wie natürlich gewachsene Strukturen. Teile des Ausbaus der Mezquita sind auch mit einem weiteren Bogentyp ausgestattet. Hier tragen die Säulen einen sog. Fünfpassbogen mit entsprechend fünf kleinen Wölbungen. Darüber sitzen wiederum etwas versetzt eine weitere Reihe Fünfpassbögen. Die Moschee wirkt in diesen Teilen in der Höhe noch bewegter, als sie es durch die Überschneidungen der einfachen Doppelbögen ohnehin schon tut.

ISLAMISCHES ZENTRUM

Die prunkvolle Moschee Cordobas machte die spanische Stadt zu dem bedeutendsten islamischen Pilgerort in Europa. Das »Mekka des Abendlandes« lockte Gelehrte, Händler, Pilgerer, Juden, Muslime und Christen an. Die Stadt erlebte unter maurischer Herrschaft eine beispiellose Blüte. Es entstanden über 700 öffentliche Bäder, ein dutzend Universitäten und 50 Spitäler. Die Straßen waren gepflastert und verfügten über Beleuchtung, eine Kanalisation transportierte die Abwässer der Millionenstadt ab. In der Mezquita wurde gelehrt und Recht gesprochen. In den Mauern des beeindruckenden Baus bewahrte man sogar eine Originalabschrift des Korans und einen Fußknochen Mohammeds auf. Cordoba war damit eines der religiösen, geistigen, kulturellen und technischen Zentren im sonst vergleichsweise rückständigen Europa des Mittelalters.

Blick in die Kuppel

Portal der Westfassade

DIE KATHEDRALE

Doch die islamische Blüte im Süden Spaniens dauerte nicht ewig. 1236 wurden die Muslime von der iberischen Halbinsel vertrieben. Ferdinand III. von Kastilien (1201–1252) führte die Reconquista auf ihren erfolgreichen Höhepunkt. Mit der christlichen Herrschaft über Cordoba wurde aus der Mezquita ein christliches Gotteshaus. Während über die nächsten Jahrhunderte die Bausubstanz der Mezquita weitgehend unverändert blieb, entschied sich der Bischof von Cordoba im 16. Jh. für eine einschneidende Baumaßnahme. Er ließ 1523 einen Neubau in die Moschee integrieren. Das neue Kirchenschiff steht seitdem inmitten der alten Moschee zwischen den erweiterten Teilen aus dem 9. und 10 Jh. Die Kathedrale überragt die bisherige Höhe des Baus erheblich. Ihre Fertigstellung dauerte über 230 Jahre und vereint entsprechend unterschiedliche Baustile. Der Umbau machte auch vor dem alten Minarett nicht halt. Von wo einst der Muezzin zum Gebet rief, wurde eine Kirchglocke untergebracht. Während diese bauliche Veränderung heute fasziniert, waren die Zeitzeugen des Umbaus nicht so begeistert. Kaiser Karl V. (1500–1558), der als König von Spanien den Umbau erlaubte, soll seine Entscheidung bereut haben. Seiner Meinung nach wurde in Cordoba »etwas errichtet, was überall hätte errichtet werden können, und etwas zerstört, das einmalig war.«

DIE GROSSE MOSCHEE IN MEKKA

Hunderttausende Muslime beten am 28. 1. 2004 das Sonnenuntergangsgebet (Mahgreb) um die Kaaba vor der Großen Moschee in Mekka

DAS WICHTIGSTE IN KÜRZE:
- **Zentrum der islamischen Welt**
- **Im Innenhof befindet sich die Kaaba, das wichtigste Wallfahrtsziel für Muslime**

Jedes Jahr reisen Millionen Pilger in die Stadt Mekka in Saudi-Arabien und besuchen die große Moschee. Über die Jahre wuchs der Strom an Gästen aus aller Welt beständig an. Die Moschee konnte bald die Pilgermassen nicht mehr aufnehmen. Entsprechend ist auch die Moschee, wie sie sich heute präsentiert, das Ergebnis ständiger Ausbauarbeiten. Umfasste die Fläche der großen Moschee im Jahr 1956 noch eine Fläche von 3000 Quadratmetern, so sind es mittlerweile über 380.000 Quadratmeter. Nun finden in der großen Moschee eine Million Gläubige Platz. Den größten Teil der Fläche nimmt der Innenhof ein, der von zweireihigen Säulenhallen umschlossen ist. Den gewaltigen Ausbauten ist allerdings die historische Bausubstanz weitgehend zum Opfer gefallen. Von den Bauten aus dem 16. Jh., die unter türkischer Herrschaft entstanden, ist so gut wie keine Spur mehr geblieben. Um den Komplex der Moschee befinden sich nur noch einige der ehemals bis zu sieben Stockwerke hohen Blockbauten. Auch die acht der neun Minarette der großen Moschee sind Neubauten aus den 90er-Jahren. Aufgrund der besondern Bedeutung Mekkas für die Muslime, darf weder die Moschee noch die Stadt von Andersgläubigen betreten werden.

KAABA

Die große Al-Haram Moschee von Mekka ist um die Kaaba entstanden, die in der Mitte des Hofes steht. Der arabische Name Kaaba bedeutet so viel wie Kubus und beschreibt die Form dieses Heiligtums. Es handelt sich bei diesem wichtigsten Heiligtum des Islam um ein 15 Meter hohes, zwölf Meter langes und zehn Meter breites Gebäude in Quaderform. Im Inneren der Kaaba finden sich drei Säulen, welche die Decke stützen, sowie einige Lampen und Leuchter. Meist ist die Kaaba von einem Tuch aus schwarzem Brokat bedeckt. Die aus Stein und Marmor gebaute Kaaba war schon in vorislamischer Zeit ein arabisches Heiligtum. Arabische Stämme verehrten hier verschiedene Götter, deren Figuren um die Kaaba standen. Mit der Eroberung Mekkas durch Mohammed (570–632) endete im Jahre 630 die Götzenverehrung an der Kaaba. Er ließ die

Die Kaaba

Abbilder zerstören. Seitdem war die Kaaba zentrales Heiligtum des Islam. Während der folgenden Jahrhunderte wurde der Kubus mehrfach zerstört und wieder aufgebaut. Das ist nicht verwunderlich, wenn man die herausragende Stellung des Baus für Muslime bedenkt. Die Bedeutung der Kaaba kommt vornehmlich auf zwei Arten zum Ausdruck: zum einen verneigen sich alle Muslime während des Gebets in Richtung der Kaaba, zum anderen ist eine Pilgerfahrt nach Mekka eine zentrale Säule im islamischen Glauben. Doch wieso ist die Kaaba von solcher Wichtigkeit? Die Antwort gibt der Koran. Dort steht geschrieben, dass Abraham und Ishmael an dem heutigen Standort der Kaaba einen Schrein bauten. Sie taten dies dort, wo Adam nach seiner Vertreibung aus dem Paradies einen Altar errichtet haben soll. Doch nicht nur die Kaaba allein ist von solch mythischer Bedeutung. Im Innenhof findet sich ebenfalls Makam Ibrahim. Ein Stein, der laut Überlieferung einen Fußabdruck Abrahams darstellt. An der Südost-Ecke der Kaaba befindet sich eine weitere Reliquie von einmaliger Bedeutung. Es ist der schwarze Meteorit Hadschar, der laut Überlieferung ein Geschenk des Engels Gabriel an Abraham war. Der Stein ist in mehrere Stücke zerborsten, die von einer silbernen Einfassung zusammengehalten werden.

HADSCH

Der schwarze Stein der Kaaba soll ursprünglich weiß gewesen sein. Seine Farbveränderung erklärt der Islam durch die Pilgerfahrten nach Mekka. Jeder Pilger, der die Große Moschee durch das riesige Eingangstor aus purem Gold betritt, umrundet die Kaaba siebenmal und küsst den Stein. Dabei sollen die Sünden der Muslime den Stein eingefärbt haben. Die Pilgerfahrt, im arabischen Hadsch genannt, ist zentraler Bestandteil des muslimischen Glaubens. Jeder volljährige Gläubige soll einmal im Leben nach Mekka fahren. Entsprechend spielen sich in dem Hof der großen Moschee von Mekka unglaubliche Szenen ab. Jahr für Jahr strömen Millionen Gläubige in die Stadt und versuchen zu ihrem Pilgerziel vorzudringen. Dabei kommt es regelmäßig zu Massenpaniken. So starben 1994 in einem Tunnel auf dem Weg zur Moschee fast 1500 Mekkareisende.

EINMALIGER FEHLER

Die Al-Haram Moschee ist nicht nur ungewöhnlich groß, sondern unterscheidet sich durch eine bauliche Besonderheit von allen andern Moscheen auf der Welt. Sie hat keine Gebetsnische. Dies erscheint jedoch nur Unwissenden als Fehler. Das Fehlen der Gebetsnische ist natürlich Absicht. Anderswo ist immer eine zu finden, da diese den Gläubigen den Weg zur Kaaba weist. Hier in der Großen Moschee ist diese Richtungsanzeige nicht notwendig. Der Gläubige befindet sich hier ja am Zentrum der islamischen Welt.

Mohammed legt den Hadschar (schwarzen Stein) in einen Teppich, damit er in den östlichen Teil der Kaaba gebracht werden kann (Miniatur aus dem Topkapi Museum in Istanbul)

DER MONT-SAINT-MICHEL

DAS WICHTIGSTE IN KÜRZE:
- **Erbaut: 10.–19. Jh.**
- **Seit 1863 französisches Nationalmonument**

Der französische Schriftsteller Victor Hugo (1802–85) nannte den Mont-Saint-Michel wegen seiner einzigartigen Silhouette »die Pyramide der Meere«. Bei schönem Wetter ist sie kilometerweit zu sehen. Doch auch in Nebel gehüllt, hat der Berg eine einzigartige Atmosphäre. Schon bevor der Bischof von Avranches im 8. Jh. begann, ein Kloster auf der kleinen Felseninsel zu bauen, hatten Menschen das Gefühl, dass dieser Hügel etwas Besonderes sein müsse.
In keltischer Zeit gab es dort wohl einen Begräbnisplatz und ein Heiligtum des Gottes Belenus. Später huldigten die Römer hier dem Mithras und erzählten sich die Legende, Julius Cäsar sei in einem goldenen Sarg in diesem Berg begraben. Aber erst im 5. Jh. eroberte das Meer die flachen Salzmarschen an der normannischen Küste und trennte den Berg vom Festland.

DAS KLOSTER

Die Legende erzählt, dass Aubert, dem Bischof von Avranches, im Traum der Erzengel Michael erschienen sei und befohlen habe, eine Michaels-Kapelle auf der Spitze des Berges zu bauen. Der Bischof ignorierte die himmlische Forderung, bis der Engel ihm bei seiner dritten Erscheinung eine Kopfnuss verpasste. Im Jahr 708 soll er sich – begleitet von allerlei Wundern – ans Werk gemacht haben.
Die Kapelle entwickelte sich schnell zum Pilgerziel und 966 begannen die Benediktiner mit dem Bau der ersten, einfachen Abtei. Die kleine Kapelle Notre-Dame-sous-Terre aus dieser Zeit ist heute der älteste Teil des Klosterkomplexes. Nach der politisch bedeutsamen Hochzeit des normanischen Herzogs mit einer bretonischen Grafentochter 1017 auf dem Mont-Saint-Michel, begann man, den gesamten Bergkegel mit einem dreistöckigen Gebäude zu umgeben. Dazu wurde der Fels ausgehöhlt, geglättet und mit kleinen Kapellen, Krypten, Vorratsräumen und der Aumoniere bebaut, einem Saal, in dem die Mönche Almosen an Bedürftige verteilten und arme Pilger kostenlos übernachten konnten. Viele der Gebäude enthalten wuchtige Pfeiler, damit sie das Gewicht der beiden oberen Stockwerke tragen können. Trotzdem rutschten immer wieder Mauern am steilen Fels ab und mussten neu errichtet werden.
1203 wurde die Abtei in den Krieg zwischen Frankreich und England gezogen und von bretonischen Truppen belagert und schwer beschädigt. Der französische König Philipp August (1165–1223) leistete jedoch Schadensersatz und ließ von 1211–28 den Nordflügel der Abtei errichten, dessen Mauern sich so hoch und wuchtig aus dem Fels erheben, dass er La Merveille (das Wunder) genannt wurde.

Im Mittelgeschoss befanden sich der Salle des Hotes für zahlende Gäste und das Scriptorium der Mönche, das ab 1469 als Versammlungssal des Ordens »Ritter des heiligen Michael« benutzt wurde, den der französische König Ludwig der Grausame (1423–83) gegründet hatte. In der obersten Etage, auf einer Terrasse 120 Meter über dem Meer, thronen die Kirche, der Kreuzgang, das Refrektorium der Mönche und ein Abteigarten. Das hohe Kirchengebäude wurde im 15. Jh. im Stil der französischen Flamboyant-Gotik erbaut. Das fast vollständige Fehlen von Skultpuren und Dekorationen macht das emporstrebende Steinskelett nur noch eindrucksvoller.
Später wurden die eleganten gotischen Gebäude zum Teil barockisiert, wie beispielsweise die Fassade der Kirche. Noch schlimmer kam es im 18. Jh. während der Französischen Revolution. Das Kloster wurde aufgelöst, geplündert und die Insel zum Gefängnis gemacht. Erst mit Napoleon III. (1808–73) begann eine Renaissance des Mont-Saint-Michel. Man versuchte, den Gebäuden ihren ursprünglichen Stil wiederzugeben. Eines der jüngsten Teile ist der schlanke, neogotische Kirchturm. Er ist Schwindel erregende 156 Meter hoch und von einer großen Michaelsstatue gekrönt.

DER BERG

Im 13. Jh. wurde nicht nur das Kloster mit Türmen, Mauern und Wehranlagen gegen künftige Angreifer gesichert, sondern als zweiter Verteidigungsring eine Mauer um die Insel gezogen, sodass sie im Mittelalter den wiederholten Angriffen der Engländer und Hugenotten standhielten.
Für die Invasion der Pilger, die vor allem zu den Festen des heiligen Michael am 29. September und 16. Oktober in Scharen auf die Insel strömte, wurden am Rand des Berges Herbergen eingerichtet. Heute säumen Hotels, Läden und Restaurants die schmale Straße, die sich von der Porte du Roi den Berg hoch bis zu einer langen Treppe windet, über die die Abtei zu erreichen ist. Bis auf ein paar Gärten ist jeder Fleck der Insel bebaut.
Für Pilger blieb der Weg bis ins 19. Jh. gefährlich. Der Tidenhub in der Bucht ist sehr ausgeprägt. Die Flut kann über zehn Meter hoch werden und hat im Lauf der Jahrhunderte zahlreichen Pilgern das Leben gekostet – auch wenn die heilige Maria gelegentlich höchstpersönlich als Retterin eingegriffen haben soll. 1879 jedoch baute man einen 1,6 Kilometer langen Damm, der den Berg mit dem Festland verbindet. Inzwischen aber droht die Insel wieder zu verlanden und man versucht, diesem Prozess Einhalt zu gebieten, um das einzigartige Flair zu erhalten.

DER DOM ZU SPEYER

Ansicht von Südwesten

DAS WICHTIGSTE IN KÜRZE:
- **Erbaut: 1027–1125**
- **Größe: 134 x 55 Meter**
- **Größtes erhaltenes Bauwerk der Romanik**

Der deutsche Kaiser Heinrich IV. (1050–1106) ist vor allem durch seinen Bußgang nach Canossa bekannt. 1077 nötigte er so Papst Gregor VII. (um 1025–85), den gegen ihn verhängten Kirchenbann zurückzunehmen. Schließlich konnte kein Kirchenoberhaupt, das sich christlicher Milde verschrieben hatte, einen armen Büßer vor seiner Burg erfrieren lassen.
Doch Heinrich ist nicht nur der europäische Herrscher, der als erster den Kampf gegen den weltlichen Machtanspruch des Papstes aufgenommen hat, sondern auch der Bauherr einer großartigen Kirche: des Doms von Speyer.

Mit 134 Metern Länge kam er fast an die Abteikirche von Cluny heran und in der Spannweite übertraf er sie sogar. Aber nicht nur die reine Ausdehnung ist revolutionär, sondern auch die Architektur. Als erster Großbau überhaupt wurde der Dom von Speyer vollständig mit Kreuzgratgewölben überspannt. Nicht die horizontale Linie wurde betont, wie bei den alten lateinischen und frühromanischen Kirchen, sondern die vertikale. Damit nahm man den himmelstürmenden Drang der Gotik vorweg.

DIE ARCHITEKTUR

Die revolutionäre Eindeckung mit Kreuzgratgewölben erhielt der Dom jedoch erst in einer zweiten Bauphase. Zunächst war das 33 Meter hohe Mittelschiff noch mit einer flachen Holzdecke geschlossen worden und lediglich in den beiden schmaleren Seitenschiffen hatte man sich schon an einem Gewölbe mit einfachen Gurtbögen versucht. Da aber das Mittelschiff genau doppelt so

breit wie die Seitenschiffe war, ergab es sich beim Umbau 1080, dass immer genau zwei der quadratischen Seitenschiffjoche die Länge eines Mittelschiffjochs hatten. Damit war das »gebundene System« erfunden worden, das in Zukunft bei allen überwölbten Kirchenbauten berücksichtigt wurde.
Um die Serie von Kreuzgratgewölben zu tragen, die das Längsschiff der Kirche überspannt, mussten in die Seitenwände Pfeiler integriert werden, die die Rippen der einzelnen Baldachine tragen und ihren Schub aufnehmen. Die Pfeiler werden durch vorgelegte Halbsäulen noch verstärkt. Damit reichen zum ersten Mal Tragelemente (Dienste) durch alle Zonen der Wand bis zum Gewölbeansatz. Der Zug nach oben wird noch durch je eine nicht tragende Halbsäule in der Mitte jedes Jochs betont. Da das Mauerwerk durch die tragenden Pfeiler entlastet wird, waren schon relativ große Fenster möglich. Von außen sind die Wände von Lisenen gegliedert, senkrechten Mauerstreifen ohne tragende Funktion.
Das beherrschende Gestaltungselement jedoch blieb der Rundbogen, der hier, auf dem Höhepunkt der Romanik, so vielfältig eingesetzt wurde wie nie zuvor. Fenster sind von Blendarkaden umgeben. An der Außenwand ziehen sich Zwerggalerien mit rein dekorativer Form um den Chor und die Kuppel. Halbrunde Nischen gliedern die Fassade.
Der Kaiserdom von Speyer vereint eine sehr klare und rationale Ästhetik mit monumentaler Wucht, die den imperialen Machtanspruch auch in religiösen Dingen unterstreichen sollte.

Mittelschiff nach Osten

Die große Hallenkrypta mit 26 Säulen unter Chor und Querhaus, in der acht deutsche Kaiser und Könige aus dem Geschlecht der Salier begraben sind, gilt als eine der schönsten Unterkirchen der Welt.

DIE BAUGESCHICHTE

Der Dom wurde von dem deutschen König Konrad II. (um 990–1039) als Grablege für seine Familie, dem salischen Herrscherhaus, begonnen. Schon hier setzte der unbekannte Architekt einen modernen Akzent, indem er keine horizontalen Gesimse einzog wie bislang üblich, sondern je eine Arkade im Erdgeschoss und das darüberliegende Fenster im Obergaden mit einer hohen Blendarkade einfasste. Dieses Gestaltungselement war bis dahin nicht in Kirchen, sondern nur in Herrscherbauten verwendet worden: in der spätantiken Palastaula in Trier und der Aachener Kaiserpfalz. Schon Konrad erhob damit einen Anspruch, der sich später in der Bezeichnung »Kaiserdom« niederschlug. Nach Konrads frühem Tod beendete sein Enkel Heinrich IV. den ersten Bauabschnitt und ließ die Kirche 1061 weihen. Patron war neben der Jungfrau Maria auch der erste Märtyrer der christlichen Kirche, der heilige Stefan.
Doch schon um 1080 initiierte Heinrich den großen Umbau des Doms unter der Leitung des Bischofs Benno von Osnabrück. Außer dem Dach des Mittelschiffs wurde dabei auch der ganze Ostteil neu gebaut. Mit der offiziellen Kirche stand der Kaiser in dieser Zeit wieder auf Kriegsfuß. Höchstpersönlich hatte er einen Gegenpapst zu Gregor eingesetzt, von dem er sich 1084 zum Kaiser krönen ließ.
Heinrichs Umbau gab der Kirche ihre heutige Gestalt. Allerdings ist die Bausubstanz nicht original. 1689 brannten die Truppen Ludwigs XIV. von Frankreich (1638–1715) im Pfälzischen Erbfolgekrieg den Dom nieder. Er wurde im 18. Jh. weitgehend originalgetreu wieder aufgebaut. Nur das mächtige, schroffe Westwerk ersetzte man 1850 durch eine gefälligere neoromanische Fassade.

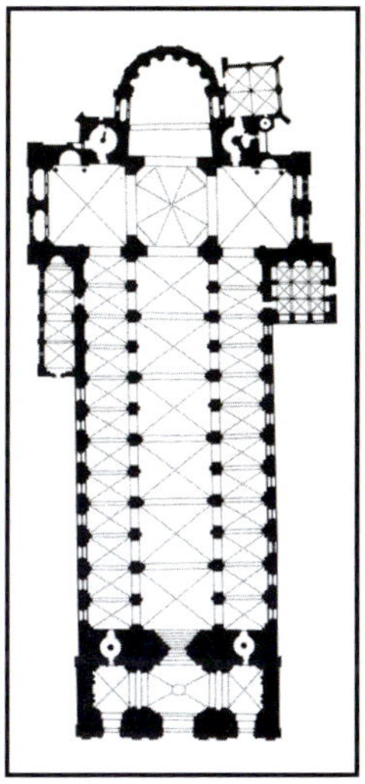

Grundriss

Ansicht des Ostbaus

DIE KLOSTERKIRCHE VON CLUNY

Ansicht der Abteikirche mit dem südlichen Querschiff

DAS WICHTIGSTE IN KÜRZE:
- **Erbaut: 1088–1131**
- **Länge: 137 Meter**
- **Größte Kirche des Mittelalters**

Im Jahr 910 bezogen zwölf Mönche und ihr Abt einen kleinen Gutshof in Burgund. Nach dem Willen des Herzogs von Aquitanien sollten sie hier eine Benediktinerabtei gründen. Doch die Gründungsurkunde der neuen Gemeinschaft hatte es in sich: Das neue Kloster von Cluny sollte politisch und wirtschaftlich völlig unabhängig sein. Es sollte allein dem Papst unterstellt sein, doch selbst diesem war der direkte Einfluss auf die Belange der Gemeinschaft verboten.
Schon 932 erhielten sie Mönche von Cluny die päpstliche Erlaubnis Töchterklöster mit demselben reformierten Ansatz zu gründen. Binnen kurzer Zeit ging von Cluny ein spirituell-religiöses Reformprogramm von ungeheurer politischer Sprengkraft aus. Unter dem Einfluss von Cluny begannen Päpste und Bischöfe vehement gegen kirchlichen Ämterkauf, die Priesterehe und die Einmischung weltlicher Herrscher in kirchliche Angelegenheiten vorzugehen. Auch Papst Gregor VII. (um 1025–85), der mit dem deutschen Kaiser Heinrich IV. (1050–1106) um die politische Vormacht in Europa stritt, war einst Mönch in Cluny gewesen.
Die Mönche waren sich ihrer Bedeutung bewust: 1088 begann Abt Hugo von Semur (1049–1109) mit dem Bau einer neuen Klosterkirche, die sowohl die Peterskirche in Rom wie den kaiserlichen Dom in Speyer an Größe und Pracht übertraf. Bis zum Bau des neuen Petersdoms im 16. Jh. war Saint-Pierre-et-Paul in Cluny die größte Kirche der Welt.

DIE ARCHITEKTUR

Die Kathedrale von Cluny war nicht nur groß, sondern schlicht überwältigend. Während beispielsweise der dreischiffige Dom von Speyer bei aller Monumentalität etwas sehr Nüchternes und Klares hatte, wurde in Cluny eine schier unübersichtliche Anhäufung an Türmen, Nischen und Apsiden errichtet. Der Längsbau der Kirche hatte fünf Schiffe, die von zwei 77 Meter langen Querschiffen geschnitten wurden. Die Seitenschiffe wurden als zweigeschossiger Umgang um einen runden Chorraum geführt, der der Rotunde der Grabeskirche in Jerusalem nachempfunden war. Außerdem schlossen sich noch 15 halbrunde Kapellen an den Chorumgang und die Seitenschiffe an. Die Proportionen des mit 12,8 Metern relativ schmalen, aber 30 Meter hohen Mittelschiffs wirkten trotz der Rundbögen schon fast gotisch. 1225 wurde im Westen noch eine dreischiffige Vorhalle angebaut. Gekrönt wurde der Bau von acht Türmen. Zwei flankierten den Eingang, je einer saß über der Vierung der beiden Querhäuser und die restlichen vier zierten das vordere Querhaus. Gerade von hinten gesehen wirkt Cluny auf alten Stichen wie ein Gebirge aus Räumen und Kapellchen, das sich in mehreren Stock-

Virtuelle Rekonstruktion von Cluny III

werken gen Himmel erhebt. Die neue Klosterkirche sollte ein Abbild des himmlischen Jerusalem darstellen. Eingebettet war die Kirche jedoch in eine große, umfriedete

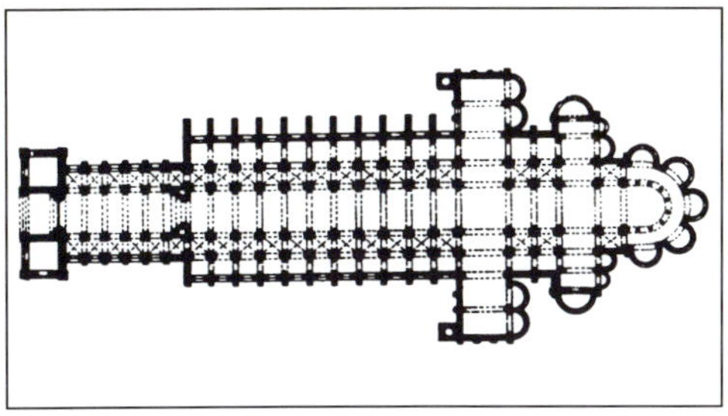

Grundriss von Cluny III

Klosteranlage, die sich vor allem an der rechten Seite erstreckte. Neben den Wohnräumen der Mönche und dem Kreuzgang gehörten auch Wirtschaftsgebäude und Gärten dazu.

DIE BAUGESCHICHTE

Die große Klosterkirche von Cluny wird oft auch als Cluny III bezeichnet. Cluny I war die kleine Kirche aus den Gründungstagen. Sie wurde schon bald durch Cluny II ersetzt, eine immerhin dreischiffige Basilika mit Querhaus und lang gestrecktem Chor mit mehreren Apsiden zur Aufnahme weiterer Altäre. Der Biograf des Abtes Hugo von Semur erzählt, dass einer der Mönche, der baukundige Gunzo von Baume, im Traum den Auftrag bekommen habe, den Abt darauf hinzuweisen, dass die enge Basilika die Anzahl der Brüder kaum fassen könne. Er solle deshalb eine neue bauen lassen. Petrus selber habe Gunzo im Traum schon die Maße und die Bauart für den Neubau gezeigt. Zusammen mit Gunzo war dann Ezelo von Lüttich, ein Mathematiker, für das Projekt verantwortlich. Als die Kirche 1132 eingeweiht wurde, war auch Suger, der Abt der Kirche Saint-Denis anwesend. Nur acht Jahre später erneuert auch er – angeregt von Cluny – den Chor seiner Kirche. Der Neubau von Saint-Denis geht jedoch noch weiter und gilt als das erste Gebäude der Gotik.

Die Pracht von Cluny stieß jedoch nicht nur auf Bewunderung. Vielen waren die einstigen Reformer damit selber zu reich und mächtig geworden. Schließlich hatte der heilige Benedikt (um 480–547) bestimmt, dass Mönche einfach und abseits der Welt leben sollten. Deshalb gründete Bernhard von Clairveaux (um 1090–1153), der Abt des nahen Klosters Citeaux, noch während in Cluny gebaut wurde mit den Zisterziensern einen weiteren Reformorden, der im 12. Jahrhundert rund 1500 Klöster in wenig besiedelten Gebieten errichtete.

Die Abtei von Cluny wurde 1790 durch die Wirren der Französischen Revolution fast vollständig zerstört. Die beeindruckende Ruine, die heute noch zu besichtigen ist, stellt lediglich einen Arm des westlichen Querhauses dar. Die ganzen Ausmaße der alten Kirche lassen sich heute nur noch in Computeranimationen erahnen.

Rekonstruktion von Cluny III

CLIFF PALACE IN COLORADO

DAS WICHTIGSTE IN KÜRZE:
- **Siedlung aus über 200 Lehm- und Steinhäusern sowie ca. 23 Kultkammern**
- **Erbaut: 1150–1200 in Cañonwänden in Colorado, USA**

Steil fällt der Mesa Verde 600 Meter in die Tiefe herab. Der Tafelberg aus Sandstein ist in Folge starker Erosion von tiefen Furchen durchzogen. In einem der so entstandenen Steilwände findet sich eine alte Indianersiedlung. Die indianischen Unterkünfte der sog. Anasazi-Kultur boten Raum für mehrere hundert Menschen. Aus Sandstein und Lehmziegeln gebaut, waren die Häuser bis zu vier Stockwerke hoch. Im Inneren verfügten die meisten der rechteckigen Gebäude über kleine Räume, die im Durchschnitt nur 1,8 x 2,4 Meter groß waren. Vor der Witterung wurden die Häuser durch Flachdächer, aber vor allem durch die überhängende Felswand geschützt. Die nach Süden weisende Wand wärmte sich im Winter auch bei tief stehender Sonne auf. Im Sommer spendete das Felsdach Schatten. Vor den Hütten befanden sich häufig Senken im Boden, die über gemauerte Wände und eine Holzüberdachung verfügten. Vermutlich handelte es sich dabei um abgeschlossene Orte für kultische Handlungen. Die gesamte Siedlung liegt im Mesa Verde Nationalpark in Colorado und ist von der UNESCO zum Weltkulturerbe ernannt worden.

GESCHICHTE

Die Indianer der Anasazi-Kultur siedelten nicht erst seit 1150 in der Mesa Verde. Bevor sie in die Felswände zogen, lebten sie auf dem Hochplateau, wo sie in ausgebauten Erdsenken wohnten. Wieso die Indianer in die deutlich schwieriger zu besiedelnde Felswand zogen, ist unklar. Denn auch nach dem Umzug betrieben sie weiter Landwirtschaft auf der Ebene. Vor allem der Maisanbau war und blieb ihre wichtigste Versorgungsquelle. Aber auch domestizierte Tiere wie der Truthahn wurden gehalten und landeten auf dem indianischen Speisezettel.

ANASAZI-KULTUR

Die Anasazi-Kultur wurde entsprechend ihrer Lebensweise in verschiedene Perioden unterteilt. Die ersten Perioden bis 700 werden als Korbmacher-Periode bezeichnet. Die Indianer lebten halbnomadisch, sie zogen über die Mesa Verde wo sie Pflanzen sammelten und Fallen stellten. Wenn nötig errichteten sie kleine

Dörfer, indem sie Höhlen gruben und ausbauten oder aus Holz und Lehm kleine Hütten errichteten. Um 700 begannen die Indianer Häuser aus Stein zu konstruieren, Töpferwaren verdrängten die Körbe. Gleichzeitig veränderte sich die Wirtschaftsweise. Die Vorratshaltung und Landwirtschaft wurde intensiviert. Seit dieser Phase spricht man von Pueblo-Indianern. In der klassischen Pueblo-Periode ab etwa 1050 wurden die sog. Cliff Dwellings errichtet. Auf dem Gebiet des heutigen Nationalparks Mesa Verde entstanden mehrere dieser Siedlungen in Felswänden. Der Cliff Palace ist der beeindruckendste und größte Teil dieser umfassenden Besiedlung des Nationalparks. Dieser Siedlungsraum war von Handelswegen durchzogen, stellenweise fanden sich Reste von Bewässerungssystemen. Damit sind die Pueblo-Indianer die einzige Hochkultur Nordamerikas in der Zeit vor der Entdeckung Amerikas.

ARCHITEKTUR

Die Pueblos verbanden ihre Erfahrungen im Bau von Lehmhütten mit den neu gewonnenen Kenntnissen des Steinhandwerks. Ihre Häuser waren meist aus Sandstein gemauert und mit Lehm verputzt. Einige der Gebäude erreichten eine Höhe von vier Stockwerken. Meist waren die oberen Stockwerke nach hinten versetzt, sodass die Flachdächer der unteren Etagen als Terrassen für die darüber liegenden dienten. Der Zugang zu den Häusern erfolgte meist über eine Leiter. Die unteren Etagen waren nicht ebenerdig zugänglich. Funde in den Innenräumen deuten auf eine gemeinschaftliche Nutzung hin. So findet sich beispielsweise in einem Raum eine Reihe aus mehreren Mahlsteinen. Dort wurde von den Frauen gemeinsam Maismehl hergestellt. Darüber hinaus gibt es einige Vorratsräume, die mit handwerklich meisterhaft verarbeiteten Steintüren regelrecht versiegelt waren. Aus der beindruckenden Menge an Häusern des Cliff Palace stechen zwei besonders hervor. Zum einen ein runder Turm mit zwei Etagen, der als Beobachtungspunkt gedient haben wird, zum anderen ein vier Stockwerke hoher viereckiger Turm, der bis an die Felsendecke reicht. In dem höheren der beiden Türme finden sich Spuren künstlerischer Tätigkeit. Die Wände der dritten Etage sind mit ornamentalen Wandzeichnungen in roter und weißer Farbe versehen.

ENDE DES CLIFF PALACE

Die klassische Phase der Pueblo-Kultur dauerte jedoch nur wenige Jahre. Schon 1300 wurden der Cliff Palace und die anderen Siedlungen in der Mesa Verde wieder aufgegeben. Die genauen Gründe dafür sind bisher umstritten. Möglicherweise verdrängten die aus Norden kommenden Navajos und Apachen die bisher hier lebenden Pueblos. Auch denkbar wäre eine Veränderung des Klimas. In den Jahren 1276–1300 erschwerte in Colorado eine Dürreperiode die Landwirtschaft. Was auch immer die Gründe gewesen waren, sicher ist, dass die Pueblo-Indianer nach Süden und Osten abwanderten.

Blick auf die Felsenwohnungen

Blick in das sog. Spruce Tree

DER SCHIEFE TURM VON PISA

DAS WICHTIGSTE IN KÜRZE:
- **Erbaut: 1173–1350**
- **Neigung: Etwa 4,10 Meter**

Manchmal kommt es anders, als man denkt: Als die Pisaner 1173 daran gingen, für ihren prächtigen Dom einen frei stehenden Glockenturm, einen Campanile, zu bauen, wollten sie tatsächlich Spektakuläres schaffen. Stolze 100 Meter sollte das Bauwerk hoch werden. Doch schon nach elf Jahren – man war gerade beim dritten Geschoss angelangt – hatte sich der Turm so weit zur Seite geneigt, dass man den Bau vorsichtshalber ganz einstellte. Erst 1275 traute man sich, die Arbeiten wieder aufzunehmen. Nun versuchte man, die oberen Stockwerke entgegen der Neigung zu mauern, um der Schieflage entgegenzuwirken. Vorsichtshalber schloss man den Bau aber bei 55 Metern ab. Über eine mangelnde Berühmtheit ihres Turms können sich die Pisaner trotzdem nicht beklagen.

DER TURM

Das Problem des Schiefen Turms ist der Untergrund. Die Pisaner Baumeister hatten den geplanten Standort ihres Turmes nicht gründlich genug untersucht. Der Domplatz von Pisa liegt in einer Aue des Flusses Arno, der im Laufe der Jahrhunderte die verschiedensten Ablagerungen angeschwemmt hatte. Der Turm von Pisa steht zur Hälfte auf festen Kieselablagerungen, zur anderen aber auf feinkörnigen, nachgiebigen Flusssedimenten. Diese wurden allmählich unter der Last zusammengedrückt und brachten den Campanile in seine berühmte Schieflage.
Seitdem sinkt er stetig weiter nach Süden. Um etwa einen Millimeter vergrößerte sich die Neigung pro Jahr. In den 30er-Jahren des 20 Jh. versuchte man den Prozess durch Zementeinspritzungen in das Fundament zu stoppen – doch erfolglos. 1991 betrug die Neigung 4,54 Meter. Bei 4,74 Meter, so hatten Experten vorausgesagt, würde der Turm stürzen. Das hätte den Pisanern zwar noch 200 Jahre Zeit gegeben, doch man beschloss, lieber sofort zu handeln. Der Turm wurde gesperrt und mit Stahlgerüsten stabilisiert. Anstatt an der Südseite neues Material einzuspritzen, entfernte man nun an der Nordseite Erdreich und zog den Turm mit Stahlseilen wieder ein Stückweit in die Vertikale. Seitdem beträgt seine Neigung nur noch etwas über vier Meter. Seit 2001 ist er wieder eröffnet und die Pisaner hoffen, dass sich nun nichts mehr an der Schräglage ihres Wahrzeichens ändert.
Der Campanile von Pisa ist jedoch nicht nur schief, sondern auch attraktiv. Er ist im typischen hellen, leichten Stil der toskanischen Romanik erbaut und gilt als einer der schönsten Türme Italiens. Er ist ganz mit leuchtend weißem Marmor verkleidet, der aus den berühmten Steinbrüchen von Carrara stammt. Der Sockel ist mit Blendarkaden geschmückt, in deren Rundbögen typische Pisaner Rautenmuster aus farbigem Marmor eingelassen sind. Die sechs Geschosse werden

Baptisterium, Dom und Schiefer Turm

von schlanken Säulenarkaden umschlossen. Auf der obersten Terrasse sitzt ein Glockenhaus mit kleinerem Durchmesser, in dem sieben Glocken hängen. Im Inneren führt eine Wendeltreppe mit 293 Stufen nach oben.

DAS ENSEMBLE

Der Dom von Pisa, das Baptisterium und der ummauerte Friedhofsbezirk Camposanto stehen meist im Schatten des Turms. Zu Unrecht! Gerade das architektonisch durchgestylte Gesamtensemble brachte dem Domgelände einst seinen Namen Piazza dei Miracoli (Platz der Wunder) ein. Alle Gebäude sind mit demselben weißen Carrara-Marmor wie der Turm verkleidet und mit Einlegearbeiten geschmückt. Bei allen umziehen Blendarkaden das untere Geschoss, während die darüber liegenden mit Säulengalerien geschmückt sind. Die Homogenität ist umso eindrucksvoller, wenn man bedenkt, dass der Dom Santa Maria Assunta schon zwischen 1063 und 1118 gebaut wurde, also über 100 Jahre vor dem Turm und dem Baptisterium, während der Camposanto erst 1278 begonnen wurde.

Die Fassade des Doms ist bis zum Dachfirst mit vier Galerien mit auffallend dünnen Säulen geschmückt. Die Dachform mit dem hohen Mittelschiff und den breiten, doppelten Seitenschiffen wird so extrem betont. Die ovale Kuppel über der Vierung, die auf einem achteckigen Tambour ruht, sowie die Verwendung von Spitzbögen in den Seitenschiffen gehen wohl auf islamische Anregungen zurück. Im Inneren bewirkt die Verwendung von weißem Marmor bei Galerien und Arkaden rhythmische Hell-Dunkel-Effekte, die leicht und heiter wirken und so gar nichts von romanischer Schwere und Weltgerichtsstimmung haben. Manche Kunstexperten betrachten die toskanische Romanik deswegen schon als eine Vorform der Renaissance.

Das Baptisterium von Pisa ist die größte Taufkapelle der Welt. Die Arkaden, die sie umgeben, sind reicher geschmückt als bei den anderen Bauten, ohne deswegen aus dem Rahmen zu fallen. Ihre hochgezogenen Wimpergen zeigen am deutlichsten den gotischen Stil auf, der sich in Italien ansonsten nicht durchsetzte.

Die Kanzel des Baptisteriums von Nicola Pisano (1225–1278) und die seines Sohnes Giovanni (um 1250–1314) im Dom gehören zu den größten Kunstschätzen des Domensembles. Auch sie verweisen mit ihrem naturalistischen Stil schon auf die Renaissance.

Schematische Darstellung der Neigung

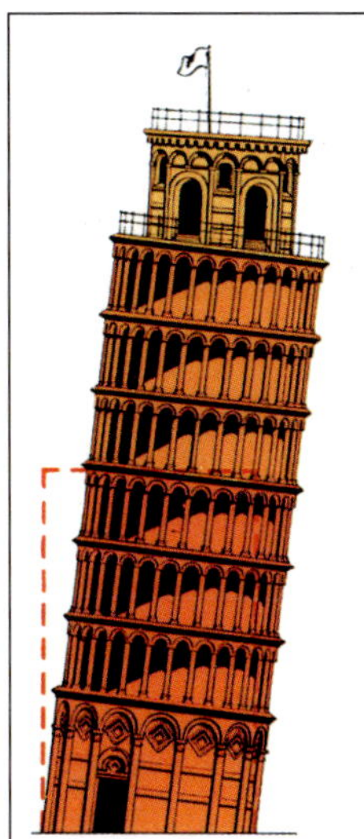

DER DOM VON MONREALE

DAS WICHTIGSTE IN KÜRZE:
- **Dreischiffige Säulenbasilika in Kreuzform acht Kilometer südwestlich von Palermo**
- **Vereint byzantinische, arabische und romanische Stilelemente**
- **Erbaut: 1174–89**
- **Größe: 102 x 40 x 35 Meter**

Die Beendigung des Dombaus von Monreale war 1189 eine Sensation. Nur 15 Jahre zuvor wurde mit dem Bau begonnen. Das war gerade für mittelalterliche Bauvorhaben eine sehr kurze Zeit. Und das Ergebnis kann sich mehr als sehen lassen. Schon alleine die Ausmaße des Baus sind beeindruckend, ebenso die künstlerischen Details. Die über 40 Meter lange Ostwand ist mit angedeuteten Spitzbogen-Verzierungen geschmückt. Der dabei verwendete helle Kalktuff und weiße Lavastein verleiht dem Bau eine orientalische Anmutung. Der Hauptzugang zum Inneren des Doms von Monreale liegt an der Westseite. Zwischen zwei Türmen, typisch für normannisch-mittelalterliche Bauten, steht das größte Bronzeportal des 12. Jh. Es misst fast 8 x 4 Meter und ist mit über 42 szenischen Bibeldarstellungen verziert. Der sich hinter dem Westtor anschließende Innenraum ist seitlich von je neun korinthischen Säulen gesäumt, die Spitzbogenarkaden tragen. Viele der Säulen sind weit älter als der Dom und stammen aus antiker Zeit. Folgt man den Säulen weiter in Richtung Hochaltar liegen an den Außenwänden die Sarkophage der Normannenkönige Wilhelms I. (1120–1166), Wilhelms II. von Sizilien (1154–1189) und deren Familien. Während der gesamte Innenraum vergleichsweise schlicht aufgebaut ist, sind die Wandverzierungen alles andere als einfach gehalten. An den Wänden finden sich Mosaiken mit einer Gesamtfläche von ca. 10.000 Quadratmeter.

BAUWETTSTREIT

Die unmittelbare Nähe des Doms von Monreale zu dem Erzbistum von Palermo war kein Zufall. Ein Streit zwischen dem König von Sizilien und dem papsttreuen Erzbischof von Palermo veranlasste Wilhelm II. zu einem symbolischen Schritt gegen den Papst. Der Streit war entbrannt, als der Erzbischof von Palermo den Großvater Wilhelms II. in seiner Kathedrale beisetzen ließ, obwohl es der Verstorbene nicht gewünscht hatte.

Der Erzbischof wollte so die kirchliche Oberhoheit auch über die weltliche Königswürde zum Ausdruck bringen. Durch diese Provokation entrüstet, entschloss sich Wilhelm II. eine eigene Begräbnisstätte zu bauen, die in Konkurrenz zu dem Erzbistum von Palermo stehen sollte. Wenige Kilometer von der Stadt entfernt errichtete er in einem seiner königlichen Parks ein Benediktinerkloster mit Residenz. Damit schaffte er eine neue Diözese, die seinen politischen Einfluss stärkte. Das neue Kloster wurde von Wilhelm mit reichen Ländereien ausgestattet. Der dortige Abt war rasch Bischof und wurde schließlich sogar Erzbischof, eine klare Provokation des Erzbischofs von Palermo. Dieser reagierte 1170 mit dem Neubau einer Kathedrale, um die neue Diözese in den Schatten zu stellen. Doch auch Willhelm II. veranlasste den Bau einer Kirche. So machten sich 1172 byzantinische Handwerker an die Planung einer Basilika. Zwischen Monreale und Palermo entstand ein regelrechter Bauwettstreit. Der König konnte diesen Wettlauf für sich entscheiden. Sein eingespieltes Handwerksteam aus Byzanz vollendete den Bau in Rekordzeit.

Säulen im Kreuzgang

KLOSTER

Neben dem Dom von Monreale liegt das alte Benediktinerkloster. Auch hier finden sich kunsthandwerkliche Meisterleistungen. Vor allem der Kreuzgang gibt Zeugnis mittelalterlichen Handwerks. Um einen quadratischen Innenhof von 47 Metern Länge und Breite befinden sich 228 korinthische Doppelsäulen. Einige der Säulen sind ohne Verzierung, während bei anderen der Schaft mit Mustern und Figuren geschmückt ist. Dargestellt werden Bibelszenen und Bilder von Wilhelm II. Sonst ist von dem Kloster noch eine Brunnenkapelle, Teile des Südflügels sowie ein kleiner öffentlicher Park mit Terrasse erhalten.

Mosaik in der Mittelapsis

MOSAIK

War die Bauzeit der Basilika schon sensationell kurz, so war der Zeitaufwand für das Erstellen des Mosaiks noch beeindruckender. Nur knapp vier Jahre brauchten die Mosaikleger aus Byzanz und ihre sizilianische Unterstützung, um die gesamten Wände des Innenraums mit prunkvollen Wandbildern zu schmücken. Die ca. 10.000 Quadratmeter stellen biblische Begebenheiten dar, die meist vor einem goldenen Hintergrund abgebildet sind. Insgesamt finden sich über 130 Personen und Ereignisse aus der Bibel auf den Mosaiken wieder. Im säulengesäumten Langhaus finden sich im Uhrzeigersinn Bilder aus dem Alten Testament. Die Darstellungen reichen von Adam und Eva bis zu Isaak und Jakob. Im Querhaus, wo die Sarkophage der Könige liegen, betritt der Betrachter die Welt des Neuen Testaments. Abgebildet sind u. a. die Apostel und das Leben Jesu bis zu seiner Auferstehung und dem Pfingstfest. Auch der Erbauer des Doms von Monreale ist hier abgebildet. Über dem Hochaltar thront das Antlitz Jesu, der eine aufgeschlagene Bibel in Händen hält. Noch heute ist das Mosaik eindrucksvoller Zeuge des Bauwettstreits zwischen Papst und König.

Der Kreuzgang

DAS STRASSBURGER MÜNSTER

Westfassade um 1900

DAS WICHTIGSTE IN KÜRZE:
- **Erbaut: 1176–1439**
- **Goethes Lieblingskirche**

Im Deutschland des 18. Jh. galt die Gotik nicht viel. Sie wurde als mittelalterlich, unharmonisch und überladen angesehen. Doch dann besuchte Johann Wolfgang von Goethe (1749–1832) das Straßburger Münster. »Mit welcher unerwarteten Empfindung überraschte mich der Anblick, als ich davor trat! Ein ganzer, großer Eindruck füllte meine Seele, den, weil er aus tausend harmonierenden Einzelheiten bestand, ich wohl schmecken und genießen, keineswegs aber erkennen und erklären konnte«, schwärmte der Dichter. »Wie oft bin ich zurückgekehrt, von allen Seiten, aus allen Entfernungen, in jedem Lichte des Tags zu schauen seine Würde und Herrlichkeit! ... Wie frisch leuchtet' er im Morgenduftglanz mir entgegen, wie froh konnt' ich ihm meine Arme entgegenstrecken schauen die großen harmonischen Massen, zu unzählig kleinen Teilen belebt, wie in Werken der ewigen Natur, bis aufs geringste Zäserchen, alles Gestalt, und alles zweckend zum Ganzen; wie das festgegründete, ungeheure Gebäude sich leicht in die Luft hebt, wie durchbrochen alles und doch für die Ewigkeit.«

DIE BAUGESCHICHTE

Mit seinem Aufsatz »Von deutscher Baukunst« (1772) erweckte Goethe eine neue Begeisterung für die Gotik. Doch auch wenn Straßburg zur Entstehungszeit des Münsters zum Deutschen Reich gehörte, steht die Kirche ganz in der Tradition der großen französischen Kathedralen und wurde von Baumeistern aus ganz Europa errichtet. Der Werkmeister der Straßburger Bauhütte, Erwin von Steinbach (um 1244–1318), der aufgrund von Goethes Schrift lange Zeit als alleiniger Baumeister galt, war nur für die – allerdings großartige – Westfassade zuständig. Er stützte sich dabei auf einen französischen Entwurf, den er jedoch in vielen Dingen entscheidend veränderte.

Der Bau des Münsters wurde 1176 begonnen, als die romanische Vorgänger-Kirche nach insgesamt fünf großen Bränden so zerstört war, dass nur noch die Krypta zu verwenden war. Die Apsis, der Chor und das südliche Querhaus entstanden noch im spätromanischen Stil. Das Langhaus, mit dessen Bau 1235 begonnen wurde, gehört jedoch schon zur Hochgotik. Betrachtet man Chor, Südportal und Langhaus in dieser Reihenfolge, kann man den Übergang von der Romanik zur Gotik gut nachvollziehen. Die ganze Architektur wird immer leichter und filigraner. Ihren Höhepunkt erreicht diese Entwicklung an der 1276 begonnenen Westfassade.

1439 wurde der Bau mit dem 142 Meter hohen Nordturm abgeschlossen. Später wurden nur noch einige Kapellen und Ende des

19. Jh. ein neoromanischer Vierungsturm hinzugefügt. Einen Südturm hat die Kirche nie bekommen.

DAS BAUWERK

Das Straßburger Münster ist eine klassische gotische Kathedrale mit dreischiffigem Langhaus und einem Querhaus. Das Großartigste an ihr ist das überaus feine Maßwerk der Westfassade. Die filigranen Bögen, Giebel und Türmchen werden oft als »Harfenbespannung« bezeichnet, weil sie wie ein zarter Vorhang vor die eigentliche Mauer gesetzt sind. Auch die 15 Meter große Fensterrose über dem Hauptportal liegt hinter einem »Spitzenschleier« aus allerfeinstem Maßwerk. Die typische Königsgalerie, die bei den französischen Kathedralen traditionell das oberste Drittel der Westfassade schmückt, ist in Straßburg zu einer zierlichen Skulpturenreihe oberhalb der Fensterrose geschrumpft, während überschlanke Lanzettfenster mit hohen Giebeln ihren Platz einnehmen. Erst knapp unterhalb der Dachkante tritt erstmalig offenes Mauerwerk zutage. Es wird jedoch sofort von einem filigranen, durchbrochenen Geländer gesäumt. Auf dieser »Terrasse« erhebt sich der 1399 von Ulrich von Ensingen (um 1350–1419) begonnenen Nordturm. Er besteht aus einem

Der Verführer und die törichten Jungfrauen

Engel mit Posaune vom Engelspfeiler

Kernbau, dessen acht Wände durch hohe Lanzettfenster durchbrochen sind. Den äußeren Rahmen jedoch bilden dünne Treppenspindeln an den Ecken. Auch der Helm des Turms ist aus sechseckigen Treppenspindeln zusammengesetzt, die sich Stück für Stück weiter nach innen schieben, bis sie sich an der Spitze treffen und gemeinsam in einer Laterne münden.
Ergänzt wird das Maßwerk durch genauso kunstvollen Figurenschmuck. Allein über der Wölbung des Hauptportals sind in fünf Reihen 70 Szenen dargestellt, die teilweise aus drei oder vier Figuren bestehen. Sie umrahmen im Tympanon eine ebenso figurenreiche Darstellung von Christi Passion und Auferstehung. Selbst zwischen den feinen Verstrebungen des Giebels, der sich über dem Portal erhebt, finden sich noch Maria, König Salomo, die zwölf Apostel und zwölf Löwen. Zu den schönsten Figuren gehören die »klugen« und »törichten Jungfrauen« am rechten Seitenportal. An ihnen orientieren sich die Kunsthistoriker, wenn sie die reifsten, besten Darstellungen im Skulpturenprogramm der »Jungfrauenwerkstatt« zuschreiben.
Im Inneren sorgt ein beinahe vollständig erhaltener Glasfensterzyklus aus dem 12. bis 14. Jh. für das mystische Funkeln, das typisch für die gotischen Kathedralen war. Die Glasmalereien der großen Fensterrose der Westfassade stammen allerdings erst aus dem 19. Jh.

Originalentwurf der Westfassade, um 1275

DIE KATHEDRALE VON CHARTRES

DAS WICHTIGSTE IN KÜRZE:
- **Erbaut: 1194–1260, Ergänzungen bis 1513**
- **5000 Quadratmeter Buntglasfläche**
- **Rund 2000 Skulpturen**

Unter den Fundamenten der Kathedrale von Chartres befinden sich Relikte, die beweisen, dass der Ort schon in prähistorischer und keltischer Zeit ein Heiligtum beherbergt hat. Nach einer Legende schnitzten keltische Priester eine Mutter mit Kind, die sie »Jungfrau unter der Erde« nannten. Die Figur wurde im 3. Jh. von Christen entdeckt und als »Schwarze Jungfrau« verehrt. Um 350, als Chartres Bischofssitz wurde, ließ Bischof Adventus eine erste schlichte Kirche erbauen.
876 bekam die Kirche von Karl dem Kahlen (823–877) eine wertvolle Reliquie geschenkt, ein Gewand, das Maria bei der Geburt von Jesus getragen haben soll. Die Stadt wurde dadurch im Mittelalter ein beliebtes Pilgerziel und benötigte immer größere Kirchen, um dem Ansturm der Gläubigen gerecht zu werden. Am 10. Juli 1194 vernichtete ein Brand die Kirche und einen Großteil der Stadt, das heilige Gewand aber blieb unversehrt. Die Bevölkerung interpretierte das als Aufforderung Marias, ihr eine neue, prächtigere Kathedrale zu bauen.

DIE ARCHITEKTUR

Notre-Dame-du-Chartres markiert in der Architekturgeschichte einen wichtigen Wendepunkt. Der Bau fasst alle Entwicklungen der Frühgotik zusammen und wird mit wichtigen Neuerungen richtungsweisend für die Hochgotik. Ein grundlegendes Ziel der gotischen Baumeister war nicht nur, möglichst hoch zu bauen, sondern auch, das Mauerwerk von tragenden Funktionen zu entlasten und so größere Fenster einbauen zu können.
Deshalb wurde in der Hochgotik auf eine Empore über den Seitenschiffen verzichtet, um im oberen Teil des Hauptschiffes (Obergaden), möglichst viel Platz für Fenster

Blick auf die Kathedrale

Königsportal der Kathedrale von Chartres

Schematische Darstellung

zu haben. Mit der Empore jedoch fiel auch ihre stützende Funktion auf das Hauptschiff weg. Deshalb wurde ein aufwändiges, äußeres Strebewerk über die Dächer der Seitenschiffe hinweg nötig. In Chartres stellt dieses Strebewerk zum ersten Mal nicht ein notwendiges Übel dar, sondern ist dekorativer Bestandteil der Kathedrale. Mit seinen eleganten Bögen und den aufgesetzten Türmchen (Fialen) wurde es richtungsweisend für die Ästhetik der großen gotischen Kathedralen.
Im Inneren bekamen die Wände eine neue, dreistöckige Gliederung. Arkaden und Fenster, die sich in Höhe und Form entsprechen, wurden durch ein schmales Triforium (Säulengang) getrennt. Das Schiff war mit 38 Metern das höchste, das es damals gab.
Doch Chartres hat noch weiter Superlative zu bieten. Die Krypta aus dem 11. Jh. ist mit zwei Emporen und etlichen Kapellen die größte Frankreichs. Der 1170 fertig gestellte Südturm war der erste Kirchenturm, der die 100-Meter-Marke durchbrach. Er ist 105 Meter hoch, der Nordturm, der erst 1513 seine kunstvolle Spitze im Flamboyant-Stil aufgesetzt bekam, sogar 117 Meter. Zwei verschiedene Türme sind bei gotischen Kathedalen nicht ungewöhnlich, eine Rarität aber ist das Labyrinth auf dem Boden des Längsschiffes. Frühere Pilger pflegten die 260 Meter langen Windungen auf den Knien abzurutschen.

DIE FENSTER

Notre-Dame-du-Chartres ist nicht nur eine der schönsten gotischen Kathedralen, sie hat auch die am besten erhaltenen Glasfenster. Abt Suger von Saint-Denis, der 1140 den ersten gotischen Chor der Welt mit großen Glasfenstern bauen ließ, schwärmte: »Das ganze Sanktuarium ist auf diese Weise von einem wunderbaren und von nichts durchbrochenem Licht durchflutet, das durch die überaus heiligen Fenster eindringt." Dieses Licht jedoch war nicht hell, sondern glich eher dem Gefunkel von Edelsteinen. Dieser Effekt, der wesentlich zur sakralen Atmosphäre einer gotischen Kirche gehörte, lässt sich in keiner Kirche mehr so gut nachempfinden wie in Chartres. 160 fein bemalte Buntglasfenster läuteten damals die endgültige Ablösung der Freskenmalerei durch die Glasarchitektur ein. Sie stammen vor allem aus der Zeit von 1210–1240. Neben dem Adel traten auch die Zünfte als Stifter hervor. So spendeten beispielsweise die Metzger ein Marienfenster, die Geldwechsler das Josefs- und die Wagner das Noah-Fenster. Kleine Medaillons in den Fenstern zeigen die Stifter bei der Ausübung ihrer Tätigkeit.

DIE SKULPTUREN

Nicht weniger herausragend ist der äußere Skulpturenschmuck der Kathedrale, der rund 2000 Figuren umfasst. Zum ersten Mal wurde der uneinheitliche, oft düstere Schmuck romanischer Portale durch ein theologisch ausgefeiltes – und dazu noch künstlerisch meisterhaftes – Programm ersetzt. Das Thema sind vor allem Leben und Verherrlichung von Jesus Christus, aber auch der Kampf von Gut und Böse. Die ältesten Figuren, vom anonymen »Meister von Chartres« geschaffen, finden sich am Königsportal (1145–1155), dessen Bausubstanz das einzige Überbleibsel der abgebrannten romanischen Kirche ist. Sie sind noch integraler Bestandteil der Architektur. Die Heiligen und Propheten der Seitenportale (1220–1240) dagegen lösen sich deutlich vom Mauerwerk. Durch ihre langen, schlanken Gestalten unterstreichen sie die aufwärts strebende Bauweise.

Zweikampf eines christlichen und eines sarazenischen Ritters, Glasfenster mit Szenen aus der Geschichte Karls des Großen

DIE TEMPELANLAGE VON ANGKOR VAT

DAS WICHTIGSTE IN KÜRZE:
- **Tempelanlage in Kambodscha aus dem 12. Jh.**
- **Grundfläche: 200 x 180 Meter**
- **Der zentrale Turm erreicht eine Höhe von 65 Metern**

Mitten im Dschungel von Kambodscha liegt die Stadt Angkor. Die Dschungelmetropole war vom 9.–15. Jh. die Hauptstadt des Khmer-Reiches. Die Ausmaße der Stadt lassen sich heute nur noch ungefähr schätzen. Zuviel ist noch immer verschüttet oder in der üppigen Vegetation des dichten Urwaldes versunken. Vermutlich erstreckte sich die alte Stadt über eine Strecke von etwa 50 Kilometern. Der Tempel Angkor Vat war der beeindruckendste Komplex in den Ruinen von Angkor. Er gilt als das größte religiöse Bauwerk der Erde. Angkor Vat besteht aus mehreren Türmen, die durch lange Galerien ringartig verbunden sind. Die Ringe und Türme stehen auf drei verschiedenen Ebenen, die zur Mitte ansteigen. So ergibt sich das Bild eines Tempelberges. Umgeben ist die ganze Anlage von einem 300 Meter breiten, rechteckigen Wassergraben, der 1500 x 1300 Meter misst. Zugänglich ist der Tempel über einen Dammweg, der durch den Wassergraben führt.

ENTSTEHUNG

Ende des 11. Jh. stritten verschiedene verfeindete Fraktionen um den Thron der Khmer. Der kriegerische und ehrgeizige Suryavarman II. (gest. 1150) konnte sich durchsetzten und errang die Herrscherwürde. Im Jahre

Luftaufnahme der Tempelanlage

1113 wurde er gekrönt. Auf dem Thron erwies er sich als religiöser Reformer, der die Hindugötter Vishnu und Shiva verehrte. Er befahl den Bau von Angkor Vat. Der Tempel war entsprechend seines Glaubens Vishnu gewidmet. Die Beendigung des Baus erlebte Suryavarman allerdings nicht mehr. Angkor Vat wurde erst nach seinem Tode fertig gestellt. Fast ein halbes Jahrhundert arbeiteten eine Million Menschen und 40.000 Elefanten an den Tempelanlagen. Nach der Fertigstellung wurden die Gebeine des verstorbenen Herrschers in dem Tempelmausoleum beerdigt. Als im 15 Jh. die benachbarten Thais das Khmer-Reich überrannten, wurde die Hauptstadt Kambodschas in den Süden verlegt. Angkor Vat wurde zurückgelassen und teilweise zerstört. Erst nach 200 Jahren wurde die Anlage wieder ununterbrochen genutzt. Buddhistische Mönche siedelten sich im Tempel an und pflegen ihn über die Jahrhunderte.

HIMMLISCHE TÄNZER

Angkor Vat wurde aus Sandstein und Vulkanfels erbaut. Sowohl der Aufbau des Tempels in drei Ebenen als auch die gestuften Spitzdächer der Türme verleihen dem Bau von weitem ein pyramidenartiges Aussehen. Die künstlerisch besonders wertvollen Eigenheiten Angkor Vats offenbaren sich dem Betrachter jedoch nicht aus der Ferne. Die Wände des Tempels, besonders die Verbindungsgalerien zwischen den Türmen, sind reich mit Reliefen verziert. Insgesamt finden sich über 2000 Quadratmeter dieser Bilder und eine Vielzahl an Statuen. Die Darstellungen zeigen Szenen aus den zwei großen Epen des indischen Sanskrit, Ramajana und Mahabharata. Ferner wird das Regierungshandeln des Khmer-Herrschers Suryavarman II. dargestellt. Der König ist dabei als Vishnu abgebildet, Zeichen der göttlichen Verehrung die der Einiger des Khmer-Reiches genoss. In den Reliefen finden sich besonders häufig sog. Apsaras. Dabei handelt es sich um »himmlische Tänzer«, die zu Ehren der Tempelgötter das Gebäude säumen. Die Witterung hat den Wandbildern mittlerweile stark zugesetzt. In dem tropischen Klima sind die Temperaturschwankungen zwischen Tag und Nacht sehr stark. Das poröse Vulkangestein saugt die häufigen Regenfälle und die hohe Luftfeuchtigkeit auf wie ein Schwamm. Angkor Vat ist daher nicht nur Weltkulturerbe der UNESCO sondern auch auf der »Roten Liste« der besonders gefährdeten Denkmäler.

Relief einer Tänzerin am Tempel

SYMBOLIK

Angkor Vat bedeutet übersetzt so viel wie »Hauptstadt-Kloster«. Da verwundert es nicht, dass die Anlage des Tempels inmitten des Herrschersitzes der Khmer liegt. Der Tempel ist zur Mitte hin ansteigend aufgebaut. Damit wird einer indischen Mythologie Rechnung getragen, in der dem heiligen Berg Meru eine zentrale Rolle zukommt. Entsprechend sind auch die Türme Angkor Vats symbolisch belegt. Die den Lotusknospen nachgebildeten Dächer der Türme sollen den Sitz der Götter versinnbildlichen. Zur Zeit der Khmer-Herrschaft waren sie vergoldet und ließen die Anlage schon von weitem erstrahlen. Umgeben ist die ganze Anlage von einem großen Wassergraben, der wiederum das Urmeer symbolisiert. Auch in kleinen Details finden sich Anspielungen auf den hinduistischen Glauben der Erbauer. So finden sich an dem Hauptaufgang Balustraden in Form von Schlangen, dem Hindu-Symbol für die Schöpfung. Die Bestattung des Khmer-Herrschers Suryavarman II. in einem solchen Bau sollte den Regenten mit der hier verehrten Gottheit Vishnu gleichsetzen. So spiegelt sich also in Angkor Vat die gesamte Weltordnung des hinduistischen Glaubens wieder. Suryavarman II. suchte in dieser seinen Platz. Seinem Streben nach göttlicher Ehre verdanken die Kambodschaner ihr Wahrzeichen, das sich auf jeder Staatsflagge befindet.

DIE FESTUNG KRAK DES CHEVALIERS

DAS WICHTIGSTE IN KÜRZE:
- **Kreuzfahrerfestung aus dem 12. und 13. Jh.**
- **Beschützte den Homs-Pass in Syrien**
- **Bot Platz für 2000 Besatzer**

Die Festung Krak des Chevaliers ist die besterhaltene Kreuzritterburg im Nahen Osten. Ihre Lage machte sie zu einem strategisch wertvollen Posten zwischen Mittelmeerküste und Landesinnerem. Sie liegt nur 40 Kilometer vom Meer entfernt auf einem Ausläufer des syrischen Jebel al-Ansariyeh Gebirges. Mit Ausnahme der Südseite ist die Festung von abfallenden Hängen umgeben. Doch nicht nur die Lage machte die besondere Standhaftigkeit der Burg aus. Es waren vor allem ihre gewaltigen Mauern und Türme. Zwei konzentrische Mauerringe und ein gewaltiger Burgfried aus Kalkstein dominieren das Bild der Anlage.

ENTSTEHUNG

Nach Ende des ersten Kreuzzuges (1096–1099) begannen die christlichen Eroberer im Nahen Osten Stützpunkte anzulegen. Eine muslimische Feste zwischen Homs und Tartus erweckte dabei ihre Aufmerksamkeit. Es war eine Militärkolonie aus dem 11. Jh., der Krak des Chevaliers. Den Kreuzrittern gelang 1142 die Eroberung des Lagers, das sie sogleich bezogen. Zuerst beließen die Johanniter den Krak des Chevaliers in seinem Zustand. Doch nach einem Erdbeben, das Teile der alten Befestigung beschädigte, begannen sie 1157 mit dem Ausbau. Die neuen Mauern wurden weit stärker als die bisherige Befestigung. Und in den folgenden Jahren widerstand die in dieser Zeit entstandene Oberburg auch erfolgreich mehreren Angriffen. Aber um 1170 erschütterte ein weiteres Erdbeben die Region und machte neuerliche Ausbauten erforderlich. Auch diesmal konnte die neue Anlage Angreifer zurückschlagen. So musste 1188 Saladin (1137–1199) eine Belagerung erfolglos abbrechen. Ein erneutes Erdbeben führte Ende des 12. Jh. zu einer Verstärkung der Mauern. Die Oberburg mit Burgfried und die mächtige Südmauer stammen aus dieser Bauphase. Zu Beginn des 13. Jh. ergänzten die Kreuzritter den Krak des Chevaliers um seinen äußeren Verteidigungsring.

SCHUTZ UND TRUTZ

Der äußere Verteidigungsring wurde genau wie der Innere mit Rundtürmen gesichert.

Der äußerste Wall weist darüber hinaus einen viereckigen Turm auf, der aus militärischer Sicht jedoch nicht so gut zu verteidigen war. Neben den Türmen finden sich an der äußeren Mauer weitere Verteidigungsvorrichtungen. Die ca. neun Meter hohe Mauer ist mit sog. Pechnasen versehen. Diese Mauervorsprünge sind nach unten offen und erlaubten es dem Verteidiger, Angreifer am Fuß der Mauer zu bewerfen. Um ein Untergraben der Außenmauer zu verhindern, hatten die Kreuzritter den Sockel verstärkt. Auch die Mauer der Oberburg ist gegen grabende Angreifer geschützt. Diese Glacis genannte Mauer ist noch massiver und erreicht an der Südseite eine Dicke von 24 Metern sowie eine ebensolche Höhe. Zwischen diesem Bollwerk und der Außenmauer befand sich eine Zisterne, über die in Notzeiten die Verteidiger mit Wasser versorgt wurden. In Friedenszeiten wurde der Krak des Chevaliers über ein Aquädukt mit Wasser gespeist. Zwischen den beiden konzentrischen Mauerringen lag eine weitere Verteidigungsvorrichtung. Es war ein tiefer mit Wasser gefüllter Graben, der näher kommende Feinde behindern sollte.

NUTZUNG

Das ursprünglich muslimische Lager diente den neuen Besatzern nicht nur als reiner Schutzbau. Der Krak des Chevaliers war eine Besatzerburg. Die dort wohnenden Kreuzritter waren während der gesamten Zeit der Kreuzzüge den einheimischen Kriegern zahlenmäßig weit unterlegen. Deshalb nutzten sie ausgesprochen stark befestigte Burgen als Ausgangspunkte für ihre Kriegszüge. Die Folge war eine Vielzahl an Angriffen der Gegenseite. Die Kreuzritter mussten sich von 1142–1271 zwölfmal gegen Belagerungen wehren. Da der Krak des Chevaliers solch ständigen Attacken ausgesetzt war, wurde er in den einzelnen Bauphasen immer wieder auf den neusten Stand der damaligen Verteidigungstechnik gebracht. Zwischen Verteidigern und Belagerern kam es zu einem mittelalterlichen Wettrüsten. Daher ist der Krak des Chevaliers auch nicht mit europäischen Burgen zu vergleichen. Er ist wehrtechnisch weit ausgereifter als zeitgenössische Burgen auf europäischem Boden.

TOR ODER MAUER

Die Angreifer sahen sich im 13. Jh. einer ausgereiften Festungsanlage gegenüber. Durch den eigentlichen Eingang an die Ostmauer zu gelangen schien aussichtslos. Der dortige Eingang führte durch eine Abfolge von Tunneln, die in scharfen Kehren in den Krak des Chevaliers anstiegen. Auf dem verschlungenen Weg ließen sich keine schweren Rammböcke transportieren. Zudem ermöglichten zahlreiche Fenster und Luken den Verteidigern, die Angreifer zu beschießen. Angriffe von der Südseite schienen hingegen erfolgversprechend, denn hier fiel der Berg, auf dem die Burg steht, nicht sofort ab. Hier konnte also auch schweres Belagerungsgerät eingesetzt werden. Es war dann auch die Südmauer, die 1271 unter den Attacken der Mamelucken nachgab. Die Kreuzritter ergaben sich.

Teilansicht: Außenmauer der Vorhalle des Rittersaals mit Maßwerkfenstern

Teilansicht: Südwestseite des äußeren Mauerrings mit Rundturm, Aquädukt und viereckigem Turm

KREML UND ROTER PLATZ IN MOSKAU

Basilius-Kathedrale am Roten Platz

DAS WICHTIGSTE IN KÜRZE:

- **Zwingburg in Moskau aus dem 12. Jh.**
- **Auf dem 28 Hektar großen Gelände stehen verschiedene Paläste, Kathedralen und Regierungsgebäude**

Das Wahrzeichen Moskaus gilt als das Herz Russlands. Hier befinden sich die Residenzen des Zaren und des russisch-orthodoxen Kirchenoberhaupts. Es ist also nicht verwunderlich, dass die Hauptstraßen Moskaus sternförmig auf den Kreml zulaufen. Das Gelände im Zentrum Moskaus ist von einer bis zu 19 Meter hohen roten Backsteinmauer eingefasst. Von zahlreichen runden und eckigen Türmen lassen sich die Mauerabschnitte bewachen. Wer Einlass sucht, kann durch eines der vier Tore auf das Gelände gelangen. Hinter den wehrhaften zinnengekrönten Mauern liegen acht Kirchen und Kathedralen sowie verschiedene Paläste. Die Gebäude gruppieren sich um den Kathedralenplatz, der vom Glockenturm Ivan Weliki dominiert wird. Unmittelbar umgeben wird dieser Turm von der Erzengel-Kathedrale, der Mariä-Himmelfahrts-Kathedrale sowie der Zwölf-Apostel-Kirche und dem Patriarchenpalast. Auf der anderen Seite des Kathedralenplatzes steht der große Kremelpalast. Südlich grenzt der Kreml an die Moskwa, im Osten liegt der Rote Platz. Auf dem Roten Platz befinden sich das Lenin-Mausoleum und die bekannte Basilius-Kathedrale.

STADTGESCHICHTE

Kreml ist die russische Bezeichnung für einen mittelalterlichen befestigten Stadtkern. Daher ist die Geschichte des Kremls in Moskau unmittelbar mit der Entstehung der Stadt an der Moskwa verbunden. Moskau wird das erste Mal 1147 schriftlich erwähnt. Es war zu dem Zeitpunkt jedoch lediglich Landsitz eines Susdaler Fürsten. Neun Jahre später wurde der Landsitz von einer Holzpalisade eingezäunt und als Stadt urkundlich erwähnt. Trotz der günstigen Lage an verschiedenen Handelswegen, gewann Moskau erst im 14. Jh. an Bedeutung. Entscheidend war die Verlegung des Hauptsitzes der russisch-orthodoxen Kirche im Jahre 1326. Mit dem Kirchenoberhaupt zog auch der regionale Fürst in den Kreml. Zur gleichen Zeit musste sich die neue Glaubensmetropole gegen wiederholte Angriffe von Mongolen erwehren. So erhielt der Kreml 1367 seine erste Mauer aus Stein. Mit der Expansion des Fürstentums gewann auch Moskau weiter an

Blick auf den Kreml

Bedeutung. In der zweiten Hälfte des 15. Jh. wurde Moskau Hauptstadt eines vereinigten russischen Reiches. Ivan III. (1440–1505) ließ den Kreml ausbauen. Die alte Mauer wurde durch die heutige bekannte Ziegelmauer ersetzt. Der Fürst ließ verschiedene Kathedralen, den großen Glockenturm und den Facettenpalast errichten. In dem neuen Palastgebäude befindet sich der Thronsaal der Zaren. In den folgenden Jahren überstand der Kreml Angriffe von Tartaren und mehrere Brände. Erst mit der Verlegung der Hauptstadt nach Petersburg durch Zar Peter I. (1672–1725) drohte dem Kreml der Bedeutungsverlust.

URLAUB UND REVOLUTION

Nach der Verlegung im Jahr 1712 blieb Moskau jedoch weiterhin bedeutendes Handels- und kulturelles Zentrum. Auch der Kreml blieb Palast der Zaren. Jedoch weilte die Zarenfamilie nur noch in den Räumen im Zentrum Moskaus, wenn sie aus Petersburg zu Besuch war. Der dafür eigens gebaute Kremlpalast mit den Gemächern des Herrschers wurde 1849 fertig gestellt. Auch die Rüstkammer des Kreml wurde um diese Zeit neu ausgebaut. In der einstigen Waffenschmiede lagerten nun die Schätze der Zaren. Politische Schaltzentrale Russlands wurde der Kreml erst wieder Anfang des 20. Jh. Als im Oktober 1917 in Petersburg die Bolschewisten das Zarenregime stürzten, wurde auch im Zentrum Moskaus gekämpft. Im Kreml verschanzten sich einige Militärkadetten, die den Revolutionären erbitterten Widerstand leisteten, doch ihre Kampfeskraft wurde schnell gebrochen. Im März 1918 verlegte Lenin (1870–1924) und der Oberste Sowjet die Hauptstadt wieder nach Moskau. In den Kreml zog der Revolutionär ein. Im Alten Senat im Nordteil des Kreml lag sein Büro. Bis 1991 blieb dieses Gebäude Sitz der sowjetischen Regierung. Die Regierung des neuen Regimes ließ innerhalb der Mauern noch zwei weitere Amtsgebäude bauen. So wurde 1932 das Präsidiumsgebäude des Obersten Sowjets gebaut und 1961 der Kongresspalast errichtet. In dem Palast fanden mehrere KPdSU Parteitage statt, heute ist er ein Theater.

ROTER PLATZ

Nicht nur der Kreml selbst ist eine Ansammlung historischer Bauten ohnegleichen. Verlässt man den Kreml nach Westen durch den Spasskij Turm von 1491, bekannt für seine große Uhr und das Glockenspiel, gelangt man auf den Roten Platz. An dem einstigen Markt- und späteren Paradeplatz befindet sich unmittelbar an der Kremlmauer das Lenin-Mausoleum. Dort liegt der balsamierte Gründer der Sowjetunion. Südlich davon steht die berühmte Basilius-Kathedrale. Das Meisterwerk slawischer Baukunst aus dem 16. Jh. ist vor allem wegen seiner neun Zwiebeltürme bekannt. Reichlich verziert ähnelt keiner der schneckenhausartigen Kirchtürme einem seiner Nachbarn.

Blick auf den Roten Platz

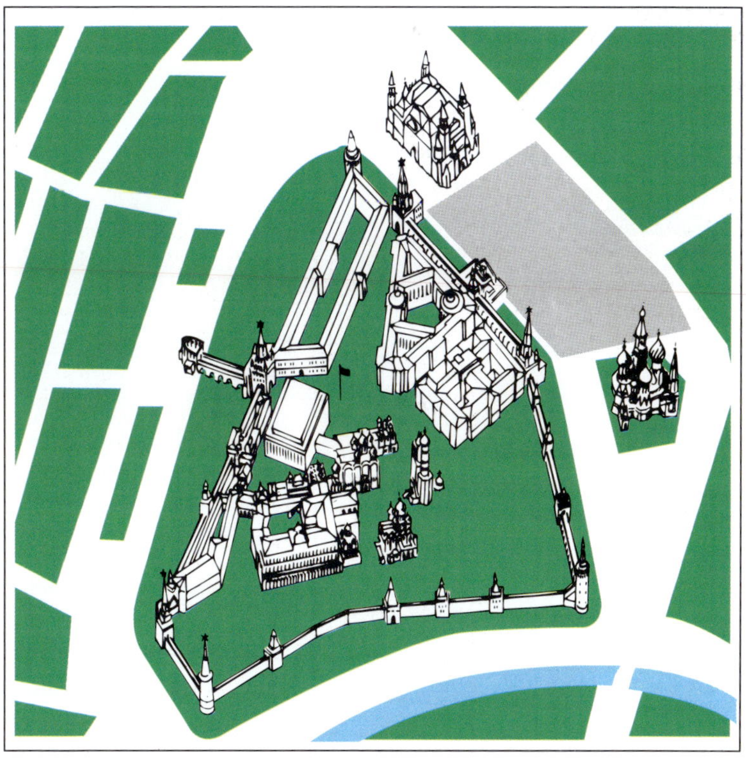

Übersichtsplan

DIE KATHEDRALE VON REIMS

Westfassade

DAS WICHTIGSTE IN KÜRZE:
- **Erbaut: 1211–1300**
- **Krönungskirche der französischen Könige**

Notre-Dame-du-Reims, die Krönungskathedrale der französischen Könige, gilt als der Höhepunkt der hochgotischen Baukunst. Grundriss und Innenraum sind deutlich an Chartres orientiert. Aber zum ersten Mal gibt es hier im Obergaden zwischen den Strebepfeilern überhaupt kein Mauerwerk mehr. Stattdessen wurde die ganze Fläche, die zur Verfügung stand, mit Buntglasfenstern ausgefüllt. Das Maßwerk – die steinernen Muster, die die Fenster gliedern – ist um ein Vielfaches feiner und kunstvoller als an jeder anderen Kathedrale zuvor. Die Formen von Reims wurden in Musterbüchern in ganz Europa verbreitet.
An der Fassade wuchert das steinerne Dekor, die Wimpergen (Ziergiebel), Fialen (Türmchen) und Kriechblumen so üppig, dass die Architektur völlig hinter dem Zierrat zurücktritt. Damit erscheint die Kathedrale von Reims noch schwereloser und entmaterialisierter als alle gotischen Meisterwerke zuvor.

DIE KIRCHE

Einen der schönsten Blicke in der Kathedrale hat man, wenn man im Inneren vom Chor Richtung Eingang schaut. Der Rahmen, den die hohen, schlanken Strebepfeiler des Mittelschiffs bilden, wird vollständig durch eine riesige, bunte Maßwerksrose ausgefüllt. Darunter leuchten die Fenster eines verglasten Triforiums (Arkadengang) und die einer zweiten etwas kleineren Rose, die in Reims erstmals in den Tympanon des Mittelportals eingesetzt worden ist; eine Stelle, die traditionell einer Skulptur des thronenden Christus vorbehalten war.
Von außen dagegen fallen die Fenster, vor allem die des Triforium, kaum ins Auge. Stattdessen wird hier eine Symphonie von feinsten Steinschnitzereien präsentiert. Die drei klassischen, horizontalen Zonen der gotischen Westfassade – Portalzone, Rosenzone und Königsgalerie – sind zwar noch vorhanden, aber ihre Abstufung kaum noch erkennbar. Denn alle Wimpergen sind so hochgezogen, dass sie den Ansatz der höheren Strebepfeiler und Türmchen verdecken. Jeder Gebäudeteil erhebt sich leicht und schlank aus dem überreichen Zierrat der anderen. Auch die Pfeiler und Bögen des seitlichen Strebewerks sind mit spitzen Fialen gekrönt. In ihren Tabernakeln stehen überlebensgroße Engelsfiguren, die den ganzen Bau durch ihre Flügel noch zusätzlich in die Höhe zu ziehen scheinen.
Während bei anderen gotischen Kathedralen die Bürgerschaft unter großen Opfern am Bau beteiligt war, spielte sie in Reims keine große Rolle. Die Kathedrale hatte vor allem ihren Zweck als Krönungskirche zu erfüllen. So ist der Chor als Raum für die feierlichen

Zeremonien auch beinahe so lang wie das Langhaus, wo die Gemeinde ihren Platz fand. Ein Querhaus dagegen ist nur angedeutet. Seine Arme sind lediglich ein Joch lang. An der rechten Seite der Kirche, wo sich traditionell der Kreuzgang befand, war ein Palast angeschlossen, wo sich der Herrscher aufhalten konnte.

DIE BAUMEISTER

Wie in Chartres war auch auf dem Boden der Kathedrale von Reims ein Labyrinth aufgezeichnet, das jedoch 1779 zerstört worden ist. In seinen vier Ecken waren Architekten bei der Ausübung ihres Berufs dargestellt. Drei wurden mit Schnur, Winkelmaß und Zirkel beim Vermessen gezeigt. Der vierte gab mit erhobenem Finger Anweisungen. Dazu hatten die Baumeister der Kathedrale ihre Namen gesetzt: Jean d'Orbais, Jean le Loup, Gaucher de Reims, Bernard de Soissons und Robert de Coucy. Damit begannen die Künstler aus der Anonymität herauszutreten, ein Trend, der sich in der Renaissance fortsetzte.

In der Tat kam den Baumeistern in der späten Gotik eine viel größere Bedeutung zu als in früheren Zeiten. Die extrem kurzen Bauzeiten – nur 90 Jahre, beziehungsweise drei Generationen für ein so großes und großartiges Werk wie Notre-Dame-du-Reims – konnten nur durch einen immer professionelleren Bauverlauf erreicht werden. Die so kompliziert und feingliedrig wirkenden Kathedralen wurden viel rationeller gebaut als die schlichten Mauern früherer Tage. Alle Arbeiter waren in der Dombauhütte zusammengefasst, der der Dombaumeister vorstand. Für die einzelnen Gewerke gab es inzwischen Spezialisten. Die komplizierte Architektur brachte es mit sich, dass alle Teile, die verwendet wurden, exakt passgenau sein mussten. Das führte aber auch dazu, dass sie in Serie gefertigt werden konnten, während früher jeder einzelne Stein auf der Baustelle zurechtgehauen worden war. Aufgabe des Baumeisters war es vor allem, die Aufgabe vorausschauend zu planen und für einen reibungslosen Ablauf zu sorgen. Ihre Erfahrungen hielten die Architekten der Gotik in Baubüchern fest. Diese »Hüttengeheimnisse« waren jedoch gar nicht so geheim. Die Meister in ganz Europa standen miteinander im Austausch und gaben ihre Erfahrungen an die nächste Generation, die sie selber ausbildeten, weiter.

Die Dombauhütte von Reims galt als die am besten organisierte ihrer Zeit. Sie überstand sogar Streitigkeiten zwischen dem Klerus und dem Adel der Stadt, die den Bau zwischen 1231 und 1234 unterbrachen und auch später noch empfindlich störten.

Gesamtansicht der Kathedrale

Maria aus der Heimsuchungsgruppe (Westfassade)

Aufriss des Strebepfeilersystems des Chors. Federzeichnung, um 1230/35, von Villard de Honnecourt

DIE ALHAMBRA IN GRANADA

Als Bau mit zwei Gesichtern präsentiert sich die Alhambra im Süden Spaniens. Von außen ist sie eine mittelalterliche Trutzburg aus roten Ziegeln mit hohen breiten Mauern und abweisenden Türmen. Im Inneren offenbart sich einer der prunkvollsten und doch nicht protzig wirkenden Palastbauten maurischer Baukunst. Der gesamte Komplex der Alhambra war im 13. und 14. Jh. jedoch mehr als nur Palast oder Festung. Er war eine beinahe autarke Stadt mit einer befestigten Oberstadt und einer noch extra gesicherten Zitadelle mit Palasträumen. Die Alcazaba genannte Zitadelle ist der älteste Teil der Alhambra. Von ihm sind heute noch die Mauern, Türme und Aufgänge erhalten. Angrenzend lagen die königlichen Säle und Höfe. Davor befanden sich Wohnräume wohlhabender Bürger, Mitgliedern des Hofes und militärisch wichtige Handwerksgebäude. Sowohl in als auch um die Alhambra finden sich Gärten verschiedener Größe. Der Generalife ist der bekannteste unter ihnen. Das Meisterwerk arabischer Gartenkultur mit seinen Zypressen, Orangenbäumen und Wasserflächen ist Teil des ehemaligen Sommerpalasts. Die Alhambra und der Generalife sind beide Teil des UNESCO Weltkulturerbes.

ENTSTEHUNG

Das maurische Fürstentum Granada war das letzte auf spanischem Boden. Die anderen Teile des ehemaligen Kalifats Spanien fielen an die Reconquista und waren wieder unter der Herrschaft christlicher Fürsten. In dieser Situation entschloss sich Fürst Mohammed I. von Granada (gest. 1273) auf dem Ausläufer eines Plateaus oberhalb der Stadt eine Feste zu errichten. Er ließ schwere Mauern und Türme erbauen, die den ältesten Teil der Alhambra, die Zitadelle, ausmachen. Seine Nachfolger bauten dann in den nächsten Jahren die Alhambra weiter aus. So ließ Yusuf I. (gest. 1354) und sein Nachfolger die Oberstadt befestigen und die Innenräume und Höfe der Zitadelle verzieren. Der königliche Palast nahm in dieser Zeit Gestalt an. Auch die funktionale Aufteilung festigte sich mehr und mehr. Die Oberstadt wurde Verwaltungssitz mit Palastanlagen, die Zitadelle ein Verteidigungsbauwerk.

SÄLE UND HÖFE

Hinter den abweisenden Mauern finden sich kleine Höfe, um welche die Wohnhäuser der maurischen Fürsten und des Hofstaates lagen. Die vielen kleinen Höfe verleihen der Alhambra ein helles und luftiges Inneres. Die begrünten Gärten mit kleinen Wasserläufen

DAS WICHTIGSTE IN KÜRZE:

- Befestigter Palast auf einem Plateau oberhalb Granadas, Südspanien
- Erbaut: zwischen 1238 und 1358
- Größte maurische Festungsanlage Spaniens

Ein Kapitell

bieten auch im Sommer eine angenehme Atmosphäre. Herausragend ist der Löwenhof, in dessen Mitte ein von Steinlöwen aus Marmor getragenes Wasserbecken steht. Aus den Mäulern der königlichen Tiere ergießt sich Wasser in einen den Brunnen umgebenden Kanal. Von dort fließt das kühle Nass in vier kleinen Kanälen nach außen ab. Umgeben ist der Hof von Säulenarkaden mit hohen hufeisenförmigen Rundbögen. Die schmalen Säulen stehen einzeln, paarweise oder in Dreiergruppen und ergeben so ein lebendiges Bild auf vergleichsweise kleiner Fläche. Die Bögen, Wände und Decken des Säulengangs sind mit Stuckornamenten und Fliesenmosaiken verziert. Meist sieht der Besucher hier arabisch-geometrische Muster, die wie gewachsen wirken. Ähnlich reich verziert ist der Saal der Könige, der sich an den Löwenhof anschließt. Er besteht aus einer Abfolge von mehreren Torbögen, deren Joche reich verziert sind. Wieder finden sich an den Wänden und Decken Ornamente aus Keramikfliesen. Noch mehr ins Auge fallen jedoch sofort die stalaktitenartigen Verzierungen in den Bögen. Wie kleine Tropfsteine hängen sie von den Jochen herab. Dieses typische Gestaltungsmerkmal islamischer Innendekoration aus dem 14. und 15. Jh. findet sich auch in anderen Hallen der Alhambra. Insbesondere der Saal der Zwei Schwestern, der sich dem Löwenhof nach Norden anschließt, ist reichlich mit dieser Tropfsteindekoration verziert.

SIEG DER RECONQUISTA

Obwohl die Alhambra auch heute noch ein beeindruckendes Bild maurischer Baukunst bietet, ist sie nicht annähernd in dem Zustand des 14. Jh. Die maurische Herrschaft über Granada endete 1492. Der letzte muslimische König der Alhambra musste nach monatelanger Belagerung dem katholischen König Ferdinand II. (1452–1516) die Schlüssel zur Stadt übergeben und sich zurückziehen. Die Alhambra wurde geplündert. Teile der Inneneinrichtung gingen für immer verloren. Sein Nachfolger Kaiser Karl V. (1500–1558) trieb die Zerstörung noch weiter voran. Er begann 1526 mit den Arbeiten eines Renaissancepalasts inmitten der Alhambra. Sein runder Palast blieb unvollendet. Teile der Alhambra sind jedoch unwiederbringlich zerstört. Auch die weiteren Jahrhunderte brachten Schäden für die alte Feste. Während der Befreiungskriege gegen napoleonische Besatzung zerstörten Franzosen Teil der Turmanlagen, 1821 erschütterte ein Erdbeben das Kulturdenkmal. Und trotz all dieser Widrigkeiten ist die Alhambra noch immer einer der bedeutendsten Profanbauten aus maurischer Hand.

Sog. Tropfsteingewölbe

Blick in den Löwenhof mit Brunnen

DER KÖLNER DOM

DAS WICHTIGSTE IN KÜRZE:
- **Grundsteinlegung: 1248**
- **Baustopp: um 1530–1842**
- **Vollendet: 1880**
- **Größte gotische Kathedrale der Welt**

Über 300 Jahre lang bot die Hohe Domkirche Sankt Peter und Sankt Marien in Köln einen merkwürdigen Anblick. In der Mitte des Gebäudes klaffte eine riesige Lücke. Ein Kran auf dem Stumpf des Südturms war fast eine Art Wahrzeichen von Köln geworden. Der Bau der Kirche – noch größer, noch schlanker und ausdrucksvoller als das Vorbild, die Kathedrale von Amiens – war zu Beginn des 16. Jh. eingestellt worden. Doch im Zuge der romantisch-nationalen Bewegung des 19. Jh., die für das Mittelalter, aber auch ein geeintes Reich schwärmte, gelang die Vollendung doch noch.

DIE BAUGESCHICHTE

Die Vorgängerbauten des Kölner Doms reichen bis in die Zeit der ersten christlichen Gemeinden in spätrömischer Zeit zurück. 870 wurde ein karolingischer Bau mit zwei Hochaltären vollendet. Der im Osten war Maria geweiht, der im Westen dem heiligen Petrus. Als jedoch der Reichskanzler und Erzbischof Rainald von Dassel (um 1120–1267) 1164 Reliquien von Mailand nach Köln brachte, die angeblich von den Heiligen Drei Königen stammten, wurde die Stadt schnell zu einem der bedeutensten Wallfahrtsorte Europas. Deshalb wollte man auch die größte und prächtigste Kirche der Welt bauen.

Man begann also, den alten Dom abzureißen. 1248 geriet dabei ein Feuer außer Kontrolle und brannte das Gebäude vollständig nieder. Man musste einen Teil wieder aufbauen, um dort Messen feiern zu können. Doch der Neubau machte rasche Fortschritte. 1265 war der Chorumgang mit Kapellenkranz fertig. 1322 wurde der ganze Chor geweiht. Die jeweils fertigen Teile wurden innen bereits vollständig ausgestattet. Man sperrte sie mit einer provisorischen Mauer gegen den übrigen Baukörper ab und benutzte sie für Gottesdienste.

Nach dem Chor wurden die Seitenschiffe des Langhauses und die beiden ersten Stockwerke des Südturms errichtet. Doch um 1530 sorgten Geldmangel und zunehmendes Desinteresse an einem Weiterbau dafür, dass die Arbeit ganz eingestellt wurde. Das Innere wurde notdürftig überdacht, ausgestattet und benutzt. 1794

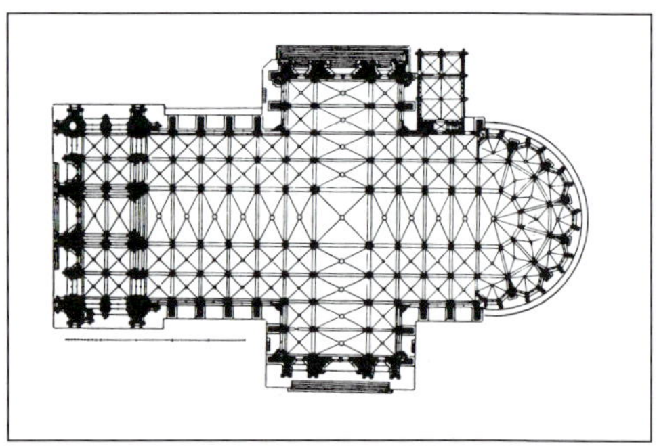

Grundriss

jedoch floh das Domkapitel vor den Truppen der Französischen Revolution. Der Dom wurde für profane Zwecke genutzt und erst 1801 wieder geweiht. Doch gerade dieses Intermezzo erweckte eine neue Begeisterung für den Bau. 1814 fand man dann auch noch verschollen geglaubte Fassadenpläne wieder. Ein Verein engagierter Bürger sammelte Geld für den Weiterbau. Die andere Hälfte der Mittel steuerte der preußische Staat bei, sodass 1842 die Arbeit wieder aufgenommen werden konnte. Zum Bau verwendete man moderne Techniken wie z. B. eine fortschrittliche Eisenkonstruktion im Dachgewölbe, hielt sich, was das Aussehen betraf, aber genau an die alten Pläne. Erst bei der Sanierung nach dem Zweiten Weltkrieg wurden am nördlichen Querhaus und beim Vierungsturm teilweise moderne Bauformen verwendet.

Dreikönigsschrein

DER DOM

Der Kölner Dom ist die größte der gotischen Kathedralen. Mit 43,35 Metern Gewölbehöhe übertrifft er alle französischen Vorbilder – mit Ausnahme der nur halb vollendeten Kirche von Beauvais. Mit seinen 157 Meter hohen Türmen war er nach der Fertigstellung zehn Jahre lang das höchste Gebäude der Welt – bis der Turm des Ulmer Münsters mit 161 Metern vollendet wurde.

Blick ins Innere

Architektur und Ausstattung orientieren sich unübersehbar an der französischen Spätromantik mit ihren vielen Fialen (Türmchen) auf dem Strebewerk und den spitzen Wimpergen (Giebeln) über allen Bögen. Die durchbrochenen Turmspitzen sind von großen Kreuzblumen gekrönt. Das älteste Tor ist das Petersportal an der Westseite aus dem 14. Jh., von dessen Apostelfiguren noch fünf gotische Originale übrig sind. Von hier aus kann man über mehr als 500 Stufen den Südturm besteigen.

Der Dom hat ein fünfschiffiges Langhaus und sieben Kapellen im Chorumgang. Die zwölf Pfeiler an den Seiten des Hochchores tragen überlebensgroße gotische Figuren der zwölf Apostel, die so als Pfeiler der Kirche dargestellt werden. In den Fenstern von Chor, Chorumgang und Kapellen findet sich ein wertvoller Zyklus Bleiglasbilder aus dem 14. Jh. Das älteste Fenster, das Bibelfenster, wurde sogar schon um 1260 gefertigt. Das spätmittelalterliche, reich verzierte Chorgestühl aus massiver Eiche ist mit 104 Plätzen das größte Deutschlands und hat reservierte Plätze für den Papst und den Kaiser.

Das wertvollste Stück der Innenausstattung ist jedoch der mit vielen Edel- und Halbedelsteinen geschmückte Goldschrein mit den Gebeinen der Heiligen Drei Könige im Hochchor hinter dem Hochaltar. Er wurde zwischen 1180 und 1230 nach Entwürfen des berühmten Lothringer Goldschmiedes Nikolaus von Verdun gefertigt. Auf der Rückseite hat sich Rainald von Dassel selber abbilden lassen. Jedes Jahr zum Dreikönigsfest am sechsten Januar wird die Frontseite des Schreins geöffnet, sodass die darin enthaltenen Schädel zu sehen sind.

Schnitt

Als erste Kirche bekam der Kölner Dom zwischen 1418 und 1449 ein melodisches Geläut mit aufeinander abgestimmten Glocken. Seit 1924 hat er auch die größte freischwingende Glocke der Welt.

DIE VERBOTENE STADT IN PEKING

Bronzelöwen

DAS WICHTIGSTE IN KÜRZE:
- **Palast des chinesischen Kaisers**
- **Größe: 72 Hektar großer Komplex mit zahlreichen Empfangshallen und Wohnpalästen**
- **Erbaut: im 13. und 15. Jh.**

Die Verbotene Stadt war im Verständnis chinesischer Tradition nicht nur der Wohn- und Regierungssitz des Kaisers, sondern auch Bindeglied zwischen Himmel und Erde. Hinter dem 50 Meter breiten Wassergraben und der hohen Mauer befanden sich die Regierungs- und Wohnhallen der Kaiser der Ming- und Quing-Dynastie (15.–20. Jh.). Während dieser fünf Jahrhunderte war normalen Chinesen das betreten des Palastes verboten. Hinter den Mauern lebten die kaiserliche Familie, deren Konkubinen und Eunuchen. Und selbst diese Bewohner durften sich nicht frei in dem Komplex bewegen. Allein der Kaiser hatte Zugang zu allen Bereichen. Die Bevölkerung Pekings gelangte in der Regel nur bis zu dem Tor des Himmlischen Friedens, wo die kaiserlichen Dekrete verkündet wurden. So erklärt sich der Name des Palastes. Die Verbotene Stadt ist seit 1987 UNESCO Weltkulturerbe.

ENTSTEHUNG

Die ersten Palastbauten an diesem Ort wurden während der Yuan-Dynastie im 13. Jh. angelegt. Doch seine jetzige Form erhielt die Verbotene Stadt erst zwei Jahrhunderte später. Der chinesische Kaiser Yung-lo (1360–1424) ließ 1406 die Anlage auf die heutigen Ausmaße ausbauen. Zeitgleich wurde die Hauptstadt des chinesischen Reiches von Nanking nach Peking verlegt und die Verbotene Stadt zum Wohnort des Kaisers. Da die meisten Bauten des Palastes aus Holz gebaut wurden, kam es in den fünf Jahrhunderten des Kaiserpalastes zu diversen Bränden. So sind viele der heute zu sehenden Gebäude zwar identisch mit denen des Kaisers Yung-lo, aber tatsächlich nur originalgetreue Nachbauten. Der letzte Kaiser, der hinter den Mauern der Verbotenen Stadt lebte, war P'u-i (1906–67). Als Folge der Revolution in China musste er 1912 abdanken, lebte aber noch weitere zwölf Jahre in den Palastanlagen.

EMPFANGSHALLEN

Den zentralen Bereich der Verbotenen Stadt bilden die Empfangshallen und der große Palasthof. Die Hallen liegen auf der Nord-Süd Achse des Palastes, der streng nach den Himmelsrichtungen ausgerichtet ist. Von dem Haupttor, dem Mittagstor Wumen, führt ein Weg nach Norden. Fünf Brücken überqueren den Goldenen Fluss und weisen in Richtung Tor der Höchsten Harmonie hinter dem der Palastplatz liegt. Hier fanden zur Kaiserzeit große Versammlungen und Zeremonien statt. Weiter nach Norden schließt sich die Halle der Höchsten, dann die der Vollkommenen Harmonie und zuletzt die Halle der Erhaltung der Harmonie an. Alle Hallen stehen auf einer dreistufigen Plattform, die mit Drachenköpfen geschmückt ist. Die dem Platz zugewandte Halle ist gleichzeitig die größte. In dem 2000 Quadratmeter großen Gebäude steht der Thron des Kaisers. In dieser Halle wurden in der Ming- und Quing-Dynastie die Kaiser gekrönt und die wichtigsten Feste begangen. Entsprechend finden sich hier verschiedene Insignien der Macht. Sechs Säulen mit Drachenmotiven umgeben den Thron. Die 18 Provinzen des Reiches wurden symbolisch von 18 Räuchergefäßen repräsentiert. Eine Sonnenuhr und ein Getreidemaß sollten die Gerechtigkeit des Herrschers symbolisieren. Hinter der Halle der Höchsten Harmonie liegt die kleine Halle der Vollkommenen Harmonie, in der sich der Kaiser auf seine Auftritte vorbereitete. Die nördlichste der drei Hallen ist dann die Halle der Erhaltung der Harmonie. Eine besondere

Eingang zum Kaiserpalast: Mittagstor

Blick über die Dächer der Verbotenen Stadt

Konstruktion aus dem späten 18. Jh. machte tragende Säulen im Inneren unnötig. Daher fanden in dem großen, freien Innenraum Bankette und die Prüfung von Hofbeamten statt. Aus der Halle führt eine mächtige Rampe in den Wohnbereich des Palastes. Dieser Weg ist aus einer einzigen Steinplatte mit 16 Metern Länge und drei Metern Breite gefertigt. Ihr Gewicht beträgt 250 Tonnen.

WOHNBEREICH

Der Wohnbereich des Kaisers und seines Hofes liegt im Nordteil des Palastes. Der Palast der Himmlischen Reinheit ist das Bindeglied zum Empfangsbereich der Anlagen. In dieser Halle residierten in der Ming-Zeit 1368–1644 die Herrscher Chinas. Später diente die Halle als Studierzimmer. Hinter diesem Bau lag das Schlafgemach der Kaiserin, der Palast der Irdischen Ruhe. Von hier aus konnte die Gattin des Herrschers direkt in den kaiserlichen Garten gehen. Der chinesische Landschaftsgarten besticht durch seine kleinen bambus- und kiefernbewachsenen Hügel und pittoresken Pavillons. Westlich des Gartens befanden sich die Unterkünfte der Konkubinen, Eunuchen und Prinzen. Die meisten Kaiser wohnten südlich hiervon in der Halle der Pflege des Herzens.

Dekoration am Dachgebälk

SYMBOLIK

Der gesamte Palast soll die Verbindung des Kaisers zum Himmel und seine Macht verdeutlichen. So steht die purpurne Farbe der Mauern für den Polarstern, während das Gelb der Dachziegel die Farbe vieler Gebäude des Kaisers ist. Sie versinnbildlicht die Vertretung der Erde gegenüber dem Himmel durch den Kaiser. Auch die zahlreichen Drachenfiguren waren Symbol des chinesischen Herrschers.

DER DOGENPALAST IN VENEDIG

DAS WICHTIGSTE IN KÜRZE:
- **Regierungsgebäude der ehemaligen Republik Venedig mit trapezförmigem Grundriss**
- **Grundsteinlegung im Jahr 1340**
- **Liegt am Markus-Platz und Canal Grande**

Ein Symbol der Macht und des Reichtums. Das ist der Dogenpalast im Herzen Venedigs. Er begrenzt den Markus-Platz nach Osten und stößt mit seinem Südflügel unmittelbar an den Canal Grande. Im Norden des Palastes liegt die Basilica di San Marco. Hinter der gotischen Spitzbogenfassade des Dogenpalastes lag der Amtssitz des politischen Oberhauptes der Republik. Auch die Räte Venedigs tagten hier und entschieden über das Schicksal der Lagunenstadt. Seine jetzige Form stammt aus dem 14. Jh.

ENTSTEHUNG

Ursprünglich befand sich auf dem Gelände des jetzigen Dogenpalastes ein befestigtes Holzkastell. Zugänglich war der Bau nur über eine Zugbrücke. Im 9. Jh. wurde von hier die Einfahrt in den Canal Grande bewacht. Wenngleich schon zu dieser Zeit der Doge von Venedig von dem Kastell aus regierte, hatte das Gebäude nicht viel mit dem heutigen Bau gemein. Der Grundstein für den Neubau wurde erst 1340 gelegt. Da der Große Rat der Stadt auf fast 1800 Mitglieder angewachsen war, reichten die alten Räumlichkeiten bei weitem nicht aus. So entschied sich die politische Führung einen Südflügel anzubauen. Rund 100 Jahre später wurde ein weiterer Flügel im Westen errichtet, der an den Markus-Platz grenzt. Auch der Ostflügel musste erneuert werden. Im Jahr 1483 war er weitgehend niedergebrannt.

DIENER DER REPUBLIK

Seinen Namen verdankt der Dogenpalast dem hier regierenden und teilweise auch wohnenden Oberhaupt der Republik Venedig. Doge steht für das lateinische »dux« und bedeutet soviel wie »Führer«. Der erste Anführer Venedigs wurde 697 aus den Adligen der Stadt gewählt. Mit dem Sieg Venedigs über Konstantinopel 1203 wurde der Doge zum Führer einer Großmacht. Aus der Republik war ein Machtfaktor im Mittelmeerraum geworden. Dies fand nun auch Ausdruck in den Bautätigkeiten am Dogenpalast. Der prunkvolle Bau war jedoch nicht gleichzeitig Ausdruck der Macht des Dogen. Vielmehr wurde das Oberhaupt Venedigs als Diener der Republik verstanden. Er hatte sich an die Beschlüsse des Rates zu halten. Sein politisches Wirken war strengen Gesetzen unterworfen. So war beispielsweise persönlicher Kontakt zu fremden Gesandten verboten. Sogar die Post des Dogen wurde kontrolliert.

FASSADE UND HOF

Die umfassenden Vorschriften und Regeln für den Dogen lassen die Fassade des Palastes wie die Front eines goldenen Käfigs erscheinen. Dabei wirkt die Außenwand mit ihren gotischen Spitzgiebeln und den Säulenarkaden im Erdgeschoss eigentlich leicht und verspielt. Der dritte Stock wurde auf der Kanalseite hingegen vergleichsweise Nüchtern gehalten. Die glatte Wand wird nur durch einige Fenster und einem statuenumrahmten Balkon aufgelockert. Wären nicht die Mosaike aus zweifarbigem Marmor und die Zinnen auf dem Flachdach, wäre der Gegensatz zwischen dem oberen und unteren Fassadenteil wohl unharmonisch. Gestaltet wurde die Palastfront von den Gebrüdern Bon, die auch das ehemalige Eingangstor entwarfen. Das sog. Porta della Carta führt vom Markus-Platz in das Gebäude. Hier wurden früher Petitionen eingereicht und Beschlüsse

Scala dei Giganti

Der Dogenpalast aus der Luft

verkündet. Das Tor ist von Statuen des Dogen Francesco Foscari (1373–1457), einem venezianischen Löwen und Justitia gerahmt. Heute ist der Innenhof des Dogenpalastes durch die südliche Porta del Frumento zu erreichen. Dort offenbaren sich dem Besucher wiederum Arkaden und Spitzbögen. Eine wuchtige Treppe, die Scala dei Giganti, führt von hier in das Gebäudeinnere. An dem oberen Treppenende wurde früher der Doge gekürt. Dabei stand er zwischen zwei monumentalen Statuen von Mars und Neptun. Der gesamte Innenhof ist nach wie vor in gutem Zustand erhalten.

Canaletto: Himmelfahrtstag in Venedig, *um 1760*

ABSCHIED MIT SEUFZERN

Während der Eingang in den Palazzo Ducale durch die Tore im West- oder Südflügel möglich war, gab es im Ostteil einen Ausgang. Aus dem ersten Stock des Dogenpalasts führt die Seufzerbrücke über einen kleinen Seitenkanal in das gegenüberliegende Gebäude. Ihren Namen hat die Brücke wegen der dort ausgerufenen Verzweiflungslaute. Auf der anderen Seite befand sich das Palastgefängnis mit seinen Folterkammern. Im Dogenpalast wurden nämlich nicht nur politische Entscheidungen getroffen, sondern auch Recht gesprochen. Der hier wirkende Rat der Zehn galt als gefürchtetes Instrument der Inquisition. Wer vom Gefängnis zum Palast gehen musste, hatte keinen angenehmen Weg vor sich. Denn dort, wo heute zwischen den zwei riesigen Granitsäulen auf der Piazetta Touristen umherschlendern, wurden früher Hinrichtungen vollstreckt. Die Statuen auf den Säulen, ein geflügelter Löwe und der heilige Theodorus, waren steinerne Zeugen der dramatischen Ereignisse und thronen nun über den so ganz andern Szenen vor dem Dogenpalast.

DIE METÉORA-KLÖSTER IN GRIECHENLAND

DAS WICHTIGSTE IN KÜRZE:
- **Ansammlung griechisch-orthodoxer Klöster aus dem 14. Jh.**
- **In der thessalischen Ebene auf Felsnadeln aus Sandstein erbaut**

»In der Luft schwebend« bedeutet die Übersetzung Metéora. Und diesen Namen tragen die Klöster im Pinós-Tal zu Recht. Östlich des Pindusgebirges, rund 120 Kilometer südwestlich von Thessaloniki erheben sich aus dem Tal steile bis zu 550 Meter hohe Felsen aus Sandstein. Auf den Spitzen der Felsnadeln thronen die griechisch-orthodoxen Metéora-Klöster. Von den einstmals 24 Klöstern sind zurzeit noch fünf bewohnt. Im Megálo Metéoro, dem Agía Triáda und dem Kloster Várlaam leben noch einige Mönche, während im Ágios Stéfanos und dem Roussanoú Kloster Nonnen wohnen. Das älteste der Klöster ist das Megálo Metéoro Kloster von 1370. Es ist zugleich in der kirchlichen Hierarchie das bedeutendste der Metéora-Klöster. Neben einigen Mönchen beherbergt es heute ein Museum, das die Geschichte des Klosters darstellt. Das wohl jüngste noch bewohnte Kloster ist das Várlaam Kloster. Es stammt aus dem 16. Jh. Auch hier findet sich ein Museum. Dort werden Schriftstücke und Ikonen ausgestellt. Die gesamten Klosteranlagen sind seit 1988 Weltkulturerbe.

WASSER UND SANDSTEIN

Die Landschaft des Pinós-Tals scheint aus der Fantasie eines Surrealisten entsprungen zu sein. Die schroffen Felsnadeln erheben sich Naturwundern gleich aus dem sonst flachen Umland. Ihre Entstehung begann 20 Mio. Jahre vor unserer Zeit, als Thessalien noch auf dem Boden des Meeres lag. Sedimente lagerten sich ab, wurden zu Stein verdichtet. Als das Meer zurückging, wurde das unterschiedlich harte Sandgestein unregelmäßig abgetragen. Der Fluss Pinós sowie Wind und Wetter taten ihr übriges. Über die Jahrtausende erodierte der alte Meeresgrund und die Felsnadeln blieben zurück.

GRÜNDUNG UND AUSBAU

Schon früh faszinierten die hohen Felsen die Einwohner Griechenlands. So weit oben müsse man besonders nahe bei Gott sein, dachte man. Die ersten Bewohner fingen schon Ende des 10. Jh. an, die Felsen zu besiedeln. Es waren Eremiten, die Abgeschiedenheit suchten. Allerdings wohnten die Einsiedler noch in Höhlen und kleineren Hütten. Erst um 1370 gründete ein Mönch aus den Klosteranlagen von Athos ein festes Kloster auf einer der Felsnadeln. Er wählte den sog. großen Felsen für das Kloster Megálo Metéoro. Die Neugründung wurde von dem damals über Thessalien herrschenden serbischen König unterstützt. Schon bald genoss das Kloster religiöse Privilegien und wurde weiter ausgebaut. Das Kloster Megálo Metéoro entwickelte sich zum bedeutendsten und wohlhabendsten des Umlandes. Als in der Mitte des 15. Jh. Thessalien unter osmanische Herrschaft geriet, blieb die Unabhängigkeit der Klöster unangetastet. Gegen Ende der osmanischen Hegemonie sammelten sich hier dann Verfolgte und griechische Rebellen.

Das Kloster Roussanoú auf einem schmalen Felsen im Felsenareal Metéora

KÖRBE UND TREPPEN

Es war nicht überraschend, dass die Metéora-Klöster Anfang des 19. Jh. zu einem Refugium der Widerstandskämpfer wurden. Die Lage der Gebäude machte sie zu beinahe uneinnehmbaren Festungen. Während heute das Kloster Ágios Stéfanos sogar mit Bussen angefahren werden kann, waren die meisten der Klöster bis ins 20. Jh. hinein nur unter großen Strapazen oder gar Lebensgefahr zugänglich. So ist das Kloster Várlaam erst seit 1923 über eine Treppe mit mehr als 200 Stufen zugänglich. Vorher wurden Besucher in einem Korb mit einer Seilwinde hochgezogen. Auch im Keller des Megálo Metéoro Klosters findet sich eine Winde für den Besuch. Hier waren es jedoch keine Körbe, sondern Netze durch deren Einsatz Waren und Menschen auf den Felsen gelangten. Andere Klöster waren nur über Brücken oder lange Leitern zu erreichen, die bei Gefahr von den Bewohnern hochgezogen wurden.

Metéora-Kloster Metamórphosis

FRESKEN UND PERGAMENT

Selbstverständlich waren die Klöster nicht nur Wohnort sondern auch Stätte der Glaubensausübung. Dementsprechend finden sich in den Klöstern nicht nur Wohnungen, Gärten und Handwerksgebäude, sondern zahlreiche Kirchen und Bibliotheken. Die sakralen Bauten sind fast alle mit griechischen Fresken verziert. In der Hauptkirche des Ágios Nikólaos Anapafsás Klosters kann man u. a. Bilder aus der Zeit um 1527 bewundern. Die dortigen Fresken zeigen neben der Gottesmutter und Wunderdarstellungen auch den Stifter des Klosters. Die Art der Darstellung verleiht den Fresken ihre Bedeutung. Sie sind nämlich beispielhaft für die kretische Malschule. So finden sich deutliche Renaissance-Einflüsse und bestechende, lebendige Farben. Auch die Fresken in den anderen Klöstern stammen zumeist aus dem 16. Jh. und vermitteln einen guten Eindruck der postbyzantinischen Malkunst. Von besonderem kulturellem Wert sind neben den Fresken und den Klosteranlagen an sich auch die zahlreichen Handschriften. Die Bibliothek des Megálo Metéoro Klosters verfügt über einen Bestand von ca. 1200 Schriftstücken aus dem 9.–17. Jh.

SAMARKAND

Blick auf die Medrese Schirr-Dor

DAS WICHTIGSTE IN KÜRZE:
- **Blütezeit: 14. und 15. Jh.**
- **Treffpunkt der Kulturen in Mittelasien**

Niemand weiß genau, wie alt Samarkand ist. Mögliche Gründungsdaten für die Hauptstadt Usbekistans reichen vom 4. Jt. bis zum 4. Jh. v. Chr. Sicher ist, dass Alexander der Große (356–323 v. Chr.) 329 v. Chr. eine blühende Handelsstadt eroberte. Doch 1220 wurde Samarkand von Dschingis-Khan (1155–1227) eingenommen. Er grub der Stadt das Wasser ab und als sich die ausgezehrten Bewohner schließlich ergaben, ließ er sie niedermetzeln und plünderte die Stadt. Er machte das so gründlich, dass es keine Gebäude aus der frühen Glanzzeit mehr gibt. Ab 1369 jedoch machte Samarkand als Hauptstadt Timur Lengs (1336–1404) Karriere.

DIE GESCHICHTE

Timur, der sich zum legitimen Nachfolger von Dschingis-Khan erklärte, soll noch viel grausamer als sein Vorbild gewesen sein. Auf seinen Feldzügen, die ihn von Indien bis Moskau führten, soll er die Menschen zu Zehntausenden geköpft, gepfählt und lebendig begraben haben.

In seiner Hauptstadt Samarkand jedoch trat er als fürsorglicher Landesvater und Förderer der Künste auf. Er baute neue Straßen und Bewässerungskanäle und belebte den Karawanenhandel wieder. Vor allem aber holte er Bauleute, Kunsthandwerker, Gartenarchitekten, aber auch führende Gelehrte, Schriftsteller und Philosophen in die Stadt. Manche kamen freiwillig, andere wurden kurzerhand verschleppt. Jede Stadt, die Timur eroberte, wurde gründlich geplündert und die Kostbarkeiten nach Samarkand verschleppt. Er soll sogar eigens Kriegszüge geführt haben, um Dinge zu rauben, die seine Architekten sich wünschten.

Baumeister aus Damaskus, Isfahan, Shiraz und Delhi entwickelten in Samarkand einen Stil, der wegweisend für die islamische

Gur-Emir, das Mausoleum Timur Lengs

Architektur des Mittleren Ostens werden sollte. Dazu gehörten vor allem monumentale Torgebäude mit spitzbogigen Apsiden, sog. Iwans, und große zwiebelförmige Kuppeln, die auf hohen Mauerringen (Tambouren) sitzen. Timur soll ein strenger Bauherr gewesen sein, der bei großen Projekten sein Zelt auf der Baustelle aufschlug und den Fortgang der Arbeiten überwachte.
Der zweite große Bauherr von Samarkand war sein Enkel Ulug Beg (1394–1449). Er war mehr Wissenschaftler, denn Eroberer. Ulug Beg widmete sich der Astronomie, Mathematik und Theologie und soll höchstpersönlich in der von ihm gebauten Medrese, einer islamischen Hochschule, unterrichtet haben. Unter seiner Herrschaft, wurde Samarkand zum kulturellen Zentrum Mittelasiens. Als er 1449 von seinem Sohn entmachtet und hingerichtet wurde, begann das Reich zu zerfallen.

Portal der Medrese Schirr-Dor

DIE BAUWERKE

Das größte Werk Timurs war die Moschee Bibi Chanym, die er zu Ehren seiner Lieblingsfrau Sarai Mulk Chanym bauen ließ. Sie wurde nach dem Vorbild der tausendsäuligen Moschee in Delhi in nur vier Jahren errichtet, war 120 x 90 Meter groß und hatte 480 Säulen. Doch der Bau wurde nicht sehr sorgfältig ausgeführt. Vor allem die 44 Meter hohe, türkisblaue Kuppel stürzte immer wieder ein.
Die zweite Kuppel, die das Stadtbild von Samarkand prägt, gehört zu Timurs palastartigem Mausoleum, dem Gur-Emir (Grab des Fürsten), das ab 1400 gebaut wurde. Sie hat die Form einer runden Strickmütze mit dichten Längsrippen. Trotz dieser komplizierten Oberfläche ist sie vollständig mit Rautenmustern überzogen, die aus bunten Kacheln zusammengesetzt sind.
Ulug Beg ließ dann den Registan (Sandige Stelle), den Hauptplatz der Stadt, befestigen und umgab ihn mit Moscheen, Karawansereien und einer Medrese, in der auch Mathematik und Naturwissenschaften gelehrt wurde. Die Medrese Ulug-Beg (1417– 20) ist ein nahezu quadratischer Bau mit großem Innenhof. An den Ecken stehen vier schlanke Minarette. Der Eingang zum Registanplatz wird von dem charakteristischen, monumentalen Tor mit großem Iwan geziert. Während die Kacheln auf Minaretten und Seitenteilen fein verschlungene Rautenmuster bilden, finden sich über dem Iwan runde, sternförmige Motive, die ein Tribut an Ulug Begs Astronomiebegeisterung sein könnten.
1619 bis 36 wurde ihr gegenüber ein fast identischer Zwillingsbau errichtet, die Medrese Schirr-Dor (Tigerhaus), deren Kachelmuster jedoch gröber sind. 1646 bis 60 kam an der Stirnseite eine dritte Medrese hinzu, die Tilja-Kari (Die mit Gold Geschmückte), die auch ein großes Tor mit Iwan, aber eine leicht abweichende Architektur und im Inneren eine Moschee mit türkischer Kuppel hat. Zusammen machen sie den Registan zu einem der schönsten Plätze der Welt.
Weitere herausragende Gebäude in Samarkand sind die Gräberstraße Schab-i-Sinda (Der lebende Schah) auf einem Hügel am Stadtrand, wo 1334 bis 1447 mehrere prächtige Mausolen und Grabmoscheen errichtet wurden, die größtenteils aber mangelhaft erhalten sind.
Außerdem ließ der begeisterte Astronom Ulug Beg 1425 ein dreistöckiges Observatorium errichten, wo auf einer Bronzeschiene ein Sextant mit einem Radius von 40 Metern montiert war, mit dem man erstaunlich genaue Beobachtungen am Himmel machen konnte.

An der Gräberstraße Schab-i-Sinda

AYUTTHAYA

DAS WICHTIGSTE IN KÜRZE:
- **Hauptstadt Siams vom 14.–18. Jh.**
- **Kloster- und königliche Palastruinen**
- **Eine der größten sitzenden Buddhafiguren**

Von Wasser umflutet und doch keine Insel, so liegt Ayutthaya zwischen den Flüssen Chao Phraya, Lopburi und Pa Sak. Die 60.000 Einwohner der Stadt in Zentralthailand leben und arbeiten zwischen den Ruinen einer einstmaligen Reichshauptstadt. Hier finden sich die Überreste zahlreicher Tempel- und Palastanlagen, deren Schreine im Stadtbild allgegenwärtig sind. Erwähnenswert sind u. a. die Tempel Wat Phanon Choeng aus dem Jahr 1324 sowie der 1384 erbaute Wat Phra Mahathat. Neben den Tempeln ist das Kloster Wat Phra Si Sanphet, das 1500 auf dem Gelände des Königspalasts errichtet wurde, bedeutendes Zeugnis des Siamesischen Reiches. Im Heiligtum Viharn Phra Mongkon Bophit kann einer der größten sitzenden Buddhas besichtigt werden. Die UNESCO hat Ayutthaya zum Weltkulturerbe ernannt.

GESCHICHTE

Zahlreiche Berichte von europäischen Reisenden beschrieben Ayutthaya als die imposanteste Stadt Asiens. Der Anfang dieser ehemaligen Metropole lag im Jahre 1350. Der thailändische König Ramathibodi I. (1315– 69) gründete die Stadt an dem Zusammenfluss dreier Ströme. Dank seiner intensiven Bemühungen Händler aus China und Persien nach Ayutthaya zu bringen, wuchs die Hafenstadt schnell zu einer überregionalen Handelsmetropole. Mit den Waren flossen Geld und Menschen in die Stadt. In Ayutthaya entwickelte sich eine lebendige kulturelle Gemeinschaft. Außenpolitisch trat der Monarch sehr offensiv auf und führte diverse Feldzüge gegen das östlich gelegene Königreich Kambodscha. Und Ramathibodi I. hatte Erfolg. Das Königreich von Ayutthaya wurde eine der mächtigsten Staaten im asiatischen Raum. Auch in den folgenden Jahrhunderten konnte es seine Stellung behaupten. 33 Herrscher folgten auf den Gründer Ayutthayas. Sogar in Europa nahm man Notiz von dem Reich im Osten. So richtete Portugal 1511 eine Botschaft in Ayutthaya ein, um die Handelsbeziehungen weiter auszubauen. Die Ära des Thai-Reiches endet erst 1767. Aus dem Süden eroberten burmesische Truppen Teile des Königreiches, bis sie schließlich vor den

Toren der Hauptstadt standen. Die Verteidigung Ayutthayas scheiterte und die Stadt wurde vollständig geplündert. Dabei kam es zu Zerstörungen der meisten Bauten und Kunstwerke.

GOLD UND BRONZE

Den Angreifern fiel auch der Tempelkomplex Wat Phra Si Sanphet zum Opfer. Das in der Mitte der alten Stadt auf dem Palastgelände gelegene Gebäude zog die Burmesen wegen seiner berühmten Buddhastatue an. Die 16 Meter hohe Statue war 1500 mit Gold überzogen worden. Doch wo andernorts nur mit einer dünnen Schicht vergoldet wurde, waren hier ca. 170 Kilogramm des Edelmetalls zum Einsatz gekommen. Bei dem Versuch das Gold zu schmelzen, setzten die burmesischen Eindringlinge den ganzen Palast in Flammen. Heute stehen nur noch Ruinen. Die glockenförmigen Überbleibsel des königlichen Tempels enthalten der Überlieferung zufolge die Asche von Ramathibodi I. Eine andere Buddha-Statue überstand die Plünderungen. Im Heiligtum Viharn Phra Mongkon Bophit steht auch heute noch eine der größten Bronzefiguren Thailands. Unter dem Dach einer buddhistischen Versammlungshalle, dem Viharn, sitzt der Buddha aus Bronze. Natürlich ist auch an ihm die Zeit nicht spurlos vorübergegangen. So musste er 1955 restauriert werden. Dabei entdeckten die Arbeiter in der Schulter der kolossalen Figur ein

Der Tempel Wat Raj Burana

Der Tempel Wat Phra Si Sanphet

Geheimfach. In diesem befanden sich weitere kleinere Buddhafiguren, die vermutlich von Mönchen vor den burmesischen Truppen versteckt wurden. Im Jahr 1992 wurde an dem Riesen aus Bronze weiter gearbeitet. Seitdem überzieht die Figur eine dünne Schicht aus Blattgold. Heute ist der Buddha von Viharn Phra Mongkon Bophit Ausflugsziel vieler thailändischer und internationaler Reisender.

KÖNIG UND KÖNIGIN

Es ist wenig überraschend, dass auch die königlichen Palastanlagen 1767 zerstört wurden. Im Norden der Altstadt von Ayutthaya liegen auf einer Flussbank die Ruinen des Chandra Kasem Palasts. Der 17. Monarch von Ayutthaya ließ den Palast im 16. Jh. errichten. Früher wohnte hier der Sohn des Monarchen, heute werden die Ruinen als Museum genutzt. Ein weiteres Monument königlicher Herrschaft in der alten Hauptstadt ist der Chedi Si Suriyothai. Dabei handelt es sich um eine für Ayutthaya typischen glockenförmigen Schrein. Ungewöhnliche machte dieses Exemplar seine Verzierung aus Blattgold und sein geschichtsträchtiges Inneres. In der mittigen Reliquienkammer befindet sich die Asche der Königin Suriyothai. Die Regentin gilt in Thailand als Heldin. Sie folgte Mitte des 16. Jh. ihrem Mann in den Kampf gegen die Burmesen. Auf einem Elefanten ritt sie in einen gegnerischen Angriff, der dem König galt. Dabei wurde sie von einer Lanze tödlich getroffen, während ihr Mann überlebte. In Arutthaya wird die Geschichte dieser Nationalheldin lebendig.

DIE SHWE-DAGON-PAGODE

DAS WICHTIGSTE IN KÜRZE:
- **Erbaut: 14.–18. Jh.**
- **Höhe: rund 110 Meter**
- **Kuppel vollständig mit Blattgold überzogen**

Die Shwe-Dagon-Pagode in Rangun, der Hauptstadt von Myanmar (früher Birma), ist eines der wichtigsten buddhistischen Heiligtümer der Welt. Es besteht aus einer fast 60.000 Quadratmeter großen Tempelanlage, in deren Mitte sich eine über 100 Meter hohe Stupa wie eine goldene Glocke über die Stadt erhebt. Sie beherrscht das Stadtbild wie gotische Kathedralen die europäischen Städte und ist tatsächlich mit purem Blattgold überzogen. Die Legende sagt, dass unter ihr Reliquien von Gautama Buddha (557–477 v. Chr.) und drei früheren Buddhas liegen.

DIE STUPA

Nach Gautamas Tod sollen seine Hinterlassenschaften unter mehreren halbkugelförmigen Hügeln im ganzen Land begraben worden sein. Daraus resultiert die Form der Stupa. Sie besteht aus einer quadratischen Basis, die für moralische Zurückhaltung stehen soll, einem Hügel, der das Nirwana symbolisiert und einer Spitze, die die kosmische Achse zwischen Himmel und Erde darstellt. Die Formen der Stupas haben sich jedoch von Land zu Land stark gewandelt. In Myanmar sind die meisten glockenförmig.
Auch die goldene Stupa von Rangun hat die Form einer eleganten Glocke mit einem langen Handgriff, der von ringförmigen Mustern und Verzierungen umgeben ist. Der Unterbau besteht aus zwei rechteckigen Terrassen, deren Kanten genau an den vier Himmelsrichtungen ausgerichtet sind. Darauf steht der quadratische goldene Sockel, der wie eine Pyramide mit vielen feinen Stufen in die Glockenform übergeht. Auf dem Griff der Glocke sitzt ein Eisenschirm, an dessen Rand 100 Gold- und 1400 Silberglöckchen hängen. Auf dem Schirm befindet sich eine Wetterfahne, die wiederum von einer Kugel gekrönt ist, die mit Tausenden von Edelsteinen besetzt ist – obwohl die in dieser Höhe nicht mehr zu sehen sind.
Stupas sind massive Bauten ohne Hohlräume oder Gänge. Wenn sie vergrößert werden sollen, baut man das neue Heiligtum einfach um das alte. Auch die Stupa der Shwe-Dagon-

Platz vor der Shwe-Dagon-Pagode

Pagode soll mehrere Vorläuferbauten im Bauch haben. Sie erhebt sich aus einem Meer von kleineren, meist ebenfalls vergoldeten Türmchen. Die gehören zu Miniaturstupas, Tempeln, Schreinen und Gebetshallen, mit denen das ganze Gelände übersät ist. Die meisten Schreine und Tempel sind private Stiftungen. Unter anderem sind auch alle buddhistischen Länder in diesem wichtigen Heiligtum mit Kultbauten vertreten. Zwischen den Gebäuden befinden sich Tierstatuen, vor allem Löwen, Elefanten, Drachen, Sphingen und Leogryphen, Mischwesen aus Löwe und Greif. Was nicht ebenfalls golden ist, schimmert in allen Farben des Regenbogens. Hinzu kommt der Duft von Weihrauch und Sandelholz und der Klang von Hunderten von Glocken, die die Gläubigen mit Stöcken anschlagen.

DIE GESCHICHTE

Wann mit dem Bau der Pagode begonnen wurde, weiß niemand. Die Legende sagt, dass zwei Kaufmannsöhne im 6. Jh. v. Chr. Gautama Buddha in Indien aufsuchten und vom ihm acht seiner Haare geschenkt bekamen. Für diese Haare und Reliquien der drei früheren Buddhas soll ein König namens Okkalappa auf dem Singurttahügel einen Schrein und eine zwölf Meter hohe Pagode gebaut haben. Der Singurrtahügel gilt in der buddhistischen Mythologie Birmas als der Platz, wo sich nach dem Untergang der vorangegangenen Welt fünf Lotosknospen geöffnet haben, aus denen fünf heilige Vögel flogen, die dann zu den Buddhas wurden.

In Wahrheit jedoch kam der Buddhismus erst im 3. Jh. n. Chr. nach Birma und die Pagode wurde 1372 das erste Mal erwähnt, als sie auf 22 Meter erhöht wurde. Mitte des 15. Jh. jedoch, als das Land eine Zeit der religiösen Widererweckung erlebte, vergrößerte die Königin Shinsawbu von Pegu (1453–72) das Heiligtum beträchtlich und ließ die Stupa zum ersten Mal mit Gold belegen. Es sollen 40 Kilogramm gewesen sein, gemäß ihrem eigenen Körpergewicht. 1485 ließ sich ihr Nachfolger und Schwiegersohn mit viermal so viel Gold aufwiegen und erneuerte den Überzug, der vom Monsunregen matt geworden war. 1774 wurde die Stupa auf ihre heutige Höhe vergrößert und erhielt ihre goldene Spitze. Da der Glanz des Goldes immer noch schnell verbleicht, wird die Stupa heute alle 20 Jahre neu vergoldet. Die Kosten werden durch Spenden aufgebracht.

1824 bis 1826 besetzten die Briten im anglobirmanischen Krieg Rangun. Dabei plünderten sie die Pagode und raubten unter anderem die vier Meter hohe und 23 Tonnen schwere Mahaghantaglocke. Auf dem Transport nach Kalkutta soll sie ihnen in den Fluss Rangun gefallen sein. Die Bergungsversuche blieben erfolglos. Nun bot die Bevölkerung Ranguns an, die Glocke zu heben – vorausgesetzt, sie dürfe diese dann behalten. Die Briten gingen darauf ein. Die Menschen hoben die Glocke mit zahlreichen, luftgefüllten Bambusrohren heraus und erklärten sie zum Symbol der Gewaltlosigkeit. 1852 wurde Rangun erneut von den Briten besetzt. Erst durch sie wurde das kleine Nest im Schatten der Shwe-Dagon-Pagode zur Hauptstadt des Landes.

Auf dem Gelände der Shwe-Dagon-Pagode

DIE KUPPEL DES FLORENTINER DOMS

DAS WICHTIGSTE IN KÜRZE:
- **Erbaut: 1420–36**
- **Der erste große Kuppelbau, der ohne festes Gerüst gebaut wurde**

Zu Beginn des 15. Jh. war der Dom Santa Maria del Fiore in Florenz bereits seit über 100 Jahren im Bau. Auch die Pfeiler in der Vierung standen schon. Sie waren der Unterbau für eine Kuppel, die mit 40 Metern Durchmesser fast so groß wie die des Pantheon werden sollte. Doch im Gegensatz zum Pantheon musste die Kuppel in 55 Meter Höhe aufgesetzt werden. Auch das Mauer- und Pfeilerwerk der Vierung war längst nicht so massiv und in der Statik einzig auf die Kuppel hin ausgerichtet wie beim römischen Vorbild. Die Stadtväter besaßen nur ein Holzmodell, wie sie sich ihre Kuppel vorstellten. Ein mächtiges Halbrund, das sich über den Dom erheben und das ganze Stadtbild prägen sollte. Damit sie auch besonders gut zur Geltung kommen würde, sollte sie auf einen Tambour, einen Mauerring gestellt werden. Das hätte außerdem den Vorteil, dass durch die Fenster im Tambour viel Licht in die Kirche fallen würde.

Wie man das Wunderwerk jedoch bauen sollte und wie der Schub einer solch gewaltigen Konstruktion auf die Wände der Kirche wirken würde, das konnte keiner der beteiligten Baumeister und Architekten sagen. Florenz drohte schon zum Gespött der Nachbarstädte zu werden und man beschloss im Jahr 1418, einen Wettbewerb auszuschreiben. Ein Teilnehmer schlug allen Ernstes vor, die Kirche bis zur geplanten Kuppelhöhe mit Erde aufzufüllen. Wenn man darin Münzen verstecken würde, trüge die Bevölkerung das Erdreich nach Vollendung des Baus auch garantiert schnell ab. Und dann war da noch der Plan von Filippo Brunelleschi (1337–1446).

DIE KONSTRUKTION

Brunelleschis Idee war so kühn, dass einige Stadtoberen dagegen Sturm liefen. Doch letztendlich wollten die Florentiner ihren Traum von der Domkuppel nicht aufgeben und erklärten den gelernten Gold- und Silberschmied trotz aller Befürchtungen zum

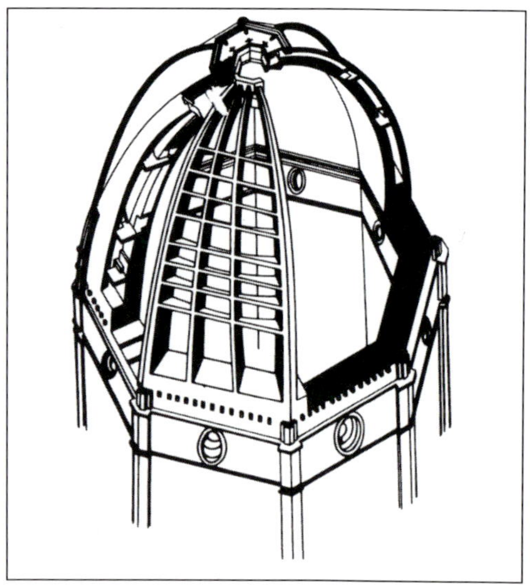

Isometrische Darstellung der Domkuppel

Sieger. Vorsichtshalber beauftragten sie ihn gemeinsam mit dem erfahrenen Bildhauer Lorenzo Ghiberti (1378-1455), der schon die herrlichen Bronzetüren des Baptisteriums geschaffen hatte. Doch Ghiberti zog sich bald aus dem Projekt zurück.
Brunelleschis Grundidee war, überhaupt kein Gerüst aufzustellen, sondern eine freitragende, doppelschalige Kuppel zu bauen. Jede Mauerlage sollte die Arbeitsfläche für den nächsten Ring darstellen. Um das realisieren zu können, verabschiedete er sich von der ursprünglich geplanten Halbkugel. Die äußere Schale wurde achteckig und bekam einen relativ steilen Radius. Das hatte zur Folge, dass ihre Masse weniger Seitenschub auf die tragenden Wände ausübte. Sie ist auch nur 80 Zentimeter dick. Außerdem werden die Ziegel, die zwischen die acht weißen Marmorstreben gesetzt wurden, nach oben hin immer leichter. Brunelleschi hatte dem Lehm, aus dem sie gefertigt worden waren, Stroh beimischen lassen, um das Gewicht der Schale so weit wie möglich zu reduzieren.
Die innere Kuppelschale dagegen hat 4 Meter dicke Wände und einen flacheren Radius. Beide Schalen sind durch ein System von Längs- und Querrippen gegeneinander versteift. Zwischen ihnen verläuft eine Treppe zum Scheitel der Kuppel, der etwa 82 Meter über dem Erdboden liegt. Gekrönt wird das Meisterwerk von einer 16 Meter hohen, von Fenstern durchbrochenen Laterne. Ausgemalt wurde die Kuppel von dem Michelangelo-Schüler Giorgio Vasari (1511–74) mit einer bombastischen Darstellung des Jüngsten Gerichts. Von dort können alle Touristen, die die Geduld für die lange Warteschlange mitbringen, zwischen den Kuppelschalen zur Laterne aufsteigen.

DER ARCHITEKT

Ihrem Aussehen nach gehört die Domkuppel von Florenz noch in die Gotik, doch in der Architekturgeschichte gilt sie als das Werk, das die Renaissance einleitete. Das liegt an ihrer bahnbrechenden neuen Konstruktion, aber auch an der Art, wie Brunelleschi an seine Aufgabe heranging. Eigentlich war der Sohn eines Florentiner Notars Bildhauer, und hatte sich 1401 am Wettbewerb über die Gestaltung der Baptisteriumstüren beteiligt. Danach gehörte er zwar der Gutachterkommission an, die den Dombau überwachte, hatte selber jedoch noch kaum etwas gebaut. Doch Brunelleschi bildete sich im Selbststudium zu einem modernen Architekten aus. Unter anderem reiste er nach Rom und studierte eingehend die Kuppel des Pantheon und andere antike Bauten. Er war innovativer als andere Baumeister, die sich vor allem auf ihre Erfahrung verließen und versuchte mit mathematischen Berechnungen sowie Modellen den Geheimnissen der Statik auf den Grund zu kommen.
Daneben brachte Brunelleschi aus Rom aber auch eine Begeisterung für den Stil der Antike mit. Unmittelbar, nachdem er den Wettbewerb um die Domkuppel gewonnen hatte, entwarf er mit der Alten Sakristei von San Lorenzo das erste Gebäude im Stil der Renaissance. Parallel zur Domkuppel entstanden weitere bedeutende Bauten wie das Findelhaus von Florenz oder die Kirchen San Lorenzo und Santo Spirito. Der Theoretiker wurde damit zum herausragenden Baumeister der Frührenaissance.

Blick auf Florenz mit der dominierenden Domkuppel

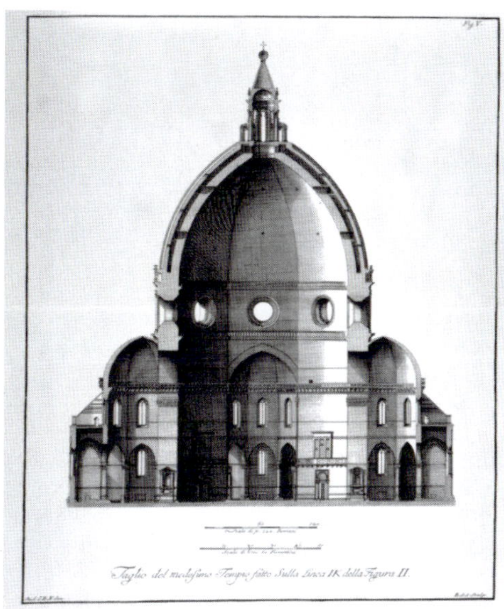

Längsschnitt durch den Kuppelraum

KING'S COLLEGE CHAPEL IN CAMBRIDGE

DAS WICHTIGSTE IN KÜRZE:
- **Kirche auf dem Gelände der Universitätsstadt Cambridge**
- **Errichtet: 1446–1515**
- **Meisterwerk englischer Hochgotik**
- **Größe: 12 x 88 x 24 Meter**

Dieses gotische Monument beeindruckt durch seinen einfachen Aufbau und die filigrane, aufwärts strebende Architektur. Die Kapelle besteht nur aus einem einzigen langen rechteckigen Raum. Auch einen Kirchturm sucht der Betrachter vergebens. Lediglich an den Kanten finden sich kleine Türme. An den Längsseiten der Außenwand wird der Aufbau der Kirche aus zwölf gleichmäßigen Jochen deutlich. Zwischen den Stützpfeilern, deren Spitzen etwas über das Dach hinausragen, wird fast die gesamte Wand von jeweils einem hohen Fenster eingenommen. Auch die Stirnseite hinter dem Altar setzt sich überwiegend aus einem großen Glasfenster zusammen. Die King's College Chapel steht nördlich von London in dem Universitätsstädtchen Cambridge.

BAUBEGINN

Die Pläne für den Bau dieses monumentalen Kapellenbaus stammen von König Heinrich VI. (1421–71). Dieser gründete im jungen Alter von 19 Jahren King's College. Seine Pläne sahen eine Eliteschule vor, die nur wenige Schüler exklusiv ausbilden sollte. Auch über die Bebauung hatte sich der englische König genauestens Gedanken gemacht. So legte er selbst den Grundstein für den Bau der King's College Chapel. Diese sollte das Hauptgebäude in einem ganzen Ensemble werden. Nach seinen Vorstellungen sollten die Gebäude den Rahmen für einen zentralen Platz bilden. Doch die Fertigstellung der Kirche wurde von politischen Ereignissen jäh unterbrochen. Im Jahr 1455 brach ein Krieg zwischen den zwei mächtigsten englischen Adelshäusern aus. In Folge dieses als Rosenkrieg in die Geschichte eingegangenen Ereignisses wurde Heinrich VI. gefangen genommen. Da er den Bau der Kapelle in Auftrag gegeben und bereits bezahlt hatte, ließen nun die Arbeiter ihr Geschäft ruhen. Noch heute ist an der Farbe der verwendeten Steine zu erkennen, wie weit die Arbeiten in den ersten 15 Jahren fortgeschritten waren. Nach der Ermordung Heinrichs im Tower von London 1471 setzte sein Nachfolger Edward IV. (1442–83) die Arbeiten mit deutlich verringertem finanziellem Aufwand fort. Erst unter Richard III. (1452–85) nahm das Bautempo wieder zu. Dieser drohte den Arbeitern mit Gefängnis, sollten sie die Arbeiten nicht schnell genug ausführen oder gar untätig sein.

FERTIGSTELLUNG

Obwohl unter Richards Bauleitung fast die Hälfte der Kapelle fertig gestellt wurde, brachte dessen Tod wieder eine Unterbrechung der Arbeiten. Heinrich VII. (1457–1509), der Richard auf dem Schlachtfeld erschlug, nahm die Bauarbeiten wieder auf, allerdings erst nachdem er den Rosenkrieg in England beendet und das Land unter seine Herrschaft gebracht hatte. Er reagierte damit auf eine Petition des College, das auf den halb fertigen Bau aufmerksam gemacht hatte. Die Mutter Heinrichs VII. sandte eine Truhe mit Geld nach Cambridge. Noch immer wird diese Kiste in der Kapelle von Cambridge aufbewahrt. Im Jahr 1515 war dann endlich die Grundstruktur des Baus vollendet. Die Nachfolger Heinrichs VII. brachten die jahrelangen Arbeiten an der King's College Chapel zum Abschluss.

INNENRAUM

So wie sich heute die Kapelle präsentiert, ist sie im Wesentlichen das Werk dreier Steinmetze. Das Innere der Kirche wurde aber von John Wastel geprägt. Auf ihn ist vor allem die Gestaltung der Decke und der Säulen im Innenbereich zurückzuführen. Wastel ist es dabei gelungen, die eigentlich sehr soliden Säulen durch mehrere aufgesetzte Schäfte sehr leicht und filigran aussehen zu lassen. Die einzelnen Schäfte gehen nahtlos in das Deckengewölbe über, wo sie sich von den Kapitellen aus zu einem Fächer weiten. Deren feingliedriges Netz überzieht die gesamte Decke. In regelmäßigen Abständen hängen tropfenförmige Abschlusssteine von der Decke. Auf diesen ist das Wappen der Tudors und der Beauforts abgebildet. Aufgrund des fehlenden Querschiffes wirkt diese Decke besonders imposant, da sie über die ganze Länge der King's College Chapel überblickt werden kann. Die feingliedrige Gestaltung der Decke findet sich an den Fenstern wieder. Zwischen den Säulen werden die Wände zu ca. 4/3 von den Fenstern eingenommen. Diese sind durch zahlreiche steinerne Rippen und Bögen durchbrochen. Auf dem Glas sind Szenen aus dem Alten Testament abgebildet. Der lange rechteckige Innenraum wird nur durch eine Chorwand aus Holz geteilt. Im dem dem Altar zugewandten Kirchenteil saßen bei Gottesdiensten die Geistlichen, auf der anderen Seite die übrigen Teilnehmer. Sie gehört zum jüngsten Teil der Kapelle und wurde 1536 fertig gestellt. Auf ihr befindet sich das Wappen Heinrichs VIII. (1491–1547), der mit seiner Lossagung von Rom die anglikanische Kirche gründete. So ist die Geschichte der King's College Chapel eng mit der Englands im späten Mittelalter verbunden.

Fassade

Cambridge: King's College

MACHU PICCHU

DAS WICHTIGSTE IN KÜRZE:
- **Inka-Stadt in den peruanischen Anden**
- **Erbaut: um 1450 auf einer Höhe von 2350 Meter**
- **Terrassenartiger Aufbau mit Tempel und Palastanlage**
- **Grundfläche: 20 Hektar**

Sie habe eine mystische Atmosphäre, sagen die Besucher über die Ruinenstadt in den Anden. Und die Kulisse ist tatsächlich beeindruckend. Zwischen zwei Berghöckern der Anden liegt Machu Picchu. Von der erhöhten Lage der alten Inkastadt lässt sich weit in den Cañon des Rio Urabamba blicken. Die Stadt breitet sich von dem Kamm des Berges in künstlich angelegten Terrassen aus. Auf einigen der aufgeschütteten Plateaus stehen Ruinen von Gebäuden, andere sind damals wie heute landwirtschaftliche Nutzfläche. In der Mitte der Ruinenstadt befinden sich die Grundrisse von Tempelruinen und Palastanlagen. Insgesamt bestand die Stadt im 15. Jh. aus ca. 200 Gebäuden, die alle Beispiele der einzigartigen Steinmetzkunst der Inkas waren. In den Häusern der Siedlung lebten zur Blütezeit zwischen 700 und 1200 Menschen. Machu Picchu gehört seit 1983 zum Weltkulturerbe der UNESCO.

GESCHICHTE

Die Entstehungsgeschichte von Machu Picchu liegt im Dunklen. Vermutlich wurde die Stadt Mitte des 15. Jh. erbaut und für etwa hundert Jahre bewohnt. Zu Siedlungsbeginn befand sich das Inka-Reich auf dem Höhepunkt seiner Macht. Dem Herrscher Pachacuti Inca Yupanqui gelang es zu dieser Zeit, verschiedene Völker an der Pazifikküste Nordamerikas zu unterwerfen und den Einflussbereich der Ureinwohner auszudehnen. Möglicherweise gehörte Machu Picchu zu den von ihm gegründeten Städten. Als wenige Jahre nach seiner Herrschaft 1572 die spanischen Eroberer das Inka-Reich überfie-

len und weitgehend zerstörten, blieb die Stadt in den Anden verschont. Der Urwald und die unzugängliche Bergwelt schützten die Stadt vor den Eindringlingen. Erst 1911 entdeckte der amerikanische Forscher Hiram Bingham (1875–1956) die Ruinen von Machu Picchu. Er nahm erste Vermessungen vor und legt Teile der noch immer gut erhaltenen Ruinen frei. Dem Entdecker folgten weitere Expeditionen, die detailliertere Erkenntnisse aus dem Dschungel mitbrachten. Mittlerweile ist Machu Picchu das meistbesuchte Touristenziel in Peru.

NUTZUNG

Nur wenig ist über die Ruinen bekannt, schriftliche Aufzeichnungen oder Erzählungen existieren keine. Gesichert ist, das Machu Picchu Teil des Inka-Pfades durch die Anden war. Entlang des Weges reihten sich Signaltürme und befestigte Unterkünfte für Reisende. Doch die Ausmaße Machu Picchus gingen weit über das der anderen Siedlungen hinaus. Auch die palastartigen Anlagen sprechen für eine herausgehobene Bedeutung der Inka-Stadt. Der Entdecker Hiram Bingham hatte eine eigene Theorie: Da die in Machu Picchu entdeckten Skelette überwiegend weiblich sind, interpretierte er die Stadt als Tempelanlage für die sog. Jungfrauen der Sonne. Diese ausgewählten Frauen lebten zur Zeit der Inkas in Tempelanlagen, wo sie Gegenstände für Rituale herstellten. Doch auch diese Theorie ist nicht unumstritten. Neuere Forschungsergebnisse sehen in den Anlagen ein astrologisches Observatorium. Andere gehen von einem Versuchsfeld für neue Formen der Landwirtschaft aus, da die sich zum Wald hin ausbreitenden Terrassen mit ihren »hängenden Gärten« außergewöhnlich sind.

TEMPEL UND PALAST

Welche Rolle Machu Picchu auch immer spielte, eines ist gewiss. Da die Stadt von den Spaniern verschont blieb, finden sich hier einmalige archäologische Relikte. Am Südende des zentralen Hauptplatzes der Stadt liegt der Sonnenstein. Dabei handelt es sich um eine Steinsäule, die auf einem etwa 2 Meter breiten und 1,5 Meter langen Felsen steht. Dieser sog. Intihuatana, Ankerplatz der Sonne, wurde von den Inkas für astronomische Berechnungen und Sonnenrituale benutzt. Er steht in unmittelbarer Nähe eines Tempels, der aus einer 10 x 4 Meter großen Halle mit drei Fenstern besteht. Die trapezförmigen Fenster sind einmalig in der Inkaarchitektur. Es gibt nirgends größere. Ein weiteres beeindruckendes Zeugnis peruanischer Baukunst ist der alte Rundturm von Machu Picchu. Die Mauern des Turms sind handwerkliche Meisterleistungen. Fugenlos gemauert liegen die Steine so dicht aneinander, dass nicht mal eine Messerklinge zwischen die Felsen passt. Eine erstaunliche Leistung, wenn man berücksichtigt, dass die Felsen mit Bronzewerkzeug bearbeitet und mit Sand glatt geschliffen wurden. Seine genaue Funktion ist unklar. Als letztes herausragendes Bauwerk bleibt der Palast der Prinzessinnen zu nennen. Das ehemals zweistöckige Gebäude ist ebenfalls meisterlich gemauert. Es bestand aus verschiedenen Zimmern mit Nischen und einem Hof. So beeindruckend all diese Bauten auch sind, so wenig geben sie Auskunft über die Bedeutung Machu Picchus. Die Stadt der Inkas wird auch weiterhin Rätsel aufgeben. Doch vielleicht macht sie gerade das zu einem Magnet für Besucher aus aller Welt.

DIE SIXTINISCHE KAPELLE

Die Sixtinische Kapelle ist zwar nach einem Papst benannt, aber untrennbar mit dem Namen Michelangelo Buonarroti (1475–1564) verbunden, der die herrlichen Deckenfresken geschaffen hat. Dabei ist er nicht der einzige Künstler von Rang und Namen, der in der Sixtina aktiv war. Auch Größen wie Botticelli oder Perugino sind mit Bildern vertreten und selbst der selten erwähnte Architekt ist kein ganz Unbekannter. Doch gegenüber Michelangelos Werk verblassen sie alle.

DIE GESCHICHTE

Die Sixtinische Kapelle wurde im Auftrag von Papst Sixtus IV. (Francesco della Rovere, reg. 1471–84) errichtet. Im Gemäuer der noch antiken Großen Kapelle direkt neben den päpstlichen Gemächern wünschte er eine prächtige Hauskapelle. Die Planungen dafür stammten von dem Bildhauer und Architekten Baccio Pontelli (1450–92). Er entwarf einen architektonisch relativ schlichten Renaissanceraum von 41 Metern Länge, 13,5 Metern Breite und 20,5 Meter Höhe. Die Verhältnisse von Länge zu Breite (3:1) und Länge zu Höhe (2:1) beziehen sich auf den Tempel Salomons. Die Decke ist ein Tonnengewölbe mit Zwickeln über den Fensterwölbungen, die Wand in drei horizontale Zonen geteilt. Ausgeführt wurde der Bau vom päpstlichen Baumeister Giovanni de' Dolci.

Für die Ausstattung wurden die besten Künstler der Frührenaissance engagiert. In der mittleren Wandzone schufen Sandro Botticelli (1445–1510), Pietro Perugino (um 1452–1523), Luca Signorelli (um 1450–1523), Domenico Ghirlandaio (1449–94) und Cosimo Roselli (1439–1507) einen Freskenzysklus, der Szenen aus dem Leben Jesu solchen aus der Geschichte des Moses gegenüber stellt. Den Höhepunkt stellen »Die Bestrafung der Rotte Korah« von Botticelli und »Die Schlüsselübergabe an Petrus« von Perugino dar.

Die Decke ließ Sixtus mit Sternen auf nachtblauem Untergrund ausmalen. Doch seinem Neffen, Julius II. (Guilano della Rovere, reg. 1503–13), gefielen die biederen Sterne nicht. Er beauftragte 1508 Michelangelo, die Decke mit einem Freskenzyklus auszumalen. 1533 ließ Clemens VII. (Giulio de' Medici, reg. 1523–34) den Künstler auch noch die Altarwand mit einer Darstellung des »Jüngsten Gerichtes« bedecken.

Nach Michelangelos Tod schienen den Päpsten die vielen nackten Figuren jedoch anstößig. Sie ließen offen liegende Geschlechtsteile mit Tüchern übermalen. Zu Michelangelos 500. Geburtstag aber begann

DAS WICHTIGSTE IN KÜRZE:

- **Erbaut: 1473–83**
- **Freskenzyklus von Michelangelo mit der Schöpfung und dem Jüngsten Gericht**

der Vatikan eine umfassende Restaurierung der Fresken, die bis 1999 dauerte. Dabei wurden die Übermalungen entfernt und die Fresken vom Ruß der Jahrhunderte befreit, was leuchtende Farben zum Vorschein brachte. Viele Kunstexperten kritisierten die Restaurierungen, da möglicherweise auch Übermalungen verloren gingen, die von Michelangelo selber stammten. Andererseits sind die berühmten Bilder seitdem für die Besucher viel besser zu sehen und auch der Eindruck, Michelangelo habe eher düstere, gedämpfte Farben bevorzugt, ist widerlegt.
Heute dient die Sixtinische Kapelle für Versammlungen der Kardinäle, vor allem für das Konklave, das den neuen Papst zu wählen hat.

Perugino: Christus übergibt den Schlüssel an Petrus, *1481 (Ausschnitt)*

DIE FRESKEN MICHELANGELOS

An seinem ersten Meisterwerk, dem Deckengemälde, arbeitete Michelangelo vier Jahre. Er schuf eine fingierte Architektur mit Pfeilern, Gesimsen und Marmorbändern, in die er neun Bilder mit Szenen aus der Schöpfungsgeschichte einfügte. Die seitlichen Wände des Gewölbes schmückte er mit Propheten und Sybillen, die Zwickelfelder mit den Ahnen Jesu. Die Zwischenräume füllen »Ignudi«, allegorische, nackte Jünglinge mit Girlanden und Papstsymbolen. Insgesamt enthält das rund 550 Quadratmeter große Fresko mehr als 100 überlebensgroße Figuren, die alle markante, individuelle Züge haben. Die populärste Darstellung ist wohl die, auf der sich die ausgestreckten Finger von Adam und Gott berühren.
Michelangelo führte diese Arbeiten auf einem Holzgerüst stehend aus, Kopf und Schultern nach hinten geneigt, das Gesicht manchmal nur Zentimeter von der Decke entfernt. Dabei lief ihm ständig Farbe ins Gesicht. Er arbeitete täglich vom Morgengrauen bis zur Abenddämmerung und verließ das Gerüst nicht einmal zum Essen. Die Fresken mussten in den noch feuchten Putz gemalt werden, was bedeutete, dass bei jeder Korrektur alles abgeklopft und neu verputzt werden musste. Während der vierjährigen Arbeiten fühlte sich der Künstler ständig krank, befürchtete zu erblinden und war außerdem unzufrieden mit seinem Werk. Er sei nun mal Bildhauer und kein Maler und wäre hier am falschen Platz, klagte er.
Am »Jüngsten Gericht« arbeitete Michelangelo acht Jahre. Das fast 200 Quadratmeter große Gemälde zeigt Christus als Weltenrichter. In seiner Höllendarstellung nimmt Michelangelo dabei deutlichen Bezug auf das Werk Dantes (1265–1321). Das ganze Bild ist ausschließlich aus menschlichen Körpern komponiert. Es enthält nahezu 400 Figuren. Papst Johannes Paul II. (Karol Wojtyla, geb. 1920) nannte es ein »Heiligtum der Theologie des menschlichen Körpers.«

Michelangelos Jüngstes Gericht *während der Feierlichkeiten zum Abschluss der Restaurierung mit Papst Johannes Paul II. am 11.12.1999*

ST. PETER IN ROM

In der Vatikanstadt steht der gewaltige Kuppelbau St. Peter. Mit einer Kuppelhöhe von 132 Meter und einer Fassadenhöhe von 51 Metern ist die Palastkirche des Papstes die höchste Renaissancekirche der Welt. Die Front der Peterskirche wird von korinthischen Monumentalsäulen bestimmt, die sich über die beiden unteren Stockwerke erheben. Vor der Kirche liegt in östliche Richtung der Petersplatz. Dieser Platz aus der Mitte des 17. Jh. wird von einem Kreis aus Säulenkolonnaden gesäumt, der zur Kirche und nach Osten hin offen ist. In der Mitte des hochbarocken Ensembles steht ein Obelisk aus der Zeit Kaiser Neros (37 v. Chr.–68 n. Chr.). Dem vor dem Obelisken stehenden Betrachter bietet sich ein wahrlich monumentales Bild neuzeitlicher Kirchenbaukunst. Die Länge der Peterskirche von 211 Metern und ihre Breite von 152 Metern machen sie zum größten christlichen Sakralbau überhaupt.

ALT-ST. PETER

Die Kirche St. Peter ist auf einem alten Kirchenbau aus dem Jahr 320 errichtet. Den damaligen Bau gab Kaiser Konstantin (280–337) in Auftrag. Auch diese Kirche war dem Apostel Petrus geweiht. Sie befand sich auf einer Gedenkstätte aus dem 2. Jh. Die sog. Memoria wies den überlieferten Hinrichtungsort St. Petrus aus. Um diese Memoria entstand eine Basilika mit fünf Schiffen, einem Querhaus und einem Atrium. In den nächsten Jahrhunderten wurde die alte Kirche weiter ausgebaut. Es wurden eine Krypta um die Memoria sowie ein Glockenturm errichtet.

ARCHITEKTENSTREIT

Der Altbau blieb im Mittelalter weitgehend unverändert. Erst Papst Julius II. (1443–1513) erteilte den Auftrag für Veränderungen an St. Peter. So wurde Donato Bramante (1444–1514) mit dem Entwurf eines Kapellenanbaus beauftragt. Doch der Architekt plante Größeres. Als er seinen Entwurf vorlegte, war sein Auftraggeber überrascht. Statt einer Erweiterung sah Bramantes Plan einen Neubau vor, der quer durch die alte Kirche führen sollte. Der Plan wurde abgelehnt. Julius II. ließ sich einen Gegenentwurf anfertigen, der aus einem quadratischen Zentralbau über der Memoria bestand. Doch Bramante verband diesen Entwurf mit seinem Langbaukonzept und konnte Julius II. von dieser Form des Kompositbaus überzeugen.

DAS WICHTIGSTE IN KÜRZE:
- **Basilika über dem Grab des Apostels Petrus**
- **Erbaut: 1506–1626**
- **Hauptarchitekten: Bramante und Michelangelo**

BAUPHASEN

Nach diesem Streit über die Form des Kirchengrundrisses wurde 1506 der Grundstein gelegt. Mit der Durchführung des Baus wurde Bramante betraut. Dieser begann mit den Arbeiten an dem Zentralbau, der Teil seines ursprünglichen Entwurfs war. So versuchte er vollendete Tatsachen zu schaffen und die Umsetzung der von ihm entworfenen Teile sicherzustellen. Die Kuppelpfeiler waren 1511 als Erstes fertig. Als Papst Julius II. merkte, dass Bramante die Arbeiten an dem von ihm nicht gewollten Kirchenteil nur halbherzig betrieb, ließ er den Kuppelbau einstellen. Bis zum Tode Julius II. 1512 wurde nur noch an dem Chor der Kirche gebaut. Als auch Bramante im folgenden Jahr starb, wechselten sich in schneller Folge die Architekten ab. Der prominenteste unter ihnen war Raffael (1483–1520), der jedoch nur wenige Jahre an dem Bau arbeitete. Die Bauarbeiten an St. Peter gingen in dieser Zeit des Wechsels nur schleppend voran. Erst das Jahr 1546 wurde zum Wendepunkt in der langen Baugeschichte. Papst Paul III. sah in der Vollendung des Baus ein Symbol der Stärke, das während den Reformationswirren dringend gebraucht wurde. So beauftragte er Michelangelo (1475–1564) mit der Weiterführung der Bauarbeiten. Dieser machte sich zielstrebig ans Werk und setzte den Plan eines Zentralbaus in Form eines griechischen Kreuzes um. Sein Entwurf bestimmt maßgeblich das heute Bild St. Peters. Auf ihn geht die klare, monumentale Fassadengliederung des Ostbaus und die Ausarbeitung der Kuppel zurück. Auch als 1606 Carlo Maderno (1556–1629) dem Bau ein Langhaus und die heutige Fassade hinzufügte, orientierte er sich an Michelangelos Stil. Der Vorplatz mit seinen monumentalen Kolonnaden, die von entscheidendender Wirkung für die Gesamtanlage sind wurde dann 1656–67 von Gianlorenzo Bernini (1598–1680) errichtet. Dieser schuf auch den Baldachin des Hochaltars in der Peterskirche und damit eines der herausragendsten Werke des Barock.

Kuppel der Peterskirche

Innenansicht

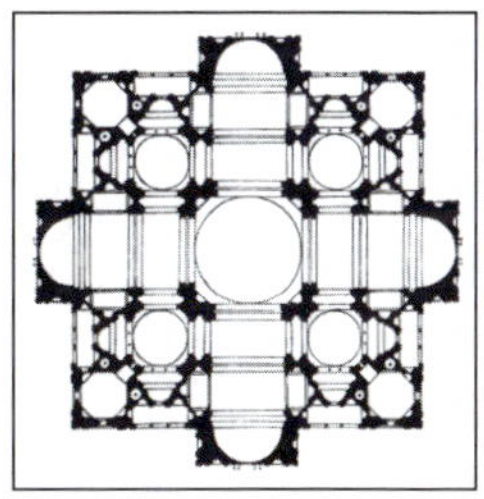

Grundriss Bramantes

KUPPEL

Die Ideen der Architekten waren unterschiedlich, letztendlich hat sich der Entwurf Michelangelos durchgesetzt. Die gewaltige Kuppel mit ihrem Durchmesser von 42 Metern ruht auf Doppelsäulen, die sich in sechzehn Rippen der Kuppel fortsetzen. Die Kuppel besteht aus einer spitz zulaufenden Außenschale und einer halbkreisförmigen Innenschale. Zur Stabilisierung der gesamten Konstruktion tragen zwischen die beiden Kuppelschalen gelegte Eisenketten bei. Die Innendecke der Kuppel ist mit Mosaiken verziert. Die Inschrift am Kuppelfuß »Du bist Petrus, und auf diesen Felsen werde ich meine Kirche bauen«, bezieht sich auf das unter ihr liegende Grab des Apostels.

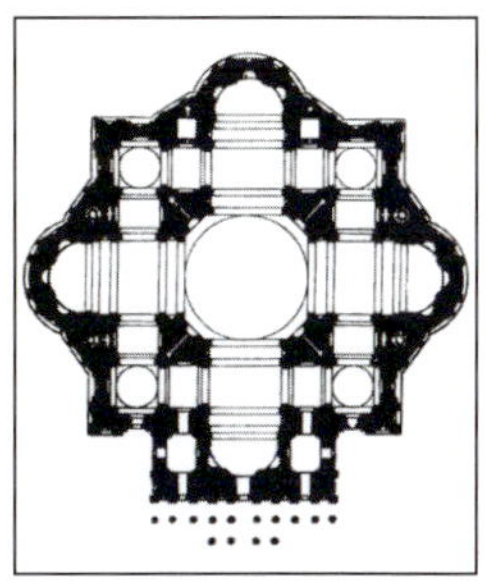

Grundriss Michelangelos

DIE SELIMIYE-MOSCHEE IN EDIRNE

DER BAUMEISTER

Koca Mimar Sinan (Großer Baumeister Sinan), war unter dem Namen Joseph als Sohn griechisch-orthodoxer Eltern bei Caesarea in Anatolien geboren worden, aber im Zuge der üblichen »Knabenaushebung« für das Janitscharen-Heer, die Leibgarde der Sultane, rekrutiert worden. Er trat zum Islam über, nannte sich Sinan und nahm an mehreren Feldzügen teil, zuletzt in technischer Funktion. Dabei baute er unter anderem Schiffe und Brücken. Nach dem Tod des osmanischen Generalbaumeisters bekam er 1539 dessen Stellung. Insgesamt baute er über 80 große und 50 kleine Moscheen, mehr als 50 Medresen und 35 Paläste, aber auch Schulen, Karawansereien, Mausolen, Badehäuser, Armenküchen, Krankenhäuser, Aquädukte, Brücken und sogar Lagerhallen.

In der osmanischen Architektur verbinden sich traditionelle islamische Elemente mit denen des eroberten Byzanz. Während die Moscheen bis dahin aus einzelnen, nebeneinander liegenden Räumen bestanden, die mit vielen Säulen geschmückt waren und nur kleine Kuppeln hatten, ging die Tendenz der osmanischen Architektur unter dem überwältigenden Eindruck der Hagia Sophia zum überkuppelten Zentralraum. Schritt für Schritt wurden die tragenden Wände dünner und ineinander übergreifende Räume geschaffen. Sinan führte diese Entwicklung zu ihrer Vollendung. Dabei verstand er es geschickt, alte

Porträt von Sinan, Farbdruck nach Gemälde von S. Uzmen

DAS WICHTIGSTE IN KÜRZE

- **Erbaut: 1567–74**
- **Höhepunkt der osmanischen Klassik**

Sinan (um 1489–1588), der bedeutendste Baumeister des Osmanischen Reiches, war bereits 80 Jahre alt, als er für Sultan Selim II. (1524–74) in Edirne, dem früheren Adrianopel, eine Moschee baute. Sie war der Höhepunkt seines langen erfolgreichen Lebenswerkes und zugleich der osmanischen Baukunst überhaupt. Für die osmanische Architektur nimmt die Selimiye-Moschee eine Stellung ein wie der Parthenon für die griechische Tempelbaukunst.

Schnitt durch die Moschee

und neue Elemente harmonisch zu verbinden. Mit jeder seiner Moscheen gelang es ihm ein Stück weit mehr, Haupt- und Nebenräume unter einer großen Kuppel zu einer Einheit zusammenzufassen. Die Kuppeln wurden dabei immer größer und die Minarette, die die Moscheen außen umgaben, immer schlanker. Auch die Zahl der Fenster nahm zu, denn Licht war für Sinan ein wichtiges Gestaltungselement, um klare, strahlende Räume zu bekommen.

Sinans Meisterwerke sind die Süleymaniye-Moschee in Istanbul (1550–57) und die Selimiye in Edirne. Er selber aber bezeichnete die Süleiymaniye als sein Lehr-, die Selimiye aber als sein Meisterstück.

Er war jedoch nicht nur ein genialer Architekt, sondern auch ein guter Organisator, der seine Bauten sehr schnell und reibungslos verwirklichte. Die Tatsache, dass die meisten davon heute noch stehen, lässt auf seine solide Arbeit schließen.

DAS GEBÄUDE

Die Selimiye-Moschee besteht aus einem rechteckigen, geschlossenen Bau, dessen vorderer Teil von einem arkadengesäumten Innenhof eingenommen wird. Der hintere Teil wird von der 43 Meter hohen Kuppel und vier Minaretten dominiert, die wie überschlanke Raketen in den Himmel zu schießen scheinen. Die Kuppel über dem zentralen Gebetsraum ist so beherrschend, dass überhaupt nicht auffällt, dass seitlich des Gebetsraums auch noch ein Spital und eine Koranschule integriert sind, Einrichtungen, die zu einer Moschee unverzichtbar dazugehörten.

Der Zentralraum hat einen würfelförmigen Grundriss, der an die Kaaba in Mekka erinnern soll. Mehrere Halbkuppeln stellen den Übergang zur zentralen Wölbung über der Mitte dar. Diese Kuppel setzte Sinan nicht, wie bis dahin üblich auf vier tragende Pfeiler, sondern auf acht, die dafür dünner ausfielen. Der Raum wirkt jetzt nicht mehr abgeschlossen, sondern scheint sich nach allen Seiten zu öffnen. Die ganze Moschee hat die symbolische Zahl von 999 Fenstern. Sowohl die untere Hälfte der Kuppel als auch die der sich anschließenden Halbkuppeln sind mit Fensterreihen gesäumt. Boden und Wände sind zwar mit kunstvollen floralen Motiven geschmückt, doch insgesamt ist der Dekor so zurückhaltend, dass er die Klarheit und Helligkeit des Raumes nicht beeinträchtigt. Zentrales Gestaltungselement sind die aus roten und gelben Steinen abwechselnd gemauerten Rundbögen, die sich auch in den Arkaden des Hofes und in den äußeren Tor- und Fensteröffnungen finden.

Von außen betrachtet steigt die Kuppel aus einem Berg übereinander geschichteter Halbkugeln auf, was ihr Wucht und Monumentalität verleiht. Im Gegensatz zum klaren Raumeindruck im Inneren, präsentiert sich die äußere Architektur komplex. Die vier spitzen Bleistiftminarette jedoch, die typisch für Sinans Architektur sind, halten das Ganze zusammen und setzen einen eleganten Gegenakzent. In ihrem Inneren führen jeweils drei ineinander gedrehte Aufgänge zu den verschiedenen Galerien. Mit über 70 Meter Höhe sind sie die höchsten Minarette, die Sinan je gebaut hat, genauso wie die Kuppel der Selimiye mit rund 31 Metern Durchmesser die größte ist. Die Moschee wurde zum Leitbild der künftigen osmanisch-islamischen Kultur.

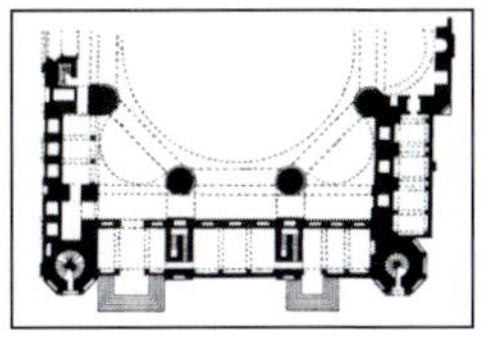

Grundriss

DIE BLAUE MOSCHEE IN ISTANBUL

DAS WICHTIGSTE IN KÜRZE:
- **Eine der beeindruckendsten Moscheen der Welt**
- **Erbaut: 1609–16**
- **Einzige Moschee mit sechs Minaretten**

Nur eine Moschee hat mehr Minarette als dieser imposante Bau in der türkischen Hauptstadt. Mit ihren sechs Türmen ist die Sultan-Ahmet-Moschee, meist Blaue Moschee genannt, das zweitwichtigste Gotteshaus des Islam. Von größerer Bedeutung ist nur noch das Gotteshaus in Mekka. Die Anzahl der Minarette symbolisiert also auch den religiösen Status des Hauses. Vier der Minarette stehen an den Ecken des nahezu quadratischen Grundrisses der Moschee. Die anderen zwei Türme befinden sich an den Ecken des vorgelagerten Hofes. Der Hauptbau mit seiner Kuppel ist 42 Meter hoch und wirkt mit seiner Innenfläche von 51 x 53 Metern ausgesprochen monumental. Die Hauptkuppel mit ihrem Durchmesser von 23 Metern wird von vier gewaltigen turmartigen Säulen getragen. Diese stützen auch die Bögen der Seitenräume. Seitlich an der Kuppel befinden sich vier Halbkuppeln, die an dem zentralen Dach anliegen. Unter diesen liegen wiederum weitere Halbkuppeln.

GESCHICHTE

Den Bau der Blauen Moschee mit ihrem imposanten Dach und den sechs Minaretten gab 1609 der junge Sultan Ahmet I. (1590–1617) in Auftrag. Er wollte ein islamisches Gotteshaus schaffen, das den Vergleich mit der Hagia Sofia nicht zu scheuen bräuchte. Dafür beauftragte er den Architekten Mehmet Aga. Dieser machte sich an die Umsetzung der Aufgabe, wobei er sich tatsächlich an der Gestaltung der Hagia Sofia orientierte. Trotzdem gelang ihm ein eigenständiger Entwurf, der keine einfache Kopie der Nachbarkirche wurde. Angeblich ist einer der Unterschiede der beiden Bauten auf ein Missverständnis zwischen Sultan und Architekt zurückzuführen. So soll sich der Sultan goldene Minarette gewünscht haben, doch der Architekt habe das türkische Wort für Gold (altin) mit der türkischen Zahl sechs (alti) verwechselt. Ob dies tatsächlich der Grund für die ungewöhnliche Anzahl an Minaretten ist, sei dahingestellt. Auf jeden Fall zeichnet diese Entscheidung des Architekten die Blaue Moschee aus, hebt sie von der benachbarten Hagia Sofia ab und weist ihr eine Bedeutung zu, die nur von Mekka überboten wurde.

VORHOF

Um in dieses beeindruckende Bauwerk aus dem 17. Jh. zu gelangen, gibt es zwei Wege. Der eine führt durch ein großes Tor direkt in das Hauptgebäude und wird heute von den Touristen gewählt. Der andere Weg in die Blaue Moschee führt durch den äußeren Moscheegarten, der das gesamte Sakralgebäude umgibt. Von dort gelangt man in den Vorhof. Dieser ist von ähnlicher Größe wie die Grundfläche der Moschee und wird von einem Arkadengang umgeben. Drei Tore an den verschiedenen Seiten führen durch die Hofmauern ins Innere. Diese Portale sind kunstvoll mit Stalaktitverzierungen geschmückt. 26 Säulen tragen das Dach des Rundwegs, auf dem 30 kleine Kuppeln aufragen. In der Mitte des Hofes steht ein sechseckiger Brunnen, der für rituelle Reinigungen verwendet wird. Von hier führt ein weiterer Durchbruch in das Innere der Blauen Moschee.

INNENRAUM

Hier offenbart sich dem Besucher die Bedeutung des Namens der Moschee. Decken, Bögen und Wände sind mit zahlreichen Ornamenten verziert, die überwiegend in den Farben Blau und Gold gestaltet wurden. Vor allem sind es Blumenmuster und geometrische Ornamente, die hier als Schmuck an die Decke gebracht wurden. Ursprünglich waren wohl weite Teil der jetzt gemalten Verzierungen gefliest. Und auch heute sind noch zahlreiche der Fliesen im unteren Wandbereich zu bestaunen. Besonders die marmorne Sultanloge und die Galerie beeindrucken mit ihren dekorativen Fliesen. Die meisten der Kacheln stammen aus den Werkstätten von Iznik, die für ihre kunstvollen Arbeiten berühmt sind. Auf den Kacheln finden sich wieder florale Motive. Häufig sind es Lilien, Zedern oder Rosen, die auf den Fliesen abgebildet wurden. In Szene gesetzt werden die Verzierungen durch Tageslicht, das durch die über 200 Fenster in das Innere fällt. Da die Hauptkuppel und die sie umlagernden Teilkuppeln zum Innenraum hin geöffnet sind, flutet das Licht aus den unterschiedlichsten Richtungen in das Gebäude.

Blick in die Kuppel

Innenansicht

ANBAUTEN

Während das Innere der Blauen Moschee durch seine imposante Größe und die zahlreichen Ornamente beeindruckt, gibt es auch in den Nebenbauten des Komplexes einiges zu entdecken. So sind in einem Anbau Sultan Ahmet I. sowie seine Frau und drei seiner Prinzen beigesetzt. Auch die alte Koranschule der Blauen Moschee, in der Recht, Religion und Naturwissenschaften gelehrt wurden, liegt in einem Seitengebäude. Daneben findet sich hier ein Teppichmuseum das über 700 Jahre alte Exponate zeigt. Im Vergleich dazu mag die Blaue Moschee zwar jung wirken, aber ihre Bedeutung beruht ja auch nicht auf ihrem Alter, sondern auf der Einzigartigkeit ihrer Gesamtgestaltung und der prunkvollen Innenausstattung.

DIE KÖNIGSMOSCHEE VON ISFAHAN

Blick auf zwei Minarette über dem südlichen Eingangstor

DAS WICHTIGSTE IN KÜRZE:
- **Erbaut: 1612–30**
- **Vollständig mit kunstvoll bemalten Kacheln überzogen**

So wie sich die byzantinische Kunst durch goldgrundige Mosaiken auszeichnete, so sind bemalte und glasierte Kacheln ein Kennzeichen der persischen. Der Grund ist in der Regel in Blautönen gehalten, in Türkis, Kobalt oder Lapislazuli. Manche sind mit kunstvoll geschriebenen und verzierten Koranversen geschmückt. Andere sind mit überaus feinen und kunstvollen Arabesken oder stilisierten Blütenmustern bemalt. Die Hauptfarben für die Bemalung sind gelb, gold und weiß. Die Kunst der Kachelbemalung brachten die Perser im 10. bis 13. Jh. zur Perfektion. Die Masjid-i-Schah, die Königsmoschee von Isfahan, ist nahtlos mit diesen Kunstwerken überzogen. Alle Tore, Türme, Arkaden, Kuppeln, Mauern und Innenwände schimmern in Blau und Gelb.

DAS GEBÄUDE

Die Königsmoschee wurde als letztes Gebäude an der Stirnseite des Meidan-e-Schah, des Königsplatzes von Isfahan, gebaut. Die Baumeister standen dabei vor der Aufgabe, einerseits eine repräsentative Fassade zum Platz hin zu bauen, andererseits aber die Moschee nach Mekka ausrichten zu müssen. Sie lösten das Problem, indem sie ein prächtiges Torgebäude an den Meidan-e-Schah setzten. Dieses knickt im Inneren jedoch um 45 Grad ab und mündet im Innenhof der Moschee genau vor dem Haupteingang zum Gebetssaal. Das 26 Meter hohe Portal ist von zweistöckigen Arkaden gesäumt. Darin befanden sich Läden, die mit ihrer Miete zum Unterhalt der Moschee beitrugen. Das Tor selber ist zurückgesetzt und von zwei 33 Meter hohen Minaretten flankiert. Der Eingang liegt in einer spitzbogigen Apsis, die in der islamischen Architektur Iwan genannt wird. Das Gewölbe des Iwan ist mit sog. Stalaktitendekor geschmückt, das einen Tropfsteineffekt andeutet und mit dunklen Kacheln voller bunter Blumenmuster überzogen ist.
Der quadratische Innenhof der Moschee hat ein großes Wasserbecken für die rituelle Fußwaschung in der Mitte und ist von doppelstöckigen Arkaden umgeben. In der Mitte jeder Seite öffnet sich wieder ein Iwan. Drei kleinere zu Kuppelräumen an den Seiten und über der Mündung des Torgebäudes sowie ein großer mit zwei Minaretten vor dem Gebetssaal.
Dessen riesige Kuppel dominiert das Stadtbild. Sie ruht auf einem hohen Tambour und ist ganz mit türkisblauen Kacheln mit gelbem Rankenmuster verziert. Unter ihr liegt ein einziger Raum, der in seiner Pracht und Größe überwältigend wirkt. Obwohl die Kuppel im Inneren durch eine zweite Schale viel niedriger als von außen ist, scheint sie noch unendlich hoch. Die feinen Verzierungen auf den Kacheln werden nach oben immer filigraner, sodass noch größere Höhe vorgetäuscht wird. Während außen die blaue Farbe dominiert, die einen luftigen und leichten Effekt erzielt, überwiegen im Inneren weiß und gelb.
Der gewaltige Gebetssaal wird zu beiden Seiten von Säulenhallen mit vergleichsweise niedrigen Kuppelgewölben flankiert. Von dort aus gelangt man in die Medresen. Diese sind eigentlich theologische Schulen. In der Königsmoschee von Isfahan präsentieren sie

sich als arkadengesäumte Innenhöfe mit Grünpflanzen und Wasserbecken, die ein wenig an europäische Kreuzgänge erinnern.

DIE IDEE VOM PARADIES

Im Koran werden für das Paradies oft Wörter gebraucht, die gleichzeitig Garten bedeuten, und auch die Beschreibungen dieses legendären Ortes zeichnen oft eine idyllische Grünanlage mit kühlem Wasser, Blumen und Früchten. Grünpflanzen und Wasser waren in der arabisch-islamischen Welt nun einmal ein Luxusartikel. So ist es kein Wunder, dass der Safawidenherrscher Abbas der Große (reg. 1588–1629) 1598 seine Hauptstadt nach Isfahan verlegte. Isfahan ist eine Oasenstadt, in der mit Wasser nicht gespart werden muss. Sie liegt am Fluss Zayandehrud, der in seinem späteren Verlauf in der Wüste versickert.
Abbas beschloss, hier inmitten des sonst so trockenen Irans eine Paradiesstadt anzulegen.

Blick auf die Kuppel

Er ließ die Prachtstraße Tschahar Bagh (Vier Gärten) als Hauptachse anlegen. In ihrer Mitte befand sich eine Promenade mit einem Kanal. Seitlich schlossen sich die Gärten der Adelspaläste an. Zum Zentrum der Stadt machte Abbas den Meidan-e-Schah, auf dem er Polospiele abhalten wollte. Heute wirkt der Platz mit 150 x 500 Metern trotz der prächtigen Bebauung etwas überdimensioniert. Er ist ganz von doppelstöckigen Arkaden umgeben. An der Schmalseite im Norden umschließen sie das Tor zum Basar. Im Osten liegt der Palast Ali Kapu (15. Jh.), von dem aus der Herrscher den Polospielen beiwohnen konnte, im Westen die kleinere, aber sehr prächtige Scheich-Lotfallah-Moschee (1603–17) und im Süden als Krönungspunkt von Abbas Bauprogramm die Königsmoschee. Mit ihren blauen Kacheln und den unendlichen Blütenmustern, die sie verzieren, nimmt sie das Motiv des Paradiesgartens auf. Auch die Innenhöfe der Medresen mit ihren jeweils drei Wasserbecken und der grünen Bepflanzung stellen kleine Paradiese dar. Von hier aus lässt sich die Pracht des Moscheegebäudes hervorragend genießen.

Südliches Eingangstor

VERSAILLES

Versailles war zu Beginn des 17. Jh. eine kleine Bischofsstadt, 20 Kilometer von Paris entfernt. Die französischen Könige hatten dort ein kleines Wasserschloss, das für Jagdausflüge benutzt wurde. Doch 1631 begann Ludwig XIII. (1601–1643) mit viel Aufwand die Sumpflandschaft trockenlegen und terrassieren zu lassen. Sein Sohn Ludwig XIV. (1638–1715) errichtete dort die prunkvollste Residenz von ganz Europa. 50 Jahre lang waren über 35.000 Menschen in Versailles beschäftigt, darunter die berühmtesten Künstler und Kunsthandwerker. Als Ludwigs Finanzminister, Nicolas Fouquet, ihm 1661 voller Stolz sein neues Lustschloss Château de Vaux-le-Vicomte vorführte, das alle königlichen Domizile an Pracht übertraf, ließ der Monarch seinen Beamten kurzerhand wegen Unterschlagung in den Kerker werfen und übernahm dessen Künstlerriege: den Baumeister Louis Le Vau (1612–1670), den Maler Charles Le Brun (1619-1690) und den Landschaftsarchitekten André Le Nôtre (1613–1700). Nach Le Vaus Tod engagierte er dann den Louvre-Architekten Jules Hardouin-Mansart (1646–1708), der innerhalb der Barockarchitekten als Vertreter des eher strengen, ausgewogenen »Classicisme« galt.

DAS SCHLOSS

Versailles ist vor allem gewaltig. Obwohl es einer der bedeutendsten Bauten des Barock ist, fehlt ihm ein typisches Stilmerkmal dieser Epoche: die Üppigkeit, der Überschwang und die Bewegtheit des Baukörpers. Das Schloss ist von kalter, einschüchternder Pracht. Der Bau ist von außen nur sparsam dekoriert und hat eine Länge von 700 und eine Tiefe von über 400 Metern. Allerdings bleibt trotz dieser Größe die Harmonie der Proportionen gewahrt.
Das Kernstück bildet das alte U-förmige Wasserschloss, dessen Ehrenhof Ludwig mit Marmor pflastern ließ. An dieses Schloss fügte er zwei seitlich versetzte Flügel an, die den Cour Royal umschlossen, den nur die

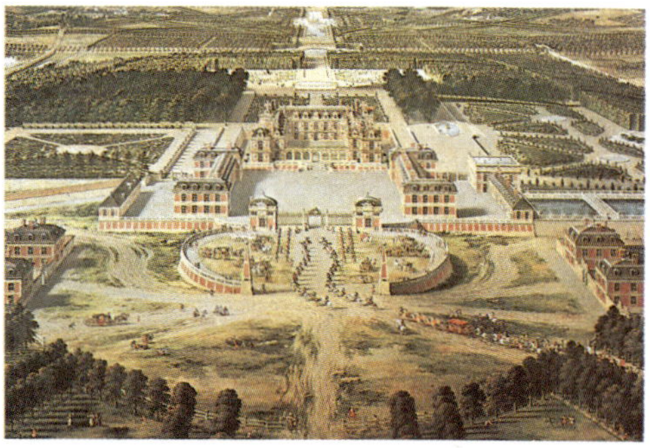

Pierre Patel: Das Schloss Versailles, *um 1668*

DAS WICHTIGSTE IN KÜRZE:
- **Erbaut: 1631–1820**
- **Residenz des »Sonnenkönigs« und Vorbild für unzählige europäische Barockschlösser**

Kutsche des Königs befahren durfte. Genau im Zentrum, und streng nach Osten ausgerichtet, lag der Grand Salon des alten Schlosses. Diesen ließ Ludwig zur Chambre de Roi, dem königlichen Schlafzimmer ausbauen. Hier fand die zeremonielle Morgentoilette des Königs statt (Grand Lever), ein Ritual, das sehr berühmt wurde.
Im Gegensatz zum eher sparsam geschmückten Äußeren des Gebäudes ließ Ludwig die Innenräume umso prunkvoller dekorieren. Bequemlichkeit jedoch spielte keine Rolle. Ludwigs Geliebte, Francoise de Maintenon (1635–1719), meinte: »Für ihn kommen nur Grandeur, Großartigkeit und Symmetrie infrage; es ist unendlich lohnend, den Zug zu ertragen, der unter den Türen durchkommt, wenn man es nur einrichten kann, dass sie alle gegenüber liegen.«
Kunstwerke in zwei Sälen zeigen deutlich, wie eng sich der König mit dem mythischen Helden Herkules und dem Sonnengott Apollo identifizierte. Den prachtvollsten Raum jedoch stellt die 73 Meter lange Spiegelgalerie dar, die er an die Rückseite des Gebäudes baute. Die einander gegenüberhängenden Spiegel scheinen den Raum ins Unendliche

Deckengemälde im Spiegelsaal von Charles Le Brun

zu verlängern; ein Effekt der oft und gern kopiert wurde.
Während der Mitteltrakt alleine dem König vorbehalten war, bewohnte der Adel des Reiches den riesigen Südflügel. Ludwig hatte 1677 den Regierungssitz nach Versailles verlegt. Die Adeligen band er durch eine Anwesenheitspflicht an die neue Residenz und hielt sie so ihren Gütern fern. Im Nordflügel befanden sich die Schlosskapelle, ein Opernhaus und eine Gemäldegalerie.

DER PARK

Größe, Pracht und Symmetrie des Schlosses setzen sich in der ehemals fast 2500 Hektar großen Gartenanlage fort. Le Nôtre begann

Gartenfassade

1667 mit der Gestaltung. Die ganze Anlage war mit geometrischen Mustern, Blumenrabatten und exakt beschnittenen Hecken bis ins Kleinste durchgestylt. Der Skulpturenschmuck diente der allegorischen Verherrlichung des Königs als Sonnengott und Mittelpunkt des Reiches. Die Hauptachse des Schlosses, auf der auch das Schlafzimmer des Königs lag, setzte Le Nôtre im Garten durch den über 1,5 Kilometer langen Canal Grande fort. Den Mittelpunkt bildete das 82 x 116 Meter große Apollobassin, eine Statue, die den Sonnengott darstellt, wie er einen von Rössern und Meeresgöttern gezogenen Wagen lenkt. Diese Statue stellte das Zentrum des ganzen Parks dar, von dem alle Wege ausgingen. Die Anlage war so groß, dass sich dieses sternförmige Netz am Horizont in der Landschaft zu verlieren schien. Damit wurde quasi von der ganzen Umgebung Besitz ergriffen. Auch die Stadt Versailles ließ Ludwig an drei großen Achsen auf das Schloss, oder genauer auf das Chambre de Roi, ausrichten.
Sowohl das Schloss wie auch der Garten haben Anlagen in ganz Europa inspiriert; von Schloss Schönbrunn in Wien (1694–1749, Johann Bernhard Fischer von Erlach) über das Berliner Stadtschloss (1698–1716, Andreas Schlüter) bis zum Winterpalais in St. Petersburg (1754–1817, Bartolomeo Franceso Graf Rastelli). Aber auch jeder kleinere Fürst versuchte – mit mehr oder weniger großem Erfolg – »sein Versailles« zu verwirklichen.

Innenansicht: Spiegelsaal

DAS TADSCH MAHAL

DAS WICHTIGSTE IN KÜRZE:
- **Erbaut: 1632–48**
- **Schönstes Mausoleum in Indien**

Das Tadsch Mahal, meinte der in Bombay geborene britische Schriftsteller Rudyard Kipling (1865–1936), sei die »Verkörperung alles Reinen, Heiligen und Traurigen. Darin lag das Geheimnis dieses Gebäudes.«
Strahlend weiß, riesig, aber trotzdem harmonisch proportioniert und fast zart, überdies auch noch literarisch umsäumt von einer tragischen Liebesgeschichte, ist das Grabmal an den Ufern des Flusses Yamuna nahe Agra eines der bekanntesten Bauwerke der Welt.

DIE BAUGESCHICHTE

Der indische Großmogul Shah Jahan (1592–1666), ein Enkel Akbars des Großen, ließ das Tadsch Mahal (Krone des Palastes) als Mausoleum für seine Lieblingsfrau bauen. Er soll sich schon als 15-jähriger beim Neujahrsfest in die damals 14-jährige Arjumand Banu Begam, die Tochter des Großwesirs seines Vaters, verliebt haben. Doch er durfte sie erst fünf Jahre später nach einer standesgemäßen Heirat mit einer persischen Prinzessin zur Nebenfrau nehmen. Die beiden sollen 19 Jahre lang sehr glücklich gewesen sein. Doch 1631 starb Mumtaz Mahal (Auserwählte des Palastes), wie sie genannt wurde, bei der Geburt ihres 14. Kindes. Der Shah soll sich acht Tage weinend in seine Gemächer eingeschlossen haben. Danach interessierte ihn nur noch ein Projekt: seiner toten Frau das großartigste Mausoleum der Welt zu errichten.
Die Bauarbeiten für das Tadsch Mahal begannen 1632. Nach offiziellen Quellen war es 1648 fertig gestellt, in Wahrheit aber wohl erst 1654. Shah Jahan, der vorher u. a. schon die Große Moschee von Delhi gebaut hatte, ließ nur die kostbarsten Werkstoffe verwenden. Ein englischer Reisender, der Agra 1632 besuchte, meinte, Gold und Silber würden wie gewöhnliches Metall verbaut, Marmor wie einfacher Stein.
Ständig waren 20.000 Künstler und Handwerker beschäftigt. Der Bau verschlang Unsummen, die in Form von immer höheren Steuern der Bevölkerung abgepresst wurden. Dies nutzte Shah Jahans Sohn Aurangzeb (1618–1707) 1658 zur Revolution. Er entmachtete seinen Vater und kerkerte ihn im Roten Fort von Agra ein. Der hatte von dort immerhin einen guten Blick auf das Tadsch Mahal. Eigentlich hatte Shah Jahan für sich am anderen Ufer ein Mausoleum aus schwarzem Marmor bauen und es mit einer Brücke mit dem Tadsch Mahal verbinden lassen wollen. Aurangzeb jedoch ließ ihn an der Seite von Mumtaz Mahal bestatten und meinte, dort sei er bestimmt am glücklichsten.

DIE ARCHTEKTUR

Das achteckige Tadsch Mahal steht auf einer quadratischen Plattform, die an den Ecken von vier schlanken Minaretten von über 40 Metern Höhe gesäumt ist. Gekrönt wird der rund 30 Meter hohe Bau von einer zwiebelförmigen Kuppel, die durch einen Tambour (Mauerring) noch weiter vom Bauwerk abgehoben wird. Mark Twain (1834–1910) nannte sie respektlos, aber nicht untreffend, eine aufsteigende Marmorblase. Ihre Höhe von 44 Metern entspricht der Breite des Gebäudes, was entscheidend zu dem ausgewogenen Gesamteindruck bei-

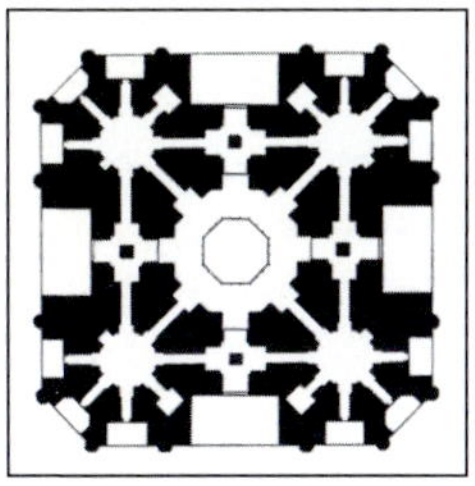

Grundriss

Die beiden Kenotaphe

trägt. Die Form der Kuppel wiederholt sich in zwei kleineren, zurückgesetzten Dachpavillons, in den Spitzen der Minarette und in winzigen Türmchen, die auf die acht Ecken des Baukörpers aufgesetzt sind. Das zentrale Portal liegt zurückgesetzt in einer riesigen spitzbogigen Apsis (Iwan). Auch diese Form wird in kleineren, zweireihigen Apsiden zu beiden Seiten wieder aufgenommen. Alles ist aus weißem Marmor gefertigt und mit feinen Intarsien geschmückt. In den Iwans sind vor allem feine, bunte Blumenmuster eingelassen, während die Wände mit elegant geschwungenen Koranversen beschrieben sind.

In der Mittagssonne leuchtet das Gebäude strahlend weiß, morgens glänzt es eher zart golden und in der Dämmerung in rosa oder purpurfarbenen Pastelltönen. Hängen Nebelschwaden in der Flussaue, dann erscheint das Tadsch Mahal wie von der Erde losgelöst.

Vor dem Gebäude liegt ein symmetrisch angelegter Garten von 300 x 300 Metern, der den Paradiesgarten symbolisieren soll. Er ist von einem langen Wasserbecken durchzogen, das den Blick schon von weitem auf das Mausoleum lenkt. Auch die vier Minarette neigen sich leicht nach innen, um den zentralen Baukörper noch mehr zu betonen.

Im Inneren herrscht ein Halbdunkel, in das nur durch Fenstergitter gebrochenes Licht gelangt. In der Mitte des zentralen achteckigen Grabraumes sind Mumtaz Mahal und Shah Jahan in einer Gruft begraben. Darüber stehen ihre Kenotaphe (Grabmonumente in Form von Sarkophagen), die mit feinen Blütenintarsien aus Edelsteinen geschmückt sind. Die Kenotaphe sind mit durchbrochenen Wandschirmen in Form eines Okatagons umgeben, deren Gitter von Ranken und Blüten gebildet wird. Von der Mogularchitektur wird deshalb auch gesagt, sie baue wie ein Riese und vollende ihr Werk wie ein Goldschmied.

Der Architekt des Tadsch Mahal ist nicht bekannt. Man nimmt aber an, dass er aus Persien oder der Türkei stammte. Es wird erzählt, Shah Jahan habe ihm den Kopf abschlagen lassen, damit er kein zweites Bauwerk, das dem Mausolem der Mumtaz Mahal gleichkomme, mehr planen könne.

DAS ROTE FORT IN DELHI

Wassilij W. Werestschagin: Thronsaal des Großmoguls Shah Jahan im Roten Fort Dehli, *1875*

Blick auf die Perlmoschee

DAS WICHTIGSTE IN KÜRZE:
- **Erbaut: 1639–48**
- **Die größte Residenz der indischen Moguln**

»Wenn es ein Paradies gibt, ist es hier, ist es hier, ist es hier«, ließ der indische Großmogul Shah Jahan (1592–1666) 1648 voller Begeisterung an die Wände der Audienzhalle des neu erbauten Lal Qila (Rotes Fort) in Delhi schreiben. In der Tat stellt das sog. Fort weniger eine militärische Anlage, als einen befestigten Palastkomplex dar. So richtig rot ist die Anlage auch nicht, denn Shah Jahan hatte eine ausgesprochene Vorliebe für teuren, schneeweißen Marmor. Schon im alten Roten Fort von Agra, mit dessen Bau einst sein Großvater Akbar (1542–1605) begonnen hatte, hatte er ältere Bauten aus rotem Sandstein durch neue Marmorpaläste ersetzen lassen.

1637 jedoch war dem prunkliebenden und bauwütigsten aller Großmoguln die alte, verschachtelt gebaute Anlage in Agra endgültig zu schäbig und er siedelte nach Delhi über, wo er mit Shahjahanabad einen ganzen neuen Stadtteil bauen ließ. Als Regierungssitz und privater Palast des Herrschers wurde das neue Rote Fort in nur neun Jahren aus dem Erdboden gestampft – weit größer und prächtiger als es die alte Anlage in Agra gewesen war.

DAS FORT

Das Lal Qila stellte eine Stadt in der Stadt dar. Die gesamte Anlage ist 350 Meter breit und über einen Kilometer lang. Hier waren nicht nur der Großmogul und sein umfangreicher Hofstaat untergebracht, sondern auch die gesamte Regierung des Reiches und ein Teil des Militärs, vor allem die Artillerie. Aber auch rund 70 königliche Manufakturen zur Produktion und zum Vertrieb von Luxusgütern hatten ihren Sitz innerhalb der Mauern des Forts. Das ganze Gelände war deshalb in drei Zonen unterteilt. Es gab eine Wirtschafts- und Verwaltungszone, an die sich der Repräsentativbereich anschloss. Dahinter

lagen, geschützt und nur für Auserwählte zugänglich, die Privatpaläste des Königs und seines Hofstaates. Trotz dieser vielen Funktionen war noch Raum für große freie Plätze und Gärten zwischen den Gebäuden.
Von den drei Toren des Forts gelangte man erst einmal in den Wirtschafts- und Verwaltungsbereich. Er wurde durch drei Basarstraßen gegliedert, die von den Toren zu einem zentralen Platz führten. Von dort aus konnte man durch das Torgebäude Naubat Khana, in dem zu feierlichen Empfängen eine ganze Musikkapelle untergebracht werden konnte, in den Repräsentationsbereich gelangen, wo Shah Jahan im Diwan-i-Am, einer nach drei Seiten geöffneten Säulenhalle, öffentliche Audienzen und Sitzungen abhielt. Durch das »Verbotene Tor« seitlich der Audienzhalle gelangte man in den privaten Palastbereich, in dem sich auch Shah Jahans private Audienzhalle, der Diwan-i-Khas, befand. Hier hielt der Großmogul die eigentlichen Regierungsgeschäfte, wie Beratungen mit seinen Ministern und den Spitzen der Verwaltung, ab.
Befestigt war die ganze Stadt mit einer mächtigen Mauer aus rotem Sandstein, die bis zu 33 Meter hoch und mit Zinnen und Wachpavillons bestückt ist. Da die Anlage jedoch auf recht flachem Gelände am Ufer des Yamuna liegt, wirkt sie nicht sehr wuchtig, sondern eher elegant.
Vom monumentalen, mit einem Vorwerk befestigten Lahore-Tor aus gelangte man direkt auf die Chandi Chowk, die Prachtstraße Shahjahanabads.

DIE GEBÄUDE

Das Rote Fort von Delhi stellte durch seine Größe und Pracht den Gipfel der Mogul-Architektur dar. Allerdings ist das heute nur noch in Ansätzen zu erahnen. 1739 hatte der persische Herrscher Nadir Schah (1668–1747) die Stadt geplündert und die Steine und Juwelen, mit denen die Gebäude reichlich geschmückt waren, geraubt. Dabei nahm er auch Shah Jahans berühmten Pfauenthron mit, einen Sitz aus purem Gold und Juwelen, dem zwei Pfauen aus Smaragden seinen Namen gegeben hatten.
1857 schlugen die Briten einen Aufstand der Inder blutig nieder und benutzten das Fort anschließend als Kaserne.
Trotzdem sind noch einige der prächtigen Gebäude von Shah Jahans Palastbezirk zu bewundern. Zu den schönsten gehört seine private Audienzhalle, ein eleganter, offener Pavillon, der mit Mosaiken und Goldornamenten ausgeschmückt ist. Daneben steht sein Privatpalast, auf dessen achteckigen Türmchen sich morgens der Großmogul zeigte, bevor er seine Amtsgeschäfte begann. Von den ausgedehnten Frauengemächern sind nur noch zwei kleine Paläste mit einem halben Dutzend Räumen erhalten. Ursprünglich jedoch war der ganze Haremsbereich größer als jeder europäische Palast. Er wurde ausschließlich von Frauen bewohnt. Shah Jahan hatte sogar eine weibliche Leibgarde, wenn er sich dort aufhielt. Die 1659 erbaute Perlmoschee (Moti Masijd) wirkt mit ihren drei dicht gedrängten, runden Kuppeln und den vielen Türmchen fast verspielt. Zu dem Palastkomplex gehörten auch noch Bäder, ausgedehnte Gärten und Parkanlagen mit Wasserspielen. Doch auch wenn vom Palast und seiner Pracht heute nur noch Spuren erhalten sind, so beeindruckt die Anlage doch noch durch ihre schiere Größe.

Blick auf die Gesamtanlage mit den roten Sandsteinmauern und dem Festungstor

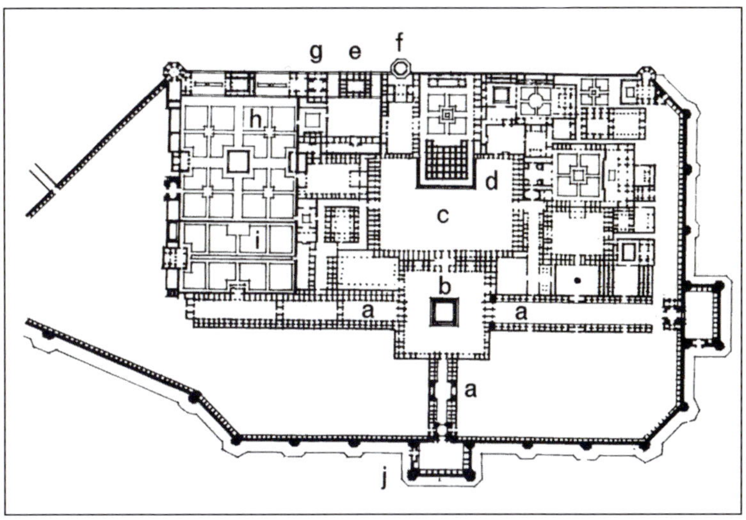

Grundriss des Roten Forts: a) Basar; b) Naubat Khana, der Musikpavillon; c) Hof der öffentlichen Audienzen; d) Diwan-i-Am, die öffentliche Audienzhalle; e) Diwan-i-Khas, die private Audienzhalle; f) Samman Burj; g) Badehaus; h) Hayat Bakhsh Bagh, der lebensspendende Garten; i) Mahtab Bagh, der Mondgarten; j) Eingang

DER POTALA PALAST IN LHASA

DAS WICHTIGSTE IN KÜRZE:
- **Weitläufige Palast- und Klosteranlage in Tibet**
- **Ehemaliger Sitz des Dalai Lama**
- **Erbaut: 1645–94**

Weiß und rot erhebt sich der Palast des Dalai Lama über Lhasa, die Hauptstadt der autonomen chinesischen Republik Tibet. Eine lange Treppe schlängelt sich den Felsen hoch zum Weißen Palast, der den Roten Palast umschließt. Die Mauern des monumentalen Baus sind einfach verputzt und von würdevoller Schlichtheit. Hinter den bis zu fünf Meter dicken Wänden befinden sich angeblich 999 Zimmer. Ob diese Anzahl aus alten Legenden tatsächlich stimmt, ist ungewiss. Sicher ist aber, dass der Weiße Palast überwiegend Lager, Verwaltungsräume und Wohnstätten für Mönche beherbergt. Im Roten Palast finden sich die Räume des Dalai Lama. Der gesamte Komplex passt sich mit seinen verschachtelten und aufwärts verjüngenden Gebäudeteilen harmonisch der Landschaft an. Der Potala wirkt trotz seiner Monumentalität wie eine Verlängerung des Hügels, auf dem er steht. Seit 1994 ist der Potala Palast UNESCO Weltkulturerbe.

ENTSTEHUNG

Die Geschichte des Potala beginnt mit der Geschichtsschreibung Tibets. Im 7. Jh. veranlasste Srong-brtsan-sgam-po (608–650), der erste König Tibets, den Bau eines Palastes auf einem Felsenhügel oberhalb Lhasas. Dieser erste Palast wurde jedoch während chinesischer Eroberungen zerstört. Der jetzige Palastkomplex stammt aus dem 17. Jh. und wurde im Auftrag des 5. Dalai Lama, dem ersten tibetanischen Gottkönig, errichtet. Zuerst begannen die Arbeiter mit dem Bau des Weißen Palastes, dessen Grundstein 1645

Der Rote Palast. Teilansicht: Vergoldete Kupferdächer oberhalb des Hofes

gelegt wurde. Nach Beendigung dieser Phase im Jahre 1690 gingen die Arbeiten am Roten Palast weiter. Vier Jahre später war der Potala Palast fertig gestellt. Fast drei Jahrhunderte blieb der Palast im Wesentlichen unversehrt. Doch als 1950 China zum erneuten Mal Tibet besetzte, wurden Teile des Palastes beschädigt. Mittlerweile sind die Schäden wieder restauriert worden.

ROTER PALAST

Der oberste und zugleich zentrale Teil des Potala Palasts ist der sog. Rote Palast. Warum er diesen Namen trägt ist offensichtlich. Die Fassade des Gebäudes ist rot gestrichen. Sonst ähnelt die Gestaltung der Außenseite dem Weißen Palast. Unterschiedlich ist neben der Farbe nur die Dachgestaltung. Auf dem Roten Palast stehen goldene Plastiken in Radform, die den Kreislauf des Lebens symbolisieren. Ferner ist das Dach mit goldenen Türmchen verziert und größtenteils vergoldet. Die Nutzung der beiden Palastteile unterscheidet sich jedoch erheblich. Im roten Gebäudeteil befinden sich Schreine verstorbener Dalai Lama, rituelle Inthronisierungsräume und die Wohngemächer des religiösen und weltlichen Oberhauptes.

THRON- UND WOHNRAUM

Die Herrschaft der meisten Dalai Lama begann in dem Roten Palast des Potala. So befindet sich in der Mitte des Erdgeschosses die Inthronisationshalle des 6. Dalai Lama. Teile des Thronbereichs sind mit weißen Tüchern verhängt, andere Teile des Raums wurden mit Wandmalereien tibetanischer Könige verziert. Im darüber gelegenen Stockwerk war der Thronsaal des 8. Dalai Lama (1758–1804). Auf dieser Ebene befindet sich auch der Meditationsraum Songtsen Gampos, der angeblich ein Rest des Palastes aus dem 7. Jh. ist. Eine weitere Etage aufwärts liegt ein anderer Teil des alten Palasts. Der Phagpa Lhakhang enthält eine Vitrine mit Holzfiguren des Avalokiteshvara, der tibetanischen Nationalgottheit. Angeblich wuchsen die Abbildungen ohne menschliches Zutun aus einem Stück Sandelholz. Dieses Heiligtum liegt unmittelbar neben und unter den Wohngemächern der verschiedenen Dalai Lama. Von den Wohngemächern ist besonders das des 13. und 14. Dalai Lama erwähnenswert. Die Wände sind mit farbenfrohen Buddhaabbildungen verziert. Zahlreiche indisch-buddhistische Ornamente in Rot, Blau und Gold schmücken Türrahmen und aufgesetzte Säulenblenden.

Der fünfte Dalai Lama

LETZTE RUHESTÄTTE

Die meisten Dalai Lama verbrachten im Potala Palast nicht nur ihr Leben, sondern wurden auch hier beigesetzt. Im Eingangsgeschoss des Roten Palastes befinden sich die Gräber verschiedener Dalai Lama. In dem sog. Lhakhang (tibet.: Tempel) befinden sich mehrere Reliquienschreine. Diese Stupas sind nicht nur reich verziert, sondern ragen teilweise drei Stockwerke in die Höhe, sodass ihre Spitzen aus dem Palast ragen. Die prunkvollste Reliquienstupa ist die des 5. Dalai Lama, der im Jahre 1682 verstarb. Seine Begräbnisstätte ist 15 Meter hoch und mit zahlreichen Edelsteinen, Perlen und Korallen verziert. Für die Vergoldung der Stupa wurden mehr als 133 Kilogramm des Edelmetalls verwendet. Der Schrein enthält neben einer Mumie des ehemaligen Gottkönigs zahlreiche religiöse Texte, vergoldete Glückssymbole und andere Insignien der Macht. Ob auch der 14. Dalai Lama hier beigesetzt wird, ist allerdings ungewiss. Derzeit lebt das religiöse Oberhaupt in Indien im Exil.

Palastgebäude

Übersichtskarte

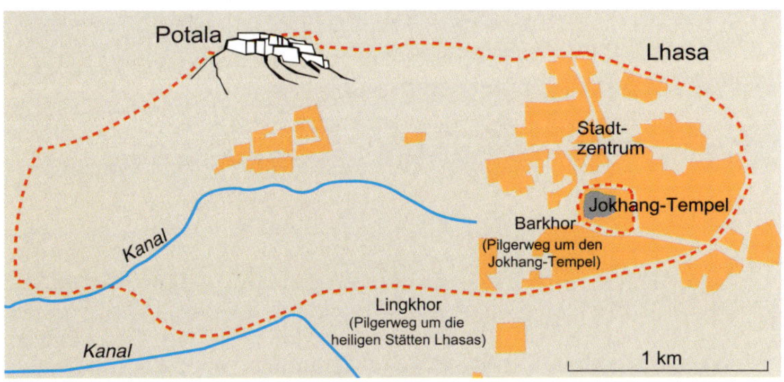

DIE ST. PAUL'S CATHEDRAL IN LONDON

DAS WICHTIGSTE IN KÜRZE:
- **Kirche mit der zweitgrößten Kuppel der Welt**
- **Erbaut: 1675–1710**
- **Größe: 170 x 75 Meter; Kuppel 111 Meter hoch**

Erst die Brandkatastrophe von 1666 machte den heutigen Kuppelbau möglich. Denn in den Flammen, die London zerstörten, ging auch die alte St. Pauls Kathedrale unter. Sir Christopher Wren (1632–1723) gelang es Karl II. (1630–1685) von seinen Bauplänen zu überzeugen. So errichtete er die neue St. Pauls Kathedrale. Der barocke Bau besteht aus einem Langschiff und einem kurzen Querbau. Das Bild der Kathedrale wird unbestritten von der gewaltigen Kuppel beherrscht. Mit ihren 111 Metern Höhe wird sie nur vom Petersdom in Rom überragt. Das Runddach ruht auf einem Kranz aus Säulen, der sich an seiner Außenwand entlangzieht. Tragende Element der gesamten Kuppel sind acht mächtige Doppelsäulen, die in den Querschiffen sowie dem Hauptschiff und dem Chorraum stehen. Von vor dem westlichen Haupteingang betrachtet, wird die Kuppel von den zwei Ecktürmen der Fassade gerahmt. Der Haupteingang selbst liegt hinter einer Säulenvorhalle. Der zweistöckige Portikus trägt einen dreieckigen Spitzgiebel, auf dem ein Relief Szenen aus dem Leben des heiligen Paulus darstellt.

VORGESCHICHTE

An dem Standort der heutigen St. Pauls Kathedrale stand schon vor der Kirche ein Sakralbau. Hier wurde in einem Tempel zu römischer Zeit Diana gehuldigt. Danach folgte auf den Ruinen des Tempels der Bau einer christlichen Kirche. Dieser Bau aus dem 7. Jh. wurde von einem Neubau im 12. und 13. Jh. abgelöst. Diese Kathedrale war der gotische Vorläufer der neuen St. Pauls Kathedrale. Auch der alte Bau war eine der beeindruckendsten Kirchen Englands. Ihr Turm war ganze 170 Meter hoch. Doch ein Feuer beschädigte die alte St. Pauls Kathedrale 1561 schwer. Zwar

Kuppel

Innenansicht

wurde die Kirche wieder restauriert, aber der alte Turm blieb einsturzgefährdet. Der renommierte Architekt Sir Christopher Wren schlug daher den Abriss des Turms und den Bau einer Kuppel vor. Sein Antrag wurde auch tatsächlich angenommen, doch eine knappe Woche später war das Stadtbild dramatisch verändert. Der große Brand von 1666 zerstörte weite Teile der Londoner Innenstadt. Auch die alte St. Pauls Kathedrale wurde vernichtet.

NEUBAU

Wren zögerte nicht, sofort einen neuen Plan zu entwerfen. Dieser sah einen komplett anderen Wiederaufbau vor. Statt dem bisherigen Grundriss wollte er einen Dom in der Form eines griechischen Kreuzes bauen. Doch er konnte sich mit diesem Plan nicht durchsetzen. Das fehlende Langschiff würde es nicht mehr ermöglichen, einen geregelten Gottesdienst in der Kirche durchzuführen. 1675 gelang es endlich, den Klerus zu überzeugen. Allerdings sah Wrens Entwurf jetzt auch eine normale Kreuzform vor. So begannen noch im Juli desselben Jahres die Bauarbeiten. Da der Architekt befürchtete, die Vollendung seines Baus nicht mehr zu erleben, begann er mit den Arbeiten auf der gesamten Baufläche gleichzeitig. Daher waren die Baufortschritte kaum zu erkennen. Dennoch konnte Wren die Kathedrale zu Lebzeiten beenden. Möglicherweise schritten die Arbeiten aufgrund einer »Motivationsmaßnahme« der Auftraggeber schneller als gewöhnlich voran. Die Bauherren halbierten 1697 den Lohn des Architekten. Erst als an seinem Geburtstag am 20.10.1710 der letzte Stein der Kuppel eingesetzt wurde, bekam er den ausstehenden Lohn.

INNENRAUM

Das Ergebnis der Arbeiten von Sir Christopher Wren ist einer der beeindruckendsten Kirchenbauten der Welt. Der Innenraum wirkt gewaltig. Es sind natürlich die Dimensionen des Baus und die Höhe der Kuppel, die den Betrachter beeindrucken. Die klare Struktur des Innenraums und das Fehlen der sonst üblichen großen Anzahl an Kapellen, Grabmälern und sonstigen Einrichtungsgegenständen lässt den Raum umso größer wirken. Den Blick zieht das prachtvolle Chorgestühl an. Es stammt aus dem 17. Jh. und steht in dem aufwändig verzierten Chorraum. Die Wände hinter und über dem Chorgestühl sind mit Glasmosaiken bestückt, die sich bis in die Deckengewölbe ziehen. Im südlichen Querschiff, rechts vom Chorraum, führt eine Treppe in die Krypta. Hier ruhen neben dem Architekten u. a. der Maler J. M. W. Turner (1775–1851) und Admiral Sir Horatio Nelson (1758–1805).

KUPPEL

Doch natürlich wird auch der Innenraum von der gewaltigen Kuppel geprägt. Die Innenkuppel ruht scheinbar auf einer Kolonnade, durch deren Fenster Licht in das Innere fällt. Die Decke ist mit Gemälden und Mosaiken geschmückt, die das Leben des Apostel Paulus darstellen. Über dieser Innenkuppel befinden sich zwei weitere Kuppelhüllen. Zum einen ein spitzer Ziegelkegel, der die Last der 836 Tonnen schweren, begehbaren Laterne trägt, zum anderen die Außenkuppel, die auch auf dem Ziegelkegel ruht. Diese Außenkuppel besteht aus einem Holzgerüst, das mit Blei verkleidet ist.

Ansicht von Norden

DIE WÜRZBURGER RESIDENZ

DAS WICHTIGSTE IN KÜRZE:
- **Erbaut: 1720–44**
- **Ausgestattet: 1740–70**
- **Im Treppenhaus größtes Deckenfresko der Welt**

Die Residenz der Fürstenbischöfe von Würzburg gilt als Höhepunkt der barocken Schlossbaukunst in Deutschland. Kunsthistoriker sprechen gerne von einer »Synthese des Barock«, weil hier die bedeutendsten Künstler aus ganz Europa Ideen und Elemente des Stils zur Vollendung führten. Von außen ist der mächtige, kompakte Bau aus grauem Sandstein für ein Schloss seiner Größe erstaunlich harmonisch und geschlossen. Die wahre Pracht jedoch entfaltet sich erst im Inneren – vor allem in dem berühmten Treppenhaus und dem Kaisersaal, wo die barocke Idee perfekt verwirklicht wird, dass sich Architektur und Dekor durchdringen sollen und zu einer bewegten Einheit werden.

DIE BAUGESCHICHTE

Der Bauherr der Residenz, Fürstbischof Johann Philipp (reg. 1719–1724) aus dem bedeutenden Geschlecht von Schönborn, hatte enge Beziehungen zum Habsburger Kaiserhaus. Deshalb wollte er nicht nur einen prächtigen Palast für sich selber bauen, sondern auch kaiserlichen Besuch standesgemäß unterbringen – und beeindrucken – können.

Die Leitung des Baus lag in den Händen seines Hofbaumeisters Balthasar Neumann (1687–1753). Daneben arbeiteten aber auch die führenden Barockarchitekten aus Paris und Wien wie beispielsweise Johann Lucas von Hildebrandt (1668–1721), der Baumeister des Schlosses Belvedere, an den Entwürfen mit. Die Bildhauer und Stuckateure kamen aus Würzburg, München, Flandern und Italien. Der wichtigste unter ihnen war Antonio Bossi. Entscheidender Künstler neben Neumann war aber der Venezianer Giovanni Battista Tiepolo (1696–1770), der die berühmten Deckenfresken schuf.

Ein Problem des Baus war der schnelle Wechsel der Bauherren. Die Fürstbischöfe waren meist ältere Herren, die teilweise nur wenige Jahre regierten, und nicht alle standen hinter dem luxuriösen Projekt. So ruhten die Bauarbeiten nach Johann Philipps Tod, bis sein jüngerer Bruder Friedrich Carl (reg. 1729–1746) neues Oberhaupt des Fürstbistums wurde. Nach dessen Tod fiel Neumann sogar in Ungnade, bevor Carl Philipp von Greiffenclau-Vollraths (reg. 1749–1754) Tiepolo engagierte und mit dem Innenausbau der Räumlichkeiten begann.

DIE RÄUME

Die Würzburger Residenz hat wahrscheinlich die schönste Raumfolge aller barocken Schlösser. Sie beginnt mit einem säulenbestandenen Vestibül, in das die Gäste mit ihrer Kutsche einfahren konnten und so trockenen Fußes die Festgemächer betraten.

Kaisersaal

Von dort führt eine zunächst einläufige und quer im Raum liegende Treppe nach oben. Durch die ungewöhnliche Anordung tut sich der helle, hohe Treppenraum mit dem riesigen Tiepolo-Fresko plötzlich und überraschend vor dem Besucher auf. Von der Farbenpracht Tiepolos geht es in den Weißen Saal, der ganz von den reichen Stuckverzierungen des Antonio Bossi lebt. Als Höhepunkt schließt sich der verschwenderisch ausgestattete und farbenprächtig bemalte Kaisersaal an.
Doch auch die privaten Zimmerfluchten für den Kaiser und die Kaiserin, nördlich und südlich des Saals haben noch allerlei Kostbarkeiten zu bieten. Es gibt unter anderem ein venezianisches Zimmer, einen Roten Salon, ein grünes Kabinett, dessen dunkelgrün schillernde Wände unter der Farbe mit Blattgold belegt sind und vor allem ein glitzerndes und funkelndes Spiegelkabinett im Rokokostil.
Während das Spiegelkabinett im Krieg zerstört wurde und restauriert werden musste, haben die Prunkräume im Mitteltrakt den Bombenangriffen auf Würzburg standgehalten. Das ist umso erstaunlicher, weil Neumann zu Lebzeiten wegen seines großen, aber flachen, freitragenden Muldengewölbes heftig angefeindet worden war. Einige Kritiker schlugen sogar vor, den Baumeister im Treppenhaus aufzuhängen, um die Tragfähigkeit der Decke zu testen.

DIE DECKENFRESKEN

Das Zusammenspiel von Architektur, Malerei und Stuckverzierungen bei den großen Deckengemälden gilt als der künstlerische Höhepunkt der Würzburger Residenz. Im Treppenhaus hat Tiepolo auf 677 Quadratmetern das größte zusammenhängende Deckenfresko der Welt geschaffen. Es zeigt weibliche Allegorien der Erdteile Europa, Asien, Afrika und Amerika, die dem Sonnengott (und einem Medaillon des Fürstbischofs) huldigen. Die perspektivische Malerei lässt das Gewölbe viel höher erscheinen, als es ist, und an den Rändern greifen Gemälde und Stuck ineinander über. Es ist ein beliebtes Spiel der Besucher, herauszufinden, welche Teile plastisch und welche gemalt sind, beziehungsweise ob der Untergrund der Malereien flach oder gewölbt ist. Dieses Spiel wird im 400 Quadratmeter großen Kaisersaal auf die Spitze getrieben. Die Fresken feiern die Vermählung von Friedrich Barbarossa (1122–90) mit Beatrix von Burgund, die 1156 in Würzburg stattfand. Vor allem an den Rändern quillt das Personal förmlich aus den Bildern hervor. Da flattern Tücher einfach in die Nachbarbilder und Beine baumeln von der Decke. Diese Illusionsmalerei war im Barock überaus beliebt, doch nirgends wurde sie so genial verwirklicht wie in Würzburg.

Gartenpavillon

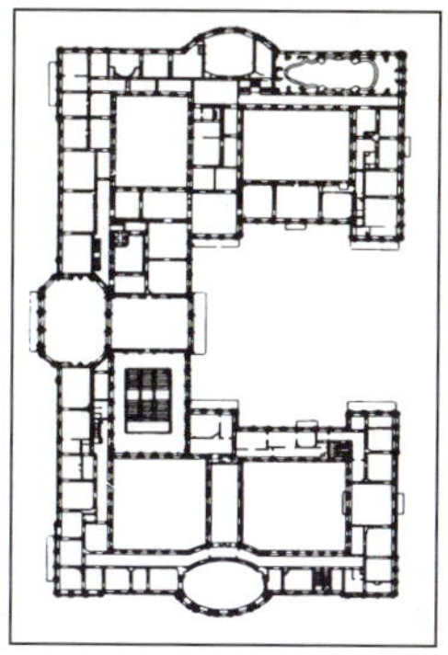

Grundriss

G. B. Tiepolo: Afrika. *Detail des Freskos im Treppenhaus*

DAS OBSERVATORIUM VON JAIPUR

Große Sonnenuhr Samrat Yantra

DAS WICHTIGSTE IN KÜRZE:
- **Erbaut: 1728–34**
- **Das größte Freiluftobservatorium der Welt**

Astronomie war die Leidenschaft des Mahardscha Jai Singh II. von Amber (1686–1744). Im Lauf seines Lebens baute er gleich fünf große Freiluftobservatorien, das erste 1724 in Delhi. Das größte und bedeutendste davon ist das Jantar Mantar (Magisches Gerät) in seiner neuen Hauptstadt Jaipur. Viele der Instrumente entwickelte der Maharadscha persönlich. Sie erlaubten für die damalige Zeit erstaunlich genaue Messungen.

Observatorium

DIE IDEE

Nach den Regeln der Shilpa Shastra, eines alten hinduistischen Baubuchs, das Jai Sing auch für den Bau von Jaipur heranzog, hätte sich in der Mitte der Stadt eigentlich ein Tempel befinden müssen. Jai Singh ließ genau dort sein Observatorium bauen. Man kann das als Freiheit eines aufgeklärten Herrschers interpretieren. Astronomie hatte für Jai Singh aber auch eine religiöse Bedeutung. In seinen Aufzeichnungen berichtet er, dass er viele Ungenauigkeiten in den alten astronomischen Tabellen gefunden habe. Astronomische Ereignisse wie beispielsweise Neumond oder die Tagundnachtgleiche aber lagen damals vielen religiösen und politischen Zeremonien zu Grunde. Jai Singh machte sich also daran, korrekte Tabellen zu erstellen, die er auch befreundeten Herrschern zum Geschenk machte. Er stellte aber fest, dass seine Kupfergeräte bei den kleinsten Materialfehlern ungenaue Ergebnisse produzierten. So kam er auf die Idee, Geräte aus Stein zu bauen. Es mag auch eine Rolle gespielt haben, dass er in einem Freiluftobservatorium die Messungen in einen feierlichen Ritus einbetten konnte. Bis heute ist die Rampe der großen Sonnenuhr Samrat Yantra mit einem Tor versperrt und darf nur vom Maharadscha betreten werden, während zur kleinen Sonnenuhr Laghu Samrat Yantra jedermann Zugang hat. Außerdem musste die Ausdruckskraft und Anschaulichkeit der steinernen Geräte jeden von der

Wichtigkeit der Messungen überzeugen. Als Astronomen sammelte Jai Singh vor allem Hindus um sich, aber auch Moslems und Jesuiten. Er schickte einen Botschafter nach Samarkand, um das Observatorium des Ulug Beg zu studieren, und sogar eine Delegation nach Europa. Es war Jai Singhs persönliche Tragik, dass seine Gesandten ins katholische Portugal reisten, wo die Lehren von Nikolaus Kopernikus (1473–1543), Johannes Kepler (1571–1630) und Galileo Galilei (1564–1642) radikal totgeschwiegen wurden.

Sein Observatorium schließt direkt an den großen Palast von Jaipur an. Es scheint auf den ersten Blick ein großer Spielplatz mit etwas merkwürdigen Geräten oder ein Skulpturengarten zu sein, in dem sich ein Freund runder Formen und steiler Rampen verwirklicht hat. Jai Singh hat 18 Instrumente oder Instrumentengruppen aus Marmor und Metall bauen lassen. Damit sich das Metall der Präzisionsinstrumente nicht bei zu großer Hitze verformte, war es aus einer Legierung von sieben Metallen hergestellt.

DIE INSTRUMENTE

Das größte und beeindruckendste der Instrumente ist die große Sonnenuhr Samrat Yantra (Wichtiges Instrument). Sie besteht aus einer 27 Meter hohen und 44 Meter langen Rampe, Gnom genannt, die genau nach Norden ausgerichtet ist und exakt auf dem 27. Breitengrad steht. Der Gnom dient als Schattenwerfer. Auf den Skalen der beiden flügelähnlichen Anlagen rechts und links von ihr ließ sich die Zeit bis auf vier Minuten genau ablesen. Verwendete man einen feinen Stab als Schattenwerfer, dann kam man sogar auf sekundengenaue Ergebnisse.

Neben der großen Sonnenuhr befinden sich auf einer gepflasterten Fläche 12 kleine Gnome von zwei bis drei Metern Höhe, die kreuz und quer stehen. Sie sind jeweils auf ein Tierkreiszeichen ausgerichtet. Vermutlich dienten sie dazu, Horoskope zu erstellen.

Als das bemerkenswerteste Instrument sehen die Wissenschaftler zwei in den Boden eingelassene Halbkugeln aus Marmor mit vier Metern Durchmesser an. In ihre Wölbung sind Himmelskarten eingraviert. Vermutlich legte man sich zur Beobachtung in die Kugeln und betrachtete den Himmel durch ein Fernrohr, das mit einem Metallring fixiert war. Mithilfe der Gravierungen an den Wänden, konnte man dann die Position des beobachteten Gestirns ablesen. Da die Halbkugeln innen Öffnungen haben, durch die man sie betreten konnte, gibt es zwei davon. In der zweiten Kugel sind genau die Stellen geschlossen, die in der ersten ausgespart sind. Auch zwei Ringe, die wie Mini-Stonehenges aussehen (Ram Yantra), ergänzen sich derart. Denn die Öffnungen zwischen den Pfeilern dienten nur dazu, ins Innere zu gelangen, wo sich Geräte befanden, mit denen sich die Höhe des Sonnenstandes messen ließ. Auch hier waren die Öffnungen des zweiten Ram Yantra genau versetzt zu denen des ersten.

Ebenso ergänzen sich die beiden scheibenförmigen Sonnenuhren Nadivalaja Yantra. Die eine maß die Zeit vom 21. März bis zum 23. September, die andere den Rest. Präzise zur Tagundnachtgleiche wechselte der Schatten effektvoll von einer Uhr auf die andere über.

In den Boden eingelassene Halbkugeln aus Marmor

Teilansicht: Rama Yantra (Gebäude zur Messung des Sonnenstandes, ablesbar am Schatten des zentralen Pfeilers auf den Innenwänden des kreisrunden Gebäudes)

DIE WIESKIRCHE

DAS WICHTIGSTE IN KÜRZE:
- **Erbaut: 1744–54**
- **Höhepunkt des süddeutschen Kirchenrokoko**

Eigentlich entstand das Rokoko um 1725 in Paris. Der schüchterne neue König Ludwig XV. (1710–74) konnte mit dem pompösen Hofzeremoniell seines Urgroßvaters, des Sonnenkönigs, nichts anfangen, floh aus Versailles und ließ sich intime kleine Lustschlösschen bauen. Mit dieser Flucht ins Überschaubare und Private begann sich auch der Stil des Barock zu verändern. Er wurde zierlicher, heller und eleganter, das Dekor kleinteiliger und die starren Wandformationen lösten sich noch weiter auf. Während plötzlich alle Fürsten frivole Rokokoschlösschen bauen ließen, verwendete man in Süddeutschland und Österreich den beschwingten, neuen Stil für Kirchen. Den Höhepunkt dieser heiteren Gotteshäuser stellt die Wieskirche bei Steingaden dar.

DIE BAUGESCHICHTE

Es mutet etwas seltsam an, dass diese so lebensfroh gestaltete Kirche, die weithin sichtbar in der malerischen oberbayerischen Voralpenlandschaft liegt, ausgerechnet dem »gegeißelten Heiland« geweiht ist. Aber dahinter steckt eine Legende. Zwei Mönche des Klosters Steingaden fertigten 1730 eine Statue des gegeißelten Heilands, die jedoch so traurig wirkte, dass man ihren Anblick den

Blick auf die nördliche Chorseitenwand

Gläubigen nicht zumuten wollte. Stattdessen wurde das gute Stück an die Bauernfamilie Lory in der Wies übergeben. Doch am 14. Juni 1738 wollen die Lorys gesehen haben, wie die Figur weinte. Binnen kurzem entstand ein Wallfahrtskult ungeahnten Ausmaßes. 1740 ließen die Mönche von Steingaden deshalb eine kleine Kapelle bauen, die heute noch am Parkplatz steht, aber schon 1745 musste Abt Marianus Mayr (1745–72) die Brüder Zimmermann mit dem Bau einer großen Wallfahrtskirche beauftragen.

Dominikus (1685–1766) und Johann Baptist Zimmermann (1680–1758) gehörten zu den renommiertesten Künstlern des süddeutschen Sprachraums. Während Dominikus für die Architektur und den Stuck zuständig war, malte Johann Baptist die Fresken. Der neue Stil kam den Brüdern, deren Werke sich immer schon durch einen heiteren, festlichen Charakter und Farbenfreude ausgezeichnet hatten, entgegen. Für beide, wie auch für einige der anderen beteiligten Künstler, war die Wieskirche das letzte Alterswerk und die Vollendung ihres künstlerischen Schaffens. Dominikus Zimmermann mochte sich gar nicht mehr davon trennen. Er baute sich unterhalb der Kirche ein Haus, wo er bis zu seinem Tod wohnte.

Die Wieskirche wurde zu einer der bedeutendsten Wallfahrtskirchen des 18. Jh. 1803, obwohl sie eigentlich »als ganz unnützes Gebäude« versteigert und abgerissen werden sollte. Doch die ansässigen Bauern legten Protest ein und konnten mit großem Einsatz die Kirche retten.

DAS GEBÄUDE

Wer die Wieskirche von außen sieht, ahnt noch nicht, was ihn innen erwartet. Dominikus Zimmermann gestaltete die Außenwände rhythmisch gegliedert, aber ansonsten zurückhaltend in Pastellgelb und Weiß mit etwas verspieltem Stuck um Fensteröffnungen und Türen. Über dem zentralen Gemeinderaum ist das Dach leicht erhöht. Am Chorende steht ein zweistöckiger Turm mit typischer Zwiebelkuppel. Im Inneren dagegen werden alle Register gezogen. Die Gläubigen sehen sich einem Feuerwerk an Formen und Farben, an rankendem, züngelndem und musikalisch beschwingtem Dekor ausgesetzt, der die Architektur aufzulösen scheint.

Der Gemeinderaum der Wieskirche wird durch ein Oval gebildet, an dessen Seiten paarweise gesetzte weiße Pfeiler einen Umgang markieren. Der Übergang zur recht flachen Kuppel ist mit mehreren Gesimsen und viel verspieltem Stuck aufwändig dekoriert. Insgesamt wirkt der Raum mit viel Weiß und Gold und seinen großen Fenstern hell und leicht. Durch einen Wechsel konvexer und konkaver Formen scheinen alle Wände zu schwingen.

An den Gemeinderaum schließt sich ein länglicher Chor an, der noch verschwenderischer dekoriert ist. Er ist von doppelgeschossigen Arkaden umgeben, deren obere Loggia von blaumarmorierten Stucksäulen umstanden ist. Dazu im Kontrast stehen die vier rotmarmorierten Säulen des Hochaltars, wie überhaupt nach hinten zum Altar hin alles prächtiger, aber auch dunkler und bedeutungsschwerer wird, ohne jedoch in die Düsternis vieler Barockdekorationen zu verfallen.

Dafür stehen auch die großen, weißbemalten und sparsam mit Gold dekorierten Holzskulpturen am Hochaltar. Die Kirchenväter – Hieronymus, Ambrosius, Augustinus und Gregor – stellen einen Höhepunkt im Schaffen des Tiroler Bildhauers Anton Sturm (1690–1757) dar, während Ägid Verhelst (1696–1749) vier Evangelisten und zwei Propheten beisteuerte. Die Statue des gegeißelten Heilands befindet sich im unteren Teil des Hochaltars, der die ganze Stirnwand einnimmt. Das Gnadenbild wird aber durch das Altargemälde des auferstandenen Christus dominiert.

Verbunden werden Gemeinderaum und Chor durch illusionistische Gewölbefresken von Johann Baptist Zimmermann. Ihr Motiv ist – passend zur Figur des gegeißelten Heilands, aber im Kontrast zur ganzen Atmosphäre der Kirche – Leid, Buße und Erlösung.

Außenansicht

Grundriss

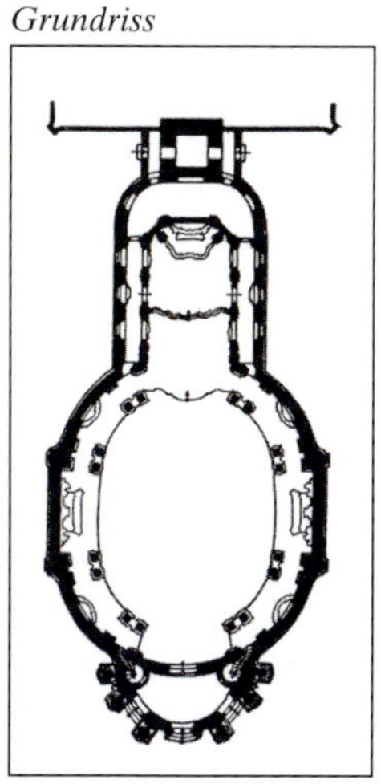

DAS WINTERPALAIS IN ST. PETERSBURG

DAS WICHTIGSTE IN KÜRZE:
- **Winterpalast der russischen Zaren**
- **Erbaut: 1754–62**
- **Wichtigstes Gebäude des russischen Barock**

Malerisch liegt das Winterpalais am Südufer der Newa. Seine grüne Fassade mit den zahlreichen weißen Halbsäulen und Vorsprüngen ist ein Paradebeispiel für barocke Architektur in Russland. Das Gebäude erstreckt sich über eine viereckige Grundfläche und hat einen großen Innenhof. An der Ostseite des Palais' schließt sich die Eremitage an, in der die Gemälde der Zaren aufbewahrt wurden. Das Winterpalais ist jedoch nicht nur kunsthistorisch von Bedeutung, sondern ist auch ein Ort mit historischer Relevanz für Russland. Hier bereitete Katharina die Große (1729–1796) ihren Putsch gegen den eigenen Mann vor. Hier wurde die Kerenskij-Regierung gestürzt, als im Oktober 1917 die bolschewistische Revolution losbrach. Das Winterpalais ist ein nicht wegzudenkender Teil der russischen Vergangenheit.

ENTSTEHUNG

So wundert es nicht, dass schon der erste Bau des Winterpalais in St. Petersburg mit einer der zentralen Figuren russischer Geschichte verbunden ist. Es war nämlich Peter der Große (1672–1725), der den Auftrag für den ersten Bau eines Palastes erteilte. So wurde 1711 mit den Bauarbeiten an einem kleinen Gebäude mit zwei Geschossen begonnen. Es folgten zwei Ausbauten des Palais', die sich jedoch nur noch in Ruinenteilen in dem heutigen Gebäude wieder finden lassen. Die jetzige Form des Palais' geht hingegen auf einen Plan des Barockarchitekten Francesco Rastrelli (1700–1771) zurück. Dieser erhielt 1754 den Auftrag für einen Neubau des Winterpalais'. Als der Bau fertig gestellt wurde, zog sogleich die neue Zarin Katharina die Große ein. Der spätbarocke Prunkbau präsentiert sich heute nahezu in der Form des 18. Jh. Zwar zerstörte ein Brand 1838 die Innenräume und auch während des Zweiten Weltkrieges wurde der Bau in Mitleidenschaft gezogen, aber die Restauratoren versetzten das Gebäude in den Originalzustand zurück.

Innenansicht: Jordan- oder Gesandten-Treppe

GRÜN UND WEISS

So präsentiert sich auch heute das Typische der Arbeiten des Architekten Rastrelli. Sein Markenzeichen war nämlich die Verwendung der Farben Grün und Weiß. Und so gestaltete er auch die Außenfassade des Winterpalais in seinen Lieblingsfarben. Die Wand ist an allen vier Fronten lindgrün, während die Rahmen um die Fenster sowie die Verzierungen in Säulen- und Pilasterform weiß gestrichen sind. Über den zahlreichen Fenstern mit ihren Rundbögen hängen als schmückendes Beiwerk Muscheln oder Masken. Auf dem Flachdach stehen zu den Fassaden hin verschiedene Figuren und Urnen, die über drei Meter hoch sind. Alle vier Seiten weisen diese Merkmale auf, unterscheiden sich jedoch in der Art der Seitengestaltung. Im Osten und Westen sind die Kanten der Fassade risalitartig hervorgehoben. Die Südseite wird in der Mitte durch einen dreifachen Torbogen durchbrochen. Über ihn gelangt man in den Innenhof des Palais'.

PRUNKRÄUME

Auch die Innenräume sind im Stil des Barock gehalten. Einige Teile des Palastinneren wurden wie die Außenwand von Francesco Rastrelli gestaltet. So entspringt u. a. die Jordantreppe seinen Vorstellungen. Die auch als Gesandtentreppe bezeichnete Komposition mit weißen floralen Stuckverzierungen, führt aus dem Erdgeschoss in die Prunkräume der ersten Etage. Hier liegt der Große Thronsaal, der ebenfalls von Rastrelli gestaltet wurde. Diesmal sind es die reichen Ornamente der Decke und der aus 16 verschiedenen Edelhölzern zusammengestellte Parkettboden, die ein eindrucksvolles Beispiel des russischen Barock abgeben. Neben diesem Saal gibt es mehrere nicht minder beeindruckende Räume, wie den Wappensaal für Empfänge und den Ballsaal mit seinen 1100 Quadratmetern Fläche. Nicht unerwähnt bleiben darf auch das Weiße Esszimmer. In der Nacht vom 25. auf den 26. Oktober 1917 stürmten hier Bolschewisten die letzte Sitzung der Regierung Kerenskijs (1881–1970) und verhafteten alle ihre Mitglieder. Die Uhr auf dem Kaminsims zeigt noch immer die Uhrzeit dieses für Russland so bedeutenden Ereignisses.

EREMITAGE

Erwähnt werden muss ebenfalls die Eremitage. In unmittelbarer Nachbarschaft zum Winterpalais befand sich die Gemäldesammlung der Zaren. Die östlich liegende Kleine Eremitage wurde 1775 fertig gestellt. Die schnell wachsende Kunstsammlung verlangte jedoch schon bald nach einem weiteren Anbau, sodass zwölf Jahre später die Alte Eremitage eingeweiht wurde. 1839 begannen dann die Arbeiten an der Neuen Eremitage, die an den anderen beiden Teilen anschließt. Den östlichsten Ausläufer des Palastkomplexes bildet das Eremitage-Theater, das zeitgleich mit der Alten Eremitage fertig gestellt wurde. Das Theater steht auf den Grundmauern des Zweiten Winterpalastes. Auch heute werden die Räume als Museum genutzt. Mit einer jährlichen Besucherzahl von 3,5 Mio. Kunstinteressierten zählt es zu den größten Museen der Welt.

Luftaufnahme der Eremitage und des Winterpalais'

Großer Thronsaal

DER LIEGENDE BUDDHA IM WAT PO

DAS WICHTIGSTE IN KÜRZE:
- **Buddha-Statue im ältesten und größten Kloster Thailands**
- **Alter: ungewiss**
- **Größe: 46 Meter lang und 15 Meter hoch**

Gold und Perlmut schmücken den liegenden Buddha von Wat Po in der Hauptstadt Thailands. Er ist mit seinen 46 Metern einer der längsten Buddhas der Welt. Die Statue zeigt Buddha kurz vor seinem Tode. Sein entspannter und harmonischer Gesichtsausdruck ist Zeichen seiner Erleuchtung. Gefertigt wurde die Statue aus Ziegeln, die dann verputzt wurden. Der Putz wurde wiederum mit mehreren Schichten Blattgold belegt. Die gemauerte Bauweise ist also nicht mehr zu erkennen. Genauso wenig ist zu erkennen, dass die Statue im Inneren hohl ist. Die Statue scheint vielmehr aus massivem Gold zu sein. Neben dem reichlich verwendeten Blattgold ziehen die Fußsohlen des Buddha die Aufmerksamkeit des Betrachters auf sich. Sie sind mit Einlegearbeiten aus Perlmutt verziert. Die abgebildeten 108 Zeichen listen 108 Merkmale auf, an denen ein Erleuchteter zu erkennen ist.

KLOSTERGESCHICHTE

Erleuchtung ist auch das zentrale Ziel der rund 300 buddhistischen Mönche, die heute im Wat Po leben. Dieses Wat ist das älteste und größte Kloster in Thailand. Ursprünglich hieß das Kloster Wat Phra Jetuphon, doch die thailändische Bevölkerung verkürzte den Namen auf Wat Po. Die Entstehungszeit von Wat Po liegt vermutlich im 16. Jh. Damit entstand das Kloster also schon vor der Zeit, in der Bangkok Hauptstadt des Thai-Reiches war. Weitere Informationen über die Gründung des Klosters gibt es allerdings nicht. Die Überlieferungen sind zu ungenau. Gesichert ist lediglich, dass zur Zeit des Monarchen Phra Petracha von Ayutthaya

Kopf von hinten

(1688-1703) an dem Kloster in Bangkok erste Ausbauten vorgenommen wurden. Unter dem thailändischen Herrscher Rama I. (1737–1809) folgten dann weitere umfassende Renovierungen und Erweiterungen. Auch dessen Amtsnachfolger ließen Arbeiten an den Klosteranlagen in Auftrag geben. So entstand beispielsweise die Halle, in der sich heute der liegende Buddha befindet, unter Rama III. (1788–1851). Der Bau der Halle ist zeitlich jedoch nicht mit der Entstehung der Buddhafigur gleichzusetzen. Es ist durchaus möglich, dass der Buddha schon vorher erbaut wurde. Dann wäre er also noch älter als die errichtete Wandelhalle, die ihn umgibt.

WAT PO

Das Kloster, in dem der vergoldete Buddha liegt, besteht heute aus einem ummauerten Gelände. Von außen lässt sich das Kloster durch eines der sechzehn Tore betreten. Alle diese Durchgänge werden von steinernen Wächtern beschützt, die Gefahren fern halten sollen. Das Innere der Anlage ist in zwei Bereiche geteilt. Die Chetuphon-Straße verläuft in Ost-West-Richtung durch Wat Po und trennt den nördlichen vom südlichen Bereich. Während im Süden die Wohnstätten der Mönche sowie die Bibliothek und die monumentale Buddhastatue liegen, ist der Nordteil der sakrale Bereich des Wats. Hier können Reisende das zentrale Heiligtum, den Bot, besichtigen. Es handelt sich hierbei um ein Gebäude mit Spitzgiebel, in dem sich verschiedene Buddhastatuen befinden. In der größten Figur, die einen meditierenden Buddha zeigt, befindet sich die Asche des Herrschers Rama I. Er ist nicht die einzige Persönlichkeit der thailändischen Geschichte, die im Wat Po beigesetzt wurde. Über das ganze Gelände sind sog. Cheti verstreut. Dabei handelt es sich um kleine kegelförmige Spitztürme in denen die Asche von Verstorbenen untergebracht wurde.

NIRVANA

Ob die hier Beerdigten genauso zufrieden verschieden, wie der liegende Buddha den Übergang ins Nirvana erlebt zu haben scheint, darf bezweifelt werden. Die Gestaltung des sterbenden Buddha im Kloster Wat Po folgt auf jeden Fall der klassischen Darstellungsweise. Die Statue zeigt den Erleuchteten auf der rechten Seite liegen. Sein Kopf ist auf die rechte Hand gestützt, die Beine und Füße des Buddha liegen parallel. Damit entspricht die Form der Statue auch den schriftlichen Quellen über das Ableben des Buddha.

Füße von unten

WISSENSCHAFTSZENTRUM

Solch schriftliche Quellen über das Leben Buddhas finden sich auch in dem Kloster Wat Po. Im Südteil der Anlage steht die Bibliothek Hor Trai mit zahlreichen Schriften und Zeichnungen aus der langen Geschichte des Klosters. Unter diesen Zeugnissen aus der Vergangenheit finden sich jedoch nicht nur religiöse Werke. Auch eine Vielzahl an Abbildungen und Texten mit medizinischem Inhalt können hier studiert werden. Wat Po war nämlich schon immer auch Zentrum thailändischer Wissenschaft. So verwundert es nicht, dass sogar heute noch Ärzte in den Mauern des Klosters praktizieren. Es sind ca. 500 Mediziner, die hier nach traditionellen Methoden Kranke behandeln. Neben kostenlosen ärztlichen Untersuchungen werden auch klassische Massagen angeboten. Das älteste Kloster Thailands hat also noch mehr zu bieten als die gigantische Buddha-Statue. Es ist Ort der Meditation, Medizin, Wissenschaft und Selbstfindung.

Liegender Buddha

DER KRISTALLPALAST IN LONDON

DAS WICHTIGSTE IN KÜRZE:
- **Erbaut: 1850–51**
- **Erstes repräsentatives Glasgebäude der Welt**

Die erste Weltausstellung 1851 in London war keine gut geplante Angelegenheit. Britischen Fabrikanten war 1849 auf einer Industrieschau in Paris zu Ohren gekommen, die Franzosen würden an einer internationalen Ausstellung arbeiten. Sofort organisierte sich eine Gruppe von Industriellen und Bankiers und beschloss den Nachbarn zuvorzukommen. Nach einigen politischen Querelen – einigen Konservativen war die Idee einer solchen bürgerlichen Leistungsschau sehr zuwider – hatte sich eine Kommission gegründet, die im Frühjahr 1850 einen Wettbewerb für den Bau des Hauptgebäudes ausschrieb. Es gingen über 200 Entwürfe ein. Alle waren weit teurer als die 100.000 Pfund, die die Kommission für den Bau zur Verfügung stellen konnte. Dann trat Joseph Paxton (1810–1865) auf den Plan. Sein Vorschlag muss den Kommissionsmitgliedern wie ein Geschenk des Himmels vorgekommen sein. Er bot an, rechtzeitig und im finanziellen Rahmen eine Halle im Hyde Park zu errichten. Die Sache hatte nur einen Haken: Das Gebäude sollte nur aus Glas und Stahl bestehen.

DIE GESCHICHTE

Joseph Paxton war kein Amateur. Er war Direktor der Gärten des Herzogs von Devonshire und hatte dort bereits zehn Jahre früher ein 100 Meter langes und 20 Meter hohes Gewächshaus errichten lassen, das viel Aufsehen erregt hatte.
Aber was für ein Gewächshaus recht und billig war, taugte noch lange nicht für ein repräsentatives Gebäude. Glas und Stahl galten 1850 immer noch als industrieller, unkünstlerischer Baustoff. Stahlskelette und Glaskuppeln mochten für Einkaufsgalerien, Markthallen oder Bahnhöfe taugen, aber nicht für Gebäude von kulturellem Anspruch. Als es Henri Labrouste (1801–1875) 1843 gewagt hatte, den Lesesaal der Bibliothek Ste-Geneviève in Paris mit unverkleideten, schlanken Eisensäulen abzustützen, erntete er große Empörung. Da nutzte auch das feine florale Design der Querstreben nichts. Doch die Kommission in London hatte keine Wahl und Paxton außerdem einflussreiche Freunde. Er war durch Spekulationen beim Eisenbahnbau reich geworden und saß in zahlreichen Aufsichtsräten von Eisenbahngesellschaften.

Im August 1850 begannen Ingenieure des Büros Fox & Hendersen die Arbeit. Keine fünf Monate später war der gläserne Palast fertig. Die Besucher der Weltausstellung waren begeistert von der glitzernden und funkelnden Pracht, die helles Tageslicht auf alle Ausstellungsgegenstände warf. Viele Grünpflanzen, Blumenkübel und sogar Teiche, die in den Boden eingelassen waren, verstärkten das Gefühl, in einem Gewächshaus zu lustwandeln. Zwischen Mai und Oktober kamen über sechs Millionen Besucher in das Gebäude am Hyde Park. Nach der Ausstellung wurde der Palast abgebaut und im Vergnügungspark von Sydenham wieder errichtet. 1936 jedoch fiel er einem Feuer zum Opfer.

Innenansicht

DIE ARCHITEKTUR

Schon seine Gewächshäuser hatte Joseph Paxton in einer Modulbauweise aus genormten Teilen hergestellt. Die ganze Konstruktion orientierte sich an der Größe der industriell gefertigten Glasscheiben. Für die Verglasung hatte Paxton selber ein System erfunden, das er »Ridge-and-Furrow« (Rippe und Furche) nannte. Von einem mobilen Schlitten aus, der entlang der Eisenträger bewegt werden konnte, setzten die Arbeiter die Glasplatten aneinander. Ein einziger Arbeiter konnte so über 100 Scheiben am Tag verlegen. Er brauchte nicht einmal ein Experte sein. Die meisten der 2200 Menschen, die am Kristallpalast arbeiteten, waren angelernte Hilfsarbeiter.

Diese Modulbauweise war im Prinzip beliebig erweiterbar. So ging Paxton kein großes Risiko ein, als er das System »Gewächshaus« auf die große Ausstellungshalle in London übertrug. Der Kristallpalast hatte eine fast sakrale Struktur. Er bestand aus einer 563 Meter langen und 124 Meter breiten Halle, die von drei Querbauten geschnitten wurde. Der mittlere war 300 Meter lang und 41 Meter hoch. Sowohl Längs- wie Querbauten besaßen ein halbrund überwölbtes Mittelschiff und mehrere niedrigere Seitenschiffe. Kein Gebäude konnte damals eine größere umbaute Fläche aufweisen. Im Inneren lagen entlang der zentralen Gänge mehrere Stockwerke mit insgesamt 90.000 Quadratmetern Ausstellungsfläche.

Innenansicht

Die hohen hellen Gänge jedoch waren genauso repräsentativ wie die Fassade, die durch kunstvoll geschmiedete Stahlträger mit Rundbögen gegliedert und in der Mitte von einem »Pfauenrad« aus Stahl gekrönt wurde. Doch trotzdem war der Kristallpalast nicht nur das erste Repräsentativgebäude aus Glas und Stahl, sondern auch das erste, das vollständig aus vorgefertigten, normierten Teilen zusammengesetzt worden war. So konnten mehrere Firmen gleichzeitig an der Herstellung des Baumaterials arbeiten. Insgesamt wurden rund 4500 Tonnen Eisen und 84.000 Quadratmeter Glas verbaut, etwa ein Drittel der britischen Jahresproduktion.

DIE OPER VON PARIS

Das prunkvolle Foyer

Die Empörung der fortschrittlichen Architekten über die neue Oper von Paris im Jahr 1875 war wahrscheinlich genauso groß, wie die Begeisterung des Publikums. Während die Zunft Charles Garnier (1825–1898) vorwarf, die intellektuelle Tradition des französischen Bauens verraten zu haben, war die Masse der Besucher einfach hingerissen von der funkelnden Pracht des Palais Garnier. Von außen besehen ist es ein Renaissancepalast, im Inneren quillt es über von barockem Prunk. Das Übermaß der Ornamentik wurde Garnier genauso vorgeworfen, wie die rückwärtsgerichtete Mischung der Stile. Doch die Kritiker übersahen, dass auch das reiche Bürgertum gerne in aristokratischer Pracht schwelgte – und wenn es nur für die Dauer eines Opernbesuches war.

DIE BAUGESCHICHTE

1853 machte sich Napoleon III. (1808–1873) daran, gemeinsam mit seinem Präfekten Georges Eugène Haussmann (1809–1891) das enge, verbaute Paris in eine moderne Hauptstadt mit breiten Boulevards und großen Plätzen zu verwandeln. Haussmann rühmte sich, dafür 27.000 alte Häuser abgerissen zu haben. Natürlich gehörte auch der Bau neuer, repräsentativer öffentlicher Gebäude zu dem Konzept. Spätestens seit Napoleon in der engen Straße vor dem alten Opernhaus nur knapp einem Mordanschlag entging, plante er einen Neubau. Für das Gebäude wurde ein Wettbewerb ausgeschrieben, den der noch recht junge und unbekannte Charles Garnier gewann. Sein Entwurf erntete bereits damals heftige Kritik, entsprach aber genau dem »Style imperial« des Zweiten Kaiserreichs.
Doch Garniers Pläne überstanden auch den Krieg von 1870/71 mitsamt dem daraus folgendem Zusammenbruch des Kaiserreichs und den Aufstand der Pariser Kommune. Denn das Großbürgertum hatte die politischen Wirren unbeschadet überstanden.

Das Auditorium

DAS WICHTIGSTE IN KÜRZE

- **Erbaut: 1862–75**
- **Prachtbau des Zweiten Kaiserreichs**

Das Treppenhaus der Grand Opera

Nur der Ausbau der sog. Kaiserlichen Rotunde, einem eigens für Napoleon reservierten Eingangspavillon an der Westfassade der Oper, wurde eingestellt. Neben einem Museum enthält der Bau heute noch Steinblöcke von 1870. Als die Oper 1875 eingeweiht wurde, feierte die Presse sie als »Monument national«. Der glanzvolle Bau gab vielen Franzosen nach dem verlorenen Krieg von 1871 das Gefühl wieder, die führende Kulturnation Europas zu sein.
Heute dient das Palais Garnier vor allem Ballettaufführungen. Die Opern werden dagegen seit 1989 in der modernen Opéra Bastille gespielt.

DIE GEBÄUDE

Die alte Oper von Paris ist ein typischer – und vermutlich der glanzvollste – Bau des Historismus, der im 19. Jh. die Stile der Vergangenheit beliebig mixte. Mit modernen Techniken gebaute Gebäude wurden mit allem Prunk vergangener Epochen dekoriert. Auch bei der Pariser Oper beruhen die großen Räume und kühnen Konstruktionen, wie beispielsweise das Treppenhaus, auf zeitgemäßer Technik sowie Eisen und Beton. Lob erhielt Garnier auch dafür, dass es ihm gelang, seine riesigen, repräsentativen Räume auf relativ beengtem Platz unterzukriegen. Immerhin machen Treppenhaus, Foyers und Salons mehr als ein Drittel der Fläche aus und sind größer als der eigentliche Theatersaal. Auch den bis zu 60 Meter hohen Raum, den die Bühnentechnik braucht, umrahmte er sehr geschickt mit einem dreieckigen Giebel über einer etwas niedrigeren, von einer Krone umfassten Kuppel über dem Theatersaal. Von vorne ergibt sich so ein harmonisch gestaffelter Aufbau der Fassade.
Der Theatersaal ähnelt mit seiner Hufeisenform und der Ausstattung in Rot und Gold italienischen Vorbildern. Er hat vier Ränge und rund 2000 Plätze. Spötter sagen jedoch, das Herzstück des Palais Garnier, wäre nicht der Opernsaal, sondern das Treppenhaus. In der Tat ist die Grand Escalier (Große Treppe) das eigentliche Prunkstück des Baus. Die elegant geschwungene, doppelläufige Marmortreppe befindet sich in einer riesigen Halle, die in einem Oberlicht in der Decke gipfelt. Sie ist von dreistöckigen Arkaden umgeben, die auf jedem Rang Balkone haben. Oberhalb des Gesimses, an dem die Kuppel ansetzt, ist noch ein vierter Aussichtsrang mit Arkadenbögen integriert. Für das Publikum machte »Sehen und Gesehen werden« auf der Grand Escalier oft den Reiz eines Theaterbesuchs aus. Der Auftritt hier stellt so etwas wie »Theater im Theater« dar.
Auch die Foyers, in denen das Publikum während der Pausen lustwandeln konnte, sind sehr weitläufig angelegt und prächtig ausgestattet. Das Große Foyer hat Garnier den Galerien klassizistischer Schlösser nachempfunden. Seine großzügigen Proportionen werden durch Spiegel und Fenster noch einmal erweitert. Im Dekor, seien es Deckengemälde, Stuck, sogar Heizungsgitter und Türgriffe, dominiert überall das Motiv der Lyra.
Dem oberirdischen Glanz steht die unterirdische Welt der Pariser Oper mit endlosen Fluren, Garderoben, Werkstätten und Lagerräumen entgegen, die Gaston Leroux (1878–1927) in seinem berühmten Buch Phantom der Oper so meisterhaft eingefangen hat. Den erwähnten See unter dem untersten Stockwerk gibt es tatsächlich. Er hat sich gebildet, als man bei den Ausschachtungsarbeiten für die tiefen Keller auf eine wasserführende Schicht stieß.

Außenansicht

SCHLOSS NEUSCHWANSTEIN

DAS WICHTIGSTE IN KÜRZE:
- **Erbaut: 1869–91**
- **Prototyp des »Märchenschlosses«**

Eigentlich wollte König Ludwig II.von Bayern (1845–1886) anstelle der Ruine der alten Burg Hohenschwangau einen Neubau im »echten Stil der alten deutschen Ritterburgen erbauen lassen.« Sehr echt ist die »Burg« Neuschwanstein trotz ihrer vielen Zinnen und Türmchen nicht geworden. Doch wenige Bauwerke bedienen das menschliche Bedürfnis nach Romantik und einem gewissen Kitsch so sehr, wie das strahlend weiße Märchenschloss vor der malerischen Alpenkulisse. Man sieht ihm nicht an, dass es technisch gar nicht so einfach war, ein solch großes Bauwerk auf die zerklüffteten Felsen oberhalb des Alpsees bei Schwangau zu setzen.

DIE BAUGESCHICHTE

Bereits Ludwigs Vater, Max II. (1811–1864) hatte sich mit Hohenschwangau 1832 ein Schloss im neogotischen Stil umgestalten und mit einem Bilderzyklus aus der Lohengrin-Sage ausmalen lassen. Außerdem legte er Aussichtspunkte in der Berglandschaft rundherum an. Über die Pöllatschlucht baute er sogar eine Brücke, weil man dort bei den Ruinen der Burgen Vorder- und Hinterhohenschwangau den schönsten Ausblick hatte.

Auch Ludwig liebte die Schwangauer Bergkulisse, der Aufenthalt im Schloss Hohenschwangau aber wurde ihm, wie er an seinen Freund Richard Wagner (1813–1883) schrieb, durch die »Prosa« seiner Mutter vergällt. Als er 1868 die ersten Ideen von einer »neuen Burg Hohenschwangau« hegte – Neuschwanstein wurde sie erst nach seinem Tod genannt – war er politisch gerade tief enttäuscht worden. Bayern hatte 1866 an der Seite Österreichs den Krieg gegen Preußen verloren und musste künftig seine Armee im Kriegsfall dem preußischen König unterstellen.

Das neue Schloss sollte Ludwig alles bieten, was er liebte: die Illusion eines souveränen Königtums von Gottes Gnaden wie im Mittelalter, die Alpenkulisse, Einsamkeit und die ungetrübte Beschäftigung mit Wagners Dramen.

Die Bausausführung übertrug er dem bayerischen Hofbaudirektor Eduard Riedel (1813–1885). Doch die technischen Fragen interessierten ihn nicht. »Ich will nicht wissen, wie etwas gemacht wird, ich will nur die Wirkung sehen«, erklärte er. Was aber diese Wirkung betraf, da hatte der König genaue Vorstellungen. Außerdem machte er rücksichtslose Terminvorgaben. Er wollte in drei Jahren auf der neuen Burg wohnen und zwang Künstler und Handwerker zur Nachtarbeit. 1873 war immerhin der Torbau bewohnbar, ab 1880 konnte Ludwig im Palast leben.

Der König verfügte aus Steuermitteln über ein jährliches Baubudget von 1,5 Millionen Mark. Doch seine vielen Projekte – Schloss

Herrenchiemsee im Stil von Versailles, Schloss Linderhof als Villa aus dem 18. Jh., das Jagdhaus am Schachen mit maurischem Festsaal und das Festspielhaus in Bayreuth – zehrten sein Privatvermögen auf. Schließlich stand er mit über 14 Millionen Mark in der Kreide. Ausländische Banken drohten mit Pfändung. Als Ludwig sich weigerte, sich mit dem Thema auseinanderzusetzen, wurde er für unmündig erklärt und in Schloss Berg am Starnberger See interniert, wo er einen Tag später ertrank. Nach seinem Tod wurden die Bauten auf Neuschwanstein möglichst schnell und einfach zu Ende geführt. Die Burgkapelle und der auf 90 Meter Höhe geplante Bergfried fielen dem Rotstift zum Opfer.

DIE INNENRÄUME

Wenn schon das äußere Erscheinungsbild von Neuschwanstein zum Kitsch tendiert, so gleitet die Inneneinrichtung teilweise ins Bizarre ab. Eigentlich hatte Ludwig einen bequemen, romantischen Musentempel »umweht von Bergluft«, geplant – mit vielen Gästezimmern und einem Sängersaal als Kulisse für Wagneraufführungen. Doch Wagner kam nie nach Neuschwanstein und mit zunehmender Menschenscheu änderte Ludwig seine Pläne. Aus Gäste- und Arbeitszimmern wurden Fantasiesäle, aus einem kleinen Audienzzimmer ein riesiger Thronsaal mit byzantinischen Goldmosaiken, den Ludwig ausdrücklich im Stil der Hagia Sophia forderte. Allerdings sind Gold und Mosaiken nur aufgemalt und auch die scheinbaren Marmorsäulen bestehen aus gefärbtem Stuck. Um den Saal aber in den schon errichteten Palast einfügen zu können, bedurfte es einer hochmodernen Stahlkonstruktion.

Die blauen Säulen im Thronsaal

Thronsaal

Auch sonst scheute Ludwig nicht vor historischen Anleihen zurück. Die meisten Räume waren neoromanisch gehalten, während er sich sein Schlafzimmer im Stil einer gotischen Kathedrale gestalten ließ – mit Maßwerk und Türmchen (Fialen) am Bett.

Alle Räume sind mit Ludwigs bevorzugten Sagenstoffen, Lohengrin, Tannhäuser, Tristan und Isolde und Parzival, dekoriert. Vermutlich hatte der Theatermaler Christian Jank (1833–1888) an der Gestaltung von Neuschwanstein mehr Anteil als Baudirektor Riedel.

Hinter den historisierenden Fassaden verfügte Neuschwanstein über modernste Technik und höchsten Komfort. Es gab eine Heißluft-Zentralheizung, fließendes warmes und kaltes Wasser, Toiletten mit automatischer Spülung, einen Speisenaufzug, eine elektrische Rufanlage und sogar Telefon.

DIE FREIHEITSSTATUE IN NEW YORK

DAS WICHTIGSTE IN KÜRZE:
- **Bronzestatue in der Bucht von New York**
- **Eingeweiht: 1886**
- **45 Meter hohes und ca. 225 Tonnen schweres Wahrzeichen der USA**

Ein moderner Koloss von Rhodos sollte die Statue vor New York werden. Und kolossal ist die Statue tatsächlich. Inklusive Sockel ist sie 90 Meter hoch. Ihr rechter ausgestreckter Arm, in dessen Hand die Freiheitsstatue eine Fackel trägt, misst fast 13 Meter. In ihrer Linken hält die Figur eine riesige Tafel, auf der das Datum 4.7.1776 vermerkt ist. An diesem Tage wurde die amerikanische Unabhängigkeitserklärung verabschiedet. Der Kopf der weiblichen Figur wird von einem Reif mit sieben Spitzen gekrönt. Standort dieser monumentalen Statue ist Liberty Island vor der Südspitze Manhattans. Dort erfüllte sie neben symbolischen Zwecken auch für einige Zeit die Funktion eines Leuchtturms. Die Fackel der Statue kann nämlich beleuchtet werden.

ENTWURF

Der Anfang der Entstehungsgeschichte der Statue of Liberty liegt in Frankreich. Der Elsässer Künstler Frédéric-Auguste Bartholdi (1834–1904) entwarf hier die Form der Statue. Ursprünglich sollte seine gigantische Plastik jedoch nicht in Amerika, sondern am Suezkanal aufgestellt werden. Als sich die englische Kolonialverwaltung weigerte eine Genehmigung zu erteilen, wurde dieser Plan verworfen. So wurde aus der Statue mit dem vollen Namen »Statue of Liberty Enligthning the World« ein Geschenk des französischen an das amerikanische Volk. Bevor sich Bartholdi jedoch ans Werk machte, fertigte er einige Modelle aus unterschiedlichen Materialien an. Wenngleich die Gestaltung zu seiner Zufriedenheit gelang, die geplanten gigantischen Ausmaße waren vor allem auch ein technisches Problem.

KONSTRUKTION

Wie sollten die zahlreichen Bronzeplatten zu einer über 40 Meter hohen Figur montiert werden, ohne dass sie von ihrem eigenen Gewicht erdrückt werden würde? Mit dieser Frage beschäftigten sich die Franzosen Eugéne Emmanuell Viollet-le-Duc (1814–1879) und Gustave Eiffel (1832–1923). Der Erbauer des Eiffelturms entwarf mit seinem Kollegen ein Eisengerüst, an dem die Bronzeplatten befestigt werden konnten. Die gesamte Konstruktion ist vergleichsweise flexibel gehalten und kann so auch starken Stürmen standhalten. Die Bronzeplatten, also die Hülle der Figur, wurden daraufhin in Frankreich gefertigt. Sie wurden von Hand in ihre Form gehämmert. 1885 war die Statue fertig und auf französischem Boden montiert. Für die Reise über den Atlantik musste sie allerdings wieder demontiert werden. Erst danach konnte sie in Einzelteilen verschifft werden. Während in Europa die Statue gefertigt wurde, begannen gleichzeitig in Amerika die Arbeiten an dem Sockel des Monuments. Der Fuß der Freiheitsstatue ist Teil des ehemaligen Fort Wood. Die sternförmige Festung bewachte die Einfahrt zu Hudson und East River. Nun fungiert sie als Fundament der Freiheitsstatue.

DAS INNERE

Auf der damals noch Bedloes Island genannten Insel steht die Statue nun seit über 125 Jahren. Seit ihrer Errichtung hat sie schon Millionen Besucher und Einwanderer empfangen. Viele ihrer Betrachter sahen sich die Statue nicht nur von außen an. Bei Interesse kann auf die Aussichtsebene im Inneren der Krone gestiegen werden. Allerdings ist der Aufstieg sehr beschwerlich. Bis man die Aussicht genießen kann, sind es immerhin 171 Stufen, die auf einer Wendeltreppe bewältigt werden müssen. Bis 1916 konnten Besucher, die noch höher hinaus wollten, sogar bis zu der Fackel klettern. Mittlerweile ist der Zugang aus Sicherheitsgründen verboten. Bei den Besuchermassen wäre das Risiko eines Unfalls zu groß. Wer sich nicht in die meist endlos lange Schlange auf der Treppe einreihen will, kann das Museum im Sockel der Statue besuchen. Dort wird eine Ausstellung über die Entstehung der Freiheitsstatue gezeigt.

SYMBOLIK

Der Sockel des amerikanischen Wahrzeichens beherbergt nicht nur ein Museum, auch dieser Teil der Statue ist so symbolträchtig, wie das ganze Ensemble. An der Außenseite befindet sich das Gedicht »The New Collossus« von der amerikanischen Dichterin Emma Lazarus (1849–87). Ein Auszug des Poems brachte es zu Weltruhm, verdeutlicht es doch genau den Symbolgehalt der Freiheitsstatue: »Schickt mir deine müden, deine armen, deine zusammengedrängten Massen, die sich danach sehnen, frei zu sein.« Die »Lady Liberty« vor Manhattan sollte also ein Zeichen für Amerikas Freiheit sein. Ihre Fackel sollte die Leuchtkraft symbolisieren, die von Amerika in die Welt ausstrahlt. Seit 1986 ist die Flamme der Fackel vergoldet. Auch die markante Krone mit ihren sieben Strahlen ist kein Zufallsprodukt. Vielmehr stehen diese Zacken für die sieben Kontinente. Mit dem symbolgeladenen Geschenk wollte Frankreich an die gemeinsamen Werte von Freiheit, Gleichheit und Brüderlichkeit erinnern. Die Finanzierung des Monuments erfolgte ausschließlich über Spenden.

Luftansicht der Freiheitsstatue

Präsentation des Kopfes der Freiheitsstatue auf der Weltausstellung Paris 1878

Die fast vollendete Freiheitsstatue. Holzschnitt von 1884 aus »Journal Illustre«

DIE SAGRADA FAMILIA

1883 bat eine religiöse Vereinigung den Jugendstil-Künstler Antoni Gaudi (1852–1926) ihr Kirchenbauprojekt fortzuführen. Die Josephs-Vereinigung wollte mit dem Bau ihres neogotischen Temple Expiatorio de la Sagrada Familia (Sühnetempel der Heiligen Familie) alte christliche Werte beschwören und gegen die Verweltlichung und Industrialisierung protestieren. Der eigentlich eher kirchenkritisch eingestellte Künstler sagte zu und machte die Kathedrale am Ende sogar zu seinem Lebenswerk. Aber er machte auch aus einem recht biederen Entwurf, der in zehn Jahren fertig gestellt sein sollte, ein bizarres Kunstwerk, das noch lange nicht vollendet ist. Obwohl Gaudi schließlich sogar auf der Baustelle wohnte, stand erst einer von 18 geplanten Türmen, als ihr Schöpfer 1926 von einer Straßenbahn überfahren wurde. Doch die Sagrada Familia wird Schritt für Schritt weitergebaut. Wie bei einer gotischen Kathedrale erweist sich der Bau als Werk von mehreren Generationen.

DER ARCHITEKT

Antoni Gaudi y Cornet gilt als größter Architekt des Jugendstils und gleichzeitig als sein größter Außenseiter. Seine Werke gehören einer typisch katalanischen Variante an, die »Modernisme« genannt wird. Kennzeichen sind eine Orientierung an der maurischen Kunst wie beispielsweise der Alhambra, geschwungene Linien sowie der üppige Einsatz von bunten Kacheln und Mosaiken. Während aber bei manchen Jugendstil-Bauten die organischen Formen nur Dekor sind, sind Gaudis Gebäude völlig davon durchdrungen. Ein Gaudi-Haus wie die Casa Battló (1905–07) scheint aus einem großen Klumpen Lehm zu bestehen, den jemand durchgeknetet und dann liebevoll verziert hat.

Die Sagrada Familia ist das großartigste Werk dieses Stils, zeigt aber gleichzeitig seine Grenzen auf. Denn der organisch unnormierte Baukörper mit seinen detailverliebten Verzierungen kann nur langsam wachsen. Ob auf diese Weise je eine große Kathedrale vollendet werden kann, steht noch nicht fest.

DAS WICHTIGSTE IN KÜRZE:
- **Baubeginn: 1882**
- **Geplante Fertigstellung 2050**
- **»Gotisches« Kathedralenbauprojekt der Neuzeit in Barcelona**

DIE ARCHITEKTUR

Die Form der Sagrada Familia mit ihren hohen Türmen, den Fensterrosen, Maßwerksfenstern, Blendarkaden und Spitzbögen weist eindeutige Züge der Gotik auf. Doch Gaudi hat für den Bau das Motto ausgegeben: »Wir dürfen die Gotik nicht wiederholen, wir müssen sie fortführen.« Er hat die gotischen Elemente zwar benutzt, aber überall nach Gutdünken abgewandelt, verformt und verfremdet. Gleichzeitig hat er für den Bau eine völlig neue Statik entwickelt, die nicht auf einem Strebewerk beruht, sondern auf schräg gestellten, baumähnlichen Stützen aus Stein und Stahl. Wie eine gotische Kathedrale hat die Sagrada Familia einen kreuzförmigen Querriss und einen mehrschiffigen Aufbau. Die Ausrichtung orientiert sich allerdings nicht an den mittelalterlichen Vorbildern. Die traditionelle Westfassade am Ende des Langhauses liegt bei der Sagrada Familia im Süden. Sie soll von vier Türmen gekrönt werden, ebenso wie die Seitenportale an den Enden des Querschiffs. Diese Türme sollen die zwölf Apostel symbolisieren. Über der Vierung plante Gaudi einen zentralen mit einem Kreuz verzierten Turm für Christus und rundherum fünf kleinere für die vier Evangelisten und Maria. Sie sollten die Aposteltürme, die schon bis zu 107 Meter hoch sind, noch überragen.

Diesem Wald von Türmen wollte er im Inneren einen Wald von verzierten Säulen gegenüber stellen, die die Seitenschiffe tragen. Den traditionellen Kreuzgang plante Gaudi als geschlossenen Wandelgang um die Kirche herum, der jeweils an den Portalen unterbrochen wird.

Begonnen hat er mit der Krypta, in der er auch begraben liegt, und dem Bau der Apsis. Inzwischen sind auch die Fassaden der Seitenportale mit ihren acht Aposteltürmen fertig.

Detail der Weihnachtsfassade

Die Zypresse über dem Hauptportal der Weihnachtsfassade symbolisiert die katholische Kirche

DER DEKOR

Wenn die Sagrada Familia fertig ist, soll ihr Baukörper vollständig mit Kunstwerken und Ornamenten überzogen sein, die von den verschiedensten Künstlern gestaltet sind. Von Gaudi stammen noch die Spitzen der Aposteltürme, die mit seinen typisch maurisch angehauchten Mosaiken verziert sind und aus der Ferne ein bisschen wie Sonnenblumen wirken. Die Weihnachtsfassade am östlichen Querschiff mutet wie eine Art Tropfsteinhöhle an. In das bizarre Formengewirr hat Gaudi Szenen von Christi Geburt und Kindheit sowie allerlei Pflanzen, Getier und auch Wortskulpturen integriert. Diese kaum überschaubare Fülle an religiöser und Natur-Symbolik soll die Hoffnung, die mit der Geburt Christi verbunden ist, ausdrücken.

Im krassen Gegensatz dazu steht die Passionsfassade an der Westseite. Gaudi hat sie noch mit einer Art Zelt überwölbt, dessen Pfeiler an Knochen und Sehnen denken lassen. Ihre düstere Schmucklosigkeit soll den Verlust ausdrücken, den der Tod mit sich bringt. Die Passionsszenen gestaltete der Bildhauer Josep Maria Subirachs (geb. 1927) mit sehr kantigen, expressiven Figuren. Das noch nicht begonnene Südportal soll nach Gaudis Vorstellungen einmal der Erlösung gewidmet sein.

Antoni Gaudi

DER EIFFELTURM

1851 hatte London bei der ersten Weltausstellung mit dem Kristallpalast, einem Ausstellungsgebäude nur aus Glas und Stahl, Furore gemacht. Zur Weltausstellung 1889 – 100 Jahre nach der Französischen Revolution – in Paris sahen sich die Franzosen unter Zugzwang. Sie beschlossen das höchste Gebäude der Welt und die breiteste Halle zu errichten – ebenfalls in moderner Stahlskelettarchitektur. So bauten Charles Ferdinand Dutert 1845–1906) und Victor Contamin (1840–1893) die Galérie des machines mit 114 Metern Spannweite, 422 Metern Länge und 47 Metern Höhe. Gustave Eiffel (1832–1923) jedoch, ein Spezialist für moderne Fertigteilbrücken, errichtete einen rund 300 Meter hohen Turm, der nicht nur zum Wahrzeichen der Weltausstellung, sondern von ganz Paris werden sollte.

DIE BAUGESCHICHTE

Die Idee eines Turms mit der symbolischen Höhe von 1000 Fuß (300 Meter) war nicht neu. Schon zur Weltausstellung 1876 in Philadelphia hatten die Amerikaner einen stählernen »Turm der Unabhängigkeit« errichten wollen. Die Pläne wurden jedoch wegen dem Tod des Architekten nicht realisiert. Stattdessen schenkten die Franzosen den Amerikanern die Freiheitsstatue, deren stählernes Gerüst aus Eiffels Unternehmen stammt.

Auch der Eiffelturm war im Grunde keine Erfindung Eiffels, sondern ein Produkt seiner Firma. Die Idee stammte von Eiffels Mitarbeitern, den Ingenieuren Maurice Koechlin und Émile Nouguier. Koechlins erste Skizze zeigt schon die typisch breitbeinige Form des Turms. Der Entwurf wurde dann von Stephen Sauvestre, dem Architekten der Firma, künstlerisch überarbeitet. Eiffel jedoch kaufte seinen Mitarbeitern für je 50.000 Franc den Entwurf ab, meldete die technischen Neuerungen zum Patent an und ließ seinen Einfluss spielen, um den Bau zur Weltausstellung politisch durchzusetzen.

Um dieses Symbol für das »Jahrhundert der Industrie und Wissenschaft« zu schaffen, bekam er 1,5 Millionen Franc Kredit vom Staat. Das Geld reichte lange nicht für die aufwändige Konstruktion, aber Eiffel baute auf eigene Rechnung weiter. Am Ende lagen die Kosten bei fast 7,5 Millionen Franc.

Vor allem die Berechnungen für den Giganten waren aufwändig und konnten sich auf keinerlei Vorbilder stützten. Der Eiffelturm ist rund 10.000 Tonnen schwer. Durch seine »breitbeinige Haltung« wird die Belastung, die er auf den Boden ausübt, verteilt und minimiert. Außerdem muss das Skelett jedem Wetter standhalten. Eiffels

DAS WICHTIGSTE IN KÜRZE:
- Erbaut: 1887–89
- Höhe: 300 Meter
- Symbolbau der Weltausstellung 1889 in Paris

Blick ins Innere

Ingenieuren gelang eine Konstruktion, die selbst bei einem Orkan um weniger als zehn Zentimeter gebogen wird.
Zusammengesetzt ist der Turm aus über 18.000 Teilen, die alle einzeln gezeichnet, berechnet und gefertigt werden mussten. Sie werden von über 2,5 Millionen Nieten zusammengehalten. Installiert wurden sie bis 40 Meter Höhe mit hydraulischen Hebevorrichtungen. Danach setzte man Dampfkräne in die Aufzugsschächte ein. Kompliziert war es auch, die hydraulisch getriebenen Aufzüge an die schrägen Beine des Turms anzupassen.

DIE WIRKUNG

Stahl war gegen Ende des 19. Jh. ein heiß begehrtes Baumaterial, das viel kühnere Gebäudekonstruktionen erlaubte als je zuvor. Doch es galt noch als unkünstlerisch. Wo Stahl verwendet wurde, da wurde er vollständig versteckt. So verkleidete man Fabriken und Bahnhöfe mit historisierenden Backsteinfassaden als mittelalterliche Burgen oder gotische Kathedralen.
Entsprechend groß war die Empörung der Künstler über den Giganten aus nacktem Stahl, den sie als geradezu obszön empfanden. Émile Zola (1840–1902) nannte ihn »die Schande von Paris«. Andere wetterten gegen die »merkantile Idee eines Maschinenbauers«, einen »Turm von Schwindel erregender Lächerlichkeit«, die »widerwärtige Säule aus verschraubtem Blech« oder die »Kathedrale der Alteisenhändler«. Eiffel dagegen meinte: »Ich glaube fest, dass mein Turm seine eigenartige Schönheit haben wird. Soll man denn annehmen, dass in unseren Entwürfen keine Schönheit liegt, nur weil wir Ingenieure sind?« Trotzdem sollte der Turm nach der Ausstellung wieder abgerissen werden. Im Gegensatz zu den Künstlern waren die Bürger begeistert. Während der Weltausstellung ließen sich zwei Millionen Menschen von den Aufzügen auf die drei Plattformen in 57, 115 und 276 Metern Höhe transportieren und genossen unbekannte Ausblicke. Gustave Eiffel wurde durch die Einnahmen reich. 1900 wurde eine elektrische Beleuchtung installiert. Im Ersten Weltkrieg diente der Turm als Artilleriebeobachtungsposten. Danach wurde er als Rundfunk- und Fernsehrelais benutzt, als er längst zum Stolz von Paris geworden war. Heute ist er mit rund sechs Millionen Besuchern jährlich das am meisten frequentierte Denkmal der Welt. Die Antenne auf seiner Spitze hat ihn auf 314 Meter anwachsen lassen. Außerdem dient er auch als Wetterstation. Auf der zweiten Plattform (115 Meter) befindet sich ein Restaurant. Aber nicht nur ästhetisch, sondern auch technisch setzte der Turm Maßstäbe. Die Stahlrippenkonstruktion, die Eiffels Ingenieure entwickelten, bildete die Voraussetzung für den Bau von Wolkenkratzern.

Blick auf die Eisenkonstruktion

Größenvergleich: Der Eiffelturm und der 155 Meter hohe Kaknästurm in Stockholm

Der Eiffelturm mit den Bauten der Weltausstellung 1900

DIE TRANSSIBIRISCHE EISENBAHN

DAS WICHTIGSTE IN KÜRZE:
- **Erbaut: 1892–1916**
- **Die längste Eisenbahntrasse der Welt**

Einmal mit der legendären Transsibirischen Eisenbahn von Moskau zum Baikalsee zu fahren oder noch weiter bis Wladiwostok am Pazifik, ist ein Abenteuer, das sich viele Eisenbahn-Fans gerne einmal erfüllen wollen. 9288 Kilometer ist die Trasse lang, die ganz Asien durchquert und ein gutes Stück Europas noch dazu. Mit dem Bau wollten die russischen Zaren die gewaltigen Wälder und Steppen Sibiriens mit ihren Bodenschätzen erschließen. Doch die Voraussetzungen, dort eine Bahn zu bauen, waren extrem schlecht: Permafrostboden, Temperaturen zwischen minus 60 Grad Celsius im Winter und über 40 Grad Celsius im Sommer, riesige Flüsse, die im Frühjahr ganze Landstriche überschwemmten, weite Sumpfgebiete, dichte Urwälder, felsige Gebirgszüge und Erdbebenregionen mussten überwunden werden.

DIE IDEE

Die ersten Überlegungen, eine Eisenbahnlinie von Moskau zu den Häfen am Pazifik zu bauen, kamen schon Mitte des 19. Jh. auf. Der europäische Teil Russlands wurde mehr und mehr von den reichen Bodenschätzen, aber auch von Agrargütern aus Sibirien abhängig und man brauchte ein Transportsystem, das im Gegensatz zu Straßen und Wasserwegen das ganze Jahr über verwendbar war. Doch es gab auch andere Gründe. Die Zaren waren sich ihrer Kontrolle über das riesige Gebiet nicht sicher. Sie wollten bei Unruhen schnell Truppen schicken können, aber auch Menschen aus den übervölkerten, ländlichen Gebieten im europäischen Teil nach Sibirien umsiedeln.

1886 machte Zar Alexander III. (1845–94) das Projekt mit den Worten: »Es ist Zeit, es ist allerhöchste Zeit«, zur Chefsache und gab den entscheidenenden Anstoß zum Bau der Trasse. Obwohl sich genügend private Geldgeber gefunden hätten, entschloss er sich, den strategisch so wichtigen Bau rein staatlich zu finanzieren und zu organisieren. Drei große Expeditionen wurden ausgeschickt. Man entschloss sich, die kürzeste Verbindung zu wählen und die wenigen bestehenden Städte durch Stichstrecken anzuschließen. Im Mai 1891 führte der Zarewitsch Nikolaj (1868–1918) in Wladiwostok den ersten Spatenstich für die neue Trasse aus. Für die anschließende Rückreise nach Moskau brauchte der spätere Nikolaus II. dann drei Monate.

Bau der Transsibirischen Eisenbahn: Drainagearbeiten

DIE BAUGESCHICHTE

Mit dem Bau der Strecke von Wladiwostok nach Chabarowsk (»Ussuribahn«, 772 Kilometer) wurde gleich eines der schwierigsten Teilstücke durch Permafrostgebiet begonnen. Fast gleichzeitig hatte man sich 1892 daran gemacht, die schon bestehende 2000 Kilometer lange Bahnlinie von Moskau nach Tscheljabinsk zu verlängern. Im Vergleich zur Ussuribahn war der Bau der sog. Westsibirischen Bahn (1422 Kilometer) recht einfach. Doch bereits hier hatte man mit einem Mangel an Arbeitskräften und Schwierigkeiten beim Materialnachschub zu kämpfen – Probleme, die immer größer wurden, je weiter man nach Osten kam. Ein großer Teil der 90.000 Arbeiter, die die Transsibirische Eisenbahn bauten, waren Kosaken, Bauern, Chinesen und Gastarbeiter aus Italien und der Türkei. Für die schweren Arbeiten setzte man Sträflinge ein. Für den Materialnachschub spielten die sibirischen Ströme eine entscheidende Rolle. Die großen Lager, die man an den Kreuzungspunkten der Bahn mit den Flüssen einrichtete, waren die Keimzellen der späteren Millionenstädte wie Nowosibirsk am Ob.

Bau der Transsibirischen Eisenbahn

Schon zwei Jahre bevor die Westsibirische Bahn 1895 den Ob erreichte, wurde von dort aus der Bau der Mittelsibirischen Bahn (1839 Kilometer) nach Irkutsk begonnen. Gebirge, sumpfige Niederungen und die dichten Wälder der Taiga drosselten das Tempo. Nicht einmal das Holz der gefällten Bäume konnte man verwenden, weil die Qualität zu schlecht war. Das technische Paradestück dieser Strecke ist die 950 Meter lange Brücke über den Jenissej. Sie erhielt auf der Pariser Weltausstellung 1900 eine Goldmedaille.

Die Planer der Transsibirischen Eisenbahn gingen äußerst pragmatisch vor. Den Baikalsee überquerten die Züge einige Jahre lang auf Eisbrechern, bevor man 1902 mit der schwierigen Umrundung des Sees begann, für die man einen Waggon Dynamit pro Kilometer verbrauchte. Außerdem wurde 1896 ein Vertrag mit China geschlossen, um die Transsibirische Eisenbahn auf der kürzesten und einfachsten Strecke durch die Mandschurei zu führen. Doch schon zwei Jahre nach Fertigstellung der Ostchinesischen Bahn (1481 Kilometer), verlor Russland einen Krieg gegen Japan und befürchtete, der Feind könne die Mandschurei besetzen. 1908 begann man deshalb doch noch, die extrem schwierige Alternativroute durch Russland zu bauen. Schwere Fröste und verheerende Überschwemmungen sorgten dafür, dass die Kosten doppelt so hoch lagen wie auf den übrigen Abschnitten. Wie viele Menschenleben der Bau der Transsibirischen Eisenbahn gefordert hat, ist unbekannt. Die Arbeiter starben vor allem durch Seuchen. Doch als die Transibirische Eisenbahn 1916 mit der 2,4 Kilometer langen Brücke über den Amur bei Chabarowsk vollendet worden war, erfüllte sie die Erwartungen voll und ganz. Entlang der Bahnlinie entstanden boomende Städte und neue Industrien.

Blick auf einen Gedenkstein auf dem Bahnhof in Wladiwostok, der Endstation der Transsib mit der Inschrift: „Hier endet die Große Transsibirische Eisenbahnlinie. Die Entfernung von Moskau – 9288 Kilometer

DER PANAMA-KANAL

Blick aus der Luft auf die Miraflores-Schleuse

DAS WICHTIGSTE IN KÜRZE:
- **Künstlicher Wasserweg zwischen Atlantik und Pazifik, der über den Isthmus von Panama führt**
- **Länge: 81 Kilometer**
- **1914 fertig gestellt**

Ozeanriesen scheinen durch den Dschungel zu fahren. Der Panama-Kanal führt Schiffe durch den mittelamerikanischen Urwald. So ersparen sich Kapitäne die Umrundung des Kap Horn. Der Kanal verkürzt den Seeweg von der Ostküste der USA zur Westküste um ganze 8000 Seemeilen. Auf der Durchfahrt müssen Schiffe durch sechs Schleusen fahren, um die kontinentale Wasserscheide in der Mitte Panamas zu überbrücken. Für die Strecke wird durchschnittlich eine Fahrzeit von 15 Stunden benötigt. Die Fahrtrichtung verläuft dabei je nach Ziel von Nord nach Süd oder umgekehrt. Die Schiffe können bis zu zwölf Meter Tiefgang haben. Für größere Schiffe wäre der Kanal nicht tief genug. Die Breite des Kanals beträgt 135 Meter. Während der Arbeiten wurden 200 Millionen Kubikmeter Erde ausgehoben. Die reale Bauzeit betrug zehn Jahre. Durch Unfälle und Tropenkrankheiten kamen während der Bauzeit etwa 25.000 Menschen ums Leben. Für die Arbeiten wurden etwa 378 Millionen US-Dollar benötigt. Der Panama-Kanal war bis ins Jahr 2000 unter US-Amerikanischer Kontrolle. Die USA hatten einen 16 Kilometer breiten Landstrich durch Panama gepachtet.

GOLD IN KALIFORNIEN

Schon im 16. Jh. gab es Pläne, einen Kanal durch die Landenge zwischen den beiden Ozeanen zu treiben. Doch es blieb bei den Plänen, die Kaiser Karl V. (1500–1558) ersann. Erst im 19. Jh. wurden die Pläne wieder aufgegriffen. Die USA besaßen seit 1846 eine Konzession der kolumbianischen Regierung, die ihnen erlaubte den Landstreifen zu überbrücken. Als zwei Jahre später in Kalifornien Gold gefunden wurde, gewann dieser Landweg schnell an Bedeutung. Tausende

Glücksritter machten sich von der Ostküste auf ihren beschwerlichen Weg in den Staat des Goldrausches. Während der Weg durch den Kontinent ca. ein halbes Jahr dauerte ging es über Kolumbien in zwei Monaten. Um den Weg noch schneller zurücklegen zu können, wurde 1858 eine Eisenbahnstrecke in Betrieb genommen.

SKANDAL IN FRANKREICH

Mit der Eisenbahn war der Weg von Ost nach West zwar deutlich unbeschwerlicher, aber große Warenmengen ließen sich so nur bedingt transportieren und wirklich schnell ging die Fahrt auch nicht. So prüfte 1871 der Erste Internationale Geographische Kongress die Möglichkeit eines Kanalbaus entlang der Eisenbahntrasse. Der französische Ingenieur Ferdinand de Lesseps (1805–1894) wurde mit der Durchführung des Projektes betraut. Doch seine Planung sah vor, einen Kanal auf Meeresniveau durch den Isthmus zu graben. Das war ihm zuvor in Suez gelungen, aber hier war der zu bewältigende Höhenunterschied deutlich größer. Um die Finanzierung des Projektes zu sichern, wurde eine Kanalgesellschaft gegründet, die über eine Lotterie Anleihen von französischen Bürgern erwarb. Doch als ersichtlich wurde, dass Schleusen benötigt würden, explodierten die Baukosten. Schließlich musste 1889 die Gesellschaft Konkurs anmelden. Nach 17 Jahren französischer Bauleitung war das Projekt gescheitert. Als publik wurde, dass im Vorfeld Parlamentarier von der Kanalbaugesellschaft bestochen worden waren, um die Lotterie zu genehmigen, kam es zum Eklat. Der französische Finanzminister und der Ministerpräsident mussten ihr Amt abgeben. Für fünf Jahre setzte Lesseps die Arbeiten weiter fort. Doch auch dieser Verzweiflungsversuch scheiterte. Das Kanalbauprojekt wurde 1894 eingestellt.

PUTSCH IN KOLUMBIEN

Die USA wollten den Versuch eines Kanalbaus durch Mittelamerika jedoch nicht aufgeben. Für sie war eine schnelle Verbindung von Küste zu Küste einfach zu wichtig. Daher verhandelte Theodore Roosevelt (1858–1919) mit Kolumbien über eine Wiederaufnahme der Bauarbeiten. Es waren jedoch finanzielle Fragen, die das Abkommen zunichte machten. Die USA wollten einmalig zehn Millionen Dollar und jährlich 250.000 Dollar an Kolumbien zahlen. Im Gegenzug hätten sie die Kontrolle über einen zehn Kilometer breiten Streifen um den Kanal

erhalten. Theodore Roosevelt entschloss sich nach dem Ende der Verhandlungen zu einer direkten Unterredung mit der Provinzverwaltung Panamas. Die nach Unabhängigkeit strebende Regionalverwaltung stimmte einem geheimen Vertrag zu. Im Gegenzug unterstützte die US-Regierung einen Umsturz in Panama. Die neue unabhängige Republik schloss dann umgehend einen Vertrag mit den Vereinigten Staaten. Die USA kauften im November 1903 für 40 Millionen Dollar die Kanalzone und gründeten ein Jahr später die Isthmus-Kanal-Kommission. Doch auch die neu aufgenommenen Bauarbeiten verliefen schwierig. Erst als man erkannte, dass die Malaria und das Gelbfieber von Mücken übertragen werden, kam es zur Wende. Mit der Bekämpfung der Insekten gingen die Krankheitsfälle zurück und die Arbeiten voran. Am 15.8.1914 wurde der Kanal, nun mit Schleusen und langen Staustufen versehen, eröffnet.

Geografische Lage

Kanal-Brücke »Bridge of America«

MOUNT RUSHMORE

DAS WICHTIGSTE IN KÜRZE:
- **Monumentale Skulpturen im Felsen des Berges Mount Rushmore**
- **1829 Meter ü. NN**
- **Abgebildet sind Gesichter von US-Präsidenten**
- **Entstehung: 1927–41**

Mit Dynamit, Presslufthämmern und Muskelkraft wurde in den Black Mountains ein nationales Denkmal geschaffen, das seinesgleichen sucht. In den Granit der Bergflanke des Mount Rushmore wurden die Gesichter von Abraham Lincoln (1809–1865), Thomas Jefferson (1743–1826), George Washington (1732–1799) und Theodore Roosevelt (1858–1919) gemeißelt. Die Gesichter sind im Schnitt ca. 18 Meter hoch. Das gesamte Monument erstreckt sich über eine Fläche von 498 Hektar. Die Arbeiten an dem Denkmal dauerten 14 Jahre. Im Norden der USA können seitdem Tausende Touristen Jahr um Jahr das wohl monumentalste nationale Denkmal der Vereinigten Staaten von Amerika bestaunen.

ENTSTEHUNG

Die unglaubliche Menge von 450.000 Tonnen Gestein musste aus dem Berg gesprengt, gemeißelt und abgetragen werden, um die Köpfe der Präsidenten auf diese ungewöhnliche Weise darzustellen. Teilweise mussten mehrere Meter des Granitfelsens abgetragen werden, um an Fels zu gelangen, der sich gut bearbeiten ließ. Dynamit leistete dabei wertvolle Hilfe. Die groben Vorarbeiten wurden durch Sprengungen erledigt. Mit Presslufthämmern wurden dann feinere Passagen freigelegt. Indem Loch über Loch in den Felsen gebohrt wurde, ließ sich ziemlich präzise Granit entfernen. Für die möglichst glatte Gestaltung der Oberflächen kamen eigens neu entwickelte Presslufthämmer zum Einsatz. Über 360 Arbeiter waren an der Baustelle beschäftigt. Die Arbeiten leitete der amerikanische Bildhauer John Gutzon Borglum (1867–1941). Im Auftrag des Staates South Dakota und der US-Regierung begann er 1927 mit den Arbeiten. Er überwachte genauestens die Umsetzung seiner Pläne. Sein ursprüngliches Modell musste jedoch mehrmals geändert werden, um den Gegebenheiten am Berg zu entsprechen. Die Vollendung sollte er nicht mehr erleben. Er starb kurz vor der Fertigstellung. Sein Sohn beendete dann das Werk des Vaters.

INDIANER UND COWBOYS

Als der Präsident der South Dakota State Historical Society, Jonah Robinson, Borglum beauftragte ein Nationalmonument in den Felsen des Mount Rushmore einzuarbeiten, hatte er ganz eigene Vorstellungen. Er wollte Westernhelden und Indianer im Granit verewigen. Doch der Bildhauer konnte ihn davon überzeugen, für das Denkmal bedeutende US-Präsidenten vorzuziehen. Jeder der Staatsmänner sollte eines der Ideale und Prinzipien der Weltmacht verkörpern. So steht George Washington für Unabhängigkeit, Freiheit und die Verfassung der Nation. Sein Gesicht ist das beherrschende Element der Figurengruppe obwohl es am linken Rand steht. Es stellt den Präsidenten mit entschlossenem Blick während des Unabhängigkeitskrieges dar. Rechts von ihm ist das Konterfei von Thomas Jefferson abgebildet. Borglum stellte den Verfasser der Unabhängigkeitserklärung im Alter von etwa 30 Jahren dar. Jefferson sollte auch für seine Vergrößerung des Staatsgebietes durch den Landkauf von Frankreich geehrt werden. An der Seite Jeffersons ist Theodore Roosevelt in den Fels gemeißelt. Der 26. Präsident der USA war es, der Amerika in die Internationale Staatengemeinschaft führte und wirtschaftliche Reformen vorantrieb. Sein Gesicht ist weiter in den Felsen zurückgesetzt. Dies ist auf den an dieser Stelle des Berges besonders porösen Felsen zurückzuführen. Die Arbeiter mussten 40 Meter Felsen abtragen, bevor sie auf bearbeitbaren Granit stießen. An der rechten Seite befindet sich das Abbild des Gesichts von Abraham Lincoln, dem Lieblingspräsidenten Borglums. Der Bildhauer war von Lincoln so fasziniert, das er seinen Sohn nach ihm benannte. Lincoln verkörpert die Gleichheit aller Amerikaner und die Einheit des Staates. Sein Abbild zeigt den Staatsmann in hohem Alter. Damit sind in dem Denkmal die Präsidenten aus ca. 150 Jahren US-Geschichte abgebildet.

Luftaufnahme des Mount Rushmore kurz vor der Vollendung 1941

Arbeit am Lincoln-Kopf

DENKMALPFLEGE

Ein nationales Denkmal mit solchem Symbolgehalt steht natürlich unter besonderer Beobachtung und fachmännischer Pflege. Obwohl der Granitfels sehr erosionsbeständig ist, sind immer wieder Untersuchungen und Nacharbeiten notwendig. So werden jeden Herbst die riesigen Köpfe der vier Präsidenten und ebenso das umliegende Felsmaterial gründlich untersucht. Haarrisse oder Absplitterungen sind zu beobachten und gegebenenfalls zu beseitigen. Entdeckte Risse werden sofort verkittet. Zur Anwendung kam bis 1991 eine Mischung, die noch aus der Zeit und Arbeit Borglums stammte. Ein spezieller Zement aus Granitstaub und Leim wurde in die Risse eingearbeitet. Seit Neuestem kommt jedoch eine andere Substanz auf Silikonbasis zum Einsatz. So wird das Denkmal wohl noch lange Bestand haben, da Wind und Wetter innerhalb von 200.000 Jahren nur ca. einen Zentimeter Granitfels abtragen.

DAS EMPIRE STATE BUILDING

DIE ARCHITEKTUR

Das Empire State Building hat insgesamt 102 Stockwerke mit Büroräumen. Die ursprüngliche Höhe betrug 381 Meter. 1951 jedoch wurde es durch einen Turmaufsatz für Funk- und Fernsehmasten auf 442 Meter erhöht. Die tragende Konstruktion besteht aus seinem Skelett aus 60.000 Tonnen Stahl, die von etwa zehn Millionen Backsteinen verkleidet sind. Seine charakteristische, gestufte Silhouette verdankt das Gebäude unter anderem den damaligen Bauvorschriften in New York. Demnach durfte kein Gebäude über 38 Meter hoch werden, es sei denn, es wich stark von der Straße ab. Deshalb wurde die Grundfläche von gut 7500 Quadratmetern vollständig bebaut, die oberen Teile aber immer weiter zurückgestuft. Die gegliederte Silhouette entsprach aber auch dem damaligen Baustil in New York. Während man in Chicago schon seit Ende des 19. Jh. Hochhäuser baute, deren glatte Fassaden nur von dem tragenden Skelett und den Fensterflächen bestimmt waren, herrschte in New York noch der Neoklassizismus. Das Empire State Building und das zeitgleich gebaute Chrysler Center sind gestuft gebaut, mit Art déco-Elementen verziert und tragen charakteristische Spitzen. Allerdings bekamen sie durch die Verwendung von Materialien wie Aluminium, aus dem beispielsweise die Fensterlünetten des Empire State Building hergestellt sind, einen modernen Touch.

Auch wenn sich der Stil von Chicago architekturgeschichtlich als wegweisend erwies, konnte keines der dort gebauten Hochhäuser je mit dem Empire State Building konkurrieren. Daran ist nicht nur die enorme Höhe des »Empire« schuld. Gerade die charakteristische Silhouette, die die Skyline von Manhattan prägt und deren Spitze entfernt an den Eiffelturm oder den Mont-Saint-Michel erinnert, führte zur ungeheuren Beliebtheit des Gebäudes. Auch die glatten Türme des World Trade Centers

DAS WICHTIGSTE IN KÜRZE:
- **Erbaut 1929–31**
- **Höhe: 381 Meter, mit Turmaufsatz 443 Meter**
- **Reine Bauzeit: 385 Tage**

40 Jahre lang war das Empire State Building das höchste Gebäude der Welt und auch wenn es diesen Titel inzwischen schon lange hat ablegen müssen, ist es immer noch das Synonym für einen Wolkenkratzer schlechthin. Der berühmte Schweizer Architekt Le Corbusier (1887–1965) rief bei seinem ersten Besuch in New York aus: »Ich könnte mich auf den Bürgersteig legen und es ewig anstarren!«

Arbeiter beim Bau

Das höchste Gebäude in der Skyline von Manhatten – das Empire State Building (rechts)

konnten es vor ihrer Zerstörung am 11. September 2001 an Popularität nicht mit ihm aufnehmen. Zur Beliebtheit tragen natürlich auch die beiden öffentlichen Aussichtsplattformen in Höhe des 86. und des 102. Stockes bei – und der Filmauftritt 1933, als King Kong von der Spitze des Empire State Building aus Armeeflugzeuge vom Himmel pflückte.

DIE BAUGESCHICHTE

Das Empire State Building entstand im dicht bebauten Manhattan auf dem ehemaligen Grundstück des Waldorf Astoria Hotels in der 5th Avenue. Hinter dem Projekt standen einige der größten Firmen der USA wie General Motors und du Pont. Sie forderten von ihren Architekten ein Gebäude mit mindestens zehn Millionen Kubikmeter umbauten Raumes und einen Bau, der das Chrysler Building in den Schatten stellen sollte. Wie bei den mittelalterlichen Kathedralen herrschte auch beim Bau der Wolkenkratzer ein Prestigekampf um das höchste Gebäude. 1930 hatte die Manhattan Bank an der Wallstreet mit 283 Metern den Spitzenplatz inne. Also ließ William Van Alen (1882–1954), der Architekt des Chrysler Centers, in einem Feuerschacht heimlich eine Spitze aus rostfreiem Stahl zusammensetzen, die das Center auf 319 Meter brachte. Die Erbauer des Empire State Buildings, die zuerst nur 85 Stockwerke kalkuliert hatten, änderten noch während des Baus die Pläne und setzten eine Spitze auf, die zum Ankerplatz für Zeppeline werden sollte. Doch noch viel beeindruckender als diese Rekordjagd ist die Perfektion, mit der das Empire State Building gebaut wurde. Richmond Shreve (1877–1946), William Lamb (1883–1952) und Arthur Harmon (1878–1958) brauchten von der Grundsteinlegung an nur ein Jahr und 20 Tage, um das Gebäude fertig zu stellen. Das waren sieben Monate weniger, als man ihnen zugestanden hatte. Im Schnitt wuchs der Bau jede Woche um 4,5 Geschosse – bei einer Fünftagewoche. Dabei waren die Bauumstände extrem schwierig. Auf dem Gelände im dicht bebauten, verkehrsreichen Manhattan konnten kaum Baumaterialien gelagert werden. Alles hatte – möglichst weit vorgefertigt – genau im richtigen Augenblick zur Stelle sein. Die bis zu 3000 Arbeiter, die zeitweise gleichzeitig an dem Projekt arbeiteten, mussten perfekt koordiniert werden. Außerdem stellte sich die Frage, wie man das Material am besten in die oberen Stockwerke brachte. Die drei Architekten entwickelten dafür Kräne, die im Bauwerk standen und weiter mit nach oben wanderten – ähnlich wie man es schon beim Eiffelturm gemacht hatte. Das sparte enorme Kosten. Shreve, Lamb und Harmon schafften es schließlich nicht nur, in Rekordhöhe und schneller als geplant, sondern auch viel billiger zu bauen. Sie gaben nur 41 der veranschlagten 50 Millionen Dollar aus.

DIE MOSKAUER U-BAHN

Metrostation Komsolmolskaja

DAS WICHTIGSTE IN KÜRZE:
- **Erbaut: 1931–35**
- **44 Prachtbahnhöfe**

Besonders schnell waren die Moskauer nicht: Trotz oberirdischen Verkehrschaos bauten sie erst wesentlich später als andere Großstädte eine U-Bahn. Zwar hatte der Stadtrat schon im Jahr 1900 diskutiert, ob der Bau nicht sinnvoll sei. Doch die Pläne waren an vielfältigen Widerständen gescheitert: Die Droschkenkutscher fürchteten um ihre Arbeit. Die Archäologen hatten Angst, dass bei der Untertunnelung der Stadt wertvolle Gebäude zerstört werden könnten und die Priesterschaft meinte, der Mensch gehöre erst unter die Erde, wenn er tot sei. Erst Stalin (1879–1953) nahm das Projekt in Angriff. Doch wenn schon nicht die älteste, dann wollte man wenigstens die prächtigsten Untergrund-Bahn haben. Die alten Stationen der Moskauer Metro sind Paläste mit Rolltreppen und Bahnanschluss.

DIE U-BAHN

Mit dem Bau der Moskauer U-Bahn wurde 1931 im Zug einer Gesamtsanierung der Stadt begonnen. Man plante gut ein Dutzend Linien, die sternförmig das Zentrum mit den Außenbezirken verbinden sollten. Die Arbeiten wurden dem gelernten Mineningenieur und späteren Generalsekretär der KPdSU Nikita Chruschtschow (1894–1971) übertragen. Chruschtschow holte Ingenieure aus allen Teilen des Landes für das Großprojekt zusammen. Dazu kamen zeitweise bis zu 80.000 Arbeiter, darunter viele Soldaten, die für den Bau abkommandiert worden waren.
Einen Teil der bis zu 100 Kilometer unter der Erdoberfläche liegenden Tunnel trieb man unterirdisch voran. Dabei mussten Arbeiter den Abraum mühsam mit Schubkarren aus den Stollen fahren. Andere Streckenabschnitte wurden offen gebaut. Man schachtete tiefe Gräben aus, legte die Tunnelröhren an und schloss sie dann wieder. Ein Gemisch aus Kalkstein, Lehm und lockeren, nassen Sandschichten im Moskauer Untergrund machte die Arbeiten schwierig, vor allem wenn im Winter noch extreme Minusgrade dazu kamen. Außerdem war Chruschtschow nicht zimperlich. Der U-Bahn fielen etliche Kirchen und andere Baudenkmäler zum Opfer, aber auch einige Hundert Arbeiter sollen umgekommen sein.
Als erste Linie wurde 1935 die gut elf Kilometer lange Verbindung zwischen Sokolniki im Nordosten und dem Gorkipark im Südwesten eröffnet. Eine Ringstrecke, die alle Linien in etwa fünf Kilometern Abstand zum

Stadtzentrum kreuzt, kam erst später dazu. Heute ist das Netz rund 260 Kilometer lang. Mit jährlich fast 3,3 Milliarden Fahrten ist die U-Bahn der russischen Hauptstadt eine der am meisten genutzten der Welt.

DIE STATIONEN

Die Moskauer U-Bahn hat heute noch 44 Stationen, die dem Besucher den Atem verschlagen. Mit der Rolltreppe fährt man in riesige Hallen, die mit rosa und schwarzem Marmor getäfelt sind. Sie werden von Kronleuchtern und Kandelabern an den Wänden beleuchtet. In den Ecken stehen Statuen und die Wände sind mit Mosaiken und Stuck verziert.

An der Einrichtung der 44 Prunkbahnhöfe waren fast 20 Architekten beteiligt, darunter Nikolaj Ladoswkij (1881–1941), der als führender Kopf der der sowjetischen Avantgarde galt, und Alexander Duschkin (1903–77). Auf Stilreinheit kam es ihnen nicht an. Wie in der Epoche des Historismus im 19. Jh. verkleideten sie ihre modernen Bauten mit den schönsten Dekors aus allen Zeiten und Stilrichtungen. Da treffen Rundbögen auf spitze Kreuzkuppelgewölbe und Renaissancekapitelle auf barocken Stuck und Jugendstilornamentik.

Mosaik des sowjetischen Revolutionärs und Staatsgründers Wladimir Iljitsch Lenin bei einer kämpferischen Rede vor Bolschewiki währende der Oktoberrevolution 1917

Station mit üppigen Kronleuchtern

Bis zu Stalins Tod wurden die Stationen immer noch prunkvoller ausgestattet, nachdem setzte sich ein nüchterner Stil durch.

Eine der prunkvollsten ist die Komsomolskaja-Station, die Alexej Shchusev, der Schöpfer des Lenin-Mausoleums, entwarf. 72 achteckige, marmorverkleidete Pfeiler mit Rundbögen rahmen eine reich mit Stuck geschmückte Decke ein, die völlig von riesigen Kronleuchtern beherrscht wird. Acht stuckumrahmte Monumentalmosaiken, die aus jeweils 300.000 Einzelteilen zusammengesetzt sind, zeigen glanzvolle Momente der russischen Geschichte.

Denn neben historischer Pracht haben die Bahnhöfe auch sowjetische Propaganda zu bieten: »Die architektonischen und künstlerischen Motive verherrlichen den militärischen Ruhm des sowjetischen Volkes im Großen Vaterländischen Krieg und seine schöpferischen Leistungen im Frieden«, hieß es in einer Festschrift zum 50. Geburtstag.

So feierte die Station Majakoskaja beispielsweise die Eroberung des Luftraums. Alexander Duschkin gestaltete sie mit einfachen Rundbögen, Pfeilern aus rostfreiem Stahl und einer langen Reihe von Kuppeln. Sie sind hell ausgeleuchtet und enthalten 35 Mosaiken mit Szenen der sowjetischen Raumfahrt. Um sie besonders effektvoll zu machen, wurden sie mit fluoreszierenden Stoffen versehen. Bei der Weltausstellung 1939 in New York erhielt Duschkin dafür eine Auszeichnung.

Am Platz der Revolution stehen unter 40 Bögen jeweils paarweise »Helden der Revolution«, beispielsweise ein Grenzsoldat mit seinem Hund oder ein kniender Pionier mit umgehängtem Gewehr, aber auch eine Mutter mit Kind oder Sporthelden. Der deutsche Dichter Bertolt Brecht (1898–1956) reiste eigens zur Eröffnung der U-Bahn nach Moskau und war begeistert.

DIE GOLDEN GATE BRIDGE

DAS WICHTIGSTE IN KÜRZE:
- **Erbaut: 1933–37**
- **Länge: 2737 Meter**
- **Spannweite: 1280 Meter**
- **Wahrzeichen Kaliforniens**

Den Wettbewerb um die schönste Brücke der Welt würde die Golden Gate Bridge wahrscheinlich mühelos gewinnen. Daran ist nicht zuletzt ein bis dato recht unbekannter Architekt namens Irving Foster Morrow (1884–1952) Schuld. Während die Ingenieure über einen einfachen grauen oder metallicfarbenen Anstrich nachdachten und die US-Marine sogar Schwarz mit gelben Streifen favorisierte, setzte er eine leuchtende Rostschutzfarbe mit dem Namen »International Orange« durch. Das würde besser zum Licht der Bucht passen, meinte Morrow. In der Tat hat neben der visionären Schönheit der Konstruktion vor allem diese orangerote Farbe, die über dem satten Blau der San Francisco Bay fast golden wirkt, zum Mythos »Golden Gate Bridge« beigetragen.
Doch die Brücke ist nicht nur schön. Ihr Bau hat die kalifornische Wirtschaft aus einer ökonomischen Krise gerettet, indem sie San Francisco mit dem nördlichen Kalifornien verband. Nicht San Francisco, sondern sechs Bezirke auf der anderen Seite des Golden Gate brachten die Baukosten von 35 Millionen Dollar auf, um endlich ihre Waren schnell und problemlos in die Hauptstadt schaffen zu können.

DIE BAUGESCHICHTE

Bereits 1921 legte der erfahrene Brückenbauer Joseph Baermann Strauss (1870–1938) Pläne für eine Brücke über das Golden Gate zwischen San Francisco und dem kalifornischen Bezirk Marin vor. Der Plan war bestechend. Schließlich war die Stadt vom Norden aus nur über riesige Umwege oder Fähren erreichbar. Dem gegenüber standen die Risiken des Projektes. Eine Brücke über das Golden Gate würde eine größere Spannweite haben müssen als jede zuvor gebaute. Außerdem verursachten die Gezeiten in der Meerenge äußerst starke Strömungen. Wie wollte man da die Stützpfeiler sicher verankern?
Trotzdem verabschiedete Kalifornien 1923 ein Gesetz zur Finanzierung des Brückenbaus. Nach sechs Jahren bürokratischer und politischer Auseinandersetzungen bekam Strauss dann endlich den Auftrag. Doch der

Ingenieur aus Cincinnati, der bereits 400 Brücken gebaut hatte, musste mit seinem Team völlig neue Techniken entwickeln, um die Brücke über das Golden Gate realisieren zu können.
Als besonders schwierig erwies sich der Bau des südlichen Pfeilerfundaments. Das Wasser war an dieser Stelle über 90 Meter tief, rau wie die offene See und die Gezeitenströmungen so stark, dass überhaupt nur um den Gezeitenwechsel herum ein Arbeiten möglich war. Das Fundament musste 34 Meter tief in den felsigen Meeresgrund gebaut werden, der vorher mit Unterwasserbomben aufgesprengt worden war.
Nachdem die beiden Stützen standen und die Kabel verspannt waren, musste die Fahrbahn von beiden Pfeilern aus in demselben Tempo gebaut werden, damit die Stahlseile nicht ungleichmäßig belastet wurden. Beim Bau waren erstmals Schutzhelme für die Arbeiter vorgeschrieben. Außerdem gab es ein Fangnetz unter der Brücke, das tatsächlich 19 Menschen das Leben rettete. Zehn andere starben trotzdem durch Stürze.
Bei der Gestaltung ließ sich Strauss vom Architektenehepaar Irving und Gertrude Morrow (1888–1983) beraten. Sie entwarfen nicht nur die Gestalt der Türme, sondern gelten außerdem als Hauptverantwortliche für das legendäre, schlanke und leichte Design der Brücke. Vor allem Irving Morrow, der die Bucht von täglichen Fährfahrten zwischen Oakland und San Francisco bestens kannte, machte sich Gedanken, die Brücke ins rechte Licht zu setzen. So wollte er nachts die Fahrbahn heller beleuchten und die Spitzen der Türme allmählich im dunklen Himmel versinken lassen. Doch sein Beleuchtungskonzept wurde aus Kostengründen zunächst auf Eis gelegt und erst zum 50. Geburtstag der Brücke komplett realisiert.

Während des Baus 1936

Detail eines Pfeilers

DIE KONSTRUKTION

Die Golden Gate Bridge ist eine der klassischen Hängebrücken, wie sie in der zweiten Hälfte des 19. Jh. entwickelt wurden. Sie ist an hohlen Stahlbetonleitern mit fünf Sprossen aufgehängt, die fast 230 Meter über den Meeresspiegel hinausragen. Samt Fundament misst der südliche Pfeiler sogar über 350 Meter.
Die beiden langen Tragseile, an denen die Brücke hängt, sind 2300 Meter lang, fast einen Meter dick und wiegen jeweils 24.500 Tonnen. Weil damals noch kein Kran diese Last hätte heben können, mussten sie mit einer Luftspinnmaschine aus einzelnen Stahldrähten gedreht werden. Insgesamt bestehen sie aus je 27.500 Drähten von 0,5 Zentimeter Durchmesser, die zu 61 Strängen und dann schließlich zu einem Kabel verdrillt wurden. Die Länge der Drähte beträgt insgesamt 129.000 Kilometer und würde damit ausreichen, sie dreimal um den Äquator zu spannen. Von diesem Trageseil führen vertikale Kabelpaare nach unten, um die Brücke zu halten.
Die Straße, die die Golden Gate Bridge überquert, hat sechs Spuren und einen Fußweg. Sie liegt 67 Meter über dem Wasser. Täglich wird sie von etwa 120.000 Autos passiert. Der eingenommene Brückenzoll war bereits 25 Jahre nach Fertigstellung viermal so hoch wie die Kosten der Brücke.

DIE UNITÉ DE HABITATION

DAS WICHTIGSTE IN KÜRZE:
- **Erbaut: 1947–52**
- **»Plattenbau de luxe«**

Plattenbauten haben einen zwiespältigen Ruf. Von außen sind sie hässlich und steril. Doch manche Bewohner sind gar nicht so unzufrieden. Geschäfte sind schnell erreichbar und zwischen den Hochhäusern liegen ausgedehnte, ruhige Grünflächen.

Mit der Unité de habitation in Marseille wollte der berühmte Schweizer Architekt Le Corbusier (1887–1965) auch keinen Schönheitspreis bekommen. Das Konzept jedoch hielt er für wegweisend für die ideale Stadt der Zukunft. Der Name ist Programm: Die Unité sollte tatsächlich alles enthalten, was ein Wohnviertel brauchte. Le Corbusier sprach auch gerne von einer »vertikalen Stadt« oder gebrauchte selbst das wenig werbende Wort »Wohnmaschine«, um zu betonen, dass das 17-stöckige Hochhaus vor allem ein Zweckbau war, der die Bedürfnisse seiner Bewohner zu erfüllen hatte.

DIE IDEE

Die Frage, wie menschengerechtes Wohnen im 20. Jh. aussah, bewegte die Architekten der »Neuen Sachlichkeit« zu Beginn des Jahrhunderts. »Vergrößert die Fenster, spart an Wohnraum«, propagierte der Bauhaus-Chef Walter Gropius (1883–1969). Licht, Luft und Gemeinschaftsräume, die den sozialen Zusammenhalt stärken sollten, sollten an die Stelle von Steinwüsten und überflüssigem Dekor treten.

Vor allem Charles-Edourd Jeanneret, der sich Le Corbusier nannte, beschäftigte sich intensiv mit der Stadt der Zukunft. Er war der Meinung, dass die Städte längst keinen funktionierenden, lebendigen Organismus mehr darstellten. Massive Wohnbauten, Straßen und öffentliche Gebäude waren in seinen Augen zu einem »schwer verträglichen Brei« zusammengewachsen, der weder dem Verkehr, noch den Bewohnern gut tat und auch alles andere als repräsentativ war. Also forderte er eine strikte Trennung der Funktionen. Wohnungen, so meinte er, gehörten nicht an die Straße, sondern ins Grüne. Damit nicht zu viel Fläche verbraucht

Blick in eine Wohnug

wurde und die Wohnräume zu weit weg von den Zentren lagen, propagierte er Hochhäuser. Diese stellte er gerne auf Stelzen (Pilotis), um sie »der Feuchte des Erdreichs« zu entziehen, aber auch, um Verkehrswege darunter durchzuführen. Die nötige Infrastruktur durfte natürlich nicht fehlen, sondern sollte leicht zu erreichen sein – am besten in das Haus selber integriert.

DAS GEBÄUDE

Die kantige Unité wirkt wie der Prototyp aller Plattenbauten. Das massive, rechteckige Gebäude ist 138 Meter lang, 25 Meter breit und 56 Meter hoch. Es besitzt 17 Geschosse und steht auf massiven Betonstelzen. Darunter sind Parkplätze. Die Fassade ist aus unverputztem Beton und wird durch die durchgehenden Balkone und Loggien der Wohnungen gegliedert. Nur die schmale Nordseite ist ganz geschlossen. Die Konstruktion besteht aus einem tragenden Stahlskelett. Um größtmögliche Flexibilität bei der Gestaltung des Wohnraums zu haben, lehnte Le Corbusier tragende Wände ab. Auch tragende Fassadenteile passten nicht in sein Konzept, das möglichst viel Fensterfläche vorsah. Um der Anonymität vorzubeugen, hatte das Gebäude im ersten Stock eine geräumige Empfangshalle mit Portier. Von dort aus gelangt man zu den Aufzügen.
Es gibt 23 verschiedene Wohnungstypen – vom Single-Appartement bis zur Unterkunft für die Großfamilie. Alle aber reichen über zwei Stockwerke. Das bedeutet konkret: Nur in jedem dritten Geschoss gibt es einen Korridor mit Wohnungstüren. In den Etagen darunter und darüber laufen die Wohnungen quer durch die ganze Breite des Gebäudes. Jede Wohnung hat also zwei Loggien, einmal nach Osten, einmal nach Westen, ein anderes Mal mit Meer-, einmal mit Alpenblick. An einer Seite liegt das Wohnzimmer, das mit 4,88 Meter Höhe über beide Geschosse reicht und 3,66 Meter voll verglaste Breite hat. Die Ausstattung mit Einbauküche, Einbauschränken, Bad und Extradusche war für damalige Verhältnisse extrem modern und komfortabel. Die Zimmer der größeren Wohnungen können durch verschiebbare Wände leicht den Bedürfnissen angepasst werden. Im siebten und achten Geschoss liegen die Ladenstraßen. Dort gibt es kleine Geschäfte, Gastronomie, eine Apotheke, ein Postamt, einen Friseur, eine Wäscherei und sogar ein kleines Hotel mit 18 Zimmern. Kindergarten und -hort liegen im 17. Stockwerk gleich unter dem Dach.
Le Corbusier liebte Dachterrassen. Auf der Unité gestaltete er eine wahre Freizeitlandschaft. Für die Kinder gibt es dort einen Spielplatz und ein Wasserbassin zum Planschen. Für Erwachsene stehen eine kleine Sporthalle, ein Freilichttheater, eine Bar, eine 300 Meter lange Joggingbahn, eine Sonnenterrasse und ein Aussichtsturm bereit. Dazwischen ragen die Ventilationsschächte und Kamine heraus. Le Corbusier gestaltete sie mit plastischen Formen, sodass sie wie die Schornsteine eines Ozeandampfers aussahen. Es war seine Intention, dass sich die Bewohner auf dem Dach wie auf dem Vergnügungsdeck eines Luxusliners vorkommen sollten. Wer es lieber grün hat, kann in den Park um das Haus herumgehen.

Architekt Le Corbusier im Jahr 1952 mit dem Modell der futuristischen Wohnmaschine

Blick in die Ladenstraße

NOTRE-DAME-DU-HAUT IN RONCHAMP

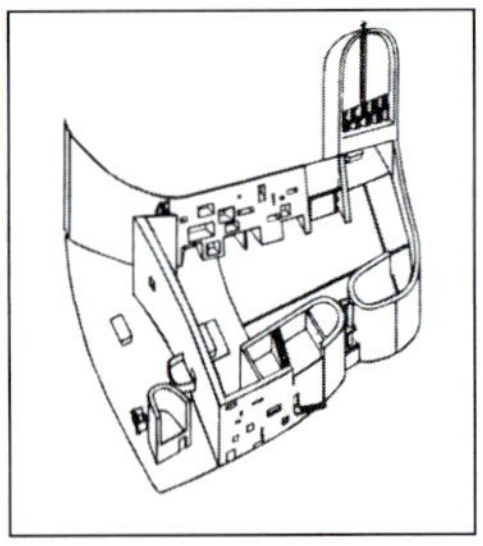

Schematische Darstellung der Kirche

DAS WICHTIGSTE IN KÜRZE:
- **Erbaut: 1950–55**
- **Der einflussreichste christliche Sakralbau des 20. Jh.**

Die Form des Daches erscheint weich gerundet, als hätten Wind und Wetter sie im Laufe der Jahrhunderte abgeschliffen. Dabei steht die kleine Wallfahrtskirche Notre-Dame-du-Haut in Ronchamp am Rand des französischen Jura gerade einmal 50 Jahre und ist aus solidem Stahlbeton gefertigt. Ihr Erbauer, der Schweizer Star-Architekt Le Corbusier (1887–1965), erklärte, er hätte die Dachkonstruktion einem »Krabbenschild« nachempfunden, das er einmal auf Long Island gefunden habe. Manchen Beobachtern erscheint die braune, sanft geschwungene Form, die sich über dem weißen Kirchenschiff wölbt, auch wie die Kappe eines Pilzes.
Eigentlich war Le Corbusier für seine nüchternen, funktionellen Bauten bekannt, doch Notre-Dame-du-Haut fügte er organisch in die weite burgundische Hügellandschaft ein und schuf so eines der eindrucksvollsten und emotionalsten Gebäude der jüngeren Architekturgeschichte.

DIE IDEE

»Als ich diese Kirche baute, wollte ich einen Ort des Schweigens, des Betens, des Friedens, der innerlichen Freude schafften. Das Empfinden, gesegnet zu sein, beseelt unseren Versuch«, sagte Le Corbusier. Notre-Dame-du-Haut solle ein »Gefäß intensiver Konzentration und Meditation« werden.
Die Kirche ist ein Stein gewordener Beweis für die Vielseitigkeit des Schweizers. Der Mann, der sich so oft als radikaler Funktionalist gab, hatte neben seiner Architektur schon immer auch Bilder und Skulpturen hergestellt, die viel weicher, organischer und irrationaler waren als seine Bauten. Mit Notre-Dame-du-Haut wagte er erstmals, diese verborgene Seite bei einem Bauwerk umzusetzen.
Le Corbusier, der protestantisch erzogen worden war, aber selber pantheistischen Vorstellungen anhing, schaffte es, einen Sakralraum zu gestalten, der gleichzeitig Geborgenheit und Offenheit vermittelt. Das schwere Dach und die dicken, gerundeten Wände lassen den inneren Kirchenraum wie eine Höhle erscheinen – intim und geheimnisvoll. Die drei Nebenkapellen unter den Türmen, sind geradezu umschlungen von ein-

wärts gedrehten Wänden. Doch eine Vielzahl kleiner, völlig unregelmäßiger Fenster aus buntem Glas, die in tiefen, schießschartenartigen Wandöffnungen liegen, schaffen eine ebenso mystische wie lebendige Atmosphäre, indem sie zu jeder Tages- und Jahreszeit und bei jedem Wetter ein anderes Lichtspiel auf die weißgekalkten Wände zaubern. Am intensivsten ist dieser Effekt ausgerechnet in den engen Seitenkapellen, die ihr Licht über die Türme von oben bekommen. Ein schmaler Streifen aus buntem Glas zwischen Wänden und Decke nimmt dem schützenden Dach zusätzlich alles Erdrückende. Außerdem weitet sich der Raum zur Altarwand hin. Der Boden fällt leicht ab, das Dach dagegen schwingt sich zeltartig nach oben, sodass sich beträchtliche Höhenunterschiede ergeben. Von außen betrachtet strebt gerade die Südwand mit kühnem Schwung himmelwärts. Vor allem aber hat Le Corbusier die Kirche für ihre Umwelt geöffnet, indem er an der Außenseite der Altarwand unter dem vorgezogenen Dach einen zweiten Altarraum für Open-Air-Gottesdienste schuf.

DIE ARCHITEKTUR

Mit seiner Architektur hat Le Corbusier jedoch nicht nur eine inhaltliche Synthese zwischen Geborgenheit und Offenheit geschaffen, sondern auch ganz praktische Bedürfnisse erfüllt. Vor dem offenen Altarraum können sich bei den großen Wallfahrten gut und gerne 12.000 Leute versammeln. Es gibt einen Altar, eine Kanzel und eine Empore für die Sänger. Das Gnadenbild, eine Marienstatue aus dem 17. Jahrhundert, steht in einem Glaskasten in der Wand und stellt die Verbindung zwischen innerem und äußerem Altarraum her. Mit einem Schwarm punktförmiger, kleiner Fenster, die sie wie Sterne umgeben sollen, griff Le Corbusier ein Motiv traditioneller Mariendarstellungen auf. Im Inneren dagegen haben höchstens 200 Menschen Platz. Mit gleich drei Seitenkapellen sind jedoch abgetrennte, aber nicht geschlossene Räume geschaffen, in denen mehrere kleine Pilgergruppen gleichzeitig ihre Andachten halten können.

Architekturgeschichtlich gehört die Kirche dem sog. Plastischen Stil an, der nach dem Zweiten Weltkrieg als Gegenentwurf zu den vielen immer nüchterneren und gleichförmigeren Gebäuden entstand. Die Bauwerke des Plastischen Stils erscheinen oft wie Skulpturen, die aus Ton geknetet und dann vielfach vergrößert worden sind. Auch der strahlendweiße Kirchenbau und das massige dunkle Dach von Notre-Dame-du-Haut haben dieses skulpturhafte Aussehen. Weder die drei weißen, rundeten Türme, noch die kleinen, unregelmäßigen Fensteröffnungen lenken vom Schwung des Baukörpers ab.

Viele Weggefährten Le Corbusiers waren schwer irritiert von diesem Kirchenbau. Er war ihnen zu massiv, zu irrational und zu romantisch. Andere dagegen feierten Notre-Dame-du-Haut als Wiedergeburt der wahrhaft religiösen Baukunst. Als erste Kirche von Bedeutung machte sie – 200 Jahre nach dem Bau der Rokokokirchen – wieder durch ihre Architektur zentrale Glaubensinhalte emotional erfahrbar.

Blick auf die Ostfassade mit offenem Altarraum

Blick ins Innere. Lichtwand mit Buntglasfenstern

BRASÍLIA

Das Gebäude des Justizpalastes, Sitz des obersten Gerichts. Im Vordergrund eine moderne Justitia-Skulptur mit Schwert und verbundenen Augen

DAS WICHTIGSTE IN KÜRZE:
- **Baubeginn: 1957**
- **Einweihung und Verlegung der Hauptstadt: 1960**
- **Das größte städtebauliche Projekt des 20. Jahrhunderts**

Über die Idee, im Binnenland eine neue Hauptstadt aus dem Boden zu stampfen, um Rio de Janeiro zu entlasten, aber auch um das geografische Zentrum des Landes zu erschließen, wurde in Brasilien bereits gegen Ende des 19. Jh. nachgedacht. 1891 verankerte man die Absichtserklärung sogar in der Verfassung. Aber erst Staatspräsident Juscelino Kubitschek de Oliveira (reg. 1956–61) hob das ehrgeizige Projekt ein Jahr nach seinem Regierungsantritt aus der Taufe. Mit dem Neubau einer Stadt für eine halbe Million Bewohner inklusive eines repräsentativen Regierungssitzes sollte Brasilien der ganzen Welt seine Leistungsfähigkeit beweisen.

DIE STADT

Die neue brasilianische Hauptstadt ist ein Werk vom Reißbrett wie es der berühmte Schweizer Architekt Le Corbusier (1887–1965) immer wieder propagierte. So ist es auch nicht verwunderlich, dass mit Lúcio Costa (1902–98) und Oscar Niemeyer (geb. 1907) zwei seiner Schüler den nur in Brasilien ausgeschriebenen Architektenwettbewerb gewannen. Costas Grundriss hat die Form eines Flugzeuges, das den Aufbruch in moderne Zeiten symbolisiert. Auf den »Flügeln«, deren Spannweite 13 Kilometer beträgt, stehen sechsstöckige Wohnblocks abseits der großen Verkehrsadern auf Stelzen im Grünen. Den »Rumpf« bildet ein sechs Kilometer langer Grünstreifen mit Straßen an beiden Seiten. An ihm sind – teilweise mit großen Freiflächen dazwischen – die öffentlichen Gebäude aufgereiht: Erst die Hotels, dann Geschäftsgebäude, danach Botschaften, dann die Kultureinrichtungen, darunter auch die Kathedrale und schließlich, als gleichförmige Riegel entlang der Straße auf-

gereiht, die Ministerien. Parlament, Präsidentenpalais und Oberster Gerichtshof jedoch liegen herausgehoben auf dem dreieckigen Platz der drei Gewalten an der Spitze der Achse. Um den vorderen Teil des imaginären Fliegers zieht sich von einer Flügelspitze zur anderen der Stausee Lago Paranoá, der die Energieversorgung der Stadt gewährleisten sollte.
Die neue Stadt wurde förmlich aus dem Boden gestampft. Nach nur drei Jahren Bauzeit wurde sie zur Hauptstadt erhoben. Doch in der Infrastruktur gab es einige Mängel. Man hatte beispielsweise weder öffentliche Verkehrsmittel vorgesehen, noch an Wohnraum für die 40.000 Arbeiter gedacht. Auch der Plan, die Bevölkerung strikt auf eine halbe Million zu beschränken, ließ sich nicht durchhalten. Heute sind es drei. Viele Bewohner wohnen in Satellitenstädten und Favelas außerhalb der alten Grenzen. Da man keine Industrie angesiedelt hat, arbeiten die meisten Menschen in der Verwaltung.

Moderne Skulptur auf dem Platz der drei Gewalten vor den Gebäuden des Nationalkongresses

DIE REPRÄSENTATIVBAUTEN

Während Lúcio Costa für die Stadtplanung zuständig war, entwarf Oscar Niemeyer die Vorzeigeobjekte der neuen Hauptstadt. Er gehörte zu den Architekten, die besonderen Wert auf den Symbolgehalt ihrer Bauten legen. Außerdem war es ihm wichtig, dass seine Gebäude immer einen Effekt der Überraschung haben. Mit dem Parlament von Brasília hat er ein Gebäudeensemble geschaffen, das die Kulisse der Stadt dominiert. Eine offene Schale und eine umgedrehte Kuppel ruhen auf einem lang gestreckten, unauffälligen Flachbau. Unter der Schale, die gleichsam die Wahlstimmen des Volkes sammeln soll, ist das Abgeordnetenhaus untergebracht, unter der konzentriert wirkenden Kuppel der Senat. Zusammen ergeben sie eine Einheit. Auf das Dach des Baus führt eine breite Rampe. Dadurch wird er zu einem weiteren, erhöhten Platz um die Kuppeln herum. Jeder kann ihn besteigen und man hat

Blick von der Kathedrale auf die Stadt

von dort eine fantastische Aussicht auf die Stadt. Im Kontrast zu dem lang gestreckten Bau wird die Vertikale durch zwei eng beieinander stehende hohe Türme betont, die das Abgeordnetenhauses und die Verwaltung beherbergen. Von weitem hat das Ensemble nichts gebäudeähnliches an sich, sondern wirkt wie ein surreales Gemälde.
Gegenüber diesem Sitz der Legislativen, der noch dazu genau in der Spitze des Dreiecks steht, können die beiden anderen Gewalten nicht mithalten. Der Oberste Gerichtshof und das Präsidentenpalais befinden sich völlig im Schatten der Volksvertretung.
Außer den Regierungsgebäuden entwarf Niemeyer auch die Kathedrale von Brasíia. Sie wurde von 1959 bis 1970 gebaut. Sie ist kreisrund und ähnelt einer Art sehr flachem Indianertipi. Die Glasflächen zwischen den markanten weißen Betonstreben sind mit fließenden, bunten Mustern bemalt. Nach Niemeyers Vorstellungen soll der Bau eine Dornenkrone symbolisieren. Außen ist er von einer kreisrunden Wasserfläche umgeben. Innen kommt man in einen abgesenkten Kirchenraum, in dessen lichter Kuppel Engelsfiguren schweben. Eine weiße, ovale Taufkapelle, die etwas abseits liegt und mit der Kathedrale über einen unterirdischen Gang verbunden ist, soll eine Hostie darstellen. Daneben schuf Niemeyer auch noch die Ministerien, den Justizpalast und das Theater im Stil einer aztekischen Pyramide.

Lageplan

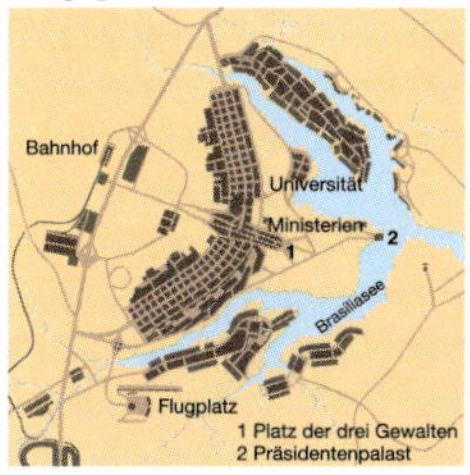

DIE DELTAWERKE IN DEN NIEDERLANDEN

Die geschlossenen Tore des Sturmflutwehrs in der Oosterscheldemündung

DAS WICHTIGSTE IN KÜRZE:
- **Erbaut: 1958–1997**
- **Dämme und Wehre, die die Niederlande vor dem Meer schützen**
- **Zehn Bauten mit einer Gesamtlänge von 30 Kilometern**

Das Meer ist in den Niederlanden ständig präsent. Im Durchschnitt liegt das Staatsgebiet nur einem Meter über dem Meeresspiegel, 27% sogar unterhalb dieser Grenze. Entsprechend muss das Land vor dem Eindringen des Wassers geschützt werden. An einigen Küstenstrichen gewährleisten dies natürliche Dünen, an anderen Dämme und die Wehre des Deltawerkes. Da der Südwesten des Landes besonders sturmflutgefährdet ist, wurden hier durch das Delta-Projekt die riesigen Meeresarme der Nordsee durch Sturmflutwehre abgetrennt. Dämme riegeln das von Wasser umgebene Land hinter den Hauptwehren ab. Das Deltawerk besteht aus insgesamt vier großen Wehren und sechs weiteren Dämmen und Schleusen im Hinterland. Der zentrale Teil des Deltawerkes ist das Sturmflutwehr an der Oosterschelde. Hier schützen 62 bewegliche Stahltore das Hinterland vor Hochwasser.

DIE KATASTROPHE

Der Entschluss ein so gewaltiges Dammbauprojekt durchzuführen, war Folge einer verheerenden Flutkatastrophe im Jahre 1953. In der Nacht auf den ersten Februar brach eine Sturmflut über die Südwestküste der Niederlande herein, die den Meeresspiegel auf bis zu fünf Meter über Normal steigen ließ. Innerhalb weniger Stunden kam es zu 67 großen und 400 kleineren Deichbrüchen. Der Sturm drückte mit Windstärke 12 das Wasser aufs Land. Der größte Teil des Südwesten Hollands lag unter Wasser. Viele Menschen wurden im Schlaf überrascht, über 1800 starben, 72.000 mussten evakuiert werden. Selbst nach der Flutnacht dauerte es mehrere Wochen, bis alle Landstriche wieder begehbar waren. Dieser Schock veranlasste die niederländische Regierung, über einen massiven Ausbau der Deichanlagen nachzudenken.

DAS PROJEKT

Als Reaktion auf die Flut riet eine Expertenkommission dazu, die gesamten Meeresarme durch Dämme vollständig von dem offenen Meer zu trennen. Dadurch würde die niederländische Küstenlinie von 700 Kilometer auf nur noch 25 Kilometer verkürzt und somit deutlich leichter vor Überflutungen zu schützen sein. Die sog. Deltakommission schlug darüber hinaus vor, alle Deiche und Dämme auf eine Höhe von fünf Meter ü. NN auszubauen. Nach ihren Berechnungen würde das Risiko einer neuen Katastrophe des Ausmaßes von 1953 auf etwa 1:4000 reduziert. Einzig die Westerschelde solle nicht durch einen Damm verschlossen werden, da sonst der Schifffahrtsverkehr nach Rotterdam und Amsterdam unterbrochen werden würde.

Das bewegliche Sturmflutwehr bei Hoek van Holland

DER BAU

Die Bauarbeiten für das ehrgeizige Projekt konnten 1958 nach einer Zustimmung durch den Gesetzgeber begonnen werden. Das erste Bauvorhaben war dann das Wehr an dem Fluss Hollandsee Ijssel. Hier wurden vier Betontürme an den Flussufern errichtet, die mit zwei Stahltoren das sehr niedrig liegende Hinterland im Norden des Beneluxstaates schützen können. Die 80 Meter langen Tore sind normalerweise hochgefahren, sodass Schiffe unter ihnen passieren können. Der nächste fertige Abschnitt des Deltaprojekts besteht aus zwei Dämmen, die die Inseln Walcheren und Beveland verbinden. Zwischen den beiden Inseln entstand dadurch 1961 ein See aus Brackwasser. Weit größer war der Damm zwischen Schouwen-Duiveland und Goeree-Overflakkee. Hier wurde ein sechs Kilometer breiter Meeresarm durch einen Damm mit Schleuse gesichert. Teile des Damms wurden aufgebaut, indem Sand vom Meeresboden über Pipelines auf eine Sandbank aufgeschwemmt wurde. Das größte Stück wurde jedoch durch Geröll und Steine verschlossen, die mithilfe einer Seilbahn auf das Meer transportiert wurden. Die einzelnen Wagen der Bahn konnten mit einer Ladung zehn Tonnen Last transportieren. Nach sieben Jahren Bauzeit wurde der Damm 1965 eröffnet. Bis 1971 wurden drei weitere Dämme fertig gestellt. Der Haringvlietdamm ist davon der größte. Seine 4,5 Kilometer Länge sind von Toren unterbrochen, die bei Sturm geschlossen werden können. Diese sind notwendig, um die Wasser aus Maas und Rhein ins Meer abfließen zu lassen.

Überdimensional große Rohrkonstruktion des beweglichen Flutwehrs bei Hoek van Holland

OOSTERSCHELDE

Das weitaus schwierigste Dammstück war jedoch das Wehr an der Oosterschelde. Hier ist der Gezeitenstrom besonders stark, das Meer bis zu 40 Meter tief und zwischen den Inseln eine Distanz von acht Kilometer zu überbrücken. Wieder wurden dafür Inseln aufgeschwemmt und Seilbahnen eingesetzt. Doch als sich Protest gegen die Abriegelung der Oosterschelde regte, da so die komplette Flora und Fauna in dem Meeresarm zerstört würde, musste umgeplant werden. Nun sollte eine Lösung gefunden werden, die den Meeresarm nur bei Gefahr abriegelt. So entschied man sich für den Bau von Sturmschutztoren. Die benötigten Pfeiler wurden dafür in eigens trockengelegten Poldern im Meer gebaut. Diese ausgepumpten Baugruben wurden nach Fertigstellung der Pfeiler geflutet und die 18.000 Tonnen schweren Betontürme mit einem Spezialschiff an den vorgesehenen Standort geschleppt. Heute kann innerhalb von 80 Minuten die Oosterschelde abgeriegelt werden.

DAS OPERNHAUS VON SIDNEY

DAS WICHTIGSTE IN KÜRZE:
- **Erbaut: 1959–73**
- **Größe: 183 Meter lang, 118 Meter breit, 67 Meter hoch**
- **Insgesamt 5467 Plätze unter zehn Segeln**

Wie ein Schiff mit stolz geblähten Segeln liegt das Opernhaus im Hafen der Stadt. Es gehört zu den auffälligsten Gebäuden der Welt und ist seit seiner Erbauung eines der Wahrzeichen von ganz Australien.
Um den extravaganten Plan des dänischen Architekten Jørn Utzon (geb. 1918) zu realisieren, mussten Spezialisten völlig neue Fertigungsverfahren entwickeln. Doch der Aufwand hatte sich gelohnt. Die Londoner Zeitung Times kürte die Oper zum »Bauwerk des 20. Jahrhunderts.«

DIE IDEE

Der Bau der Oper von Sidney wurde 1955 in einem Wettbewerb ausgeschrieben, an dem sich 233 Architekten beteiligten. Das Gebäude sollte mindestens zwei Konzertsäle, ein Restaurant und mehrere Foyers haben und auf dem exponierten Bennelong Point liegen, einer malerisch ins Hafenbecken von Sidney hineinragenden Landzunge. Sie ist nach dem Ureinwohner benannt, der die Schiffe der ersten Einwanderer in Sidney begrüßte.
Den kühnsten Entwurf reichte der damals noch recht unbekannte Jørn Utzon ein. Angeblich hatten ihn die Schalen einer Orange zu den zehn muschelartigen Kuppelsegmenten inspiriert, die das Dach zieren. Utzon wollte ein Gebäude schaffen, das aus wirklich jeder Perspektive leicht erkennbar sein sollte und damit seiner ausgewählten Lage gerecht werden würde. An keiner Stelle sollte es »tote« Flächen ohne architektonische Bedeutung geben. Das stellt jedoch gerade bei einem Operngebäude ein besonderes Problem dar. Schließlich muss der breite, aber nicht besonders hohe Zuschauerraum mit der eher schmalen, aber dafür umso höheren Bühne in Einklang gebracht werden. Utzon löste das Problem, indem er den unteren Teil der Säle sowie alle Technik-, Versorgungs- und Verwaltungsräume im Sockel seines Gebäudes versteckte und nur die vorne voll verglasten Segel in die Höhe ragen ließ. Die beiden größten Muscheln sollten sich, dreifach gestaffelt über den Haupträumen des Gebäudes erheben, dem Konzertsaal und dem Opernhaus.

Angeblich war es der finnische Architekt Eero Saarinen (1919–61), Schöpfer des ebenfalls markanten TWA-Terminals auf dem New Yorker Flughafen, der Utzons Arbeit aus dem Stapel schon ausgemusterter Vorschlage herausholte und verkündete: »Das ist der erste Preis.«

Blick auf das berühmte Opernhaus und die Harbour Bridge

DIE BAUGESCHICHTE

Der Entwurf löste lange Debatten aus. Am Ende wurde er stark überarbeitet. Veranschlagt waren sieben Millionen Australische Dollar Kosten und eine Fertigstellung bis 1963. Doch das Vorhaben stellte sich als wesentlich aufwändiger heraus. 1963 waren erst die Fundamente und der Unterbau fertig. Da die Landzunge für das 1,8 Hektar große Gebäude nicht ausreichte, musste es auf 550 Pfeilern teilweise in das Meer hineingebaut werden.
1964 wurde mit den Sälen begonnen, 1965 mit den Dächern. Utzon hatte die Schalen eigentlich als Ganzes aus Spannbeton gießen lassen wollen. Dies ließ sich jedoch nicht realisieren. Deshalb fertigte man über 2000 einzelne Rippen, die man dann fächerförmig zusammensetzte. Verkleidet wurden sie mit über eine Million weißer, glasierter Granitfließen. Insgesamt haben die Dachsegel ein Gewicht von über 160.000 Tonnen.
An ihrer Vorderseite sollten die Muscheln mit bernsteinfarbenen Glaslamellen verkleidet werden. Die Qualität der Doppelscheiben musste so gut sein, dass keinerlei störende Außengeräusche in die Konzertsäle dringen würden. Auch das erforderte großen Aufwand. Die Flächen mussten aus 2000 einzelnen Scheiben in 700 verschiedenen Formen zusammengesetzt und durch senkrechte Stahlträger und bronzene Halteleisten gestützt werden.
All diese Probleme führten dazu, dass die Bauzeit sich um zwölf Jahre verlängerte und die Kosten auf über 100 Millionen Australische Dollar explodierten. Dies führte zu heftigen Auseinandersetzungen zwischen allen Beteiligten, mehreren Regierungskrisen und dem Ausscheiden Utzons aus dem Projekt. Eine eigens eingerichtete Opernhauslotterie musste die Mehrkosten einbringen. Das Projekt stand mehrmals auf der Kippe, wurde am Ende aber doch vollendet.

Während des Baus 1967

DIE NUTZUNG

Im Inneren befinden sich insgesamt 1000 Räume aller Größen, davon fünf Veranstaltungssäle für Opern, Theater, Kammermusik und Ausstellungen. Der größte ist die Concert Hall mit fast 2700 Sitzen, der zweitgrößte das Opera Theatre mit über 1500. Die Foyers sind mit großflächiger, zeitgenössischer Kunst geschmückt, darunter auch Wandbilder im Stil der australischen Ureinwohner. Die Hoffnung der Operngemeinde von Sidney, mit dem neuen Gebäude werde es auch einen großen künstlerischen Aufschwung geben, hat sich so nicht erfüllt – auch deshalb, weil man nach Utzons Ausscheiden aus dem Projekt Kosten gespart hat und gar nicht den Platz und die Bühnentechnik für wirklich große Opern besitzt. Doch das Gebäude wird pro Jahr von etwa 4,5 Millionen Gästen besucht. Drei Viertel davon kommen in erster Linie wegen der Architektur. Über eine große Freitreppe, die die ganze Breite der Landzunge einnimmt, können sie auf die oberste Terrasse gelangen und direkt zwischen den Segeln spazieren gehen. Von jedem Punkt ergeben sich neue interessante Perspektiven. Auf dem Vorplatz finden Open-Air-Veranstaltungen statt.

DIE PHILHARMONIE IN BERLIN

DAS WICHTIGSTE IN KÜRZE:
- **Erbaut: 1960–63**
- **2440 Plätze rund um die Bühne**

»Zirkus Karajani« nennen die Berliner ihre Philharmonie – respektlos, aber treffend wie üblich. Denn gerade seine zeltartige Bauweise machte den vieleckigen Saal zu einem der wegweisenden Konzerträume des 20. Jh. Architekt Hans Scharoun (1893–1972) vollzog nämlich einen entscheidenden Perspektivenwechsel in der Konzertsaalarchitektur. Die Bühne liegt nicht mehr wie der Altar einer Kirche an der Stirnseite des Raumes, sondern wie die Manege eines Zirkus im Zentrum, inmitten der Zuschauerränge. Die Anregung dazu kam Scharoun bei Beobachtungen auf der Straße: Die Zuschauer formen automatisch einen Kreis, wenn sie einem Musiker zuhören. »Dieser ganz natürliche Vorgang, der von der psychologischen wie von der menschlichen Seite her jedem verständlich ist, müsste sich auf in einen Konzertsaal verlegen lassen«, meinte Scharoun.

DIE BAUGESCHICHTE

1956 wurde in Westberlin ein Architektenwettbewerb für die im Krieg zerstörte Philharmonie ausgeschrieben. Drei Entwürfe gelangten in die Endausscheidung, aber für Chefdirigent Herbert von Karajan (1908–89) kam nur Scharouns Idee infrage – gerade wegen der Verlagerung der Bühne. Er meinte das Sitzproblem in einem Konzertsaal wäre noch nie so gut gelöst worden. »Dieser Entwurf erscheint mir deshalb so glücklich zu sein, weil außer den akustisch sicher sehr günstigen Anordnungen der Wände ein Moment besonders hervorgehoben wird, und das ist die restlose Konzentration der Zuhörer auf das Musikgeschehen.«
Eigentlich sollte das Gebäude an einer Hauptverkehrsstraße in Berlin-Wilmersdorf stehen, doch dann entschied man sich, es zum Teil eines neuen, demokratischen Kulturforums auf einer Brachfläche mitten in der Stadt zu

Konzert in der Philharmonie

machen. 1938 hatte Hitlers Chefarchitekt Albert Speer (1905–81) dort in großem Umfang Villen abreißen lassen, um die Nord-Südachse seiner wahnwitzigen Utopiestadt »Germania« zu errichten. Scharouns Philharmonie wurde nicht verändert, aber um einen Kammermusiksaal und einen korrespondierenden Bau für die Staatsbibliothek ergänzt. Mit dem Mauerbau 1961 jedoch rückte der Kemperplatz in eine Randlage. Jahrelang stand die Philharmonie, die in nur drei Jahren und verhältnismäßig kostengünstig entstanden war, einsam in einer Steppenlandschaft in direkter Nachbarschaft zur Brache des Potsdamer Platzes. Erst 1976 wurde Scharouns zweiter Bau, die Staatsbibliothek, gegenüber der Philharmonie vollendet, 1984 bis 1987 der Kammermusiksaal angebaut.

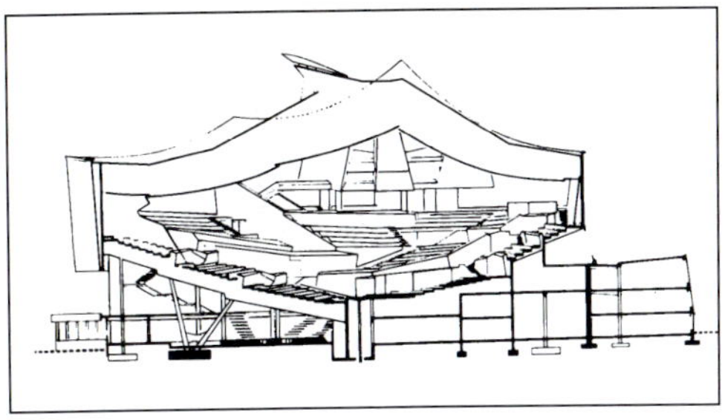

Schnitt

Mit dem Mauerfall rückte Scharouns Ensemble 1990 wieder mitten in die Stadt. Doch obwohl Renzo Piano (geb. 1937), der Architekt des Potsdamer Platzes, sich als Fan der Scharoun-Bauten bezeichnete, liegen die beiden Zentren verbindungslos nebeneinander. Zu unterschiedlich sind Publikum, Art der Nutzung und Architektur.

DIE ARCHITEKTUR

Scharoun, der immer die Meinung vertreten hatte, der Charakter eines Baues solle sich nach den Handlungen richten, die dort stattfinden, plante seine Philharmonie von innen heraus, also vom Konzertsaal her. Wie das ganze Gebäude hat auch der große Saal einen unregelmäßigen Grundriss. Man kann ihn als längliches Sechseck mit einer leicht nach innen geknickten Seite bezeichnen. Das Podium für die Musiker liegt wie in einem antiken Theater an der tiefsten Stelle des Saales, aber ebenfalls nicht wirklich in der Mitte des Raumes. Es ist umgeben von einer Vielzahl asymmetrischer, nach außen ansteigender Plattformen, auf denen sich die Zuschauerplätze befinden. Scharoun selber sprach von Weinbergterrassen. Er sah den Saal als eine architektonisch gestaltete Landschaft, über der sich der zeltartig abgehängte Himmel wie ein Firmament wölbt. Durch die Anordnung rund um das Podium sitzt keiner der über 2440 Zuhörer in dem großen Saal weiter als 32 Meter von den Musikern entfernt und hat einen ausgezeichneten Blick auf das gesamte Orchester. Auch die Akustik ist dank einer besonderen Wandkonstruktion und der abgehängten Decke auf allen Plätzen hervorragend.

Vom Konzertsaal führen mehrere Galerien und gewundene Treppen in das Foyer, das sich unter dem längeren Teil des Zuschauerbereiches befindet. Die von schräg stehenden Stützen getragenen Ränge wölben sich wie eine große Schüssel über der offenen Halle. Eine große Glasfront spendet Licht.

Alle anderen Räume sind um Foyer und Konzertsaal herum gruppiert. Auf dem Grundriss ergibt das ein grandios unübersichtliches Labyrinth. Für den Zuschauer jedoch präsentieren sich alle relevanten Räume trotz ihres unregelmäßigen Grundrisses einfach und großzügig. Auch von außen wirkt das Gebäude vergleichsweise kompakt und klar.

Die Kontur wird durch die drei zirkuszeltartigen Schwünge des Daches charakterisiert, die die Saaldecke des Konzertsaals nachzeichnen. Während die unteren Teile des Gebäudes weiß gehalten sind, wurden die oberen 1978 bis 1981 mit golden eloxierten Lochblechen verkleidet. Im gleichen charakteristischen Design ist auch die Staatsbibliothek gegenüber gehalten, sodass die beiden Gebäude eine optische Einheit bilden.

Grundriss

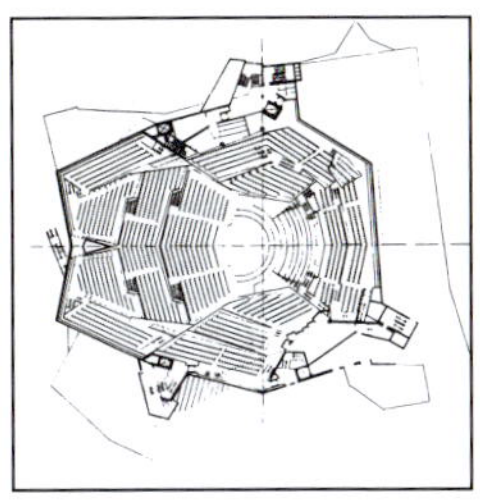

DAS MÜNCHNER OLYMPIA-GELÄNDE

DAS WICHTIGSTE IN KÜRZE:
- **Erbaut: 1967–72**
- **Fast 75.000 Quadratmeter große revolutionäre Zeltdächer**

Die Olympischen Spiele 1972 hatten mit einem schweren Erbe zu kämpfen. Nichts sollte an das Spektakel erinnern, dass Hitler 1936 so pathetisch, aber auch großartig hatte inszenieren lassen. Von Anfang an wurde das Schlagwort der »heiteren Spiele« ausgegeben. Das bedeutete auch, dass sich die Olympiabauten mit Transparenz und Leichtigkeit gegenüber dem monumentalen Beton von Berlin absetzen mussten. Günter Behnisch (geb. 1922) und Frei Otto (geb. 1925) gelang das Kunststück: Sie schufen eine Sportanlage, die auf nahezu ungeteilte Begeisterung stieß.

DIE BAUGESCHICHTE

Als Olympiagelände wurde in München das Oberwiesenfeld ausgewählt, ein ehemaliger Flugplatz im Norden der Stadt, der nach dem Zweiten Weltkrieg als Sammelplatz für Kriegstrümmer gedient hatte. 1967 schrieb man einen Wettbewerb für die Gestaltung der ganzen Anlage aus. Er umfasste das Stadion und drei überdachte Hallen, eine für Wettkämpfe, eine zum Aufwärmen und die Schwimmhalle. Gefordert war neben dem Gegenentwurf zu Berlin eine Olympiade der kurzen Wege im Grünen. Der kühne Plan des Stuttgarter Büro Behnisch & Partner behagte jedoch nicht allen Jury-Mitgliedern. Aber der Vorsitzende, der renommierte Architekt Egon Eiermann (1904–70), und Münchens Oberbürgermeister Hans Jochen Vogel (geb. 1926) setzten sich engagiert für Behnischs Vorschlag ein.

Der sah vor, die Sportstätten in eine völlig neu geschaffene Landschaft mit künstlichen Hügeln, Wegen, Wasserläufen und einem See einzubetten. Die Spiele sollten wirklich im Grünen stattfinden und nicht in Gebäuden. Konsequenterweise wurden Zweckbauten und die gesamte Versorgungsinfrastruktur in Geländemulden oder gleich unter die Erde verbannt. Nur das Leichte, Verspielte sollte sichtbar bleiben. Die Sportstätten wurden mit transparenten, zeltartigen Dächern überspannt, die eine Verbindung zwischen Gebäude und Landschaft herstellten und die Trennlinie zwischen innen und außen verwischten. Nirgends gab es massive, kantige

Luftaufnahme des Olympiaparks

und rechtwinklige Formen die an die Ästhetik von 1936 hätten erinnern können. Trotzdem schaffte man es, große Wettkampfstätten herzustellen. Das Olympiastadion war mit über 54.000 Sitz- und fast 12.000 Stehplätzen eine der größten Arenen, die es gab, und auch die Olympiahalle war mit fast 9000 Plätzen sehr groß.

Außergewöhnlich gut gelang auch die Nachnutzung der Wettkampfstätten. Der Olympiapark wurde zum beliebten Naherholungsgebiet, das Stadion unter anderem für Fußballspiele regelmäßig genutzt und das Olympische Dorf zum Studentenwohnheim.

DIE DÄCHER

Das technische Sahnestück des Münchner Olympiageländes sind die transparenten, zeltartigen Dachkonstruktionen. Ihre Silhouette korrespondiert mit dem Alpenpanorama an klaren Föhntagen und wurde sofort weltbekannt und zu Münchens neuem Wahrzeichen. Vorbild war ein Zeltdach, das Frei Otto für den deutschen Pavillon auf der Weltausstellung 1967 in Montreal geschaffen hatte. Otto hatte seine Laufbahn mit dem Bau von Flugzeugmodellen begonnen und war Leiter des Instituts für leichte Flächentragwerke in Stuttgart. Für seine Dachkonstruktionen experimentierte er mit Modellen aus Spinnennetzen, die er mit Fixiermittel versteift hatte.

Zusammen mit ihm entwickelten Behnischs Ingenieure seine Konstruktion von Montreal weiter. Doch die Bedachung der Münchner Olympiabauten sollte um ein Vielfaches größer werden als das Vorbild von Montreal. In extrem kurzer Zeit mussten neue Techniken entwickelt werden, was auch zu einer Kostenexplosion führte – insgesamt 657 Millionen Euro für das gesamte Gelände.

Die Zeltdächer auf dem Olympiagelände sind insgesamt 74.800 Quadratmeter groß. Sie überspannen die Hälfte des Olympiastadions, die Olympiahalle, die Schwimmhalle und eine Brücke. Bei Olympiahalle und Schwimmhalle, die an einem kleinen Platz nahe dem Olympiasee gegenüberliegen, bildet das gläserne Zelt wirklich das Dach. Außerdem verbindet es die beiden Hallen miteinander.

Die Dächer bestehen aus einem Netz aus Stahlkabeln mit einer aus Plexiglastafeln zusammengesetzten Schuppenhaut. Die charakteristischen »Gipfel« werden von Stahlseilen gehalten, die an riesigen Hohlmasten hängen. Die Masten mussten dafür mit Gelenken schräggesetzt und selber wiederum mit Stahlseilen abgespannt werden.

Für 1972 war der Regenschutz, den das Dach dem halben Stadion bot, eine Sensation. Heute, im Zeitalter der voll überdachten, teilweise sogar ganz schließbaren Stadien, erscheint das Münchner Zeltdach überholt. Die Fußballvereine FC Bayern und TSV 1860 München bauen deshalb am Rande der Stadt, in Fröttmaning, eine neue Luxus-Arena, die nur für Fußballspiele ausgelegt sein soll. Auch ein Umbau des Olympiastadions wurde angedacht. Doch die Vereine befürchteten eine unbefriedigende Lösung, die Gegenseite, die einmalige Silhouette dadurch zu zerstören.

Blick auf den Fernsehturm

Luftaufnahme des Olympiastadions

DER ITAIPU-DAMM

DAS WICHTIGSTE IN KÜRZE:
- **Erbaut: 1975–82**
- **Staudamm an der Grenze zwischen Brasilien und Paraguay**
- **Wasserkraftwerk mit der höchsten Jahresproduktion der Welt**
- **Abmessungen: 196 Meter hoch, acht Kilometer lang**

Auf 20 Milliarden Dollar werden die Baukosten für diesen gigantischen Staudamm geschätzt. Das Itaipu-Wasserkraftwerk ist eine Kooperation der benachbarten Staaten Brasilien und Paraguay. Der Damm staut den aus Brasilien kommenden Strom Paraná zu einem gewaltigen See. Seitlich an der Staumauer sind 18 Generatoren untergebracht. Diese wandeln die Kraft des aufgestauten Wassers in Strom um. Im Jahr werden hier durchschnittlich 90 Millionen Kilowattstunden produziert. Damit können 95% des Energiebedarfs von Paraguay und 25% des brasilianischen Verbrauchs gedeckt werden. Die maximale Gesamtleistung beträgt theoretisch 12.600 Megawatt.

VERHANDLUNGEN

Bevor das Dammbauprojekt in Angriff genommen werden konnte, mussten diverse offene Fragen geklärt werden. Die dringlichste war die Finanzierung und Nutzung des Dammes. Schon lange vor Baubeginn kam es zu Verhandlungen zwischen den beiden südamerikanischen Ländern. Im Jahr 1966 wurde eine gemeinsame Absichtserklärung unterzeichnet. Diese besagte, dass beide Länder versuchen wollten, die Wassermassen des Grenzflusses Paraná gemeinsam zu nutzen. Im Folgejahr wurde eine technische Kommission eingesetzt, um die möglichen Umsetzungen zu prüfen. Nach Jahren der Planung wurde 1973 der Itaipu-Vertrag unterzeichnet. Doch neben Paraguay und Brasilien musste ein drittes Land an dem Projekt beteiligt werden. Der lateinamerikanische Strom fließt nämlich auch durch Argentinien. Da ein Staudamm den Fluss auch unterhalb der Staumauer beeinflusst, wurde die Zustimmung aus Buenos Aires eingeholt. Nun konnte der Damm fertig gestellt werden.

BAUPHASEN

Die erste Bauphase startete 1975 mit dem Bau eines Kanals. Als dieser dann am 14.10.1978 fertig gestellt war, konnte der Paraná Fluss in den künstlichen Flusslauf umgeleitet werden. In Folge dieser Baumaßnahme trocknete das ursprüngliche Flussbett aus. In dem trockenen Fluss begannen nun die Arbeiten an der eigentlichen Staumauer. Aus Zement und Stahl wurde eine gigantische Mauer errichtet, die an ihrem Fuß ganze 273 Meter dick ist. Vier Jahre nach der Umleitung des Flusses wurde der Kanal wieder geschlossen und der Strom in sein ursprüngliches Bett zurückgeleitet. Innerhalb von 14 Tagen entstand der Itaipu-Stausee. Das Reservoir ist 1350 Quadratkilometer groß und 100 Meter tief. Bis hier jedoch Strom produziert wurde vergingen weitere zwei Jahre. Erst 1984 wurden die ersten beiden Generatoren eingesetzt. In den folgenden Jahren wurde die Anzahl an Turbinen stetig erhöht. Und selbst die 18 Generatoren sollen nicht das Ende sein. Ein Ausbau um zwei weitere ist geplant. Die Leistung der Generatoren wird zu gleichen Teilen auf die beiden Betreiberländer aufgeteilt. Paraguay deckt fast seinen gesamten Bedarf mit der Produktion des Itaipu-Kraftwerks.

BESONDERHEIT

Was macht den Itaipu-Staudamm zu einem so leistungsstarken Kraftwerk? Er erbringt im Jahresmittel fast 10 Millionen Kilowattstunden mehr Energie als der chinesische Dreischluchtenstaudamm. Und das obwohl das chinesische Kraftwerk acht Generatoren mehr hat. Die Antwort auf die Frage ist einfach. Der stetige Fluss des Paranás ist weit gleichmäßiger als der des in China gestauten Jangtse. Außerdem regulieren Kraftwerke oberhalb des Itaipu-Sees den Zufluss und halten ihn konstant. So liefern die Turbinen des Itaipu-Damms gleich bleibend viel Strom. Wenngleich diese Leistung beeindruckend ist, ist dieser Bilanz der Aufwand des Baus gegenüberzustellen. In den fast 18 Jahren Bauzeit, wurde ja auch eine immense Energiemenge verbraucht. Gegner des Dammbauprojekts kritisieren darüber hinaus auch die ökologischen Folgen des Mammutprojekts.

Aufnahme der Baustelle

Etwa 20.000 Kubikmeter Wasser, die zum Antreiben der 18 Turbinen benötigt werden, schießen pro Sekunde hinter der 1,2 Kilometer langen und 196 Meter hohen Staumauer hinunter und ergießen sich in den 1350 Quadratkilometer großen Stausee

UMSIEDLUNGEN

Das Aufstauen des Paraná Flusses verursachte natürlich massive landschaftliche Veränderungen. Unter der Oberfläche des Sees verschwanden Dörfer und Lebensräume von Pflanzen und Tieren. Um wenigstens die unmittelbaren Auswirkungen der Stauung zu mildern, wurden während des Ansteigens des Wassers Tiere aus dem See gerettet. Insgesamt konnten so über 27.000 Tiere gefangen und in ein Schutzgebiet gebracht werden. Doch alle Boote mit denen die Tiere vor dem Ertrinken gerettet wurden, konnten die gravierenden Veränderungen nicht ausgleichen. Besonders stark war die paraguayanische Seite betroffen. Entlang des Flusses wurden hier 85% des Urwaldes zerstört. Botanische Untersuchungen sprechen von 25 einmaligen Pflanzenarten, die hier ihren einzigartigen Lebensraum hatten und nun ausgestorben sind. Doch nicht nur Flora und Fauna waren betroffen. Auch die hier lebenden Menschen mussten den Wassermassen weichen. Schätzungen gehen von 50.000 umgesiedelten Menschen aus, davon war jeder Zehnte Angehöriger des Guarani Indianerstamms.

DER CN TOWER IN TORONTO

Blick vom Ontariosee auf CN Tower und Skydome

DAS WICHTIGSTE IN KÜRZE:
- **Fernsehturm in Toronto**
- **Fertig gestellt: 1976**
- **Höhe: 553 Meter und damit der höchste frei stehende Fernsehturm**
- **Höchste Aussichtsplattform auf 447 Metern**

Schwindelgefühle sind garantiert, wenn die Besuchermassen Tag für Tag auf den Canadian National Tower fahren. Touristen mit Höhenangst ist vom Betreten der Fahrstühle definitiv abzuraten. Die Kabinen schießen innerhalb von nur knapp 58 Sekunden auf eine Höhe von 335 Meter. Dabei kann der Fahrgast durch den Glasboden Teile des Gebäudes betrachten. Der Aufzug befindet sich nämlich an der Außenwand des Turmes. Wer diese Mutprobe besteht und auf kanadische Ingenieursleistungen vertraut, wird dafür mit einer unglaublichen Aussicht über Toronto und den Ontario-See entschädigt. Bei günstigen Sichtverhältnissen können sogar die Gischtschleier der Niagarafälle gesehen werden. Und das obwohl der Turm im Zentrum der Provinzhauptstadt Ontarios steht.

VORBILD STUTTGART

Vorbild für diese gewagte Konstruktion war ein Gebäude auf der anderen Seite des Atlantiks. Der Fernsehturm in Stuttgart gilt als das Vorbild für Rundfunktürme dieser Bauart. Allerdings ist der zwanzig Jahre später gebaute Turm in Toronto gut 2,5-mal so hoch wie sein schwäbisches Vorbild. Aber genau wie der Turm in Baden-Württemberg verfügt er über einen kugelförmigen Komplex knapp unter der Spitze. Dieser »Korb« des CN Towers ist sieben Stockwerke hoch und beherbergt das größte Drehrestaurant der Welt. Hier können bis zu 400 Gäste versorgt werden. Während des Essens ändert sich ständig die Aussicht, denn die gesamte Etage rotiert um den Turm. In den Räumen auf 335 Meter Höhe sind darüber hinaus ein Nachtklub sowie verschiedene Aussichtspunkte untergebracht. Auf 342 Meter findet sich ein besonders spektakulärer Aussichtspunkt. Teile des Bodens sind aus massivem Panzerglas. Ursprünglich war der gesamte Boden durchsichtig. Doch viele Besucher trauten sich nicht, den Boden zu betreten. Daher ließen die Betreiber des Turms Teppiche auslegen und nur noch einige Meter offenen Glases sind jetzt zu sehen. Doch im CN Tower geht es noch höher hinaus. Diesmal fährt der Fahrstuhl allerdings im Inneren des Gebäudes. Nach weiteren 100 Meter hält der Aufzug an dem sog. Space Deck des Turmes. Hier können vier Außenkabinen besucht werden. Auch diese sind aus Glas und erlauben einen freien Rundblick.

ZEMENTRIESE KANADAS

Die eigentliche Aufgabe des imposanten Bauwerks ist natürlich nicht die Unterhaltung von Touristen. Ursprünglich waren es sehr praktische Gründe, die den Bau notwendig machten. In den 60er-Jahren wurden in Toronto mehr und mehr Hochhäuser gebaut. Die neuen Bauten störten den Empfang von Funk- und Fernsehsignalen erheblich. In der Stadt war ein normaler Empfang nicht mehr möglich. So fiel 1972 der Entschluss einen Turm zu bauen, der die andern Gebäude bei Weitem überragen würde. Nachdem ein massives Fundament in Y-Form gefertigt war, begannen die Bauarbeiter den Turm in die Höhe zu treiben. Dafür wurden am Boden Elemente aus Zement gegossen und nach und nach aufgetürmt. So gelang es in kurzer Zeit einen Turm aus drei Rippen zu errichten, der sämtliche bis dahin aufgestellten Höhenrekorde brach. Das Gebäude muss dafür sehr flexibel sein. Bei Winden schwankt die Antennespitze mehr als zwei Meter. Sogar das Space Deck bewegt sich im Wind bis zu einem halben Meter von der Mittelachse weg.

Blick auf Torontos »Harbour Front« am Ontariosee

KONKURRENT MOSKAU

Bei seiner Fertigstellung im Jahr 1976 war der CN Tower das höchste frei stehende Gebäude der Welt. Seine Antennenspitze erreichte eine Höhe von 553 Meter. Und genau das sollte in den folgenden Jahren Thema für Diskussionen werden. Denn es gibt einige Fernsehtürme, die noch deutlich weiter in den Himmel ragen. So erreicht ein Fernsehturm in North Dakota die Höhe von 629 Metern. Allerdings hinkt der Vergleich, den bei diesem Gebilde handelt es sich mehr um einen Mast, der zudem von Stahlseilen gestützt wird. Ein ernst zu nehmender Konkurrent um den Titel des höchsten selbsttragenden Fernsehturms der Welt ist der Ostankino-Turm in Moskau. Die Spitze des nach einem Brand im Jahr 2000 renovierten Turms liegt 577 Meter über dem Erdboden. Diese Höhe ist jedoch allein auf die Antenne des Bauwerkes zurückzuführen. Der eigentliche solide Bau des Turmes ist deutlich niedriger als der CN Tower. So liegt z. B. die Besucherplattform nur auf 337 Meter. Letztendlich ist der Titel »Höchstes Gebäude der Welt« eine Glaubensfrage. Soll der höchste Punkt gemessen werden oder zählen Antennen nicht mit? Doch selbst wenn der CN Tower einmal nicht mehr das höchste selbsttragende Bauwerk der Welt sein sollte, hält er noch einige weitere Rekorde. So befinden sich hier die längste Metalltreppe der Welt und auch der höchstgelegene »Weinkeller«. Damit wird der Canadian National Tower wohl auch weiterhin zahlreiche Touristen nach Toronto locken und begeistern.

DIE LOUVRE-PYRAMIDE

Manchmal kommt es auf die Idee an: Anfang der 80er-Jahre plante der französische Staatspräsident François Mitterrand (1915–1996), das Museum im Pariser Stadtschloss Louvre zum größten der Welt auszubauen. Dabei gab es jedoch ein Problem. Trotz seiner gewaltigen Ausmaße fehlten dem Palast wichtige Elemente, die für ein modernes Museum unabdingbar sind. Dazu gehörte ein geeigneter Eingangsbereich. Denn trotz aller Liebe zur Repräsentation hatten die französischen Könige doch nie solche Besuchermassen empfangen, wie sie das künftige Museum erwartete – und sie hatten ihnen auch keine Tickets verkaufen müssen. Aber allein die Vorstellung, am äußeren Erscheinungsbild des Symbolbaus Louvre etwas zu verändern, erregte sofort lautstarken Widerspruch. Doch der chinesisch-amerikanische Architekt Ieoh Ming Pei (geb. 1917) fand einen neuen Weg, Besucher in den alten Louvre zu führen.

DIE PYRAMIDE

Mitten in den alten Ehrenhof des Louvre, den Cour Napoléon, setzte Ioeh Ming Pei eine knapp 22 Meter hohe gläserne Pyramide, die von einem Wasserbecken umschlossen ist. Sie besteht aus einem dünnen Stahlgitter, in das fast 800 rautenförmige und dreieckige Glasscheiben eingesetzt sind. Die Proportionen der Pyramide entsprechen denen der Cheops-Pyramide. Mit ihrer einfachen Form und dem modernen Material steht sie in krassem Widerspruch zur massiven Fassade des Louvre, in der sich Elemente der Renaissance, des Barock und des Klassizismus mischen. Für viele war das anfangs ein Schock und sie glaubten, der altehrwürdige Palast würde durch die moderne Glasskulptur verschandelt. Doch die meisten Kritiker verstummten schnell. Mit ihrer Transparenz und ihrer filigranen Architektur stellt die Pyramide der Louvre-Fassade kein wirkliches Gewicht entgegen. Im Gegenteil: Der Palast spiegelt sich oft noch in den Scheiben des Neubaus.

DAS WICHTIGSTE IN KÜRZE:

- **Erbaut: 1983–89**
- **Der ungewöhnliche Eingang ins größte Museum der Welt**

Der Eingang zum Museum

Mit dem Bau der Pyramide war jedoch viel gewonnen. Sie überwölbt die unterirdische Eingangshalle des neuen Museums. Pei konnte nun einen großzügigen, zweigeschossigen Bereich mit Kassen, Garderoben, Cafeteria und Buchhandlung anlegen, ohne sich um die Architektur des alten Schlosses kümmern zu müssen. Durch die große Pyramide und drei kleinere, die sie umrahmen, fällt dazu noch reichlich Tageslicht in die Halle. Außerdem sind die einzelnen Teile des riesigen Museums gut zu erreichen, da es zu jedem der drei Flügel, die den Hof umgeben, gleich weit ist. Durch den Umbau hat man außerdem beträchtlich an Platz gewonnen, da zusätzlich noch der Richelieu-Flügel an der linken Seite des Hofes in das Museum einbezogen wurde. Er wurde vollkommen entkernt und seine drei Innenhöfe überdacht. Insgesamt haben die Umbaumaßnahmen dafür gesorgt, dass das Museum 60.000 Quadratmeter Ausstellungsfläche erhalten hat.

Der Umbau dauerte zehn Jahre und kostete rund eine Milliarde Euro. Seitdem aber ist der Louvre dank der zusätzlich gewonnenen Ausstellungsfläche das größte Museum der Welt und seine Besucherzahlen haben sich im Gegensatz zu früher fast verdoppelt. Peis Pyramide aber, die nachts beleuchtet wird, zieht auch dann Besucher an, wenn das Museum geschlossen ist.

DER LOUVRE

Die Ursprünge des Louvre gehen bis ins Mittelalter zurück. Etwa um 1200 begann Philipp II. August (1165–1223) sich hier einen Wohnturm zu bauen. Seitdem verwirklichten sich Generationen von französischen Königen und auch die beiden Kaiser an dem Bau. Seine entscheidende Form bekam er jedoch im 16. Jahrhundert. Stilprägend war dabei die recht strenge Fassadengestaltung, die Pierre Lescot (1510–1578) für König Franz I. (1494–1547) schuf. Der Mittelbau des Louvre besteht aus einem großen Carré, an das sich seitlich zwei rechteckige Flügel anschließen, die ebenfalls mehrere Innenhöfe haben. Dieser Teil macht heute das Museum aus. Die Flügel werden jedoch noch einmal durch je einen Gebäuderiegel verlängert, die das sog. Carrousel mit den Jardins du Carrousel einschließen. Inmitten der geometrisch angelegten Gärten hat Napoleon (1769–1821) ein Triumphtor aufstellen lassen. Unter den Gärten befindet sich ein Komplex mit Galerien und Läden. Im Gegensatz zu den Pyramiden im Ehrenhof, spendet ihnen eine trichterförmig in die Erde gesenkte, umgekehrte Glaspyramide Licht.

Wie der Palast geht auch die Kunstsammlung des Louvre auf Franz I. zurück. Alle späteren Könige, vor allem aber Ludwig XIV. (1638–1715) fügten weitere Schätze hinzu. Die französischen Monarchen sammelten viele griechische, römische, ägyptische und orientalische Altertümer, darunter so berühmte Stücke wie die Nike von Samothrake oder die Venus von Milo. Vor allem aber ist die Gemäldesammlung des Louvre weltberühmt. Mit 10.000 Bildern ist sie die größte, die es gibt. Sie umfasst vor allem Werke des späten Mittelalters und der frühen Neuzeit, darunter solche von Cranach, Dürer, Giotto, Goya, Rembrandt, Tiepolo oder Velazquez. Unbestrittener Höhepunkt jedoch ist Leonardo da Vincis Mona Lisa.

Blick ins Innere

Der Cour Napoléon vor dem Bau der Pyramide

DIE HUNDERTWASSER-BAUTEN

Detail des Hundertwasser-Hauses in Wien

DAS WICHTIGSTE IN KÜRZE:
- **Erbaut: 1983–2000**
- **33 farbenprächtige Bauwerke mit Bäumen auf dem Dach und goldenen Kuppeln**

Er war der verrückte Kerl mit den Bäumen. Zur Triennale in Mailand 1973 pflanzte der österreichische Maler Friedrich Stowasser (1928–2000), der sich Friedensreich Hundertwasser nannte, zwölf Bäume in Häuser der Via Manzoni und ließ sie zum Fenster herausschauen. Dann erklärte er die Bäume zu Mietern. Ihre Miete würden sie begleichen, indem sie die Luft säuberten, erklärte er. Ja, sie würden sogar mehr in die Wohngemeinschaft einbringen, als die Menschenmieter. Viele schüttelten damals den Kopf über den Künstler, zumal er in zahlreichen Manifesten die moderne Architektur als verbrecherisch, gottlos und von einer internationalen Mafia diktiert bezeichnete. Doch seine Architekturmodelle von bunten, fröhlichen Gebäuden mit Bäumen auf dem Dach begannen Wirkung zu zeigen. Zu Beginn der 80er-Jahre beauftragte die Stadt Wien Friedensreich Hundertwasser ein mehrstöckiges Mietshaus zu gestalten.

DIE BAUWERKE

Das erste Hundertwasser-Haus liegt in Wien an der Ecke Löwengasse/Kettengasse. Es enthält 50 Wohnungen, fünf Läden, zwei »Kinderräume« und einen gemeinschaftlich genutzten Wintergarten. Von den 19 Dachterrassen sind 16 privat und drei Gemeinschaftseigentum. Neben etwa 200 Bewohnern gibt es auch 3 »Baummieter«. Insgesamt jedoch stehen rund 250 Bäume und Sträucher auf oder um das Gebäude. Die Geschosse sind gestaffelt, die Fassaden der einzelnen Wohnungen in einem unregelmäßigen Wechsel weiß und bunt bemalt und höchster Punkt des ganzen Baus sind zwei glänzende Zwiebelkuppeln. Hundertwasser verschliss für den Bau einige Architekten, die partout gerade Linien statt geschwungener planen wollten. Dagegen stellte er fest, dass den Handwerkern der ungewöhnliche Auftrag viel Spaß machte. Der Ansturm der Mietinteressenten war gewaltig und heute ist das Haus eine der Attraktionen Wiens.

Danach war er als »Architekturdoktor«, wie er sich selber bezeichnete, viel beschäftigt. Insgesamt gestaltete er bis zu seinem Tod 33 Gebäude, darunter Schulen, Kindergärten, Fabriken und Thermalbäder, aber auch eine Krankenhausstation in Graz (1993–94), den Bahnhof von Uelzen (1999–2001) und eine öffentliche Toilette im neuseeländischen Kawakawa (1999). Sein farbenfroher Stil mit viel Gold, Mosaiken und seinen geliebten Zwiebelkuppeln steht unverkennbar in der Tradition von Antoni Gaudi (1852–1926).

Als das schönste Geschenk, das er in seinem Leben bekommen habe, bezeichnete Hundertwasser 1988 den Auftrag, die Kirche St. Barbara in Bärnbach umzugestalten. Ohne viel an der Architektur zu ändern, machte er aus einem extrem einfallslosen Bau von 1948 ein schillerndes Kunstwerk. Allein die goldene Kuppel, anstatt des spitzen Helms, veränderte die äußere Erscheinung völlig. Rund um die Kirche setzte er mit zwölf großen Torbögen, die mit Mosaiksymbolen der großen Religionen geschmückt sind, ein Zeichen für Ökumene und Toleranz.

So wie St. Barbara waren die meisten von Hundertwassers Werken keine Neubauten, sondern im Gegenteil extrem einfalls- und lieblos gebaute Gebäude. Als ökologischer Überzeugungstäter hielt Hundertwasser nicht viel von der Vernichtung von Bausubstanz. Den Auftrag für die Umgestaltung der Autobahnraststätte in Fischau (1989–1990) erhielt er, weil er als Einziger das schäbig gewordene Gebäude nicht abreißen lassen wollte.

DER KÜNSTLER

Hundertwasser war eigentlich Maler. Doch in seinen Bildern hatten Gebäude schon immer eine große Rolle gespielt. Eine Schlüsselrolle nahm dabei das Bild Blutende Häuser (1952)

Toilette in der neuseeländischen Stadt Kawakawa

Hundertwasser vor dem Modell der Therme in Blumau/Steiermark

ein, das eine Ansammlung von fensterreichen, gesichtslosen Hochhäusern zeigt. 1968 rechtfertigte er sich in seinem »Architektur-Boykott-Manifest« und erklärte, warum er sich als Maler in die Architektur einmische: »Als Maler bin ich auch nur Mensch.« Die moderne, rechtwinklige Architektur aber, davon war er überzeugt, mache die Menschen krank. Er sprach von »diktatorischen Häusern«. 1972 formulierte er in dem Manifest »Deine Baumpflicht« einen entscheidenden Leitsatz seiner Architektur: »Was waagerecht unter freiem Himmel ist, gehört der Natur.« Damit meinte er keine niedrige, pflegeleichte Dachbegrünung, sondern große Sträucher und Bäume. Die Stadt müsse wieder Waldluft atmen können, forderte er. Jedes Dach, das gebaut werde, solle bepflanzt und begehbar sein.

Seine »wilden 70er-Jahre« mit den vielen Manifesten schadeten seinem Ruf als Maler bei den Kunstkritikern. Doch Hundertwasser war nicht nur der »Spinner mit den Bäumen«, sondern setzte sich ernsthaft mit seinen ökologischen Anliegen auseinander. Als ihn etliche Umweltschützer angriffen, weil er 1988 die Müllverbrennungsanlage in Wien-Spittelau umgestaltete – obwohl er eigentlich für eine abfalllose Gesellschaft eintrat –, rechtfertigte er sich ausführlich mit Verweis auf die hochmoderne Filteranlage und legte dar, warum eine Verbrennung immer noch besser als das Deponieren sei, solange es – leider – Müll gäbe. So ragt der Schornstein des Kraftwerks nun leuchtend blau mit goldenen Ringen und Kugeln in den Wiener Himmel.

INTERNATIONALER FLUGHAFEN VON KANSAI

DAS WICHTIGSTE IN KÜRZE:
- **Bauzeit: 1987–94**
- **Lage: In der Bucht von Osaka auf 5 Hektar großer künstlicher Insel, etwa fünf Kilometer vor der Küste**

An der Ostküste Japans leben im Durchschnitt über 1200 Menschen auf nur einem Quadratkilometer Land. Für große Neubauten wie beispielsweise einen Flughafen bleibt bei einer solchen Einwohnerdichte kaum Platz. Japanische Ingenieure reagierten auf diese Problematik mit einer innovativen Idee. Sie schlugen vor, eine Insel vor der Küste aufzuschütten und diese als Flughafen zu nutzen. Dieser Plan wurde mit Interesse geprüft und dann 1987 in die Tat umgesetzt. Das Ergebnis ist der erste Flughafen auf einer künstlichen Insel mit 5 Hektar Fläche und einem imposanten Flughafengebäude in Flügelform. Die Gesamtkosten des Flughafens beliefen sich auf zwölf Milliarden Euro. Seit 1994 starten und landen auf der künstlichen Insel Flugzeuge.

DIE INSEL

Eine solche Insel erfolgreich aufzuschütten, verlangt einiges an technischem Aufwand. Der Erfolg hängt dabei maßgeblich von den geographischen Gegebenheiten des Standortes ab. In der Bucht von Osaka waren die Bedingungen nicht ideal. In 15 Meter Wassertiefe wurde nämlich statt solidem Untergrund eine meterdicke Lehmschicht gefunden. Um diese zu stabilisieren, wurden 5000 lange Stahlrohre in den Lehm getrieben und mit Sand gefüllt. Durch sein Eigengewicht sank der Sand in die Lehmschicht und drückte das zuvor enthaltene Wasser aus dem Boden. Nach diesem Arbeitsgang war der Untergrund schon deutlich gehärtet. Noch mehr Sand wurde auf den Meeresboden aufgetragen. Die so entstandene Sandschicht wurde mit Kies und Felsen fixiert, sodass die Meeresströmung sie nicht abtragen konnte. Auf dieses Fundament aus Sand und Steinen wurde dann weiteres Geröll und Erdreich aufgetragen. Um das nötige Volumen für die Insel zu gewinnen, wurden an der Küste mehrere Hügel abgetragen. Positiver Nebeneffekt war die Gewinnung neuen Baulandes an der Stelle der abgetragenen Hügel. Insgesamt wurden 180 Millionen Kubikmeter Geröll aufgeschüttet. Die Insel wurde dann mit einem Damm aus Betonklötzen vor dem Meer geschützt.

DAS GEBÄUDE

Auf dieser künstlichen Insel konnten nun die Bauarbeiten an dem Flughafengebäude und den Startbahnen beginnen. Besonders markant ist die hier erbaute Flughafenhalle. Das Hauptgebäude wurde von dem italienischen Architekten Renzo Piano (geb. 1937) entworfen. Es hat einen T-förmigen Grundriss und beeindruckt vor allem durch seine Dachkonstruktion. Über 1,7 Kilometer erstreckt sich ein gewelltes Dach, das zu den Startbahnen durchgehend verglast ist. Die gesamte Glasfront ist nach außen gewölbt und geht geschwungen in das Dach über. Durch die lange Fensterfront soll Besuchern die Orientierung im Gebäude erleichtert werden. Die Wölbung dieser Außenwand und die geschwungene Decke soll die Luftzirkulation im Gebäude verbessern. Der gesamte Bau erinnert durch seine dynamischen Formen an einen Flugzeugflügel. Doch nicht nur ästhetisch ist die Flughafenhalle interessant, in ihr verbirgt sich auch eine beeindruckende technische Innovation. Um mögliche Absenkungen der Insel auszugleichen, ruht das Gebäude auf über tausend Pfählen, die in ihrer Höhe verstellt werden können. Sensoren an den Pfeilern melden, sobald sich das Haus zu sehr bewegt. In der Nacht werden dann an den entsprechenden Stahlträgern hydraulisch Korrekturen vorgenommen und mit Unterlegscheiben die Höhenunterschiede ausgeglichen. Da von vornherein klar war, dass sich der Bau absenken würde, wurden elektrische Leitungen und andere Versorgungskanäle mit entsprechendem Spielraum verlegt.

DER UNTERGANG

Alle diese Vorsorgemaßnahmen gingen von einer geschätzten Absenkung um 8,5 Meter in 50 Jahren aus. Doch schnell stellte sich heraus, dass diese Prognosen zu niedrig waren. Schon nach neun Jahren Flugbetrieb hat sich der Kansai International Airport um zwölf Meter abgesenkt. Dies bleibt nicht ohne Auswirkungen auf Landebahnen und Gebäude. Diese schnelle Absenkung konnte nur begrenzt durch Einstellungen der Mechaniker an den Säulen behoben werden. So wellten sich die Landebahnen und zentimeterstarke Risse taten sich im Gebäude auf. Zudem stieg, in Relation zum absinkenden Gebäude, auch das Grundwasser und drang in die unteren Etagen der Bauten ein. Um ein vorzeitiges Versinken im Meer zu verhindern, wurde um das Hauptgebäude eine 30 Meter tiefe Betonmauer ins Erdreich eingegraben. Diese soll den Druck des Grundwassers auf das Hauptgebäude verringern. Die bisher unternommenen Rettungsversuche verursachten schon über 2,6 Milliarden Euro Kosten. Trotz der vehementen Kritik an diesem Bau und trotz des planerischen Fehlschlages bleibt der Kansai Flughafen einer der wagemutigsten Airport-Neubauten. Ob die geplanten Ausbauten des Flughafens auf einer weiteren künstlichen Insel jedoch angesichts der katastrophalen Planungsfehler sinnvoll sind, muss die Zukunft zeigen.

Ein Flugzeug des Typs 747 Boeing (Jumbo Jet) beim Landeanflug

Blick auf das Flughafengelände

KATHEDRALE NOTRE-DAME-DE-LA-PAIX

DAS WICHTIGSTE IN KÜRZE:
- **Erbaut: 1986–89**
- **Die größte Kirche der Welt**

Es liegt einige Ironie darinnen, dass die größte Kirche der Welt ausgerechnet in einem der ärmsten Länder steht. Doch Félix Houphouet-Boigny (1905–1993), der erste Präsident der Côte d'Ivoire, der sein Land 1960 in die Unabhängigkeit geführt hatte, wollte ein gewaltiges Zeichen setzen. Sein Plan sah nicht weniger vor, als eine Kopie des Petersdoms in Rom in Yamoussoukro, der Hauptstadt der Côte d'Ivoire, errichten zu lassen. Nur sollte der Neubau noch etwas größer werden.

DIE KIRCHE

Mit ihrer großen Kuppel und dem von geschwungenen Säulenarkaden umstandenen Vorplatz sieht Notre-Dame-de-la-Paix dem Petersdom auf den ersten Blick tatsächlich sehr ähnlich. Doch bei genauerem Hinsehen hat sich der Architekt Pierre Fakhoury, ein gebürtiger Ivorer libanesischer Abstammung, doch viele Freiheiten genommen.

Vor allem hat er sich mehr an der Antike als an der Renaissance orientiert. Wie bei einem griechischen Tempel wird das Dach, das die Form eines großen Kreuzes hat, außen nur von Säulen getragen. Im Inneren dieser Säulenhalle befindet sich wie bei der klassischen Cella der eigentliche Kirchenraum. Der ist bei Notre-Dame-de-la-Paix ein Rundbau von 90 Metern Durchmesser, der direkt unter der gewaltigen Kuppel sitzt. Das Dach der kreuzförmigen Säulenhalle hat vorne einen Dreiecksgiebel, ist ansonsten aber flach. In der Mitte jedoch erhebt sich auf einem Tambour, der mit 48 korinthischen Säulen geschmückt ist, die alles beherrschende Kuppel, die mit weißem italienischem Marmor gedeckt ist und alleine eine Höhe von 60 Metern hat.

Die Kuppel an sich übertrifft die des Petersdoms bei Weitem. Doch weil ihr Unterbau wesentlich niedriger ist, endet sie schon in 120 Metern Höhe, die des Petersdoms dagegen erst in 132. Zum Ausgleich trägt die von Notre-Dame-de-la-Paix eine 38 Meter hohe,

320 Tonnen schwere Laterne mit einer goldenen Weltkugel an der Spitze. Damit kommt sie insgesamt auf 158 Meter. Man kann also darüber streiten, ob sie die höchste Kirche der Welt ist.
Auch die Arkaden, die den Vorplatz umschließen, sind höher als in Rom, aber mit ihren klassischen dorischen Säulen schlichter gestaltet. In den Säulengang sind der Kreuzweg und vier kleine Kapellen integriert, die den vier Evangelisten geweiht sind. Auch sie werden von weißen Kuppeln gekrönt. Der Platz, den sie umfassen, ist drei Hektar groß und bietet Platz für 200.000 Menschen. Das wären rund 80 Prozent der Einwohnerschaft von Yamoussoukro.
Die Kirche liegt völlig frei in einem 37 Hektar großen, flachen Gelände, das wie ein französischer Barockgarten mit geometrisch abgezirkelten Grünflächen gestaltet ist. Schon allein durch diese Umgebung hat sie eine völlig andere Atmosphäre als der Petersdom.
Im Inneren des Kirchenraums erinnert dann so gut wie gar nichts mehr an das große Vorbild. Der runde Raum wird von griechischen Säulen und großen, rundbogigen Glasfenstern beherrscht. Sie sind zwar in Frankreich gefertigt, aber von der afrikanischen Vorliebe für leuchtende Farben inspiriert. Wie in der frühen Kirche sollen sie eine bebilderte Bibel darstellen. In der Kuppel befindet sich ein riesiges, beleuchtetes Glasbild von 40 Metern Durchmesser, das den Heiligen Geist als Taube in einem Feuerwerk bunter Strahlen zeigt.
Der ganze Bau kostete etwa 250 Millionen Euro, die offiziell aus dem Privatvermögen des ehemaligen Präsidenten stammten. Papst Johannes Paul II. (geb. 1920) scheint keinen Anstoß daran genommen zu haben, dass sein Sitz, der Petersdom, nicht mehr die größte christliche Kirche der Welt war. Am 10. September 1990 nahm er höchstpersönlich die Weihe von Notre-Dame-de-la-Paix vor. Er soll seine Teilnahme allerdings von der Errichtung eines Krankenhauses abhängig gemacht haben, das bis heute noch nicht gebaut ist.

Blick über den Vorplatz auf die Kirche

Blick ins Innere

DAS LAND

Yamoussoukro ist die Geburtstadt von Houphouet-Boigny, der sie 1983 zur neuen Hauptstadt des Landes machte. Sie liegt im Zentrum der Elfenbeinküste, etwa 230 Kilometer nördlich der alten Hauptstadt Abidjan, die allerdings noch immer Sitz der Regierung und wirtschaftliches Zentrum ist.
Als Präsident regierte Houphouet-Boigny totalitär. Aber er erreichte mit seinem marktwirtschaftlichen und strikt prowestlichen Kurs, dass sein Land als eines von wenigen in Westafrika eine positive Handelsbilanz hatte. Außer der Kathedrale ließ er auch moderne Glashochhäuser in Abidjan bauen. Das Land war politisch lange relativ stabil. 1990 allerdings zwangen Unruhen Houphouet-Boigny, erstmals mehrere Parteien zur Wahl zuzulassen.
Nach seinem Tod brachen auch noch ethnische Spannungen mit der muslimischen Bevölkerung im Norden aus, die von den Bewohnern des Südens nicht als „echte Ivorer“ angesehen werden. Seit 1999 wird die politische Krise zusätzlich durch eine wirtschaftliche angeheizt, die durch den Preisverfall des Hauptexportgutes Kakao entstanden ist.

DAS GUGGENHEIM-MUSEUM IN BILBAO

DAS WICHTIGSTE IN KÜRZE:
- **Erbaut: 1991–97**
- **Vorzeigeprojekt der Dekonstruktion**

Es ist schwer, das Äußere des Guggenheim-Museums in Bilbao zu beschreiben. Ähnelt es vielleicht einem malerisch arrangierten Haufen von Blechstreifen? Oder fühlt man sich eher an silbern schillernde Fischleiber erinnert? Vielleicht kann man auch ein Schiff erkennen, mit aufgeschlitztem, vielfach verbogenem Metallrumpf, aber doch elegant. Sicher ist, dass es aus jeder Perspektive völlig anders wirkt und mehr wie eine Skulptur denn wie ein Gebäude erscheint. Es wirkt einerseits unfertig und liegt andererseits so massig und selbstverständlich am Ufer des Flusses Nervión, als wäre es schon immer da gewesen.

DIE IDEE

Die 1937 gegründete Stiftung von Salomon R. Guggenheim (1861–1949) ist eine der bedeutendsten Sammlungen für Kunst der klassischen Moderne. 1959 schuf Frank Lloyd Wright (1869–1959) für die Kunstwerke mit dem spiralförmigen Guggenheim-Museum in New York den ersten spektakulären Museumsbau.

Als die Leitung der Guggenheim-Stiftung für die abstrakte Kunst des späten 20. Jh. in der nordspanischen Hafenstadt Bilbao ein neues Gebäude plante, forderten sie ihren Architekten Frank Owen Gehry (geb. 1929) heraus. Er solle es noch besser machen als Wright.

Der Kanadier gilt als besonders kreativer Architekt, der gerne mit ungewöhnlichen Materialien experimentiert und seine eigene Computersoftware entwickelt hat, mit der er seine kühnen Skizzen in immer noch kühne, aber technisch realisierbare Pläne umsetzen kann. Die Verknüpfung auseinander strebender Bauelemente, abgewinkelter Ebenen sowie gekippter, verschachtelter Räume sind typisch für seinen Stil.

Gehry gilt als einer der führenden Vertreter der sog. Dekonstruktion. Dieser Stil steht in der Tradition des Expressionismus (Anfang 20. Jh.) und der Plastischen Architektur (Mitte 20. Jh.). Er bricht die üblichen Formen auf und übersteigert sie ins Extreme. Dekonstruktive Architektur sieht oft aus wie verrutscht oder zerschmettert. Die Festigkeit und Konzepthaftigkeit des traditionellen Bauens wird infrage gestellt, die alltägliche Wahrnehmung herausgefordert. Öffentliche Bauten bekommen durch diesen Stil einen extrem hohen Wiedererkennungswert. Das spanische Guggenheim-Museum ist genauso wenig mit irgendeinem anderen Gebäude auf der Welt zu verwechseln wie die Oper von Sidney.

DIE GEBÄUDE

Das Guggenheim-Museum liegt am Rande des Zentrums von Bilbao, direkt an einer viel befahrenen Brücke. Mit seiner silbrig glänzenden Titaniumverkleidung passt es sich einerseits dem Stadtbild Bilbaos an, das traditionell von Stahlverarbeitung und Schiffsbau geprägt ist. Andererseits verleiht es der etwas gesichtslosen Metropole einen unverwechselbaren Blickfang.

So futuristisch das Gebäude wirkt: Es ist außergewöhnlich gut in die bestehenden Strukturen integriert. Die Brücke Puente de La Salve, über die eine der Haupteinfallsstraßen in die Innenstadt führt, wird vom Museumsgebäude umschlossen. Auf der anderen Seite bilden die Häuserschluchten der Calle Iparraguirre einen interessanten Rahmen für den Bau. Für Passanten führt von dort über den Haupteingang des Museums, sein Atrium und die anschließende Terrasse ein öffentlich benutzbarer Weg zur Brücke. An der Uferseite ist der Bau bis ins Wasser des Nervión heruntergezogen, der 16 Meter unterhalb der Stadt fließt.

Das 24.000 Quadratmeter große Gebäude selber ist aus konkav und konvex geschwungenen Titaniumformen und soliden, rechteckigen Kalksteinelementen zusammengesetzt. Sie markieren die 19 Galerien im Gebäude. Hinter den Kalksteinfassaden befinden sich zehn konventionelle Räume, hinter dem Titanium neun weitere, die von innen genauso ungewöhnlich geformt sind wie von außen. Dazwischen bringen große Glasfassaden und viele Oberlichter die nötige Helligkeit in den Bau.

Das Herzstück des Gebäudes bildet das Atrium mit über 50 Metern Höhe, dem ein Oberlicht in Form einer Metallblume Licht spendet. Es ist auf drei Ebenen von den Ausstellungsflächen umgeben. Die größten Werke werden in einer gewundenen, säulenlosen Halle ausgestellt, die 130 Meter lang und 30 Meter breit ist. Die einzelnen Galerien sind ebenfalls mit gewundenen Gängen oder Glasaufzügen verbunden. Dabei ist es gerade angesichts der komplexen äußeren Erscheinung des Museums erstaunlich, wie klar und einfach die Wege im Inneren sind. Der Kontrast der Formen und die vielen, verschiedenen Perspektiven ergeben aber stets neue überwältigende Eindrücke.

Blick auf das Museum mit der Skulptur Puppy von Jeff Koons

Vom Atrium führt ein Weg auf eine Terrasse am Flussufer, deren Bedachung von einer einzigen Säule getragen wird. Wer will, kann hier das Gebäude, auf einem schmalen Weg zwischen Fluss und »Wassergarten« gelegen, von außen in Augenschein nehmen.

Man könnte meinen, dass sich die ausgestellten Kunstobjekte nur schwer gegen Gehrys Werk behaupten können. Aber einige sind schon Bestandteil des Gebäudes geworden wie eine »Schlange« aus rotem Stahl von Richard Serra (geb. 1939) oder ein riesiges, buntes Hündchen namens »Puppy" von Jeff Koons (geb. 1955) vor dem Haupteingang, das den Einwohnern von Bilbao so gefiel, dass es in die permanente Ausstellung übernommen werden musste.

DIE PETRONAS TOWERS

DAS WICHTIGSTE IN KÜRZE:
- **Erbaut: 1992–97**
- **Höhe: 452 Meter**
- **Von 1996–2003 das höchste Gebäude der Welt**

Generationen von Hochhausarchitekten haben ihre Werke mit vertikalen Linien geschmückt, damit die Gebäude noch höher und noch Schwindel erregender wirkten. Das quer gerippte Design der Petronas Towers fällt da aus der Reihe. Mit ihrem symmetrischen Aufbau, den runden, strukturierten Schäften, die in nadelfeine Spitzen münden, und der Querverbindung in halber Höhe erinnern die Towers an die Türme gotischer Kathedralen, nur dass sie das Stadtbild von Kuala Lumpur noch um ein Vielfaches überragen, höher noch als die mittelalterlichen Kirchtürme.

Doch nicht auf christliche, sondern auf islamische Anregungen hat der Architekt der Türme zurückgegriffen, um Malaysias Hauptstadt einen Vorzeigebau zu schaffen, der sich auch in die Traditionen des Landes einfügt.

DIE IDEE

Wo heute die Türme stehen, befand sich bis Anfang der 80er-Jahre die Rennbahn des Selangor Turf Clubs. Doch sie war den Stadtvätern ein Dorn im Auge, denn zu jedem Renntag produzierte sie legendäre Staus in Kuala Lumpurs Innenstadt. Nach dem Umzug der Rennbahn an den Stadtrand jedoch, hatte man plötzlich 40 Hektar freie Fläche mitten in der besten Lage der City zur Verfügung. Das Versprechen, einen Park daraus zu machen, wurde schnell zurückgenommen. Den hohen Kosten, die durch den Unterhalt einer solchen Grünanlage entstehen würden, stand die Aussicht auf attraktive Gewinne durch eine wirtschaftliche Nutzung gegenüber.

Die Regierung Malaysias beschloss das »Golden Triangle« zum Herzstück von Kuala Lumpurs Geschäftsbezirk zu machen. 1991 wurde der Wettbewerb für die Bürotürme ausgeschrieben. Die Bedingungen waren im Grunde kaum zu erfüllen. Das Gebäude sollte Malaysia einen Platz unter den modernen Industriestaaten sichern, die typische Architektur des Landes aufnehmen, ästhetisch aussehen, dabei aber funktionell sein und die Fläche möglichst effizient nutzen.

Der Vorschlag des Argentiniers Cesar Pelli (geb. 1926) stieß bei den Verantwortlichen jedoch auf Begeisterung. Sie bescheinigten ihm, lokale Elemente und nationale Erwartungen in seinen Bau einzubeziehen. Pelli gab seinen Zwillingstürmen ein typisch islamisches Dekorelement als Grundriss: einen achteckigen Stern mit eingeschriebenen Kreisen zwischen den Zacken. Runde und eckige Vorsprünge wechseln einander also ab. Mit diesem Design bekam Pelli gleichzeitig eine abwechslungsreiche, dreidimensionale Fassade und konnte das

Die Verbindungsbrücke zwischen 41. und 42. Stockwerk

Tageslicht sehr effizient nutzen. Außerdem erinnert die Form etwas an Minarette.
Pelli selber jedoch meinte: »Das Interessanteste an diesem Projekt ist der Raum zwischen den Türmen.« Den überbrückte er in Höhe des 41. und 42. Stockwerks mit einem 58 Meter langen Verbindungsgang. 170 Meter über dem Boden markiert die schmale Brücke eine Öffnung in die Unendlichkeit des Himmels – oder ein Tor in Malaysias Zukunft. Als öffentliche Aussichtsplattform für Besucher erfreut sie sich zudem inzwischen großer Beliebtheit.
Daneben hat die Brücke auch ganz praktische Funktionen. Sie erleichtert den Übergang zwischen den beiden Türmen und kann im Brandfall als zusätzlicher Fluchtweg benutzt werden.
An einen Höhenrekord hatte zuerst niemand gedacht. Pelli visierte 427 Meter an. Doch dann erkundigte sich der malaysische Premierminister, ob es nicht möglich sei, die 443 Meter des Sears Towers in Chicago zu übertreffen. Pelli verlängerte daraufhin die Nadeln auf der Spitze der Türme auf 73,5 Meter. Damit ging zum ersten Mal seit langem der Höhenrekord an ein Bauwerk außerhalb der USA.

DIE KONSTRUKTION

Jeder der beiden Türme hat 88 Stockwerke. Oben laufen sie durch eine sechsfache Staffelung spitz zu. Als Stützen dienen je 16 Röhren aus hochfestem Beton, deren Durchmesser von 2,4 Meter nach oben abnimmt. Für das Betonskelett hatte man sich entschieden, weil der Import großer Stahlmengen zu teuer geworden wäre. In jedem Stockwerk jedoch werden die Stützen mit einem horizontalen Stahlring verbunden. Problematisch war die Verankerung im Boden, der bis in 180 Meter Tiefe aus dichter Sanderde besteht. Das Gebäude wurde deshalb durch über 200 sog. Spangenpfähle verankert, die zwischen 40 und 105 Meter lang sind.
Das ringförmige Design entsteht durch die Blenden, die die umlaufenden Fensterfronten der Türme vor zu starker Sonneneinstrahlung schützen sollen. Die Technik und die 76 Aufzüge sind komplett in einen quadratischen Schacht im Kern der Türme verlagert. Sie nehmen weniger als ein Viertel der ganzen Fläche ein, was für einen Wolkenkratzer ein großartiger Wert ist.
In den Türmen sind neben Geschäftsräumen auch ein Museum und ein Konzertsaal untergebracht. Eine vierstöckige Tiefgarage bietet Platz für über 5000 Autos. Kuala Lumpurs Stauproblem musste letztlich durch einen Ausbau der Hauptstraßen, nicht durch die veränderte Nutzung des Rennbahngeländes gelöst werden.

Feuerwerk während der Eröffnungsfeier am 31.8.1999

HONGKONG INTERNATIONAL AIRPORT

DAS WICHTIGSTE IN KÜRZE:
- **Bauzeit von 1992–98**
- **Flughafen mit einer Gesamtfläche von 12,5 Quadratkilometern**
- **Der größte Teil der Fläche wurde im Meer aufgeschüttet**

Flugzeuge, die zwischen Hochhäusern landen, sind in Hongkong endlich Vergangenheit. Nach sechs Jahren Bauzeit wurde 1998 der neue Chek Lap Kok Flughafen in Betrieb genommen. Die Baukosten betrugen ca. 16 Milliarden Dollar. Der größte Kostenpunkt war das Aufschütten des Baugrundes zwischen zwei Inseln. Das Ergebnis der Arbeiten ist ein neuer Knotenpunkt im Luftverkehr des asiatischen Raums. In seinem Einzugsbereich von fünf Flugstunden wohnt fast die Hälfte der Weltbevölkerung. Von Hongkong aus lässt sich der neue Flughafen in 20 Minuten mit der Schnellbahn ereichen. Für Passagierflugzeuge stehen hier zwei Landebahnen zur Verfügung, die mit modernsten Leuchtfeuern und Leitsystemen ausgestattet sind. Sogar bei einer Sichtweite von nur 200 Metern kann hier gelandet werden. Die Abfertigung der Ankommenden und Abreisenden erfolgt in dem größten geschlossenen Bau der Welt. Die spektakuläre und großzügig gestaltete Flughafenhalle in Y-Form wurde von Sir Norman Foster (geb. 1935) entworfen. Sie ist Teil des größten Flughafens auf neu aufgeschüttetem Land.

LANDGEWINNUNG

Die Halle, Terminals, Landebahnen, ja der gesamte Flughafen liegt auf den Überresten der zwei Inseln Chek Lap Kok und Lantau. Wo zwischen diesen beiden Eilanden bis vor Beginn der Bauarbeiten Wasser war, wurde neues Land gewonnen. Dafür wurde der schlammige Meeresboden bis auf eine Tiefe von 15 Metern abgetragen. Diese Aufgabe übernahm eine Flotte aus holländischen Baggerschiffen. Nach deren Einsatz füllten Arbeiter den Zwischenraum zwischen den Inseln mit Steinen und Erde auf, die sie zuvor abgetragen hatten. Sowohl Chek Lap Kok als auch Lantau wurden zur Gewinnung des Füllmaterials fast auf Meeresniveau abgesenkt. Das schwere Räumgerät wurde zum Teil eingeflogen, weil es hierher keine Landverbindung gab. Die gesamten Arbeiten zur Landgewinnung dauerten 2,5 Jahre. Das waren zehn Monate weniger als ursprünglich eingeplant. In dieser Zeit wurden ca. 347 Millionen Kubikmeter Erdreich bewegt. Endlich konnte der Bau eines Flughafens beginnen, der nicht mehr mitten zwischen Hochhäusern liegt. Der alte Hongkong

Airport war wohl der Flughafen mit der schwierigsten Einflugschneise der Welt.

DIE HALLE

Auf der aufgeschütteten neuen Insel wurde nun mit den Arbeiten an den Landebahnen, Terminals und der Flughafenhalle begonnen. Die neue Halle ist das größte Einzelgebäude Hongkongs. Der Grundriss des Baus entspricht einem Ypsilon, das an seinem unteren Ende rechtwinklig an einen geraden Gebäudeflügel angrenzt. Das Dach dieses Baus ist nach außen gewölbt. So wirkt es wie aneinander gereihte, liegende Tonnen. Die meisten Wände des Gebäudes sind aus Glas und geben den Blick auf die startenden und landenden Flugzeuge frei. Insgesamt erstreckt sich der Bau über eine Länge von 1,3 Kilometern und eine Fläche von 550.000 Quadratmetern. Obwohl das Gebäude sehr groß ist, sind die Wege der Passagiere sehr einfach gehalten. Ankommende Fluggäste müssen beispielsweise auf ihrem Weg aus dem Gelände kein einziges Mal das Stockwerk wechseln. In dem Gebäude befinden sich 288 Plätze zum Einchecken, 70 Laufbänder, ein unbemanntes Zugshuttle sowie ein Einkaufszentrum mit 30.000 Quadratmetern Fläche.

FLUGVERKEHR

Auch die Kernzahlen des Fluggeschäfts sind beeindruckend, ja oft rekordverdächtig. So ist der Chek Lap Kok Flughafen der einzige weltweit, der an jedem seiner Gates ein Flugzeug von der Größe einer Boeing 747 aufnehmen kann. Diese Kapazitäten sind auch notwendig. Pro Stunde starten und landen 49 Flugzeuge. Im Jahr werden hier 45 Millionen Passagiere und 3 Millionen Tonnen Frachtgut abgefertigt. Und diese Zahlen sind noch ausbaufähig auf fast das Doppelte an Menschen und das Dreifache an Gütern.

Blick in das Flughafengebäude

Blick auf die Baustelle

ANBINDUNG

Die gewaltigen Kapazitäten des Hongkong International Airport sind eine gewaltige logistische Herausforderung. So mussten die An- und Abfahrt organisiert und entsprechende Verkehrsanbindungen geschaffen werden. Der Flughafen vor den Toren Hongkongs bietet auch in dieser Beziehung Superlative. So können Gäste neben dem Flugzeug mit dem Auto, Bus oder dem Zug anreisen. Auf dem Weg zu der künstlichen Insel fahren dabei alle, die nicht mit dem Flugzeug kommen, über eine der imposantesten Brücken der Welt. Die Tsing Ma Brücke ist mit ihren 2,2 Kilometern die längste doppelstöckige Hängebrücke der Welt, über die gleichzeitig Züge und Autos rollen. Sie verbindet die zwischen dem Flughafen und Hongkong liegende Insel Lantau mit dem Festland. Auf dieser Insel finden sich weitere Ausleger des Flughafengroßprojekts. Hier entstand eine Stadt mit Platz für 250.000 Einwohner. Sowohl Fluggäste als auch Angestellte des Flughafens wohnen hier. Der Flughafen ist damit eines der größten Infrastrukturzentren der Welt. Sein Flughafengebäude und die Tsing Ma Brücke machen es darüber hinaus zu einem Meilenstein der modernen Architektur.

DER EUROTUNNEL

Bauarbeiter feiern am 20.11.1990 den Durchbruch der ersten Tunnelröhre

DAS WICHTIGSTE IN KÜRZE:
- **Tunnel zwischen England und Frankreich**
- **Fertig gestellt: 1994**
- **Länge: 50 Kilometer**
- **Besteht aus drei getrennten Röhren, zwei für Züge, einer für Wartungsarbeiten und zur Sicherheit**

In einem Zug 40 Meter unter dem Meeresgrund fahren - der Tunnel zwischen Cheriton in Kent und der französischen Stadt Sangatte macht diese ungewöhnliche Zugfahrt seit 1994 möglich. Mit einer Geschwindigkeit von ca. 160 Kilometern in der Stunde können Züge zwischen der britischen Insel und dem europäischen Festland verkehren. Von den 50 Kilometern des Tunnels liegen etwa 39 Kilometer unter dem Meeresspiegel. Die Fahrt durch die unterirdische Verbindung dauert 35 Minuten. Die beiden Metropolen London und Paris sind seit Inbetriebnahme des Tunnels durch eine Zugfahrt von knapp drei Stunden verbunden. Der Tunnel besteht aus zwei Röhren für eingleisigen Zugverkehr und einem Versorgungstunnel. Der kleine mittlere Tunnel dient dem Druckausgleich während der Zugdurchfahrt und der Wartung der Hauptröhren. Bei Gefahr können durch ihn Menschen evakuiert werden und Rettungstruppen vordringen.

FRÜHE PLÄNE

Die Pläne, eine unterirdische Verbindung zwischen der britischen Insel und Frankreich herzustellen, reichen ins 18. Jh. zurück. Nach einigen weniger konkreten Ideen entwarf der Franzose Albert Mathieu-Favier im Jahre 1798 einen Bauplan. Dieser sah vor, von beiden Ländern aus einen Tunnel in Richtung einer großen Sandbank inmitten des Kanals zu graben und dort eine Insel aufzuschütten. Dieser Plan scheiterte jedoch an zwischenstaatlichen

Spannungen. Etwa 35 Jahre später griff Thomé de Gamond (1807–1876) die Idee auf. Der Bergbauingenieur plante einen Tunnel mit zwei Eisenbahngleisen. In Zusammenarbeit mit dem Engländer William Low (1814–1886) legte er 1871 der englischen und französischen Regierung einen Tunnelbauplan vor, der tatsächlich genehmigt wurde. Sieben Jahre später begannen Aushebungsarbeiten bei Sangatte. Doch eindringendes Wasser machte diese Arbeiten schon im Anfangsstadium zunichte. Erst 1957 wurde ein neuerlicher Versuch unternommen, den Ärmelkanal zu untertunneln. Die gegründete Arbeitsgruppe ließ 1973 die Arbeiten beginnen. Doch schon nach zwei Jahren wurde das Vorhaben wegen Geldmangels abgebrochen. Aufgrund dieser Erfahrungen wurde dann 1986 ein privates Betreiberkonsortium mit den Bauarbeiten betraut.

BAUBEGINN

Nach den langen Planungen und Vorbereitungen ging der eigentliche Bau vergleichsweise zügig voran. Der erste Spatenstich wurde am 1.12.1987 gesetzt, danach vergingen bloß drei Jahre, bis sich die von England und Frankreich grabenden Arbeitstrupps des Versorgungstunnels trafen. Für den Bau wurden große Spezialmaschinen eingesetzt, die nicht nur über einen Fräskopf in der Größe des Tunneldurchschnitts verfügten, sondern das Material auch gleich abtransportierten und die Wände des Tunnels auskleideten. Die Bohrer gruben sich dabei in Kreideschichten vor, da diese eine größtmögliche Wasserabweisung garantieren sollten. Nach sieben Jahren Bauzeit waren dann auch die zwei Hauptröhren fertig. In dem Zeitraum arbeiteten an dem Großprojekt 1500 Menschen. Am 6.5.1994 weihten der französische Präsident François Mitterrand (1916–96) und die englische Königin Elizabeth II. (geb. 1926) die neue Verbindungslinie ein.

BETREIBER

Da die Finanzierung privat erfolgen sollte, wurde eine Holding gegründet, die sich über Bankkredite und Aktienausgaben finanziert. So sind über 200 Banken an der Finanzierung des Tunnels beteiligt. Etwa 20 Prozent des benötigten Kapitals wurden über den Verkauf von Aktien gedeckt. Da sich die Bauarbeiten nicht wie geplant entwickelten, drohte auch diesem Bauversuch ein Misserfolg. Die Kreideschicht, in der sich die Tunnelmaschinen vorarbeiteten, wurde durch wasserführende Kalksteinschichten unterbrochen und

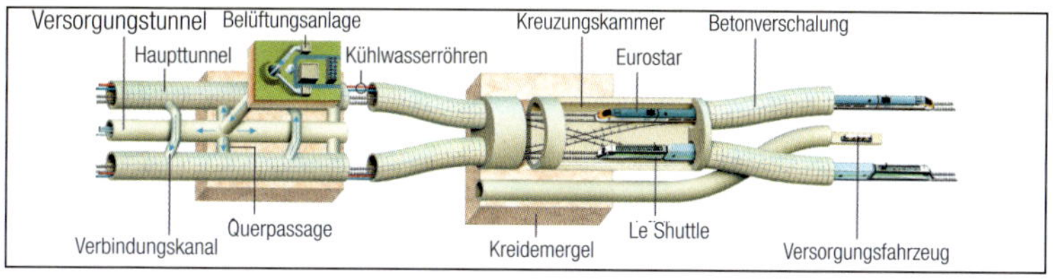

Schematische Darstellung der Konstruktion des Eurotunnels

erschwerte die Bauarbeiten. Dennoch wurde das Unternehmen zu einem erfolgreichen Abschluss geführt. Doch die Baukosten betrugen fast das Doppelte. Die Kosten für das Gesamtprojekt inklusive der Schienen und Züge betrug 13 Milliarden Euro. Damit ist der Tunnel das teuerste privatfinanzierte Bauwerk der Welt. Um diese Summe wieder einzunehmen ist das Betreiberkonsortium auf eine hohe Auslastung der Züge angewiesen.

NUTZUNG

Der Tunnel wird heute von verschiedenen Zügen befahren, die unterschiedlich ausgestattet sind. Ein reiner Personenexpresszug verkehrt zwischen London und Paris. Kraftfahrzeuge können in speziellen Shuttlezügen durch den Tunnel transportiert werden. Dabei bleiben die Reisenden bei ihren Fahrzeugen. Der Shuttle startet und endet direkt am Tunnelausgang. LKWs werden wiederum mit einem anderen Zug transportiert, an dem auch Personenwagen für die Fahrer angebunden sind. Schließlich verkehren auch noch reguläre Frachtgutzüge unter dem Kanal. Die Auslastung entspricht allerdings bisher nicht den Kalkulationen, die notwendig sind, um die immensen Ausgaben wieder einzunehmen.

Bahnhof von Folkestone auf der britschen Seite des Eurotunnels

DAS BURJ AL ARAB HOTEL IN DUBAI

DAS WICHTIGSTE IN KÜRZE:
- **Mit 321 Meter das höchste Hotel der Welt sowie das einzige mit sieben Sternen ausgezeichnete**
- **Erbaut auf einer künstlichen Insel an der Küste Dubais**

Der Eiffelturm würde komplett in die Lobby des Hotels passen, das zum neuen Wahrzeichen Dubais geworden ist. Kein Wunder: bei einer Gesamthöhe des Hauses von 321 Meter misst die Lobby immerhin 112 Meter. Entsprechend erklärt sich auch der Name Burj al Arab, was soviel wie »Turm der Araber« heißt. Das imposante Gebäude in Form eines großen Segels steht etwa 20 Kilometer südlich von Dubai auf einer künstlichen Insel im Persischen Golf. Eine über 200 Meter lange Brücke verbindet das Burj al Arab mit dem Festland. Wer über diese Brücke nicht nur aus Neugierde fährt, sondern tatsächlich in dem Hotel eine Unterkunft sucht, wird von Luxus überwältigt, der in einem Hotel so bisher nicht zu sehen war. Einfache Zimmer werden im Burj al Arab gar nicht angeboten. Es gibt in den 60 Stockwerken ausschließlich Suiten. Schon die Lobby des Hotels ist beeindruckend. Nicht nur wegen ihrer schieren Größe, sondern auch wegen der verschwenderischen Verwendung von Edelmetall. Die gesamte Innenfläche ist mit Blattgold ausgelegt. Neben dem Gold sorgt ein 20 Meter hoher Wasserfall in dem Gebäude für eine exotische Kulisse. Der Bau des Burj al Arab dauerte insgesamt fünf Jahre. Die Eröffnung konnte 1999 gefeiert werden.

DAS ÖL

Das Burj al Arab steht inmitten eines großen Urlaubsgebiets. Es ist kein isoliertes Bauprojekt, sondern Höhepunkt einer strategischen Entscheidung. Der Scheich des kleinen arabischen Emirats sieht die wirtschaftliche Zukunft im Luxus-Tourismus. Dubai war in der Vergangenheit ein Handelshafen zwischen dem asiatischen Raum und Europa. Hier

Blick in die Lobby

wurde mit Gold und Perlen gehandelt und Schmuggelgut umgesetzt. Dies änderte sich dramatisch mit dem ersten Ölfund im Jahr 1966. Vor der Küste Dubais wurden Ölfelder gefunden, die die Quelle für den jetzigen Reichtum des Emirates sind. Doch Schätzungen von Experten besagen, dass diese Vorkommen nicht mehr länger als zwei Generationen reichen werden. Damit mit dem Versiegen des schwarzen Goldes nicht auch der Lebensstandard in Dubai abfällt, gab der Scheich eine Richtungsentscheidung vor. Die Zukunft des Landes liege im Tourismus. Aber nicht gewöhnlicher Massentourismus solle es sein, sondern extrem wohlhabende Gäste sind das Ziel. Entsprechend entstand in den letzten Jahren eine Vielzahl an verschwenderischen Hotelbauten, Freizeitanlagen und Einkaufszentren. Aus diesen neuen Attraktionen ragt besonders das Burj al Arab heraus.

DER BAU

Seine herausragende Stellung unter den Hotels in Dubai verdankt das Burj al Arab nicht alleine seiner prunkvollen Innenausstattung. Schon alleine der Baugrund ist spektakulär. Das Hotel steht auf einer künstlichen Insel, die hier im Meer aufgeschüttet wurde. Für diese Arbeiten wurden zwei Jahre benötigt. Gestützt wird das Hotel von Fundamenten, die über diese Insel 40 Meter in den Meeresgrund hinabreichen. Auch architektonisch ist der Bau beeindruckend und einmalig. Neben der Gesamtgröße ist das Hotel mit der größten Membranfassade der Welt ausgestattet. Der v-förmige Grundriss des Gebäudes wird von mehreren Leinwandbahnen abgeschlossen. Die Stoffbahnen sind aus teflonbeschichteten Glasfasern und bieten tagsüber Schatten. Nachts dient die über 200 Meter hohe Membran dann als Leinwand für Projektionen. Um diese gewölbte und durchbrochene Fassade zu reinigen, werden professionelle Bergsteiger eingesetzt.

DIE SUITEN

Das Hotel sieht nicht nur imposant aus, es bietet auch Zimmer, deren Größe in einem entsprechenden Verhältnis zu dem gesamten Gebäude stehen. So ist die kleinste und einfachste Suite ganze 170 Quadratmeter groß und erstreckt sich über zwei Stockwerke. Die größten Suiten sind die sog. Royal Suiten, deren gesamte Wohnfläche 780 Quadratmeter beträgt. Von diesen Luxussuiten der obersten Kategorie hat das Burj al Arab zwei zu bieten. Insgesamt sind zehn der zu mietenden Wohnungen über 600 Quadratmeter groß. Jeder angemieteten Suite steht ein eigener Butler zur Verfügung, ebenso verfügt jede über Fenster mit Meerblick.

DIE AUSSTATTUNG

Im Hotel sind nicht nur ausgefallene Unterkünfte zu finden, sondern auch ein außergewöhnliches Rahmenprogramm. So verfügt das Hotel über vier Bars und zwei Restaurants, die an unterschiedlicheren Orten wohl nicht sein könnten. Das eine Restaurant liegt in 200 Meter Höhe und ragt aus dem Hotel in die Luft hinaus. Das andere Restaurant befindet sich unter dem Meeresspiegel. Während das eine im aufwärts fahrenden Fahrstuhl erreicht wird, muss für das andere ein Aufzug benutzt werden, der eine U-Boot-Fahrt nachstellt. Auch die Verkehrsanbindung ist außergewöhnlich. Das Hotel verfügt über acht Rolls Royce, die Gäste zu ihren Zielen fahren. Auf der 28. Etage steht darüber hinaus ein Landeplatz für Hubschrauber bereit. Und dieser wird tatsächlich auch genutzt, denn die Exklusivität dieses Rekordbaus zieht auch außergewöhnliche Gäste an.

Blick in eine Suite

DER DREI-SCHLUCHTEN-STAUDAMM

DAS WICHTIGSTE IN KÜRZE:
- **Im Bau befindliche Staumauer, Höhe 185 Meter, Länge ca. zwei Kilometer**
- **Staut den Jangtsekiang auf einer Länge von 600 Kilometern**
- **Längster Stausee der Welt**
- **Voraussichtlich fertig: 2009**

Der Jangtsekiang ist mit seinen 6300 Kilometern der zweitlängste Strom der Welt. Jährlich fließt durch sein Bett mehr als achtmal so viel Wasser wie durch den Rhein. Diesen Fluss wollen chinesische Ingenieure stauen, um seine Wassermassen zu kontrollieren und Energie zu gewinnen. Dafür arbeiten seit 1994 Tausende Arbeiter am Ende der Schlucht Xilling und errichten die größte Staumauer der Welt mit integriertem Wasserkraftwerk. Die Gesamtkosten für das Großprojekt werden auf etwa 20 Milliarden Euro geschätzt.

BAUPHASEN

Um überhaupt mit dem Bau beginnen zu können, waren erhebliche Vorarbeiten nötig. So wurde ab 1994 in einer ersten dreijährigen Bauphase ein neues Flussbett für den Jangtsekiang gegraben und Umsiedlungen durchgeführt. In die neu entstandene vier Kilometer lange Umleitung wurde dann das Wasser des chinesischen Stroms umgeleitet. Nun war es möglich, mit dem Bau der eigentlichen Staumauer zu beginnen. Dafür wurde eine natürliche Gegebenheit der Baustelle genutzt. Ursprünglich umspülte der Jangtsekiang hier eine Insel. Diese diente als Ausgangspunkt für die ersten Aufschüttungen des Fundaments. Doch nicht nur die Mauer wurde hier errichtet. Auch Schleusen für Schiffe mussten gebaut werden.

FLUTEN

Bei Betrachtung des Bauaufwandes stellt sich die Frage nach den Gründen für so einen Mammutbau. Einer der immer wieder angeführten Rechtfertigungen ist die bessere Kontrollierbarkeit des Flusses. Der Jangtsekiang ist nicht nur ein gewaltiger, sondern auch ein recht unberechenbarer Strom. Im Sommer fließt zehnmal so viel Wasser in seinem Lauf wie im Winter. Dadurch kommt es zu enormen Belastungsspitzen an den flussabwärts gelegenen Deichen. Verstärkt wird das Flutrisiko durch extreme Abholzung um den Fluss. Tritt dann die Schneeschmelze oder der Monsun besonders stark auf, kann es zu verheerenden Katastrophen kommen. So starben bei einer Überflutung im Jahr 1998 am Jangtsekiang über 3600 Menschen.

SCHIFFFAHRT

Die extremen Schwankungen des Wasserstandes sind nicht nur eine Gefahr für die Anwohner des Flusses, sie machen den Jangtsekiang auch schwer schiffbar. Auf dem ersten Drittel seiner Strecke ist der Jangtsekiang ohnehin ein kaum befahrbarer Gebirgsfluss mit zahlreichen Klippen und Untiefen. Gerade im Bereich der Drei Schluchten verhindern solche gefährlichen Stellen den Schiffsverkehr. Durch die Stauung des Flusses soll der See über 600 Kilo-

Luftaufnahme in Yichang

meter lang werden. Die Auswirkungen des Staudamms werden allerdings noch viel weiter flussaufwärts zu spüren sein. Selbst im 1200 Kilometer entfernten Chongqing wird der Wasserspiegel angehoben. Damit ist auch der wichtigste Binnenhafen am Jangtsekiang für große Schiffe anfahrbar. Statt den bisherigen 3000 Tonnen-Frachtern sollen künftig 10.000 Bruttoregistertonnen möglich sein. Damit diese den Höhenunterschied zwischen Stausee und unterem Flusslauf überwinden können, wird es zwei fünfstufige Schleusen und ein weiteres Schiffshebewerk geben.

STROM

Ein weiteres Argument für den Bau des Drei-Schluchten-Damms war die Aussicht auf Energiegewinnung. Die stark boomende chinesische Wirtschaft und die steigende Nachfrage der Privathaushalte ließen den Bedarf an Strom in China in die Höhe schnellen. Bisher wurde überwiegend Kohle zur Deckung des Bedarfs herangezogen. Doch da die Abbaugebiete weit von den Industriezentren an der Küste entfernt sind, ist der Transport sehr aufwändig. Zudem verursachen die alten Kraftwerke durch den Kohleverbrauch immense CO_2-Emissionen. Daher gab die chinesische Führung die Losung aus, die Wasserkraft vermehrt zu nutzen. Der Drei-Schluchten-Staudamm soll daher das größte Wasserkraftwerk Chinas werden. Mit seinen 26 Generatoren kann es theoretisch eine Maximallast von 15 Atom-Reaktoren des Typs Biblis erzielen. Doch bisher haben sich die hohen Erwartungen der Ingenieure nicht erfüllt. Da der Fluss nicht gleichmäßig Wasser führt, liegt bisher das Jahresmittel unter dem anderer Wasserkraftwerke. Wenn 2009 die Stauung beendet sein wird, wird sich die Jahresleitung aber wohl auch weiter steigern.

UMSIEDLUNG

Wo ein neuer See entsteht, der über 600 Kilometer lang ist und etwa 1085 Quadratkilometer Fläche bedeckt, geht entsprechend viel Land verloren. Seit Juli 2003 steigt das Wasser des Jangtsekiang massiv an. Wo einst malerische Schluchten die Landschaft prägten, entsteht der längste Stausee der Welt. Unter den Fluten verschwinden über 250 Städte und Kleinstädte sowie 1350 Dörfer. Die Bewohner wurden vorher zwangsweise umgesiedelt. Betroffen waren davon 1,3 Millionen Menschen, neuere Zahlen liegen sogar bei 1,8 Millionen Betroffenen. Diese Zahl ist rekordverdächtig, bisher sind noch nie mehr Menschen wegen eines Staudamms umgesiedelt worden.

Die fünfstöckige Schleuse, die den Jangstekiang mit dem Stausee des Drei-Schluchten-Damms in Yichang verbindet

DIE BRÜCKE VON HONSHU

DAS WICHTIGSTE IN KÜRZE:
- **Verbindet die japanischen Inseln Honshu und Shikoku**
- **Länge: 3911 Metern**
- **Längste Hängebrücke der Welt**
- **Die Fahrbahn liegt 71 Meter über dem Wasser**

Erdbeben sind keine Seltenheit im Norden Japans. Darüber hinaus wird die Meeresenge von Aleshi regelmäßig von Taifunen heimgesucht. Doch die Ingenieure der Brücke mussten sich noch mit einem weiteren Problem befassen. An dieser Stelle ist die Meeresströmung besonders stark. Und trotz all dieser Schwierigkeiten sollte an dieser Stelle eine Brücke gebaut werden. Die Akashi Kaikyo Brücke sollte Teilstück der Autobahn zwischen Naruto und Kobe werden. Nach einigen Überlegungen entschieden sich die Ingenieure für den Bau einer Hängebrücke mit zwei Pfeilern. Diese sollte von Honshu zu der Insel Awaji führen, die mit Shikoku verbunden ist. Zwischen den beiden 283 Meter hohen Türmen beträgt die Spannweite ganze 1991 Meter. Damit ist die Brücke das zweithöchste Bauwerk in Japan. Die Kosten für ihre Fertigstellung betrugen 7,5 Milliarden Dollar. Nach einer zehnjährigen Bauzeit wurde die Brücke von Honshu 1998 eingeweiht.

FUNDAMENT

Eine Brücke dieses Ausmaßes benötigt ein besonders solides Fundament. Bei den schwierigen Bedingungen durch die extremen Naturgewalten waren ebenfalls besondere Baumaßnahmen erforderlich. Um in einer Wassertiefe von 60 Metern ein Fundament zu errichten, wurden in Trockendocks Senkkästen hergestellt. Boote schleppten diese an die vorgesehenen Standorte und versenkten die hohlen Zylinder im Meer. Diese wurden dann mit speziellem Beton aufgefüllt. Die Senkkästen haben eine Höhe von 67 Metern und einen Durchmesser von 80 Metern. Nach dem Aufstellen der 370.000 Tonnen schweren Fundamente konnte mit den Arbeiten an den Brückensäulen begonnen werden.

SÄULEN

Auf den betongefüllten Senkkästen wurden die Pfeiler errichtet, an denen dann die Fahrbahn der Brücke hängen sollte. Dafür wurden Stahlpfeiler im Fachwerkstil gefertigt. Eigentlich ist diese Bauweise nicht mehr üblich, da viel Material verbraucht wird. Zudem hatten Windkanaltests ergeben, dass auch einfachen Pfeiler ohne gekreuzte Querstreben sehr strapazierfähig sind. Für normale Belastung sind diese Konstrukte also ausreichend. Doch die Akashi Kaikyo Brücke sollte auch extremen Bedingungen standhalten. Um auch bei heftigen Erdstößen nicht zu kollabieren, wurden die verstärkten Stahlpylonen zusätzlich mit leistungsfähigen Schwingungsdämpfern ausgestattet. Obwohl diese Verstärkungen einen hohen Windwiderstand haben, war in diesem Fall der Einsatz angeraten. Der hohe Windwiderstand wurde durch die Schwingungsdämpfer ebenfalls abgemildert.

BEWÄHRUNGSPROBE

Nachdem die Fundamente und Pylone errichtet waren, musste die Brücke die erste Bewährungsprobe bestehen. Am 7.1.1995 bebte in der Region um Kobe die Erde. Die Erdstöße erreichten eine Stärke von 7,2 auf der nach oben offenen Richterskala. Dabei wurde die Stadt Kobe von dem Erdbeben in großem Umfang zerstört. Es waren 6500 Tote zu beklagen, zahlreiche Menschen wurden obdachlos. Das Epizentrum lag in unmittelbarer Nähe der im Bau befindlichen Akashi Kaikyo Brücke. Durch die Erdbewegungen wurden die Fundamente mehrere Meter von ihrem ursprünglichen Standort weggeschoben. Sonst blieben sie aber unversehrt. Als Folge der Naturkatastrophe musste allerdings die Statik neu berechnet werden.

SEILE

Nach der Überarbeitung der bisherigen Planung konnten die tragenden Stahlseile der Brücke angebracht werden. Die gewaltigen Kabel wurden dafür in einer Fabrik angefertigt und auf eine gewaltige Kabeltrommel aufgerollt. Nach ihrem Transport zur Baustelle wurden sie über die Brückenpfeiler gespannt. Das Stahlkabel setzt sich aus einzelnen Drähten zusammen, von denen 127 zu einem größeren Kabel verflochten wurden. Von

Blick auf die sechsspurige Fahrbahn

diesen wurden wiederum 290 zu einem Hauptkabel verbunden. Da hier nach neuer Technik gefertigt Drähte verwendet wurden, konnte pro Seite jeweils ein einziges tragendes Kabel benutzt werden. Würde man diese verflochtenen Drähte auftrennen und aneinander legen, ergäbe sich eine Länge von 300.000 Kilometern. Das entspricht in etwa dem siebenfachen Erdumfang. Aufgespannt wurde das Kabel mithilfe eines Hubschraubers, der zuerst ein Hilfsseil aufspannte. Daran konnten dann die beiden tragenden Kabel über die Meeresenge gezogen werden. Nach diesem Arbeitsschritt konnte mit dem Bau der Fahrbahn begonnen werden. Diese Elemente sind über mehrere Verbindungsstahlseile mit den beiden Hauptkabeln verbunden. Laut den Berechnungen kann die Fahrbahn bei extremem Wind bis zu 27 Meter zur Seite gedrückt werden, ohne dass die Stabilität der Akashi Kaikyo Brücke gefährdet wäre. Doch seit der Eröffnung am 5.4.1998 ist dieser Extremfall noch nicht eingetreten.

Die Brücke am Eröffnungsabend

TAIPEH 101 IN TAIPEH

Tradition und Moderne wollten die Bauherren in dem Taipei Financial Center verbinden. Das im Volksmund Taipeh 101 genannte Gebäude erinnert tatsächlich in seinem Aufbau an gestapelte Pagoden. Der Name leitet sich von der Anzahl der Stockwerke ab. Die Stockwerke vergrößern sich nach oben hin, bis alle acht Etagen eine Art »Einschnürung« diese Ausweitung der Etagenfläche beendet. Die nächste Etage ist dann deutlich kleiner als die unter ihr liegende. Die so entstehenden Zwischendächer strukturieren das Gebäude und teilen es in acht pagodenähnliche Elemente. Mit steigender Höhe verjüngt sich der Turm, dessen Fassade aus Glas und Stahl besteht. Im Inneren des Gebäudes fahren die schnellsten Aufzüge der Welt. Sie erreichen eine Spitzengeschwindigkeit von 60 km/h. Um den Druck beim Überwinden des Höhenunterschiedes auszugleichen, wird der Luftdruck in den Kabinen des Aufzugs automatisch angepasst. Das gesamte Gebäude kostete ca. 1,5 Milliarden Dollar. An seinem Bau waren bis zu 3000 Arbeiter gleichzeitig beteiligt.

FUNDAMENT UND GERÜST

Das Taipeh 101 steht inmitten des Finanzzentrums von Taipeh. Hier, wo die höchsten Grundstückspreise in der Hauptstadt Taiwans bezahlt werden müssen, erscheint der Bau eines solchen Hochhauses nahe liegend. Doch eigentlich ist der weiche und erdbebengefährdete Untergrund mehr als ungeeignet für den Bau des höchsten Hauses der Welt. Daher waren besondere Baumaßnahmen nötig. Das Fundament des gigantischen Hochhauses war eine besondere technische Herausforderung. Erst in 80 Meter Tiefe war hier fester Untergrund zu finden. Daher wurden 200 Pfeiler von eben dieser Länge in den Boden Taipehs gedreht. Darüber hinaus wurden weitere 357 Pfähle in den Boden eingebracht, diese allerdings nicht ganz so tief. Um dem Turm in der Höhe von 508 Meter Stabilität zu verleihen, wurde ein Gebäudekern aus 16 Stahlsäulen gefertigt und diese mit Beton gefüllt. An den Außenseiten des Gebäudes wurden ebenfalls mehrere Meter dicke Säulen errichtet. An jeder der vier Seiten stehen zwei solcher Superstützen, die alle acht Stockwerke durch stählerne Querverbindungen mit dem Kern des Hauses verbunden sind. Diese horizontalen Stützen nehmen jedes Mal fast das ganze Stockwerk ein. Auf diesen Ebenen befinden sich nur Flucht- und Schutzräume. Damit ist das Taipeh 101 eines der Hochhäuser mit dem massivsten Stahlbeton-Skelett der Welt.

DAS WICHTIGSTE IN KÜRZE:
- **Größtes Hochhaus der Welt in der Hauptstadt Taiwans**
- **Höhe: 508 Meter**
- **Besteht aus 101 überirdischen Stockwerken**
- **Richtfest: Juni 2003**

Die Stahlkugel in der Spitze des Wolkenkratzers

SCHUTZSYMBOLE

Doch nicht nur das massive Stahlgerippe soll die Sicherheit des Baus gewährleisten. An dem Taipeh 101 finden sich traditionelle chinesische Glückssymbole. So sind an den Ecken der Pagoden zahlreiche kleine Drachenfiguren angebracht. Der Drache gilt in China als positiv belegtes Symbol des Himmels. Im unteren Drittel der Fassade finden sich als weitere Glücksbringer übergroße Abbildungen alter chinesischer Münzen. Diese sollen für wirtschaftlichen Erfolg sorgen. Auch die Anzahl an zusammengefassten Stockwerken und die Anzahl an »Pagoden« hat eine besondere Bedeutung, denn im asiatischen Raum gilt die Zahl Acht als Glückszahl.

ERDBEBEN

Die zahlreichen Glückssymbole deuten an, dass sich die Erbauer des Risikos eines so hohen Gebäudes bewusst waren. Und tatsächlich ist das Haus einigen konkreten Gefahren ausgesetzt. In etwa 200 Meter Entfernung des Hauses liegt die sog. Taipeh-Verwerfung. Hier treffen zwei Erdplatten aufeinander. Die eurasische und die philippinische Platte verursachen pro Jahr ca. 200 Erdstöße unterschiedlicher Intensität. Eine erste Feuerprobe musste das Haus am 31.3.2002 bestehen. Ein Beben brachte das Gebäude so sehr ins Schwanken, dass zwei Montagekräne samt der von ihnen transportierten Stahlträger in die Tiefe stürzten. Die Kräne und Träger zerschlugen auf ihrem Weg zum Boden Betonplatten und richteten ein Chaos an. Bei dem Unglück kamen fünf Menschen ums Leben. Die Statik des Hauses blieb bei diesem Unglück unversehrt, sodass die Bauarbeiten bald wieder aufgenommen werden konnten.

DÄMPFER

Das Taipei Financial Center schwankt jedoch nicht nur, wenn die Erde bebt. Auch der Wind versetzt das Gebäude in Schwingungen. Oft sind es sogar Taifune, die über die Insel hinwegfegen. Um extreme Schwankungen des Gebäudes auszugleichen kommt in dem Taipeh 101 ein Dämpfersystem zum Einsatz. In der 92. Etage ist ein Pendel befestigt, das vier Stockwerke nach unten reicht. Das Pendel aus verschiedenen zusammenmontierten Stahlplatten hat die Form einer Kugel und wiegt 660 Tonnen. An 16 Stahlseilen ist diese Kugel befestigt. Hydraulische Stützen begrenzen die Schwankungen des Pendels auf einen Ausschlag von 1,5 Metern. Ohne diese Stützen könnte die Stahlkugel das Gebäude beschädigen. Bewegt sich nun die Gebäudespitze nach links, wirkt die Trägheit des Pendeld dieser Bewegung entgegen.

Blick ins Innere

DIE PALM ISLANDS IN DUBAI

Die Insel Jumeirah

DAS WICHTIGSTE IN KÜRZE:
- **Künstliche Inseln vor Dubai in Form von drei Dattelpalmen**
- **120 Kilometer Küstenlinie entstehen**

Weiter Sandstrand, aufgeschüttet von Menschenhand. Alleine das wäre noch keine Sensation. Was jedoch vor der Küste Dubais seit 2001 entsteht ist mehr als ein neu aufgeschütteter Strand. Hier werden komplette Inseln neu geschaffen. Und dies geschieht zu einem einzigen Zweck: um als Erholungsort für reiche, luxusverwöhnte Touristen zu dienen. Geplant sind zwei Inselkomplexe in Form von stilisierten Dattelpalmen, die aus einem aufgeschütteten Stamm und je 17 Palmwedel aus Sand bestehen sollen. Der Stamm ist über eine Brücke mit dem Festland verbunden. Umgeben sind die Inseln von einem runden Schutzwall, der ankommende Wellen brechen soll. Der am weitesten fortgeschrittene Inselkomplex ist die Palm Jumeirah, die 2006 fertig gestellt werden soll. Sie wird überwiegend Ferienwohnungen, Apartments und Villen Platz bieten. Ihr Durchmesser beträgt nach der Fertigstellung fünf Kilometer. Die zweite Inselpalme Jebel Ali soll dann mehr als Unterhaltungsangebot konzipiert werden. Sie wird 1,5-mal so groß wie die Palm Jumeirah und soll Themenparks und Vergnügungsviertel beherbergen. Der Kronprinz von Dubai, Mohammed bin Rashid Al Maktoum, hat darüber hinaus den Bau einer dritten Palm Island angekündigt. Mittlerweile laufen auch hier die Arbeiten. Diese Palm Deira soll die größte der Inseln werden und 8000 Villen aufnehmen. Die Inseln liegen in etwa 350 Meter vor der Küste und werden über gewaltige Brücken mit dem Festland verbunden. Auf die Insel Jumeirah führt dann eine zehn Fahrspuren umfassende Straße.

ENTSTEHUNG

Sand gibt es in Dubai, dem Mitglied der Vereinigten Arabischen Emirate, eigentlich mehr als genug. Dennoch ist der Sand der Wüsten auf der Arabischen Halbinsel nicht geeignet für das Aufschütten von Inseln. Seine Korngröße ist zu fein. Aus ihm aufgeschüttete Sandstrände würden nicht den Vorstellungen der Urlauber entsprechen, auch würde er nicht die nötige Stabilität mitbringen. Daher wird Sand vom Grund des Persischen Golfs für die Aufschüttungen verwendet. Ein

Spezialboot einer niederländischen Firma saugte dafür mit einem riesigen Schlauch an Sandbänken Baumaterial in seine Tanks. An der Baustelle der Inseln wurden dann erste Aufschüttungen vorgenommen. Dasselbe Schiff brachte den Sand in einer untersten Schicht in Form von kleinen Hügeln auf. Über dieser aufgrund der Form recht stabilen Schicht wurde dann Sand im sog. Regenbogenverfahren aufgebracht. Dazu wurde der Sand in einem hohen Bogen großflächig aus dem Schiffsbauch ins Meer gepumpt. So wuchsen nach und nach erste Inseln aus dem Meer. Um die neuen Eilande vor dem Meer zu schützen, wurde um jede von diesen jeweils eine stabilere ringförmige Insel als Wellenbrecher angelegt. Hierbei wurden andere Techniken angewandt. Zuerst wurde auch hier Sand angehäuft, der mit Textilbahnen abgedeckt wurde. Auf diesen Stoff wurden danach erst Kies und dann Steine mittlerer Größe aufgetragen. Der so entstandene Wellenbrecher soll Wellen mit einer Höhe von vier Metern zurückhalten.

SATELLITENEINSATZ

Die Bauarbeiten sind auf zahlreichen Satellitenfotos dokumentiert. Aus der Perspektive der Erdumlaufbahn betrachtet, fällt sofort die geometrische Form der Palm Islands auf. Selbst mit bloßem Auge sind die künstlichen Inseln zu erkennen. Um neues Land zu gewinnen, wurden die Schiffe über ein satellitengestütztes Navigationssystem Punkt für Punkt zu dem Abwurfort geleitet. So konnten sie auf den Meter genau ihre Ladung aufschütten. Dabei wurden durch Klappen im Rumpf der Schiffe bisher etwa 100 Millionen Kubikmeter Sand an den Bestimmungsort transportiert. Auf Luftaufnahmen ist mittlerweile sogar schon die dritte Insel in Umrissen zu erkennen.

INSELKAUF

Mit dem Projekt Palm Islands versucht sich Dubai weiter im Weltmarkt der Touristikbranche zu etablieren. Mittlerweile werden nur noch etwa 10% der Einnahmen des Emirates durch Ölverkäufe gemacht. Mit spektakulären Neubauten wie dem Burj al Arab Hotel und dem geplanten Unterwasserhotel sollen zahlungskräftige Touristen in das Land gelockt werden. Die Palm Islands sind Teil dieser Wirtschaftspolitik. Die verkaufsfördernde Attraktivität der Wohnungen und Häuser auf den Palm Islands macht dabei deren Strandnähe aus. Und offenbar scheint das wirtschaftliche Kalkül sich auch auszuzahlen. Von den mehreren tausend Mietobjekten wurden bisher schon so viele verkauft, dass der ursprüngliche Plan von zwei Inseln um eine dritte erweitert wurde. Darüber hinaus ist ein noch ehrgeizigeres Projekt in Planung. Mit derselben Technik soll in naher Zukunft eine Ansammlung von Inseln in Form der Erde und der Kontinente geschaffen werden. Auf rund 30 Quadratkilometern sollen zwischen 250 und 300 Inseln aufgeschüttet werden. So können sich Interessierte sogar eine eigene, kleine Insel kaufen.

Das Modell der Inselpalme Jebel Ali während der Tourismusmesse in Dubai im April 2003

Ein Schiff pumpt Sand am 15.7.2003 auf die entstehende Palmeninsel vor Dubai

DER VIADUKT VON MILLAU

Blick auf die Brücke mit den stählernen Hilfspfeilern

DAS WICHTIGSTE IN KÜRZE:
- **Erbaut: 2001–04**
- **Höhe der Fahrbahn: 270 Meter**
- **Gesamthöhe: 343 Meter**
- **Die höchste Brücke der Welt**

Für Urlauber im südlichen Massif Central in Frankreich sind die spektakulären Gorges du Tarn, die Schluchten des Flusses Tarn, oberhalb der Stadt Millau eine Attraktion. Für alle, die es weiter in den Süden zog, bisher eher ein Ärgernis. Denn der tiefe Einschnitt in der Landschaft war nur schwer zu überwinden. Reisende auf der E 11 von Paris in Richtung Barcelona mussten einen rund 100 Kilometer langen Umweg fahren und zu Beginn der Sommerferien waren endlose Staus vorprogrammiert. Pläne, eine Brücke über den Tarn zu bauen, gab es deshalb schon lange – doch die Schlucht ist 270 Meter tief. Eine so hohe Brücke wurde bis dato noch nie gebaut. Doch nach rund 20 Jahre langen Sondierungen ging man das Abenteuer 2001 an.

DIE KONSTRUKTON

Der Viadukt von Millau ist eine Schrägseilbrücke. Der Brückenträger (Fahrbahn samt Unterbau) wird von Stahlseilen gehalten, die in der Mitte der Brücke zwischen den beiden Fahrspuren verankert und mit hohen Masten (Pylonen) verbunden sind. Die Brücke hat insgesamt sieben Pylone, die jeweils mit einem Fächer aus 22 mannsdicken Stahlseilen umgeben sind. Die Spannweite zwischen den Pylonen beträgt 345 Meter. Mit einer Gesamtlänge von fast 2,5 Kilometern ist der Viadukt von Millau auch eine der längsten Schrägseilbrücken der Welt.

Spektakulärer aber ist auf jeden Fall die Höhe der Brücke mit 270 Metern von der Fahrbahn aus gemessen. Rechnet man von der Basis des längsten Pfeilers bis zur Spitze des darüber stehenden Pylonen, dann kommt man auf 343 Meter. Damit löst der Viadukt von Millau die Fußgängerbrücke über die Royal Gorge in Colorado ab, die 320 Meter hoch ist und bereits 1929 erbaut wurde. Allerdings ist ihr längster Pfeiler gerade mal 46 Meter hoch, da die eigentliche Schlucht so schmal ist, dass man dorthinein keinen Pfeiler setzen musste. Die Pfeiler des Viadukts von Millau dagegen sind zwischen 77 und 245 Meter lang, 27 Meter dick und haben einen rautenförmigen Querschnitt. Dieser hat sich bei Tests im Windkanal als wesentlich günstiger herausgestellt als ein rechteckiger Querschnitt, da er bei Seitenwind weniger Angriffsfläche bietet. Winde von 200 Stundenkilometern aber sind in der Schlucht keine Seltenheit, sodass die Brücke sicherheitshalber auf 250 Stundenkilometer ausgelegt werden musste. Verankert sind die Pfosten in einem Fundament von 15 Metern Tiefe und fünf Metern Durchmesser.

Damit die Fahrzeuge auf der Brücke nicht durch die Böen gefährdet sind, wurde die Fahrbahn auf beiden Seiten mit nach innen gewölbten Plexiglaswänden geschützt. Die Brücke hat ein Gefälle von drei Prozent und durchquert die Schlucht in einem leichten Bogen. Insgesamt wurden über 200.000 Tonnen Beton verbaut. Die Fahrbahn jedoch wurde aus Stahl hergestellt. Sie wiegt 36.000 Tonnen. Das sind jedoch nur zehn Prozent des Gewichts, den eine Betonkonstruktion gehabt hätte. Den eigentlichen Belag der Fahrbahn bildet eine lediglich sieben Zentimeter dicke Asphaltdecke.

DIE BAUGESCHICHTE

1996 war der Wettbewerb für die Brücke ausgeschrieben worden, den der renommierte britische Hightecharchitekt Norman Foster (geb. 1935) gewann. Die Umsetzung übernahm die Firma Eiffage, die einst von Gustave

Eiffel (1832–1923) gegründet worden war. Eiffage baute die Brücke auf eigene Kosten, dafür hat sie das Recht erworben, 75 Jahre lang die Maut zu kassieren. Bis dahin müssen rund 400 Millionen Euro Baukosten eingetrieben sein. Danach geht die Brücke in den Besitz des Staates über. Die Kosten für die Maut sollen zwischen fünf Euro für einen Pkw und 20 für einen Lkw liegen.

Neben Eiffage waren jedoch noch 600 andere Firmen aus aller Welt am Bau der Brücke beteiligt. So lieferte beispielsweise die Dillinger Hütte aus dem Saarland ein spezielles Stahlgrobblech für den Träger der Brücke. Dieser wurde aus 14 einzelnen Segmenten zusammengesetzt, die bereits vorgefertigt waren. Jedes davon wog 2500 Tonnen, war rund 175 Meter lang und mit 32 Metern so breit wie die ganze Brücke. Diese gewaltigen Stücke wurden mit hydraulisch gesteuerten Schubvorrichtungen über die bereits fertigen Teile der Brücke geschoben und dann angesetzt. Für die millimetergenauen Navigationsarbeiten wurden Laser und GPS eingesetzt. Die Schubschlitten kamen aus der Münchner Firma Maurer & Söhne, die für die Gleitflächen einen speziellen, besonders belastbaren Kunststoff entwickelt hatte. Für die Schubarbeiten, die von Süden und Norden gleichzeitig vorangetrieben wurden, hatte man jeweils in der Mitte zwischen den Betonpfeilern noch einmal stählerne Hilfspfeiler einsetzen müssen.

Bereits während der Bauphase besichtigten mehr als eine halbe Million Menschen die neue Brücke – obwohl Eintritt für die Baustelle genommen wurde. Am 16. Dezember 2004 konnte das Wunderwerk dann eröffnet werden – rund drei Monate früher als geplant. Die Franzosen sprechen stolz vom »Pont du Gard des 21. Jahrhunderts«.

A

B

C

D

E